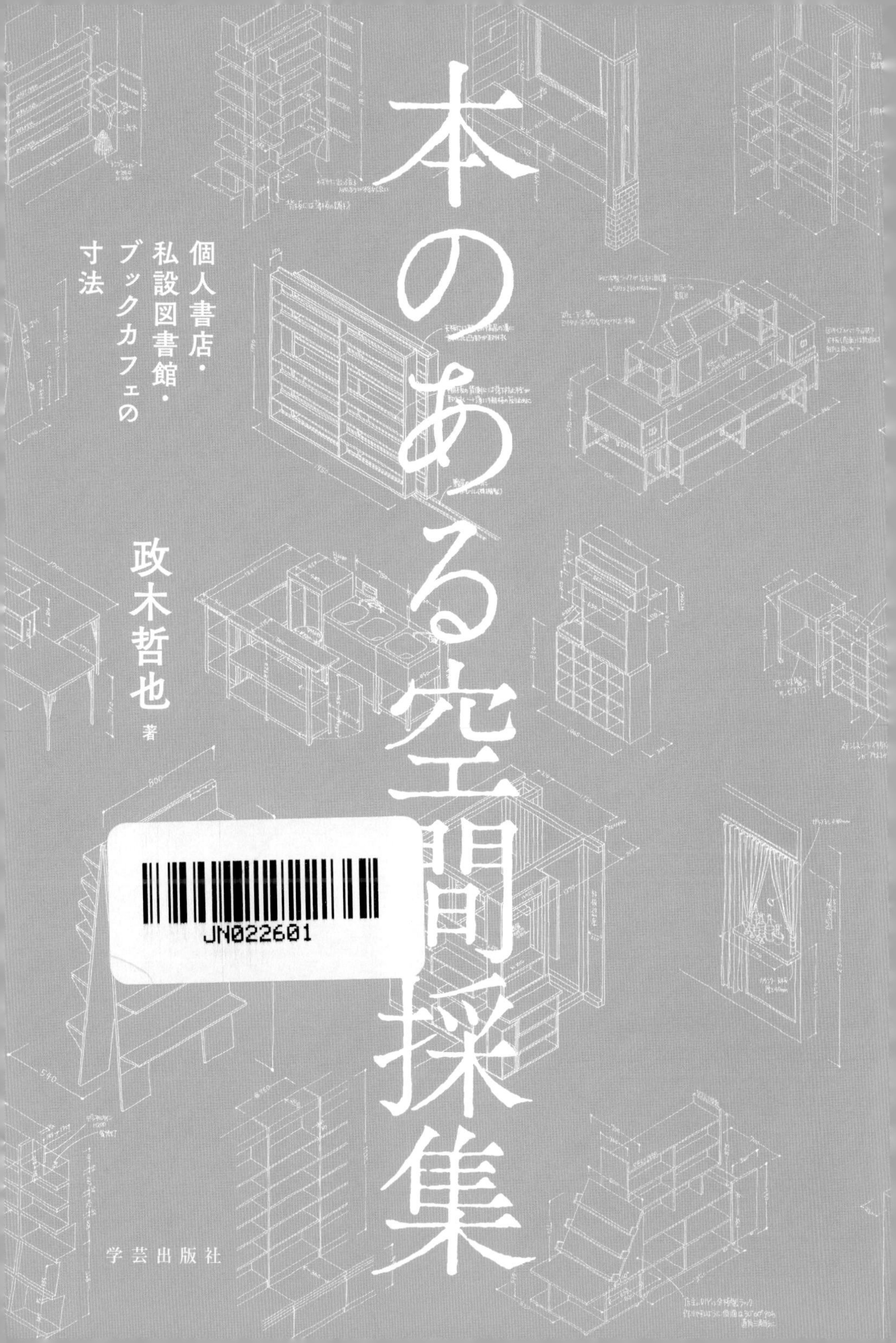

本のある空間採集

個人書店・私設図書館・ブックカフェの寸法

政木哲也 著

学芸出版社

・本書に収録されている事例の実測図や記述は2021年3月～2022年2月の取材時点での情報です。現在の営業形態や店舗情報は、各HP等でご確認ください

・本書に記載した寸法は、著者が実測時に得た数値であり、実寸法との誤差を含むことがあります。したがって記載の寸法値は公式なデータを示すものではありません

・本書では事例ごとに簡易な間取り図を記載し、おおまかな床面積を示しています。注記なき場合、間取り図で記した範囲の広さを指します

・本書の実測時期は新型コロナウイルスのパンデミックの期間中であったため、取材先では消毒液やパーティションの設置等、様々なコロナ対策が取られていました。しかしながら、図中ではこれらの対策に関しては一時的な処置とみなし、意図的に割愛しています

本書に登場する

本のある空間

はじめに

こんにちは。著者の政木哲也です。この本を手にとってくださり、ありがとうございます。さっそくですが、今あなたの居るその場所はいったいどこでしょうか。書店やブックカフェ、はたまた図書館、電車の中、公園のベンチ、自宅の一室……そしてその場所はどんな空間でしょうか。とても興味があります。

本書は、個人書店・私設図書館・ブックカフェなど、国内の様々な「本のある空間」を訪れ、その空間を「実測」し、立体的な図として描き、それらを1冊にまとめたものです。取り上げた空間の共通点は「小ささ」です。昨今の地域図書館や大手書店チェーンはどちらかというと大量の本を一望でき、インパクトのある「大」空間を演出することが多いようです。しかしその一方で、本をめぐる草の根的な営みに目をよく凝らし、耳を澄ましてみると、日本各地でまさに地面から芽を出すように、小さいながらもたくましく居場所をつくる個人書店・私設図書館・ブックカフェの存在に気づきます。かつてまちに何軒もあった地域密着型の書店が次々と閉店してしまう時代にあって、大都市から意図的に離れ、わざわざそこを目指さないと辿り着けないような場所にあることも少なくありません。オンライン上でほしい本を見つけたり入手したりすることがかつてないほど簡単になった時代だからこそ、「リアルな」空間を運営するオーナーたちが、人と本の出会う拠点をどんなまちにつくり、その場に身を置くことによってどんな空間体験をもたらそうとしているのか、知りたくてたまらなくなりました。そんな関心から、実測の旅に出ることにしました。

たびたび発せられる緊急事態宣言の合間を縫うようにして訪れた取材先のまちは、どこも静まりかえって、食事を取る場所にも困るほどでした。そんな不穏な時期にやっとの思いで辿り着いた本のある小さな空間には、外出自粛による静けさも意に介さないように、ただ本が穏やかに佇んでいました。おそらくパンデミック以前も、時折小さな空間いっぱいに人が集まる本のイベントが開かれるような時を除けば、変わらず平穏な空間だったはずです。社会が一変しても同じように棚に並び、いつ訪れるかわからない客を静かに待つ本の在り様に胸を衝かれ、そんな凛とした佇まいの空間を描きとめるべく、私は実測作業に没頭しました。

空間を実測しても1冊の本と出会う体験の価値が測れるわけではないだろう、と思われる方がいるかもしれません。もちろん、大事なのはどんな本と出会うかであって、どんな空間で出会うかは二の次です。部屋やものの大きさを測ったところで、長年にわたり手を入れてきた選書棚の魅力や、本と出会う場の真価が可視化されるとは思っていません。取材先でお話を聞かせていただいたオーナーたちも同じ思いであったでしょう。加えて、彼・彼女らが取材された記事などを見れば、その場所がどんな特徴をもち空間はどんな設えか、大まかなことはわかってしまいます。しかし、取材を重ねるごとに「今記録しておかねば」という思いを強くしたのは、その佇まいに、訪れた私自身が魅了されたからです。

本書には、このような思いで採集した44の本のある空間を収めています。インターネットを利用すればいつでもどこでも本を手に入れられる今だからこそ、ぜひみなさんもまちへ出て、本のある空間を訪れてみてください。もしも読んでいるうちに、今度足を運んでみよう、という気分になってくれたなら、これ以上の喜びはありません。

目次

東北・関東甲信越

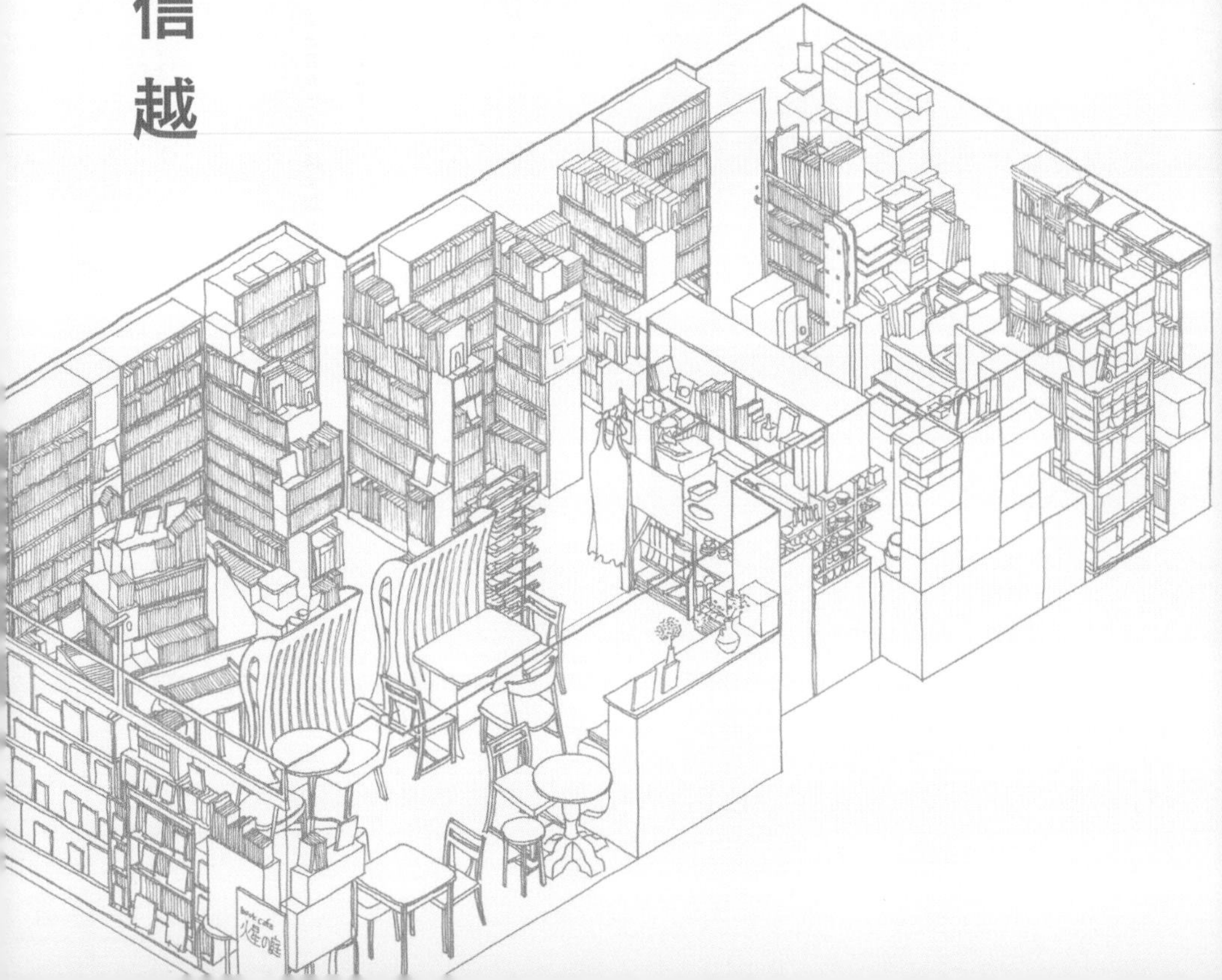

まわりみち文庫

飲み屋小路にひっそりと積まれた木箱書架

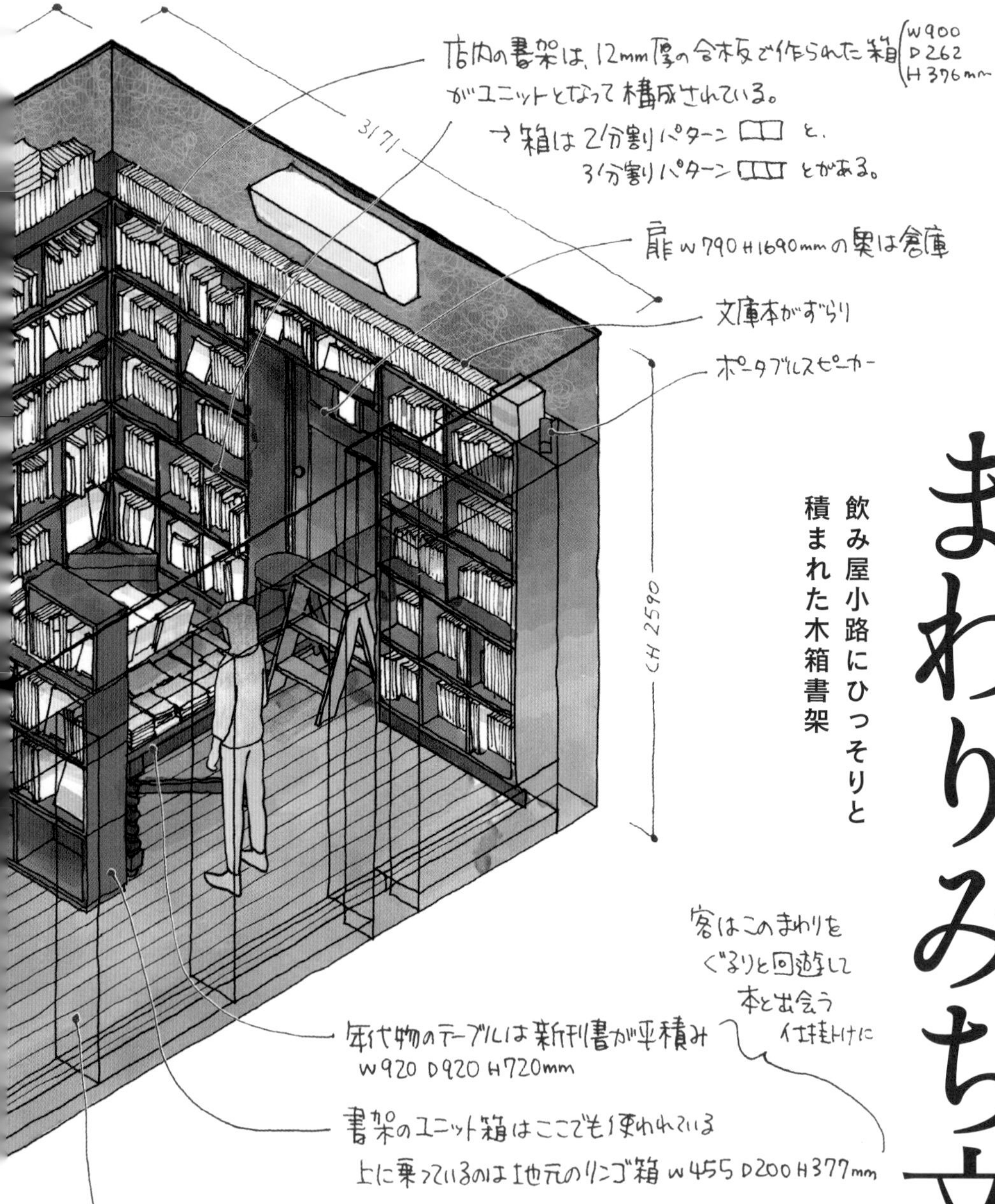

店内の書架は、12mm厚の合板で作られた箱
W900
D262
H376mm
がユニットとなって構成されている。
→箱は2分割パターン と、
3分割パターン とがある。
3171
扉W790 H1690mmの奥は倉庫
文庫本がずらり
ポータブルスピーカー
CH2590
客はこのまわりを
ぐるりと回遊して
本と出会う
仕掛けに
年代物のテーブルは新刊書が平積み
W920 D920 H720mm
書架のユニット箱はここでも使われている
上に乗っているのは地元のリンゴ箱 W455 D200 H377mm
床は幅105mmのフローリング張り

青森 | MAWARIMICHI BUNKO

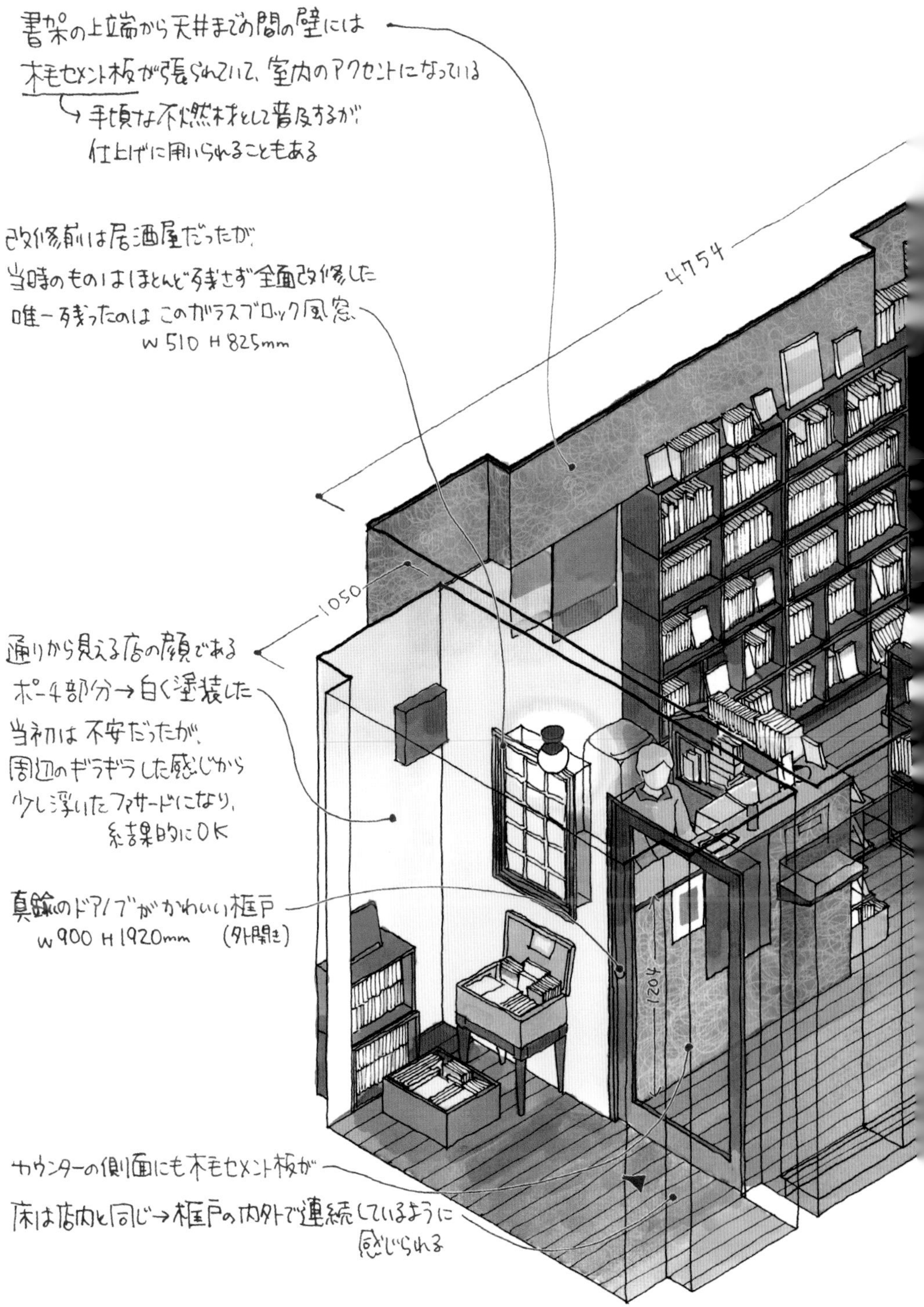
書架の上端から天井までの間の壁には
木毛セメント板が張られていて、室内のアクセントになっている
→手頃な不燃材として普及するが、
仕上げに用いられることもある
改修前は居酒屋だったが、
当時のものはほとんど残さず全面改修した
唯一残ったのは このガラスブロック風窓
W510 H825mm
4754
1050
通りから見える店の顔である
ポーチ部分→白く塗装した
当初は不安だったが、
周辺のギラギラした感じから
少し浮いたファサードになり、
結果的にOK
真鍮のドアノブがかわいい框戸
W900 H1920mm （外開き）
1204
カウンターの側面にも木毛セメント板が
床は店内と同じ→框戸の内外で連続しているように
感じられる

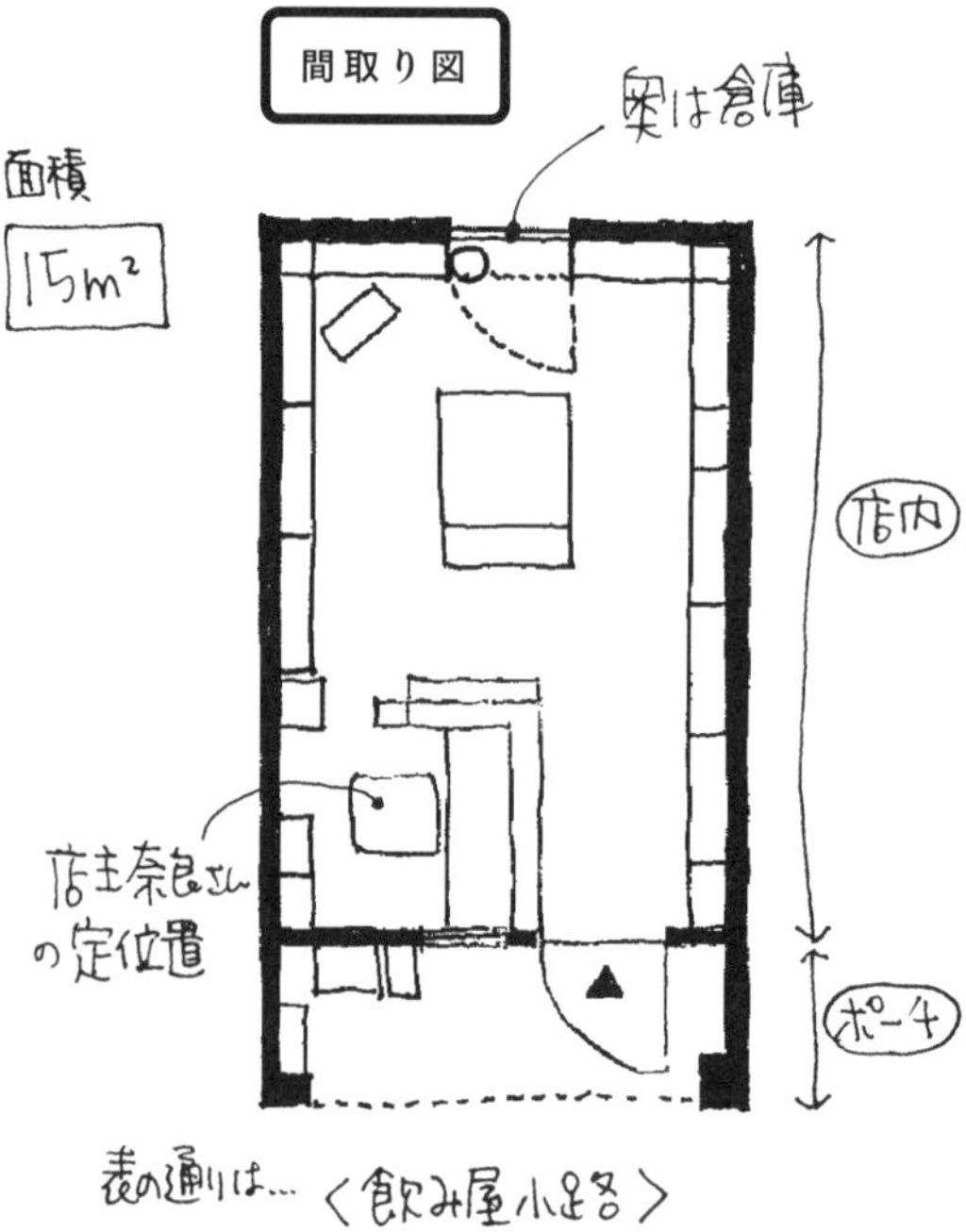

間取り図
奥は倉庫
面積
15m²
店内
店主奈良さんの定位置
ポーチ
表の通りは…〈飲み屋小路〉

上：周辺とは少し異なる店構え
下：ダークブラウンの落ち着いた雰囲気

ノスタルジックな飲み屋小路に佇む書店

青森県弘前市の中心街にかくみ小路という飲み屋街がある。古くから賑わう路地の懐かしい雰囲気に近年は一層人気が集まっていて、まわりみち文庫はそんな飲み屋が連なる一画にひっそりと佇んでいる。

周辺と同じく、元々居酒屋だった空き店舗を見つけて２０２０年7月にオープン。居酒屋のときの内装はほぼすべて撤去して、ダークブラウンを基調とした落ち着いた雰囲気のインテリアをつくりあげた。

店の外観は書店の顔としてあえて白くまとめたこともあり、近隣のギラギラした見た目の飲み屋のなかで少し浮いてしまっている。しかし結果的にこれが良かったと店主の奈良匠さんは言う。

木箱を積み上げた書架システム

店の中はそんなに広くない。奥行き4・7m、幅3・1mでだいたい1台分の駐車スペースほどの広さだ。店内には壁に沿って書架がぐるりと巡っている。内装デザインを依頼した職人には、書架の奥行きを26cmとだけ指定し、あとはお任せとした。すると厚さ12mm

の合板でつくられた幅90㎝、高さ37・5㎝の木箱を1ユニットとした書架システムが提案された。この木箱は床から5段積み上げられ、そのまま左右と奥の3つの壁全面に取り付けられた。

この木箱の中に、古書と新刊書とがあえて混ぜて並べられる。開店当初は表紙を見せる面出しが多かったが、今はほとんどが棚差しとしている。

すべての本をまんべんなく見てほしい

小さな店内で置ける本の冊数は限られているが、客にはできるだけ長く滞在してもらいたい、と店主の奈良さんは話す。奈良さん自身が古書に魅かれたのは、装丁家・平野甲賀や和田誠らの手掛ける美しい装丁がきっかけであった。このような古書のもつ良さをなるべく広めるため、店を訪れた客には書架をじっくりと眺めてほしいし、すべての本をまんべんなく見てもらいたいという。古書の豊潤な世界への入口になればと願って、奈良さんは今日も店内の片隅で客が訪れるのを待っている。

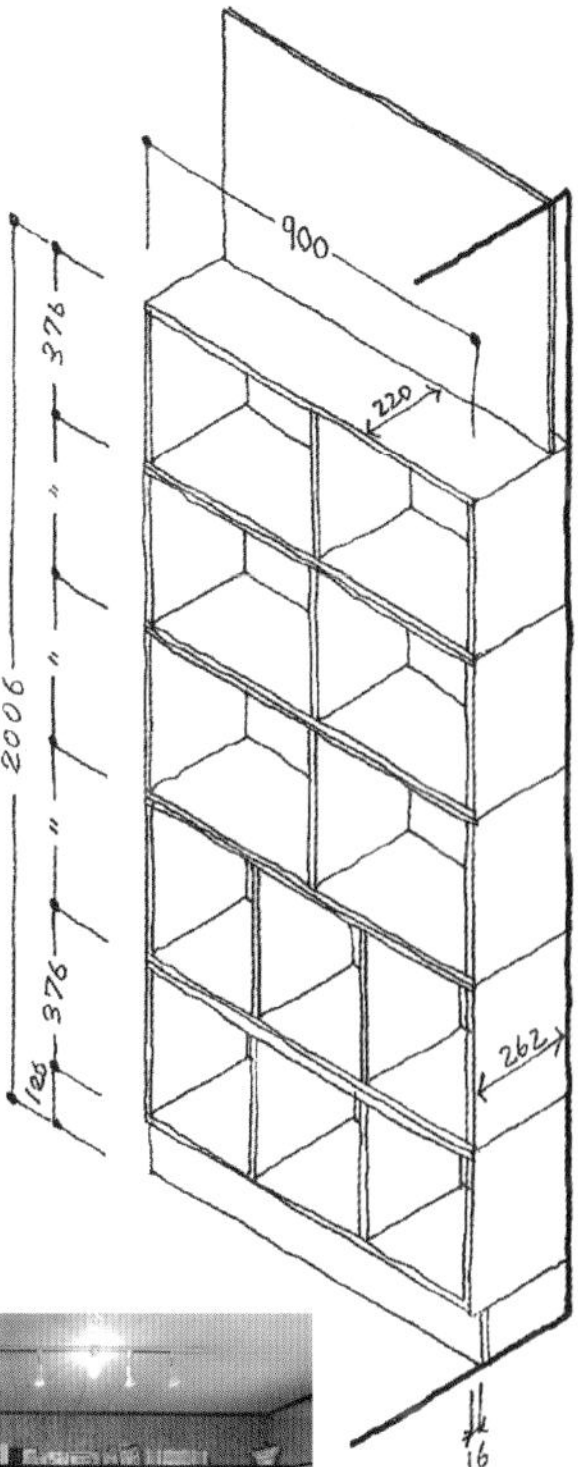

書架の木箱ユニット

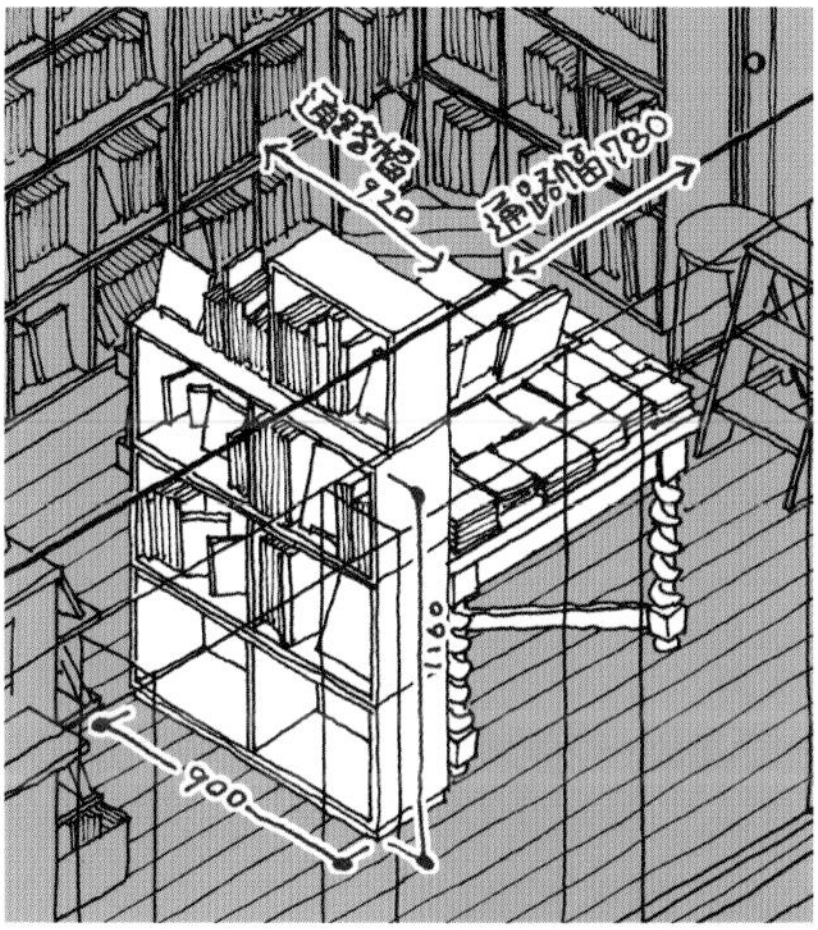

平積みテーブルと木箱

右：じっくり時間をかけて書架を見よう
左：ぐるりと回れるスペースも確保

今時書店

新潟 | IMADOKI SHOTEN

現役高校生がデザインした書籍との対話空間

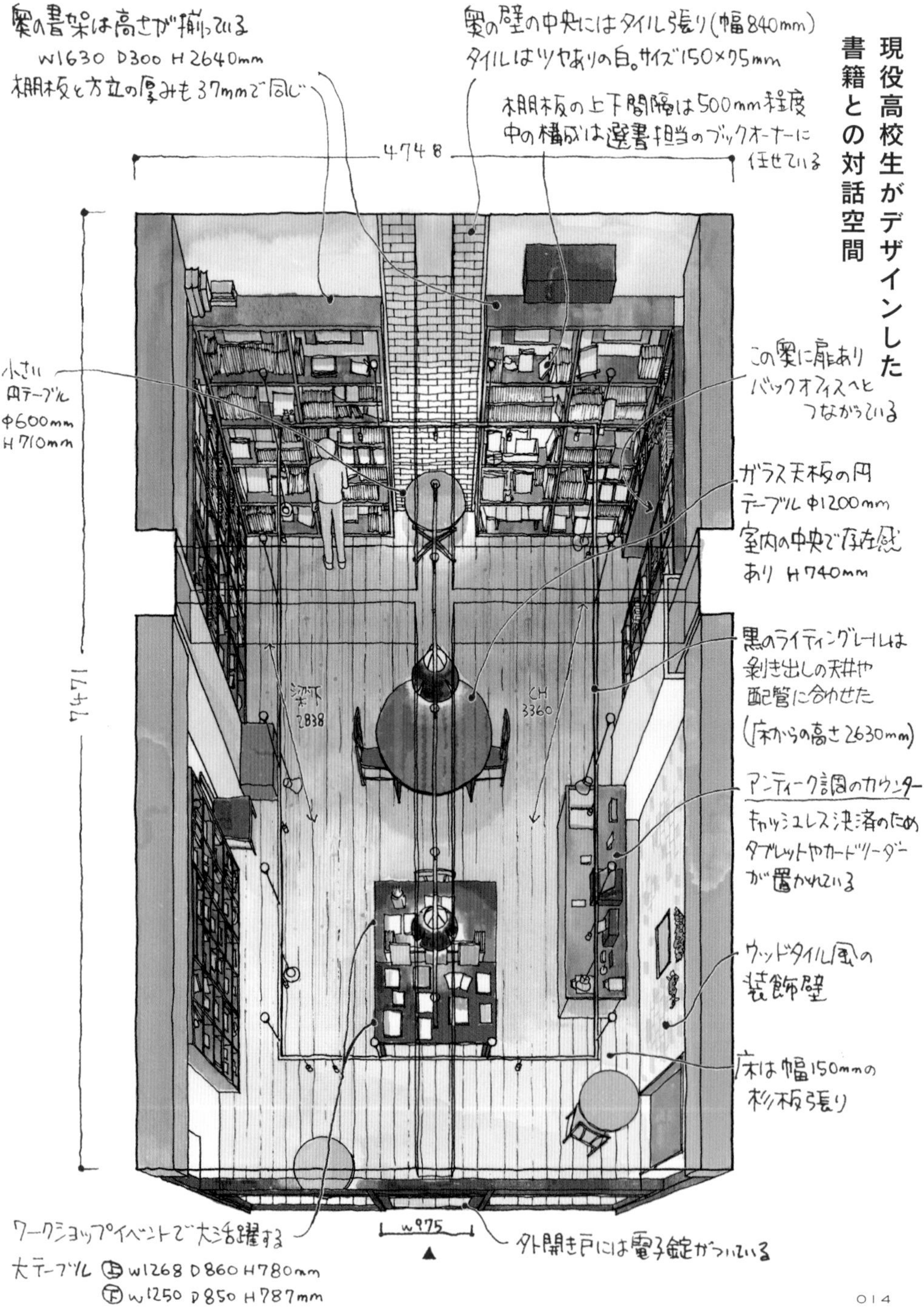

奥の書架は高さが揃っている
W1630 D300 H2640mm
棚板と方立の厚みも37mmで同じ
奥の壁の中央にはタイル張り(幅840mm)
タイルはツヤありの白。サイズ150×75mm
棚板の上下間隔は500mm程度
中の構成は選書担当のブックオーナーに任せている
4748
小さい円テーブル
φ600mm
H710mm
この奥に扉あり
バックオフィスへとつながっている
ガラス天板の円テーブル φ1200mm
室内の中央で存在感あり H740mm
梁下 2838
CH 3360
黒のライティングレールは剥き出しの天井や配管に合わせた
(床からの高さ2630mm)
アンティーク調のカウンター
キャッシュレス決済のためタブレットやカードリーダーが置かれている
ウッドタイル風の装飾壁
床は幅150mmの杉板張り
W975
ワークショップイベントで大活躍する
大テーブル 上 W1268 D860 H780mm
下 W1250 D850 H787mm
外開き戸には電子錠がついている

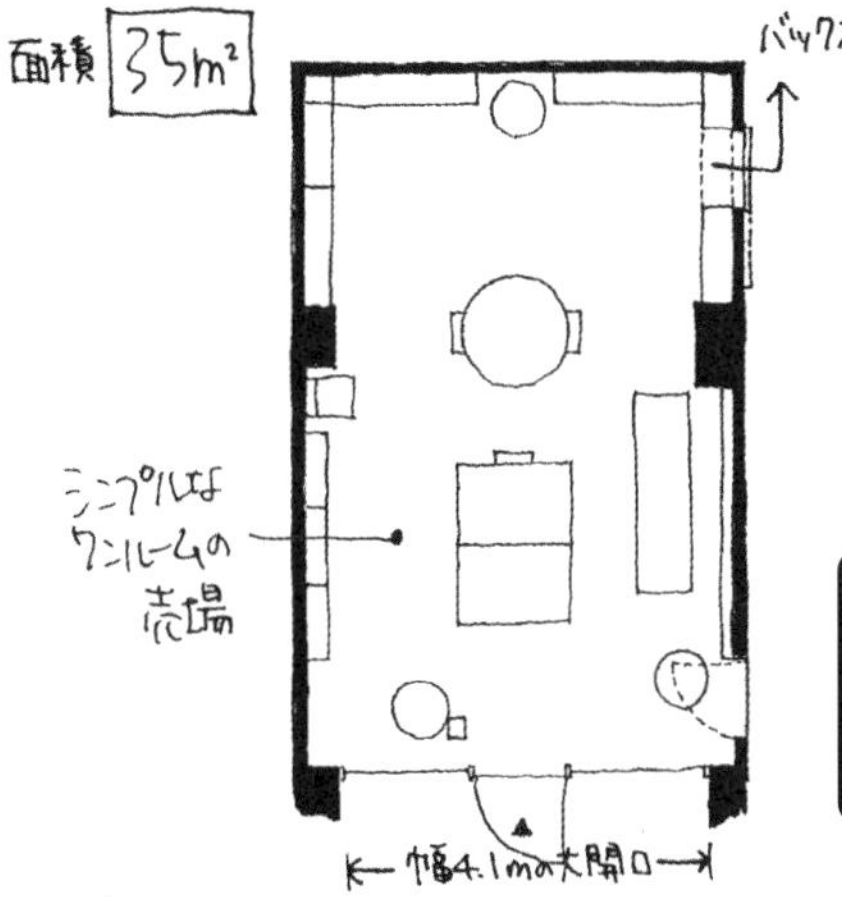
面積 35m²
バックオフィスへ
シンプルなワンルームの売場
幅4.1mの大開口

間取り図

貸ビルの1階に温かな光が灯る

高校生が開いた無人書店

新潟市で現役高校生が無人書店を開いたというニュースを見て訪れたのが、今時書店。店主の平碧仁さんが企画・経営する一風変わった書店である。注目したいのは、ブックオーナーが1年ごとに入れ替わる運営方法。書架ごとに複数のブックオーナーが選書しており、それぞれの持ち棚に特色がある。小さいながらも珍しい本が多く並び、独特の出会いがある。会員制無人書店のため、人目を気にせず心行くまで本と向き合えるのも魅力だ。

どうやって書店をつくり出すか

内装は平さんが好きな地元の家具屋に設計を依頼したという。書架は特注。思い描く書店のイメージを伝えながらつくってもらった。築50年以上の古い建物の剥き出しの天井や配管を活かして、流行のブルックリンスタイルのインテリアを目指した、と平さんが手の内を明かしてくれた。タイルや装飾壁、テーブルやカウンターと丁寧に選ばれた素材や什器から、持前の探求心で見事に店舗空間をつくり込んだ若い店主の熱意と行動力が伝わってくる。

中に入ると大きなテーブルが迎えてくれる

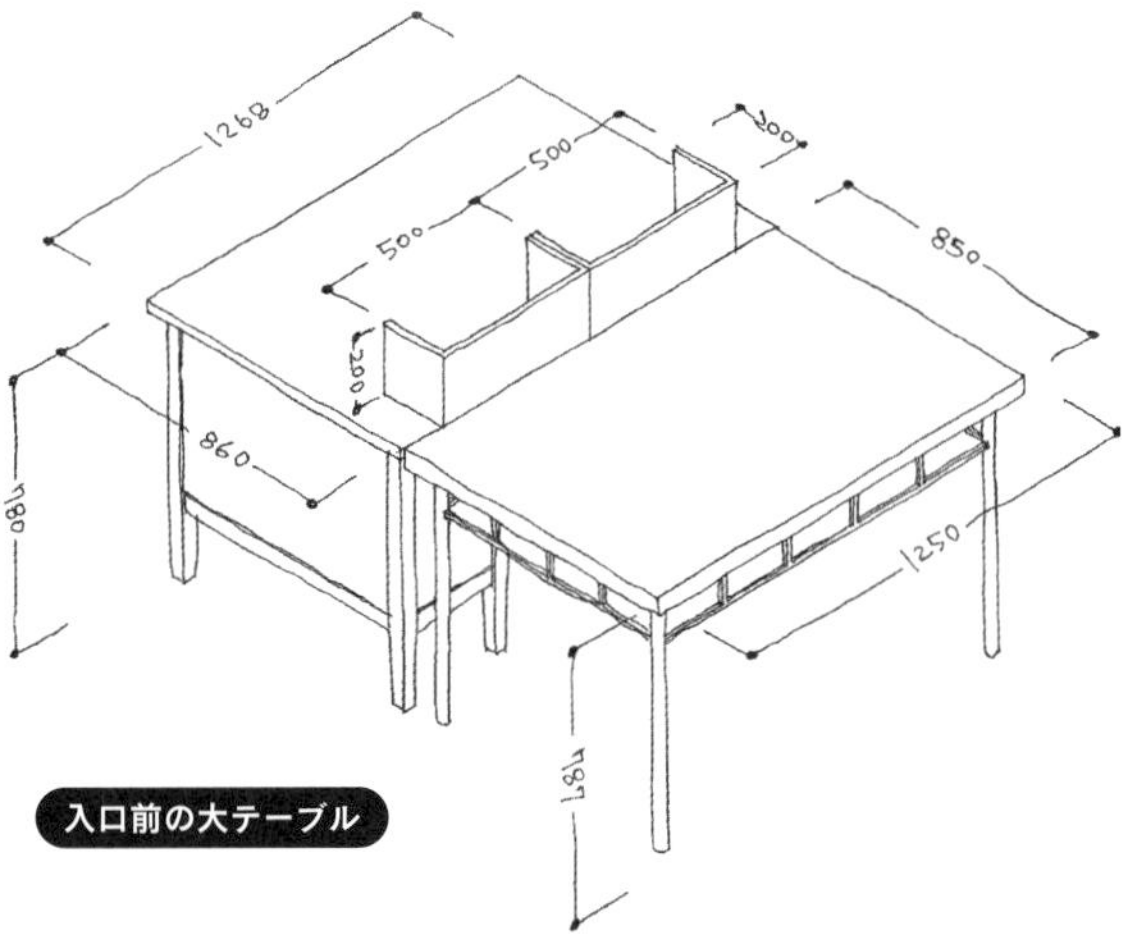
1268
500
500
300
850
200
860
780
1250
787

入口前の大テーブル

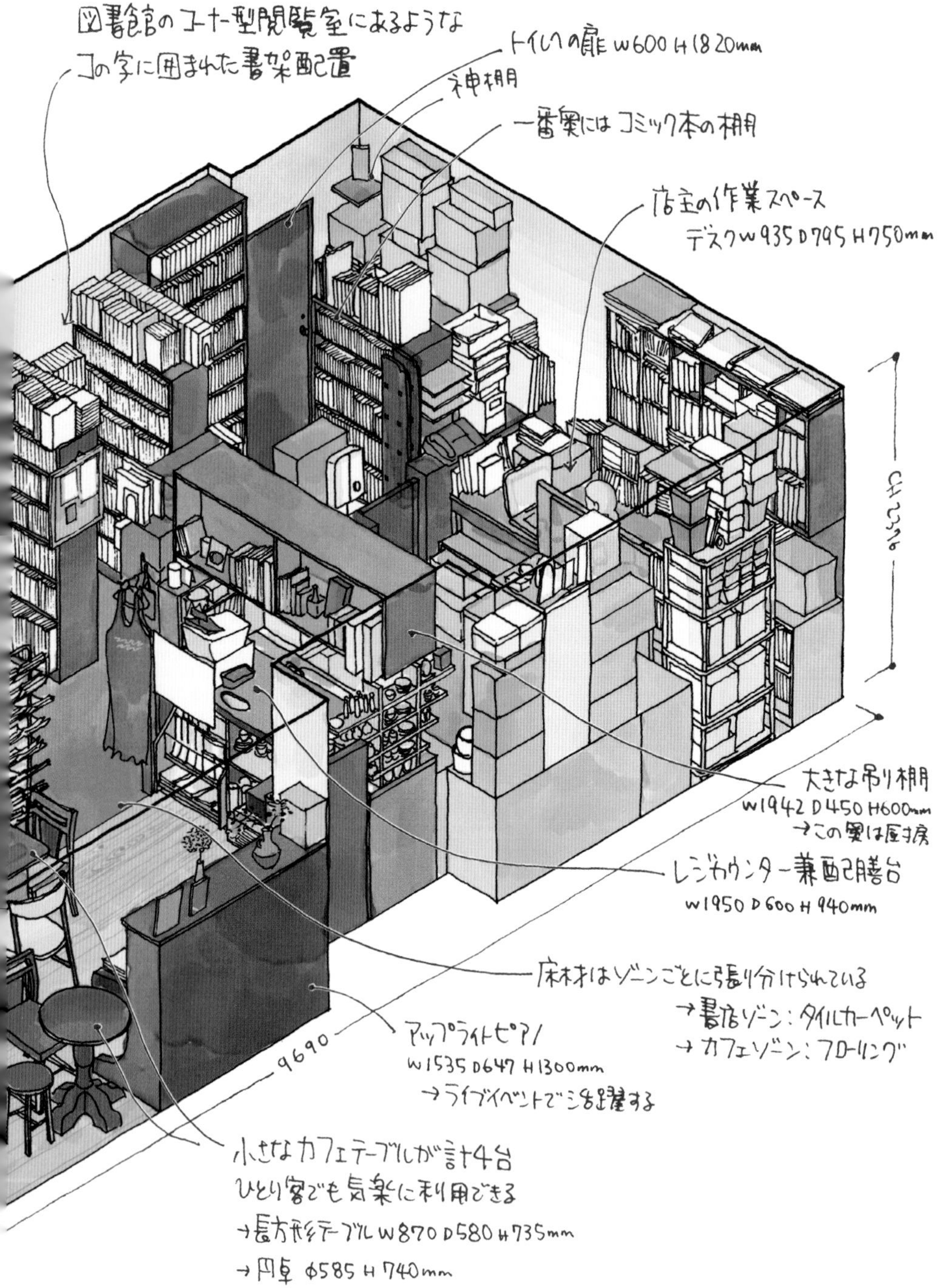
図書館のコーナー型閲覧室にあるような
コの字に囲まれた書架配置
トイレへの扉 W600 H1820mm
神棚
一番奥にはコミック本の棚
店主の作業スペース
デスクW935 D795 H750mm
H2376
大きな吊り棚
W1942 D450 H600mm
→この奥は厨房
レジカウンター兼配膳台
W1950 D600 H940mm
床材はゾーンごとに張り分けられている
→書店ゾーン：タイルカーペット
→カフェゾーン：フローリング
アップライトピアノ
W1535 D647 H1300mm
→ライブイベントで活躍する
9690
小さなカフェテーブルが計4台
ひとり客でも気楽に利用できる
→長方形テーブルW870 D580 H735mm
→円卓 φ585 H740mm

book cafe
火星の庭

BOOK CAFE KASEI NO NIWA

宮城

**ひとりでいる人に寄り添う、
都市のシェルター的本棚**

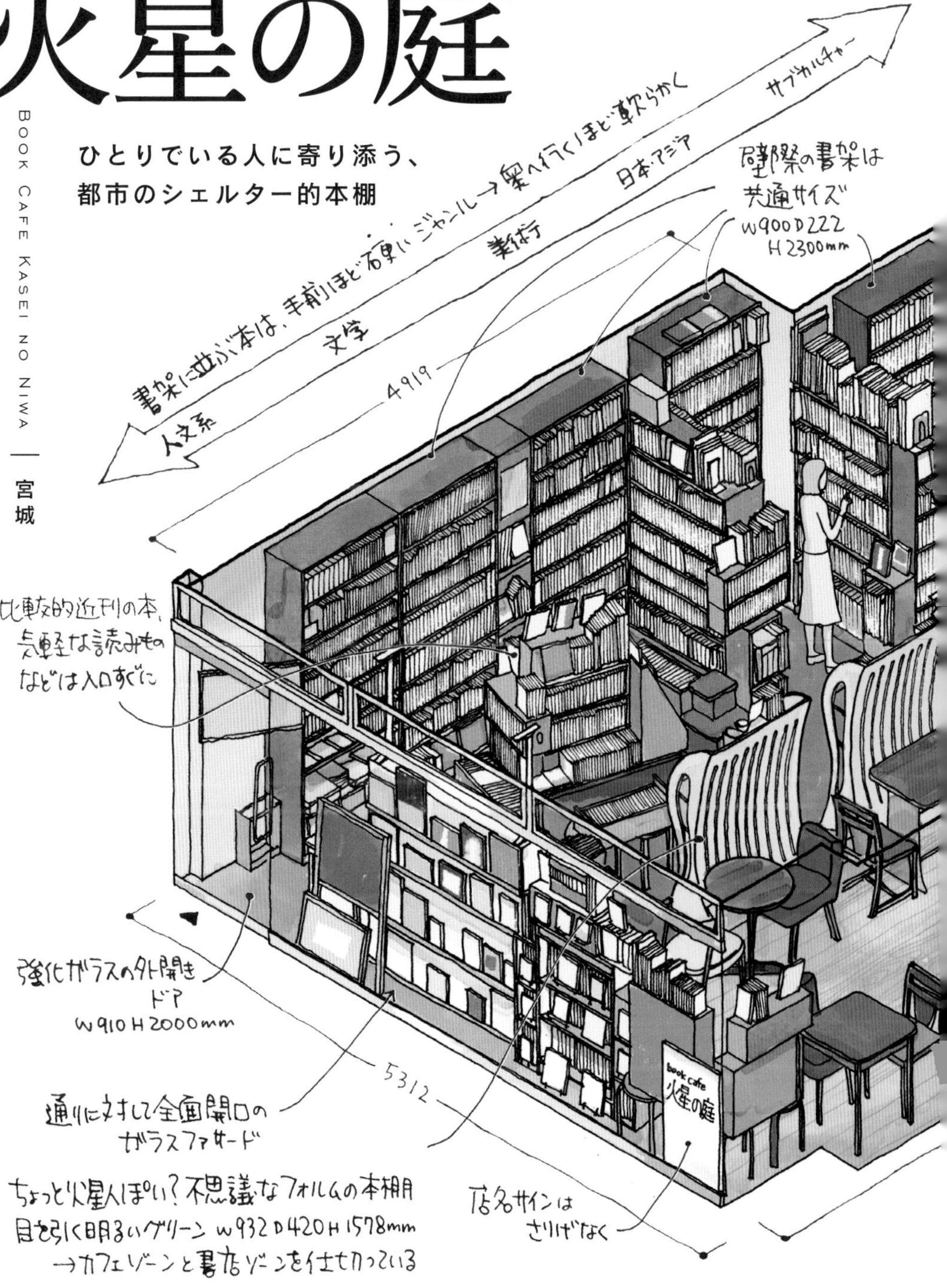

書架に並ぶ本は、手前ほど硬いジャンル→奥へ行くほど軟らかく
人文系
文学
美術
日本・アジア
サブカルチャー
4919
壁際の書架は
共通サイズ
W900 D222
H2300mm
比較的近刊の本、
気軽な読みもの
などは入口すぐに
強化ガラスの外開き
ドア
W910 H2000mm
5312
通りに対して全面開口の
ガラスファサード
ちょっと火星人ぽい？ 不思議なフォルムの本棚
目を引く明るいグリーン W932 D420 H1578mm
→カフェゾーンと書店ゾーンを仕切っている
店名サインは
さりげなく
book cafe
火星の庭

間取り図

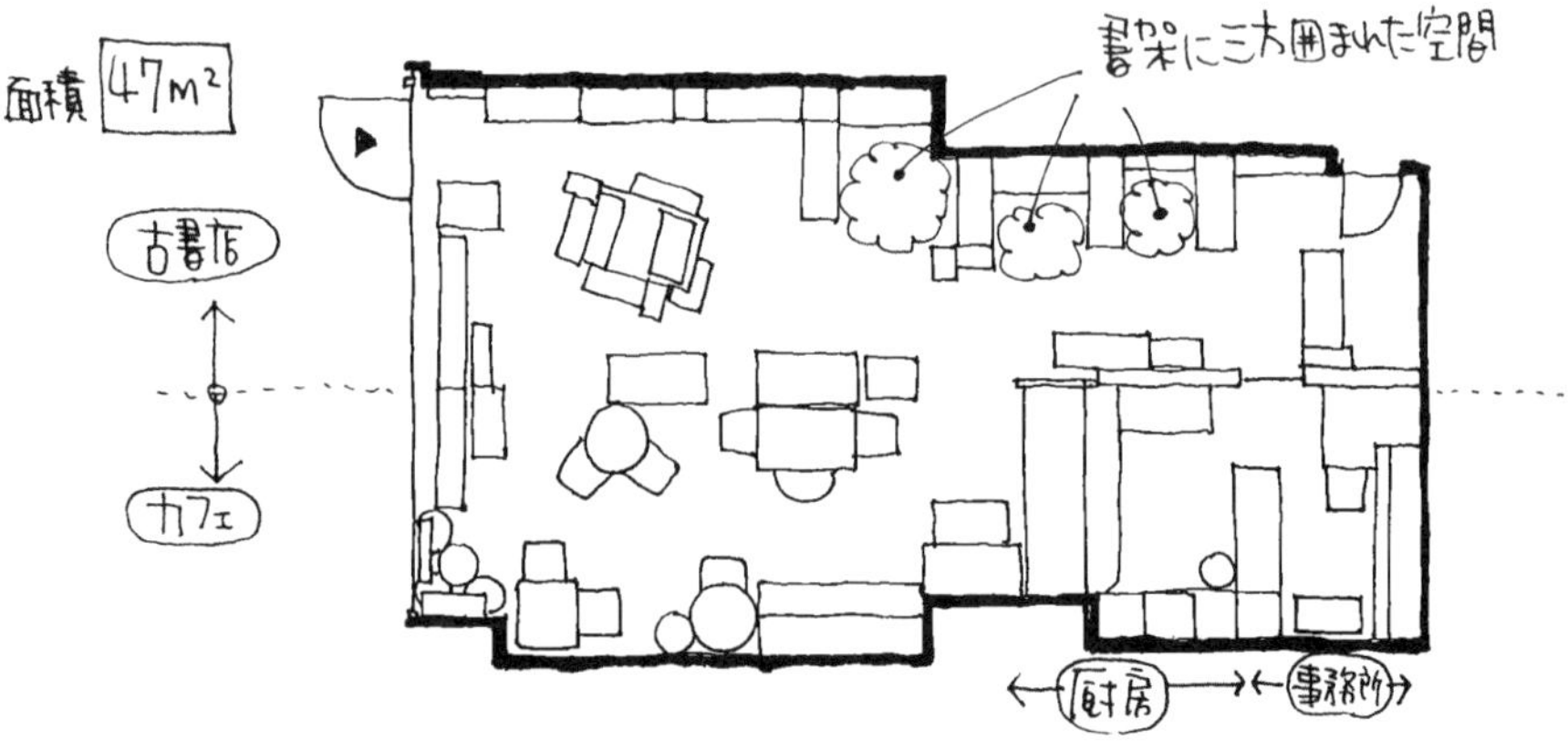
面積 47m²
書架に三方囲まれた空間
古書店
カフェ
厨房
事務所

book cafe
火星の庭

右：奥へと誘い込むような書架配置
左：大きなガラス面から店内の様子をうかがう

東欧のブックカフェに憧れて

仙台・火星の庭は、古書店とカフェが合体したブックカフェである。ブックカフェがまだ珍しかった2000年4月にオープンして以来、営業を続けている。昔旅した東欧諸国の各都市でたくさんのブックカフェを訪れた店主の前野久美子・健一夫妻は、チェコのプラハで市民の暮らしに欠かせない場所となっていた理想のブックカフェに出会う。こんな店を仙台で開きたいとの思いで、市内の大通りに面した空きテナントに入居。まちの繁華なエリアからやや離れ、飲食業を行うには不利な立地ではあったが、20年以上経った今、徒歩圏に新たな書店が開業するまでになった。

コーナー型閲覧室のような書架配置

奥に深い店内の左半分が古書店、右半分がカフェ。古書店ゾーンはタイルカーペット、カフェゾーンはフローリング張りと床材も切り替わる。店内に入ると2つのゾーンを仕切るグリーンの棚たちが目に入る。まるで火星の表面を歩く火星人のような、ちょっと不気味だけどなんともかわいい丸みのある形だ。古書店ゾーンには左側の長い壁に面して、書

右：ゾーンを緩やかに仕切る本棚
左：ここに入って本に囲まれてみよう

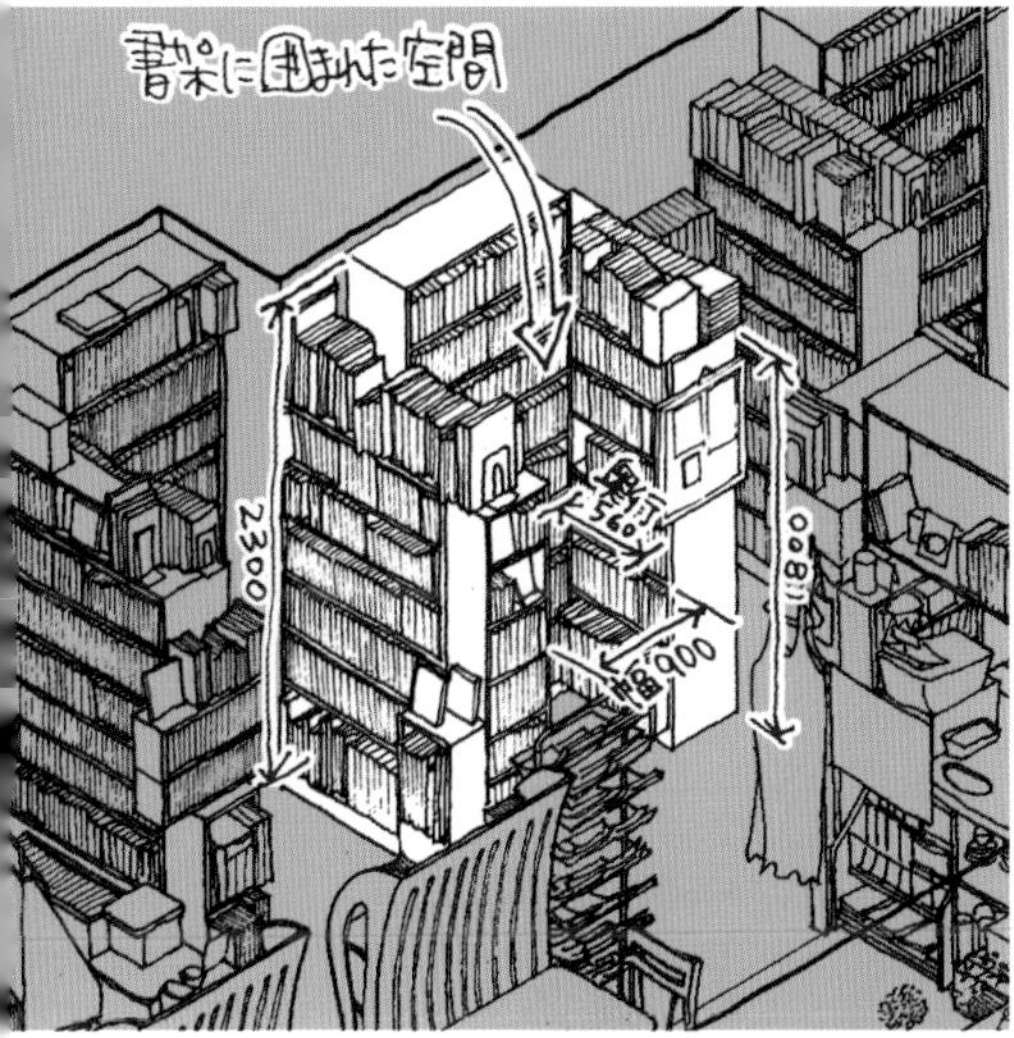

コーナー型閲覧室のような配置

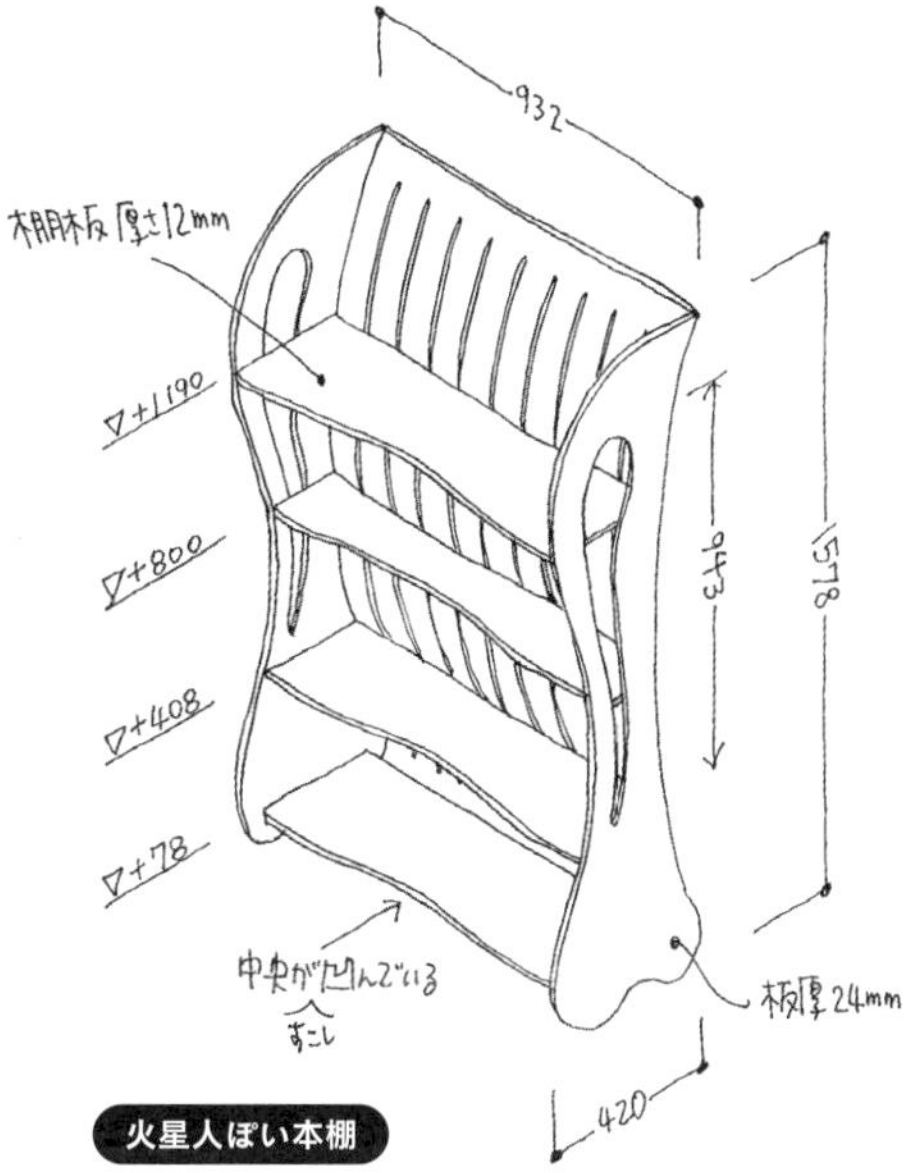

火星人ぽい本棚

架がコの字型に配置にされている。本を探す客が書架の中にすっぽり入り込むスタイルは、開架書架と閲覧席を共存させた古い図書館の「コーナー型閲覧室」に似ている。火星の庭のこだわりは、その選書にある。入口側にはあえて人文書のような硬いジャンルの本を置き、奥へ行くほど、美術書、日本やアジア関連書、サブカルチャー、と柔らかい読み物に移り変わり、突き当たりはコミック本の棚。棚に並ぶ本は、店がどんな本を買取りたいのかを知らせるシグナルだという。店と客の幸福なマッチングはこうして育まれている。

ひとりでいる人のための場所に

２０１１年の東日本大震災では、仙台市内も多大な被害を受けた。店は１カ月の間、被災した常連たちとの共同生活拠点となった。復興に向けて活動するなかで、都市にひとりでいるしかない人のための場所が必要だとの想いを強くした前野夫妻は、今も生活困窮者のために店を活かした支援を続けている。東欧のブックカフェが社会問題を議論する熱い場所でもあったように、火星の庭はアクションを起こすための拠点であり続ける。

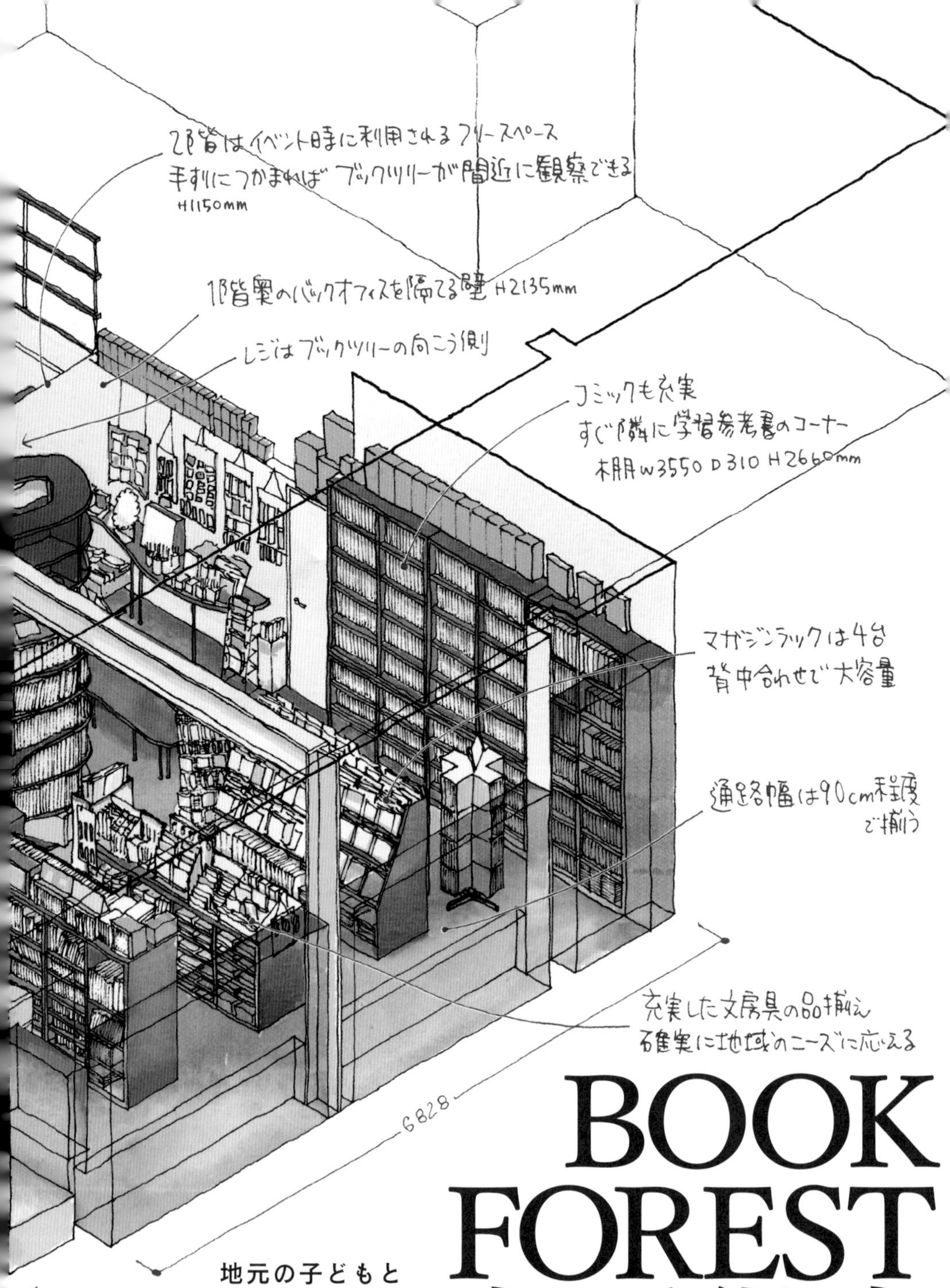
2階はイベント時に利用されるフリースペース
手すりにつかまればブックツリーが間近に観察できる
H1150mm
1階奥のバックオフィスを隔てる壁 H2135mm
レジはブックツリーの向こう側
コミックも充実
すぐ隣に学習参考書のコーナー
棚 W3550 D310 H2660mm
マガジンラックは4台
背中合わせで大容量
通路幅は90cm程度で揃う
充実した文房具の品揃え
確実に地域のニーズに応える
6828

BOOK FOREST 森百貨店

地元の子どもと
世界をつなぐ
絵本のブックツリー

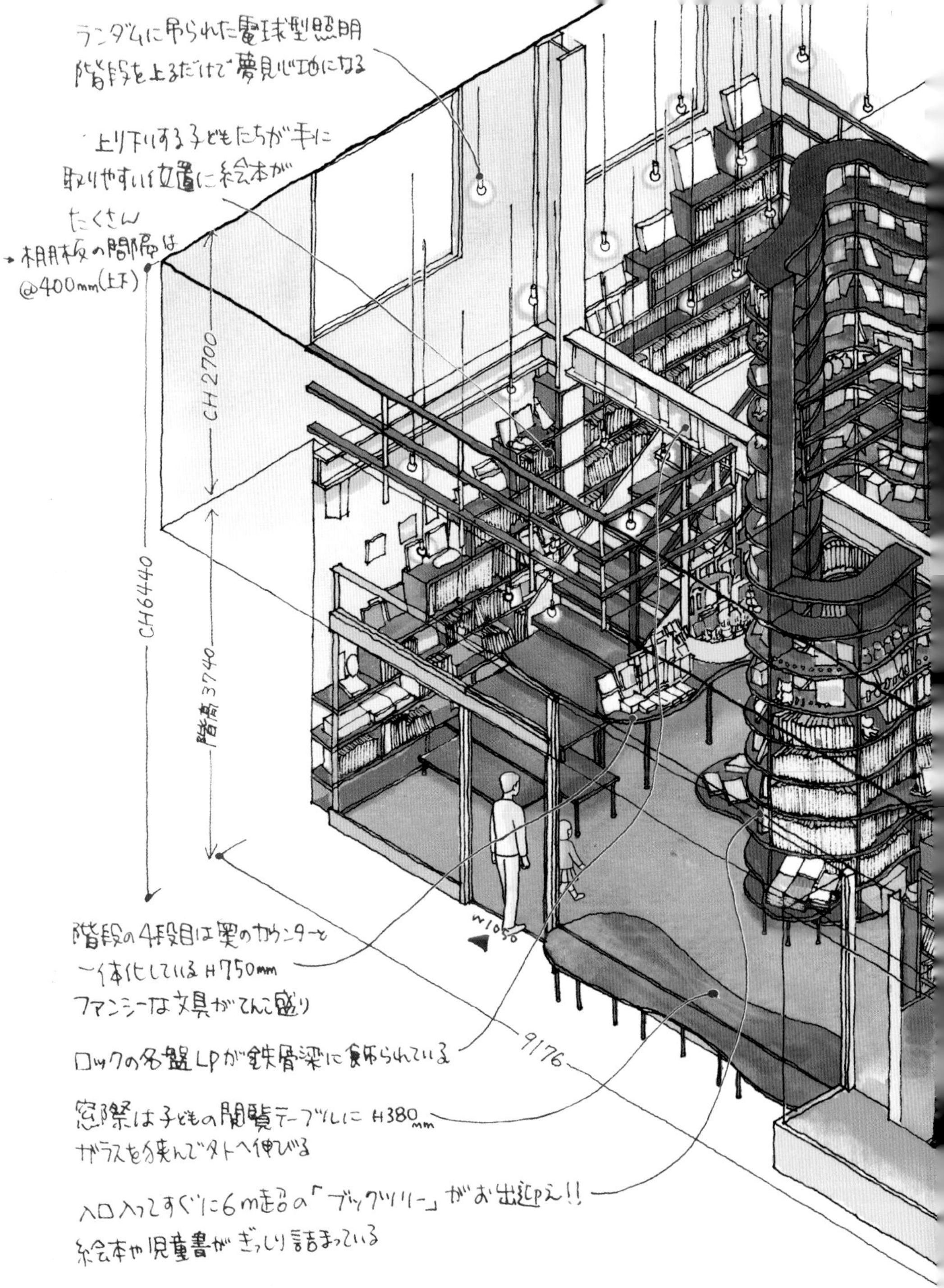

ランダムに吊られた電球型照明
階段を上るだけで夢見心地になる
上り下りする子どもたちが手に
取りやすい位置に絵本が
たくさん
→棚板の間隔は
@400mm(上下)
CH2700
CH6440
階高3740
W1050
9176
階段の4段目は奥のカウンターと
一体化している H750mm
ファンシーな文具がてんこ盛り
ロックの名盤LPが鉄骨梁に飾られている
窓際は子どもの閲覧テーブルに H380mm
ガラスを挟んで外へ伸びる
入口入ってすぐに6m超の「ブックツリー」がお出迎え!!
絵本や児童書がぎっしり詰まっている

栃木 | BOOK FOREST MORIHYAKKATEN

2つの顔をもつ書店

BOOK FOREST 森百貨店は栃木県芳賀町の旧市街にある新刊書店である。店名が「BOOK FOREST」「森百貨店」と2つ並ぶのには理由がある。この地で代々、本や文具・薬も取り扱っていた森百貨店という商店を、2012年に先代から森敦さんが引き継いだ際、BOOK FORESTを新たに屋号として加えたのだ。区画整理の影響で店を移転・新築したこともリニューアルのきっかけとなった。親類の建築士に設計を依頼し、真っ白な鉄骨造2階建ての店舗を建てた。森さんは先代の森百貨店を継承しつつ、ポップで楽しい児童書の世界を店の新しいコンセプトに据えた。これがBOOK FORESTパートで、店内もキャラクターの異なる2つの顔を合わせもっている。明確な区分があるわけではないが、さしずめ店内1階の左半分がBOOK FOREST、右半分が森百貨店だろうか。森百貨店側は質実剛健なスチールラックに学習参考書や文房具、週刊誌やコミック本が整然と並ぶ。一方BOOK FOREST側は吹き抜けと上階に続く階段があり、この店のシンボルである巨大な「ブックツリー」がそびえ立つ。

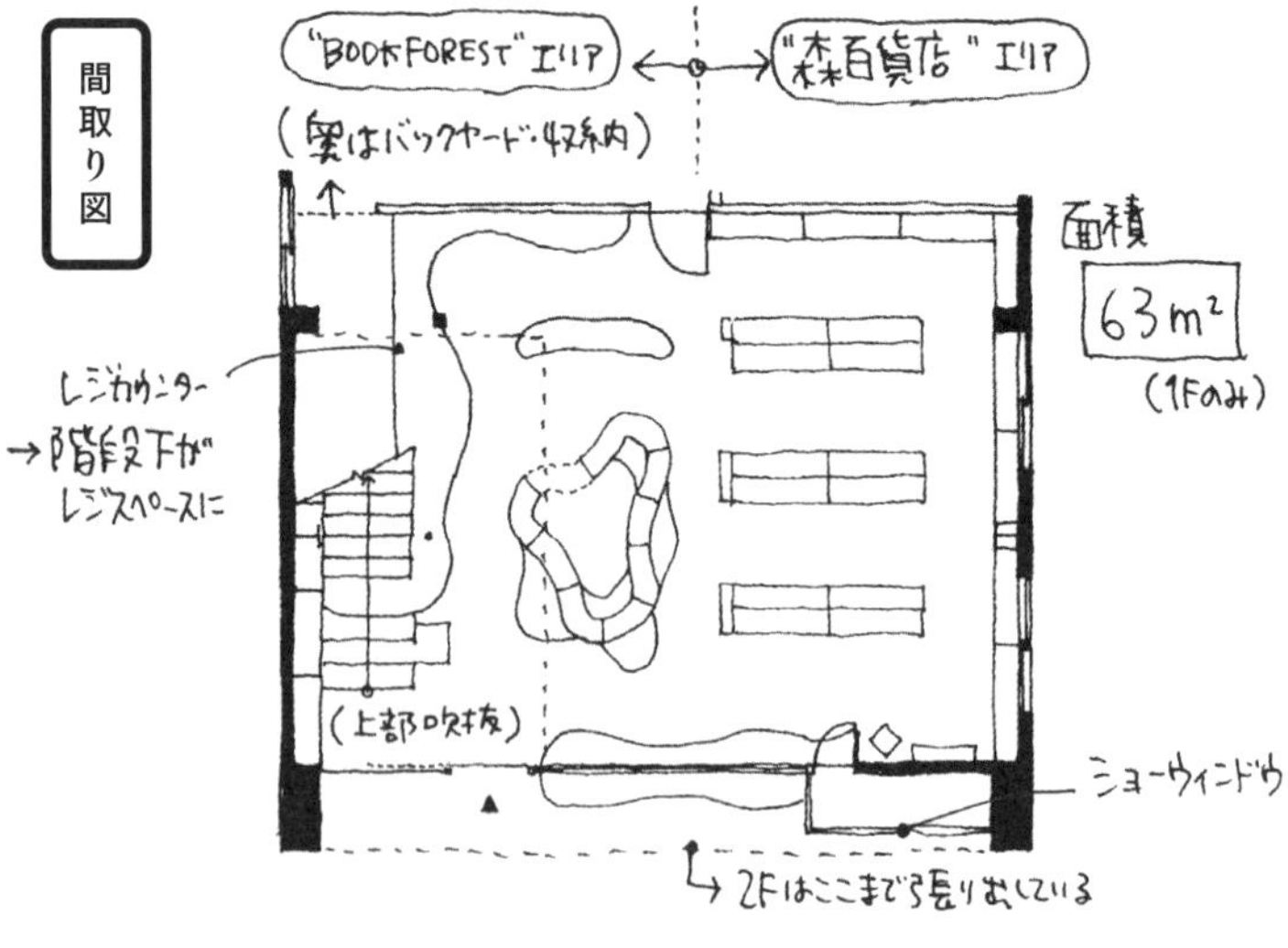
間取り図
"BOOK FOREST"エリア
"森百貨店"エリア
(奥はバックヤード・収納)
面積
63m²
(1Fのみ)
レジカウンター
→階段下がレジスペースに
(上部吹抜)
ショーウィンドウ
2Fはここまで張り出している

BOOK FOREST

右：存在感がある2階建ての独立店舗
左：真ん中にブックツリーがそびえ立つ

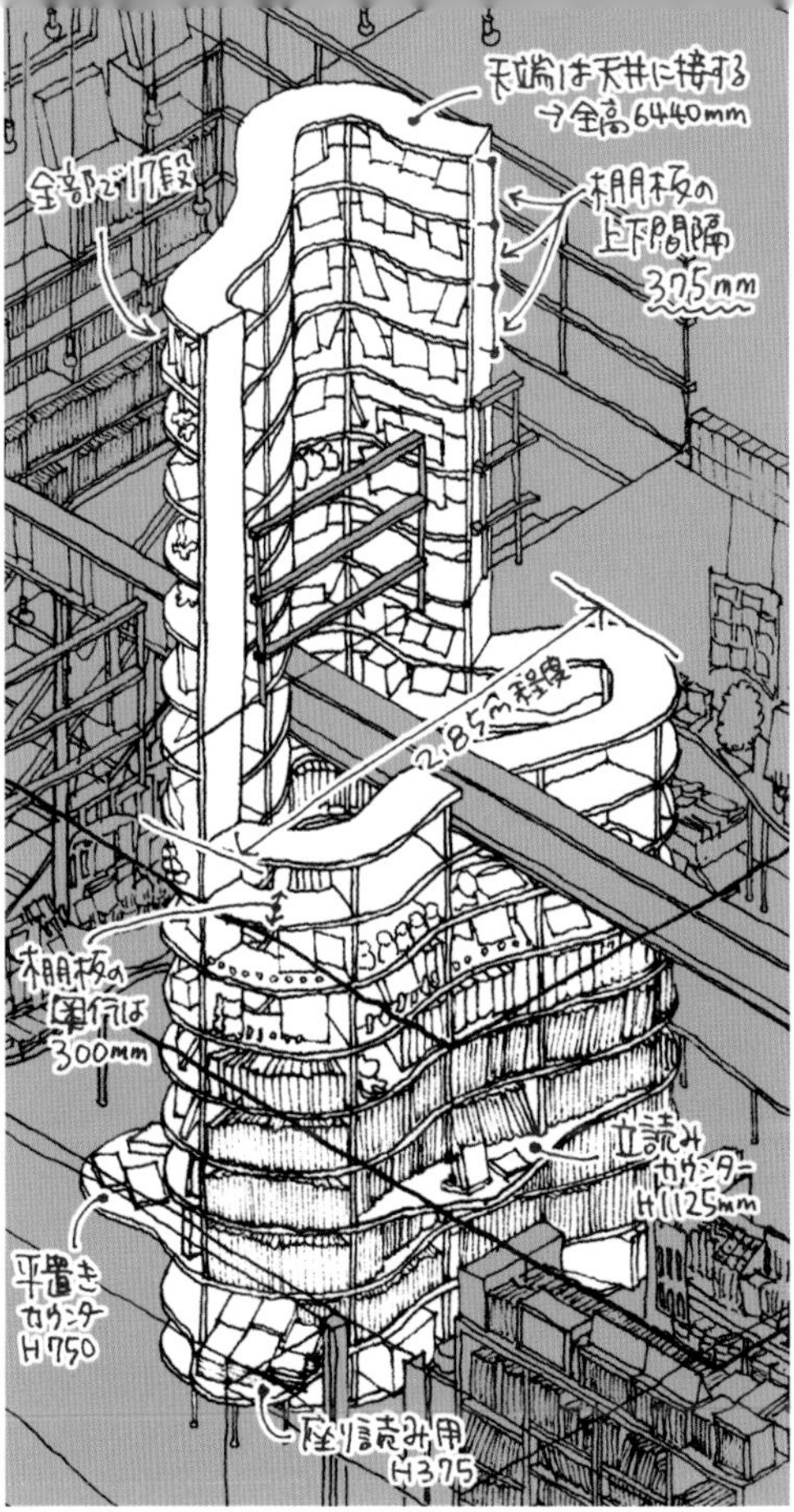

天端は天井に接する
→全高6440mm
全部で17段
棚板の上下間隔
375mm
2,85m程度
棚板の間隔は
300mm
立読みカウンター
H1125mm
平置きカウンター
H750
座り読み用
H375

ブックツリー

上：見上げれば童心にかえりそう
下：階段下にも楽しい売場がある

ブックツリーの高揚感

設計を担当した建築士の提案によって実現した巨大書架・ブックツリー。棚板は自由曲線で切り抜いた合板を上下一定の間隔で重ねていて、ケヤキの巨木のように大きな襞のある表面を模しているらしい。空洞になった内部は子どものための秘密の読書スペースだ。

訪れた人はだれもが入口の目の前にそびえ立つブックツリーを見上げ、中に収められた絵本の存在に目を向ける。ブックツリーを囲む階段を一段ずつ上りながら、気づけば絵本と児童書の世界に眺め入ってしまう仕掛けだ。

子どもの目線を意識した空間

ブックツリー下部の棚板は一部カウンター状に飛び出していて、思わず手に取りたくなるかわいらしい絵本やグッズが並ぶ。階段脇の低い位置にある棚にも絵本が詰まっていて、子どもが自分の意志であちこち本を探して動き回れる空間が用意されている。先代のレガシーを継承しつつも、地元の子どもたちと広い世界をつなぐ唯一無二の居場所として、BOOK FOREST 森百貨店は今日もまちに開いている。

REBEL BOOKS

デザイナー店主がつくりあげた ブルーグレーのローカル基地

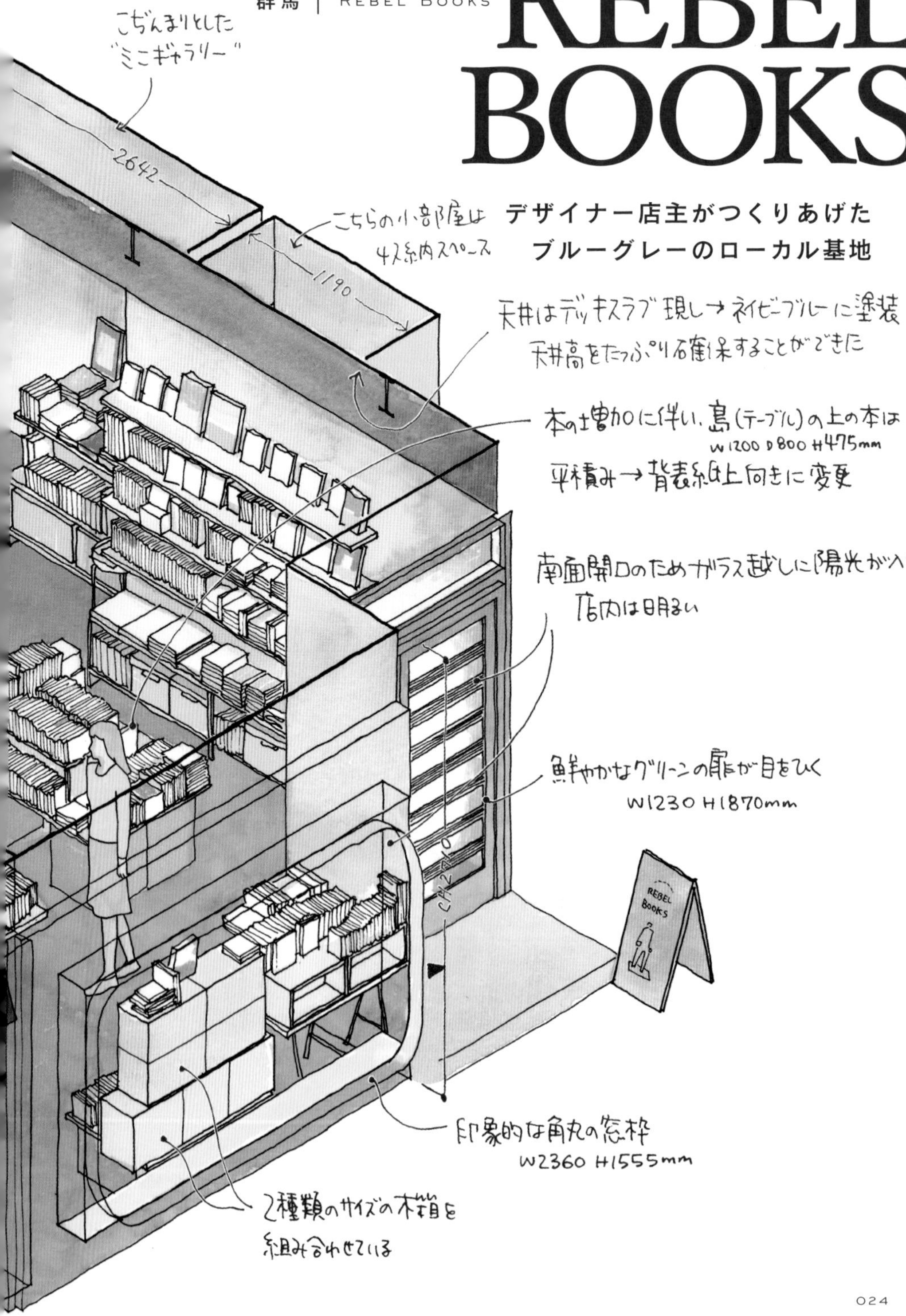
こぢんまりとした
"ミニギャラリー"
2642
こちらの小部屋は
収納スペース
1190
天井はデッキスラブ現し→ネイビーブルーに塗装
天井高をたっぷり確保することができた
本の増加に伴い、島（テーブル）の上の本は
W1200 D800 H475mm
平積み→背表紙上向きに変更
南面開口のためガラス越しに陽光が入り
店内は明るい
鮮やかなグリーンの扉が目をひく
W1230 H1870mm
REBEL BOOKS
印象的な角丸の窓枠
W2360 H1555mm
2種類のサイズの本箱を
組み合わせている

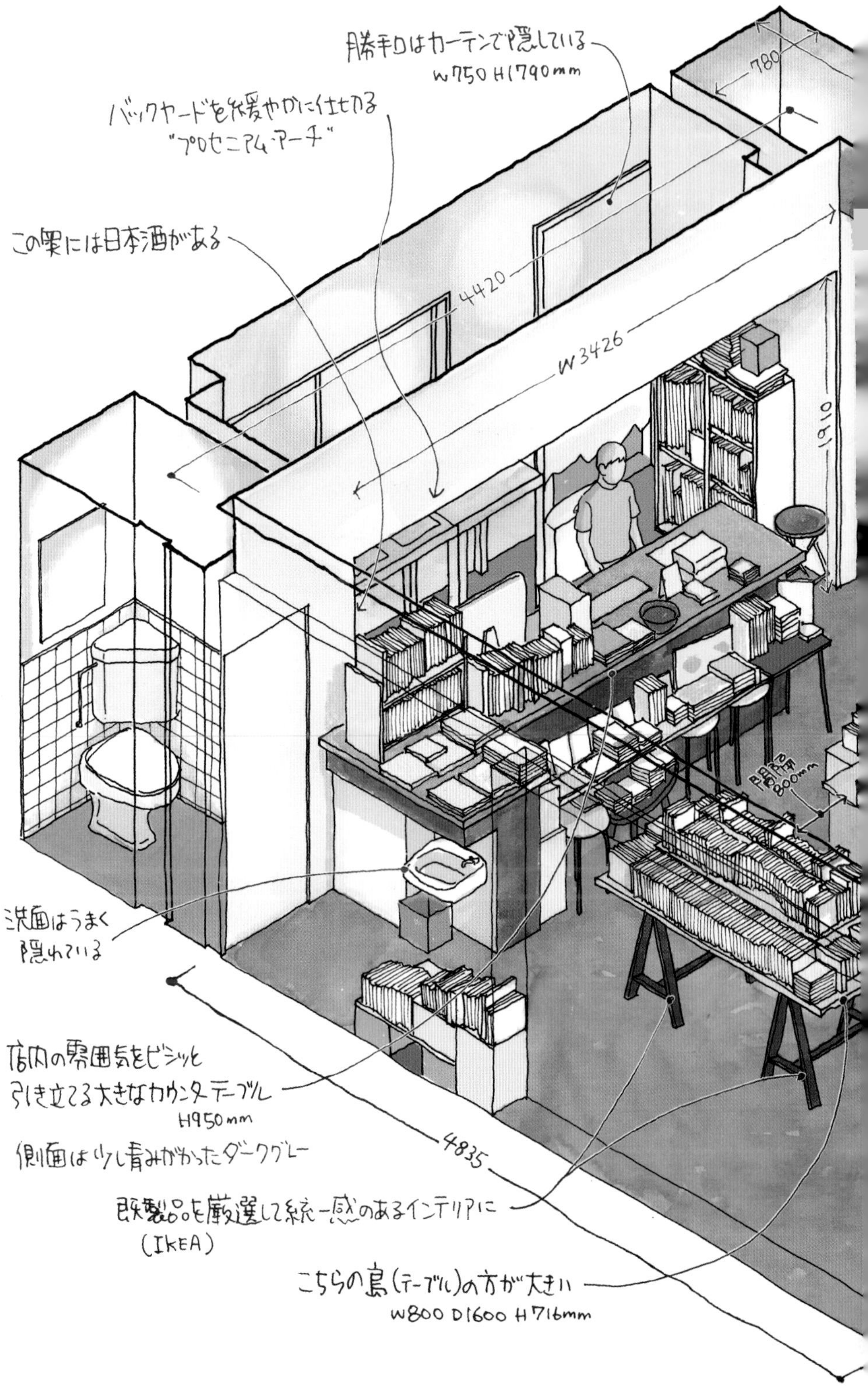
勝手口はカーテンで隠している
W750 H1790mm
780
バックヤードを緩やかに仕切る
"プロセニアム・アーチ"
この奥には日本酒がある
4420
W3426
間隔
800mm
洗面はうまく
隠れている
店内の雰囲気をビシッと
引き立てる大きなカウンターテーブル
H950mm
側面は少し青みがかったダークグレー
4835
既製品を厳選して統一感のあるインテリアに
(IKEA)
こちらの島(テーブル)の方が大きい
W800 D1600 H716mm

右：太い窓枠が印象的だ
左：自然光が入る明るい店内

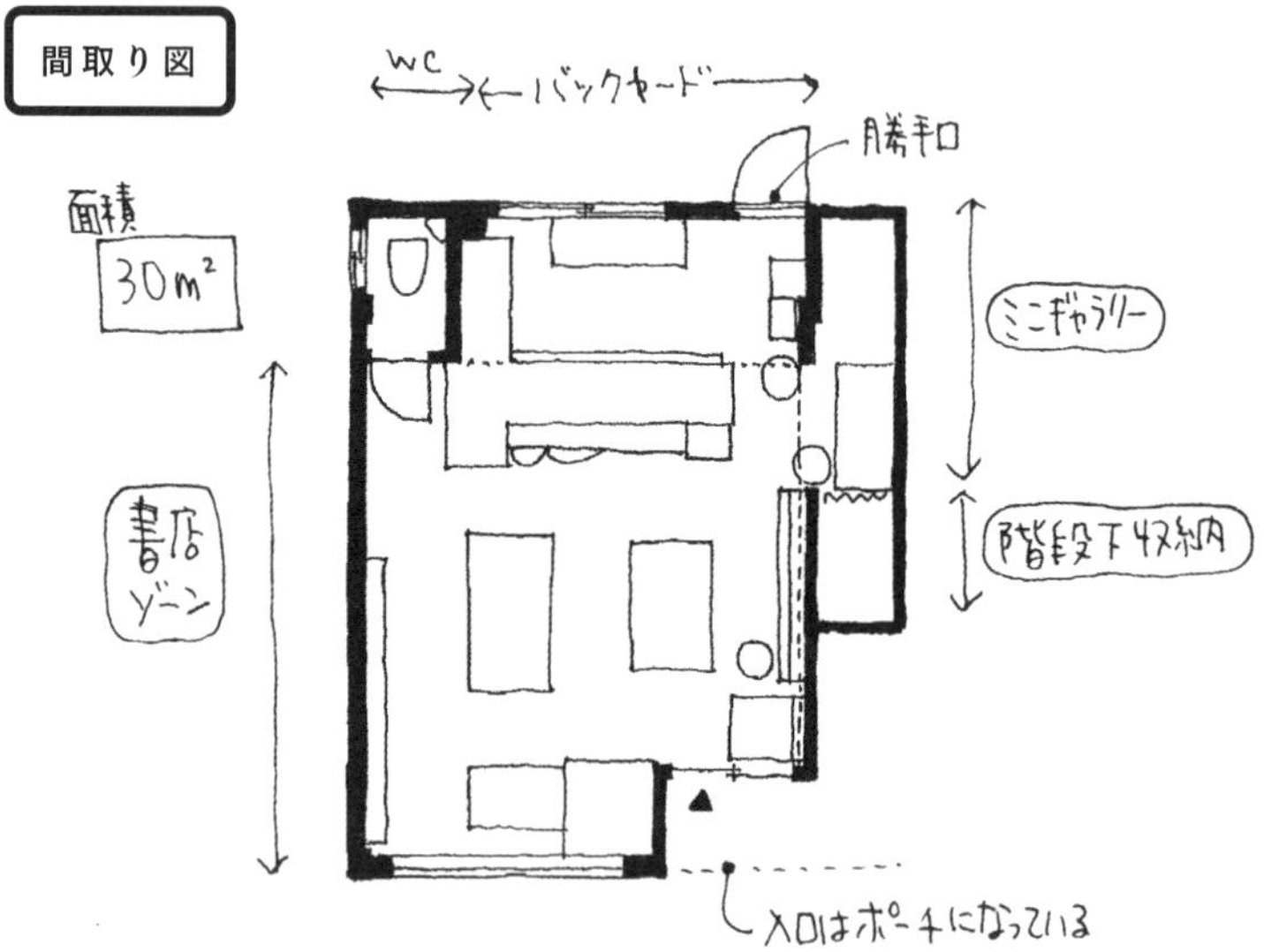
間取り図
WC
バックヤード
勝手口
面積
30m²
ミニギャラリー
階段下収納
書店ゾーン
入口はポーチになっている

空きビルを購入して開店

群馬県高崎市のREBEL BOOKSは、高崎駅から北へ20分ほど歩いた小さな商店街の中にある。店主の荻原貴男さんは元寿司屋だったというこの物件に、遊休不動産のマッチングを行う地元の会社を通じて出会う。角丸の窓が印象的な、小さな3階建てのビルを棟ごと借りて各階を使うことも考えたが、土地と上物の価格が改修に必要な費用と同等だったことから、一転して購入を決意。そのため改修コストは最小限に抑え、大工工事・電気工事・ガス工事は自らが元請けとなり、内装も可能なところは自主施工。メインの書架は建築家に図面を描いてもらい、木材は自ら手配するなどして制作した。

ブルーグレーを基調としたインテリア

荻原さんはデザイン学校のプロダクト科出身のデザイナーでもある。増え続ける本の置き場を確保するため、自分で図面を引いて追加の棚や什器を制作し、収容量を増やしてきたという。２０１６年12月のオープン時は５００冊程度だった本も、取材時には２０００冊に到達していた。

店内に入るとまず印象的なのがインテリアに使われている様々なブルーである。既存の天井を撤去し、むき出しとなった上階のデッキスラブ裏面をネイビーブルーに塗装したことを起点とし、1階土間床のグレーと調和するように、カウンターの側面や扉枠をブルーグレーに塗装して、個性的でありながら落ち着いた雰囲気をつくり出している。様々な既製品の家具が置かれた店内だが、ブルーとグレーのカラースキームがあるおかげで、ちぐはぐな印象にはなっていない。

「エリアを楽しむ」ために

なるべく新刊書を取りまぜたフレッシュな棚づくりを心がけるのも、大きなカウンターを活用してビールや日本酒を立ち飲みできるようにしたのも、店に来る常連客らのため。群馬は車社会と言われるが、それに抗うように、まちを歩いて楽しんでほしいと荻原さんは考えている。自店の魅力を高めることは大前提として、エリアとして楽しんでもらうことが来訪・再訪をより促進する。そのために、近隣のおすすめの店を紹介するマップを自ら制作し、配布もしている。

窓際の書架

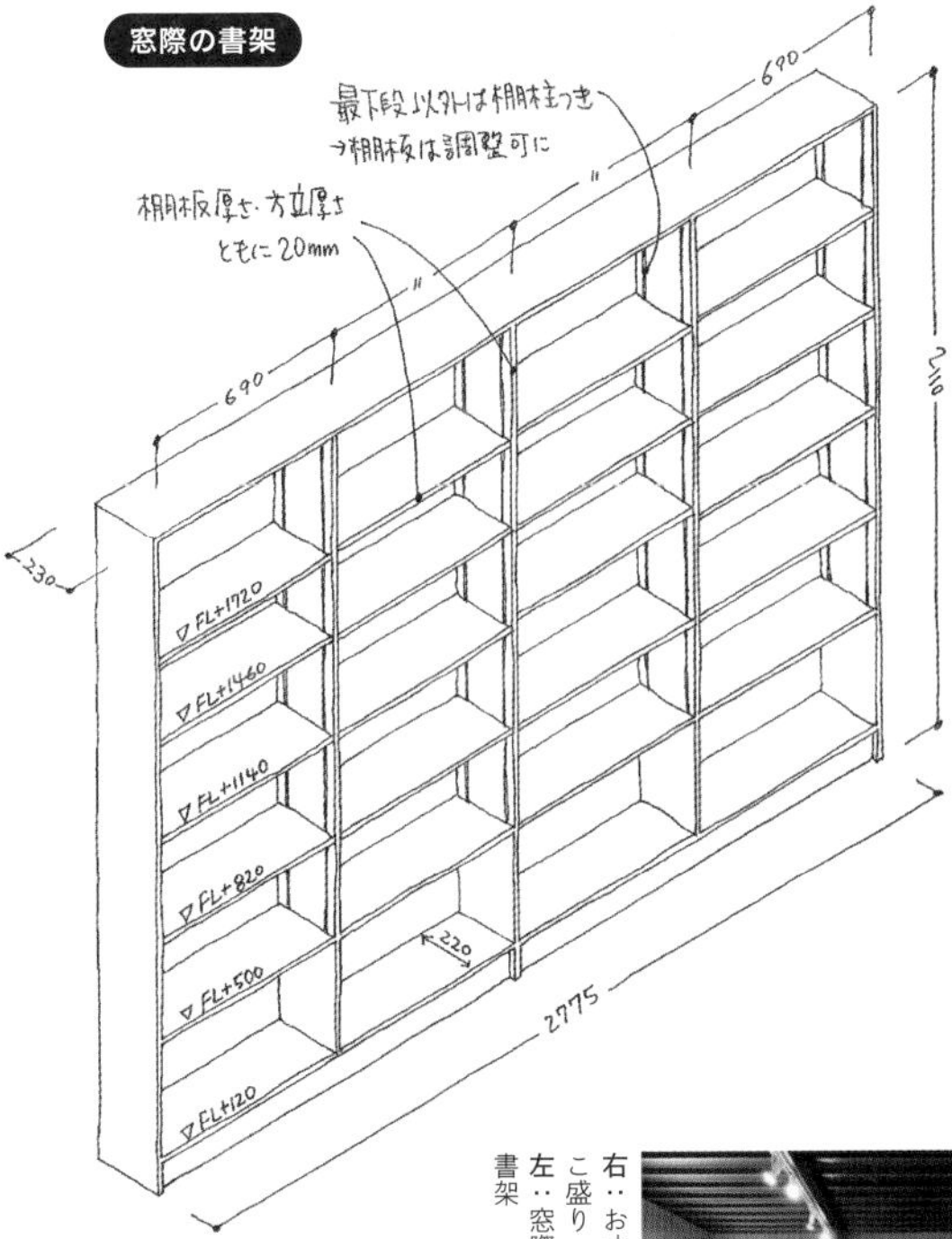

最下段以外は棚柱つき
→棚板は調整可に
棚板厚さ・方立厚さ
ともに20mm
690
690
2775
230
220
FL+1720
FL+1460
FL+1140
FL+820
FL+500
FL+120

陳列には同サイズの木箱が向きを変えて利用される
W423 D190 H255mm
天板は厚さ20mm
足元の木箱
W350 D370 H450mm

本が満載テーブル

右：おすすめの新刊書がてんこ盛り
左：窓際に設置された大きな書架

東京 | KIRYUSHA

気流舎

**2間角のシュタイナー建築は
カウンターカルチャーの聖地**

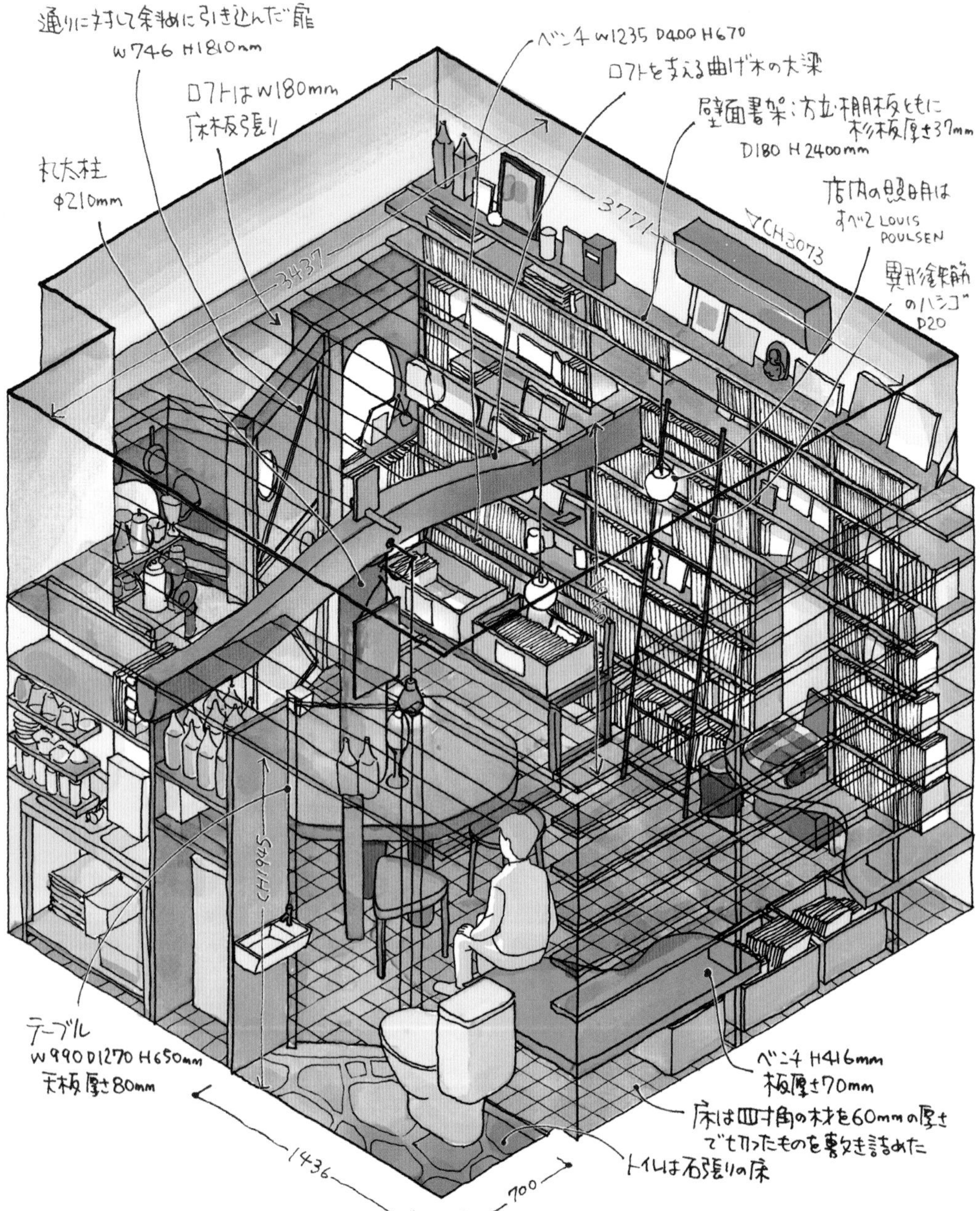
通りに対して斜めに引き込んだ扉
W746 H1810mm
ロフトはW180mm
床板張り
丸太柱
φ210mm
ベンチ W1235 D400 H670
ロフトを支える曲げ木の大梁
壁面書架：方立・棚板ともに
杉板厚さ37mm
D180 H2400mm
店内の照明は
すべてLOUIS POULSEN
異形鉄筋
のハシゴ
D20
3437
3771
▽CH3073
CH1945
テーブル
W990 D1270 H650mm
天板厚さ80mm
ベンチ H416mm
板厚さ70mm
床は四寸角の材を60mmの厚さ
で切ったものを敷き詰めた
トイレは石張りの床
1436
700

カウンターカルチャーの入口として

東京・下北沢の駅から南へ少し歩くと、ライブハウスや古着屋などが集まるいかにもシモキタらしい一画がある。ある路地を入るとひょっこり顔を出すのが気流舎である。通りに対し斜めに引き込む扉と流木のかたまりのような外観が印象的だ。店にはカウンターカルチャーに興味をもった人が集い、それらの本が揃う。開店当初の創設者らは東日本大震災を機に一線を退き、以降は仲間が日替わりで店に立ち共同で運営している。

シュタイナー建築の実践例

神秘思想家のルドルフ・シュタイナーは、人智学という自らの活動にふさわしい建築設計も行った。気流舎はシュタイナー建築を学んだ建築家が設計し、曲線を多用した空間はアナーキズム、カウンターカルチャーと親和性が高い。RC造のマンションの1階、幅3・4m×奥行き3・8mの狭い区画の中に、創設メンバーの自主施工で無垢材で棚、ベンチ、テーブル、ロフト、床がつくられた。あらゆる部材が曲線で構成された内部は、胎内にいるかのような不思議な居心地の良さがある。

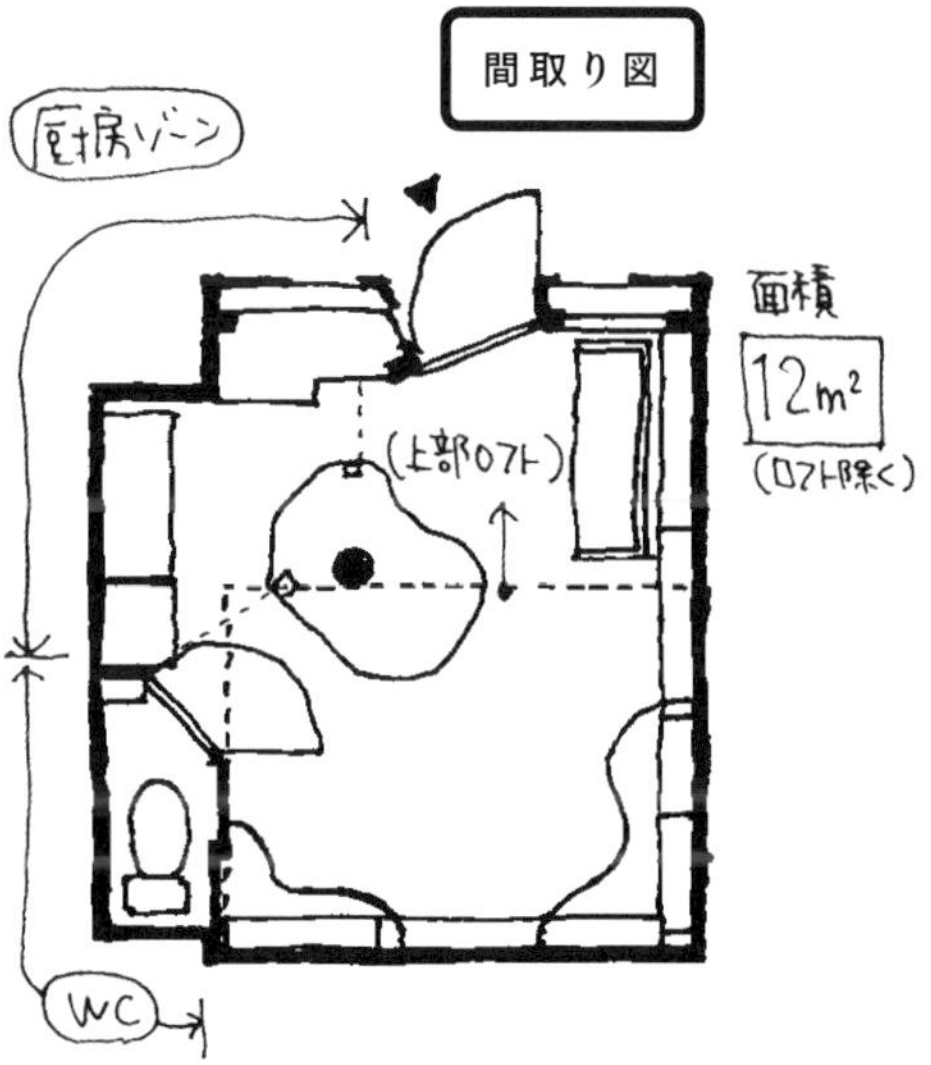
間取り図
厨房ゾーン
面積
12m²
(ロフト除く)
(上部ロフト)
WC

ロフトから店内を見下ろしてみる

異世界への入口を感じさせる木の扉

中央テーブル

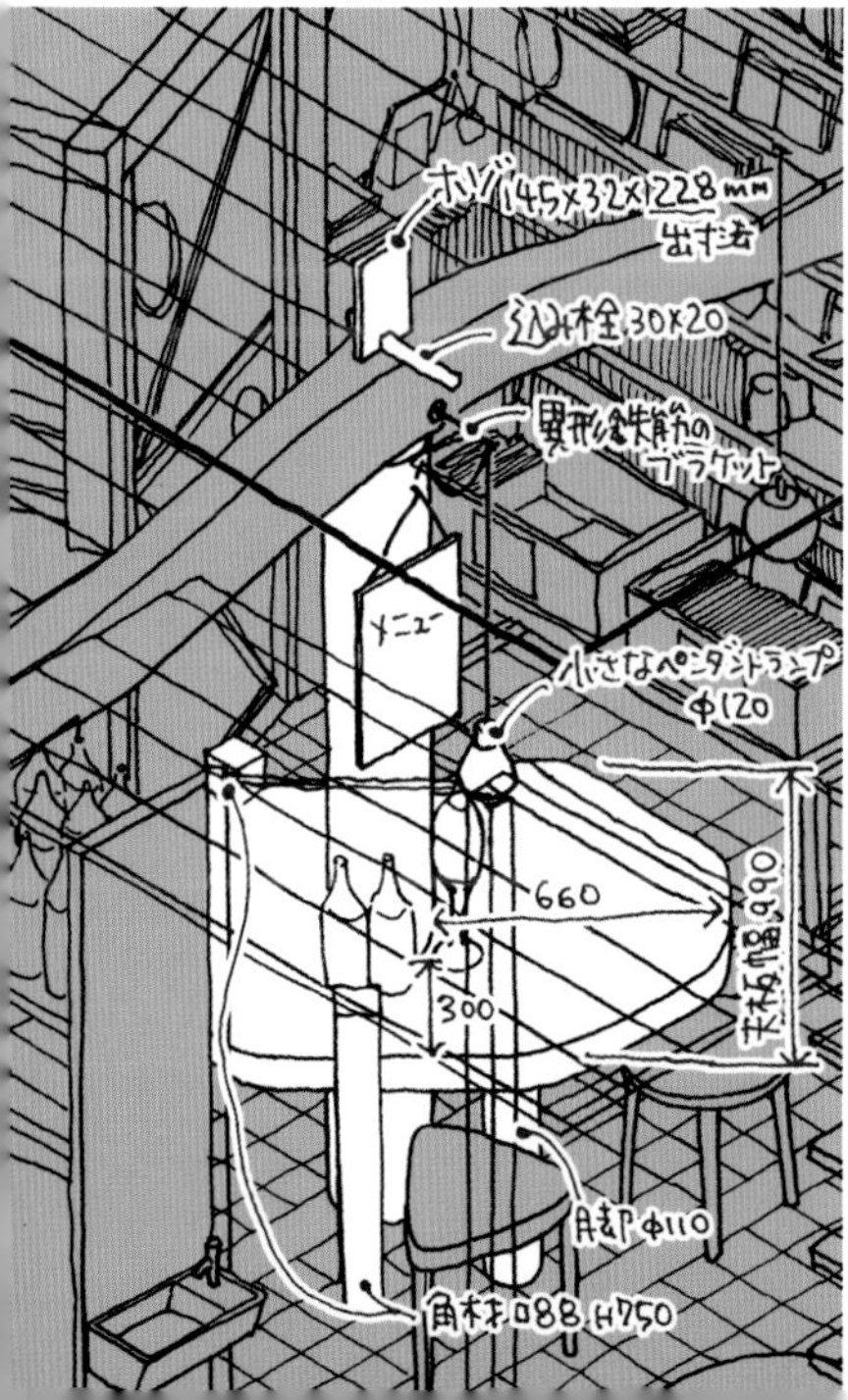
ホゾ145×32×228mm
出寸法
込み栓30×20
異形鉄筋のブラケット
メニュー
小さなペンダントランプ
φ120
660
天板幅990
300
脚部φ110
角材□88 H750

40㎡の巨大壁面書架を見下ろすまちの奥座敷

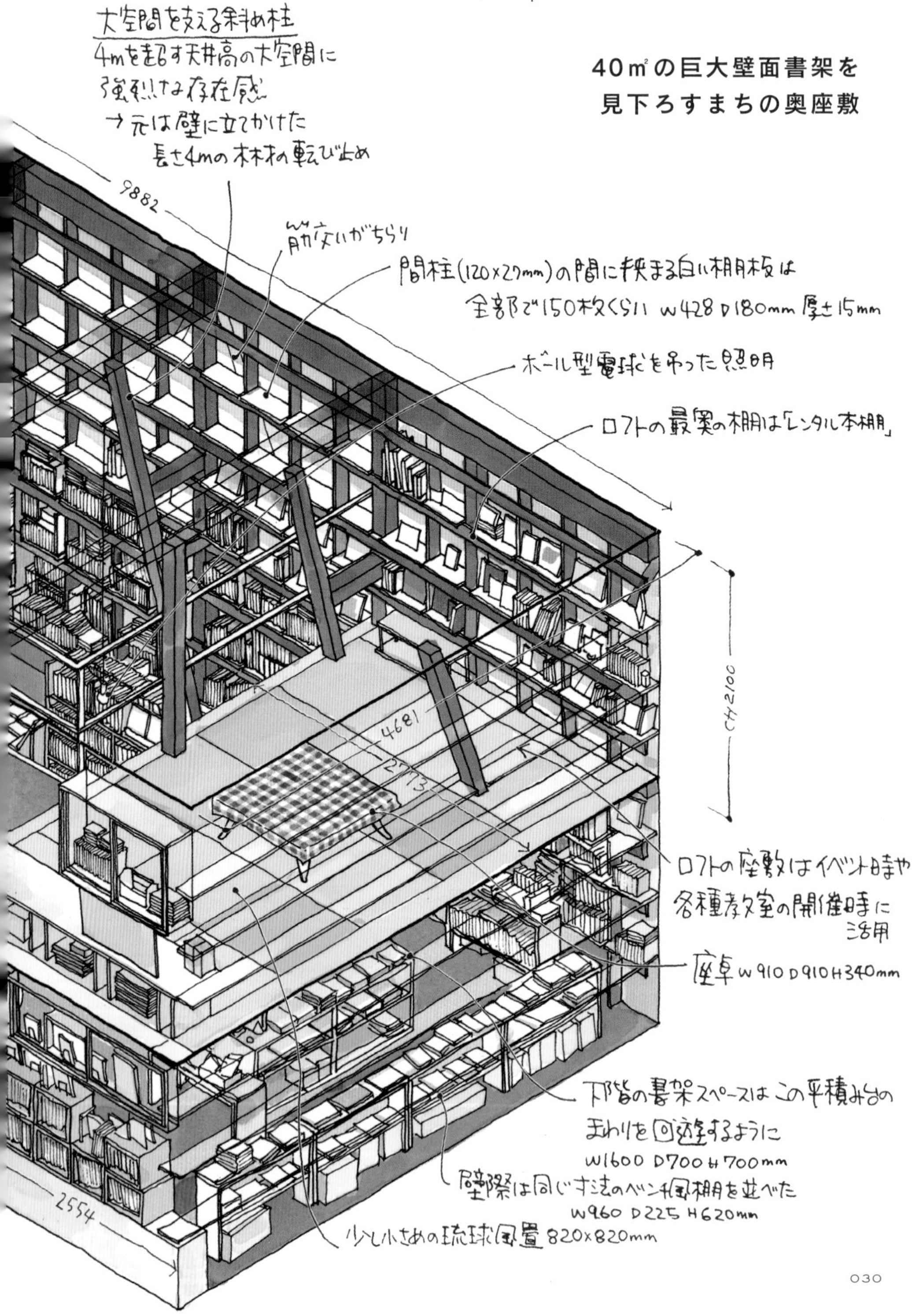
大空間を支える斜め柱
4mを超す天井高の大空間に
強烈な存在感
→元は壁に立てかけた
長さ4mの木材の転び止め
9882
筋交いがちらり
間柱(120×27mm)の間に挟まる白い棚板は
全部で150枚くらい W428 D180mm 厚さ15mm
ボール型電球を吊った照明
ロフトの最奥の棚は「レンタル本棚」
CH2100
4681
2773
ロフトの座敷はイベント時や
各種教室の開催時に
活用
座卓 W910 D910 H340mm
下階の書架スペースはこの平積み台の
周りを回遊するように
W1600 D700 H700mm
壁際は同じ寸法のベンチ風棚を並べた
W960 D225 H620mm
2554
少し小さめの琉球風畳 820×820mm

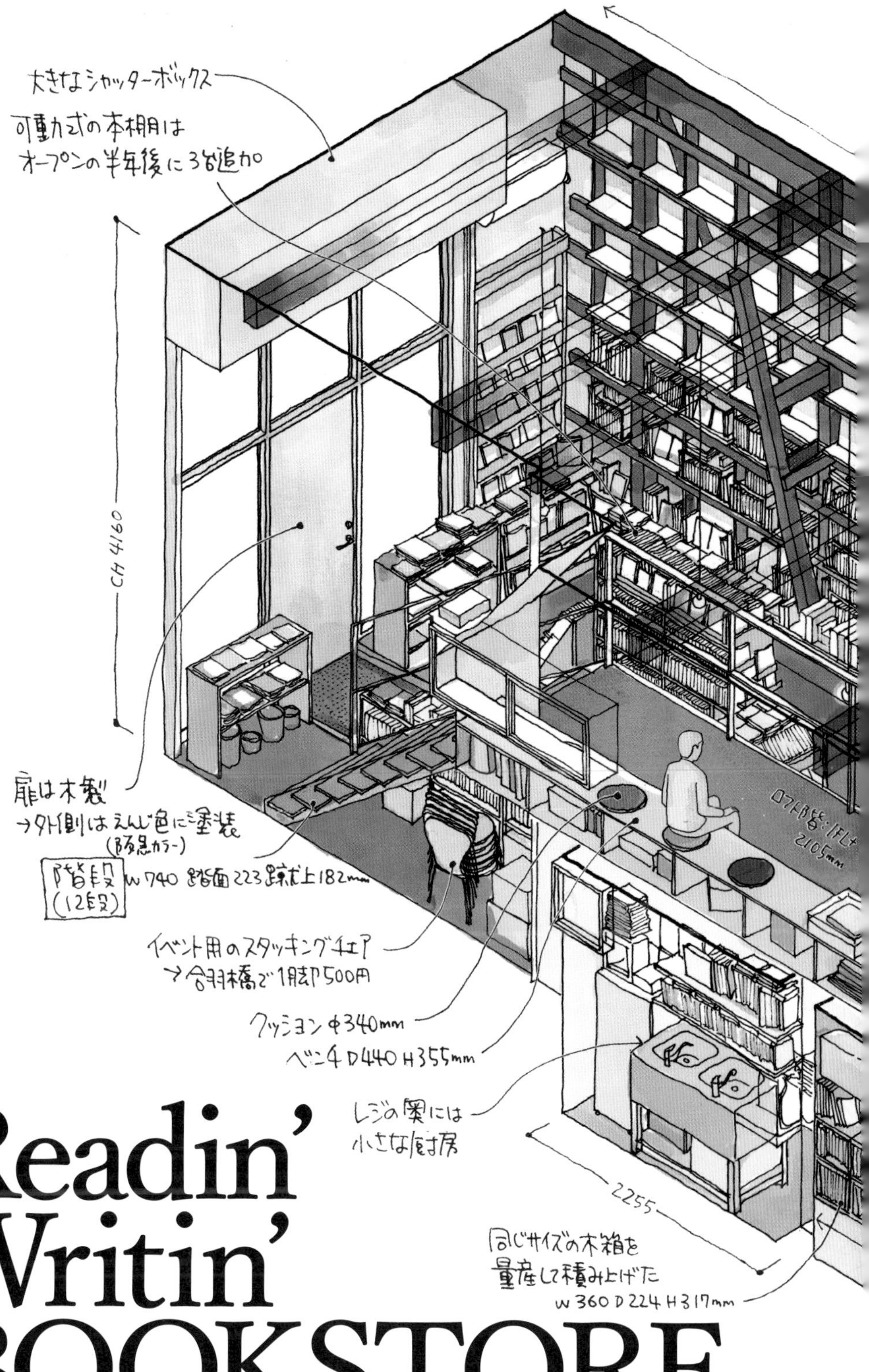
大きなシャッターボックス
可動式の本棚は
オープンの半年後に3台追加
CH 4160
扉は木製
→外側はえんじ色に塗装
(阪急カラー)
階段
(12段)
W 740 踏面 223 蹴上 182mm
イベント用のスタッキングチェア
→合羽橋で1脚500円
クッション φ340mm
ベンチ D440 H355mm
ロフト階：1FL+2105mm
レジの奥には
小さな厨房
2255
同じサイズの木箱を
量産して積み上げた
W 360 D 224 H 317mm

Readin' Writin' BOOKSTORE

木材倉庫をリノベーション

東京都台東区の田原町駅から徒歩2分のところにReadin' Writin' BOOKSTOREはある。店主の落合博さんが２０１７年4月にオープンしたこの書店は、高い天井と斜めの柱を活かした、ダイナミックなインテリアが持ち味である。辺りは問屋街で、細い道に面した渋いえんじ色の扉はちょっと特別な雰囲気を感じさせる。中に入ると、店内は想像よりも天井の高い広々とした空間であることに気づく。それもそのはず、元々木材倉庫として建てられたため、内部は４ｍの角材を収容する天井の高い空間が必要とされた。壁沿いには立てた木材が倒れないよう張り出す転び止めの斜め柱がつく。書店になる前は、駐車場や倉庫、地元浅草の三社祭で用いる町内神輿の保管庫としても使われていたらしい。

建築学生による設計施工

元木造倉庫の改修を担当したのは建築家の白井宏昌氏。白井氏は教員を務める滋賀県立大学（当時）の学生と改修設計を行い、学生らは現地で合宿しながら自主施工を敢行した。それでも電気工事やファサードのガラスサッ

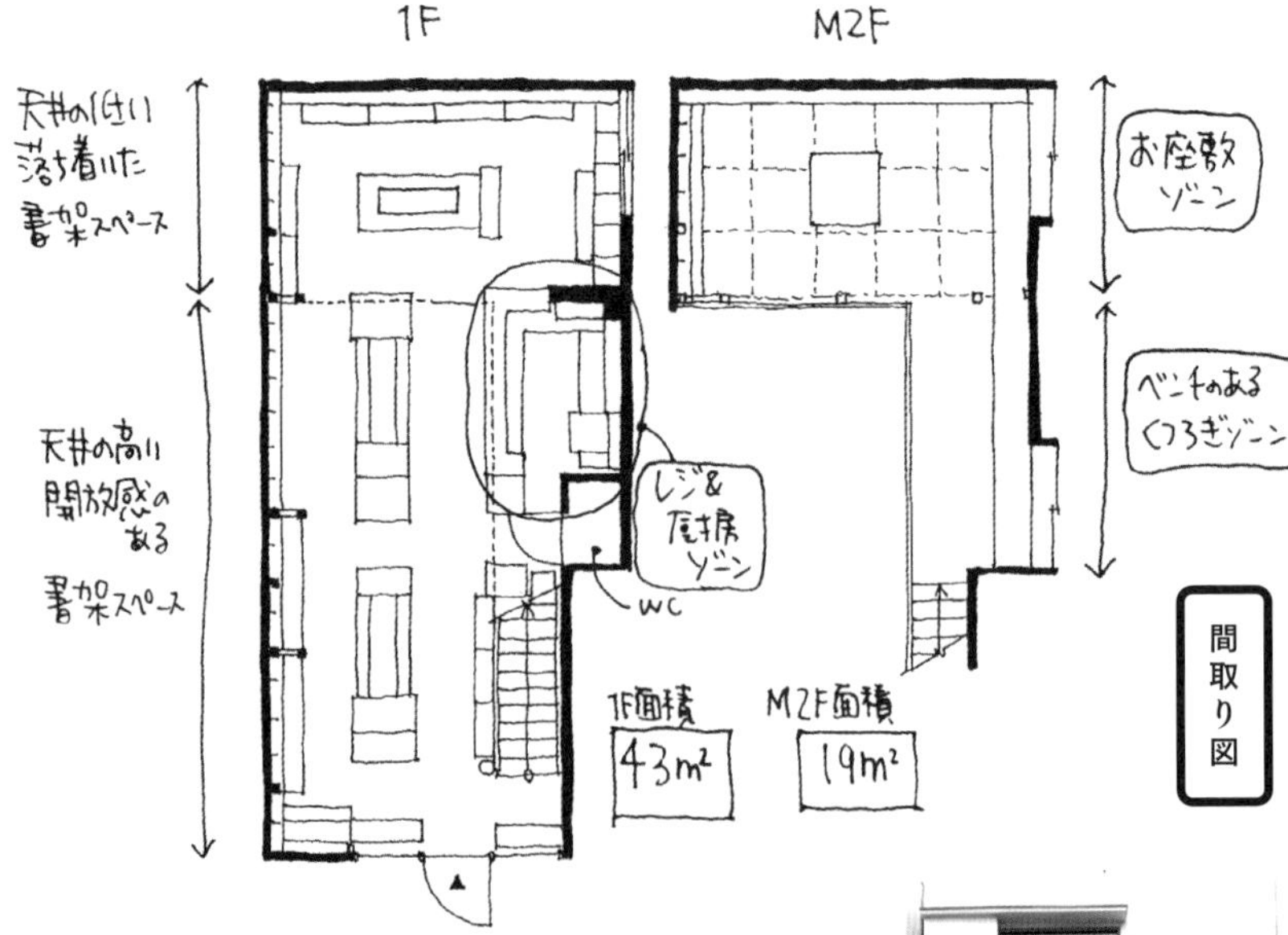

1F
M2F
天井の低い落ち着いた書架スペース
天井の高い開放感のある書架スペース
レジ&厨房ゾーン
WC
お座敷ゾーン
ベンチのあるくつろぎゾーン
1F面積
43m²
M2F面積
19m²

間取り図

右：えんじ色が目を引く外観
左：天井の高い大空間に本がずらり

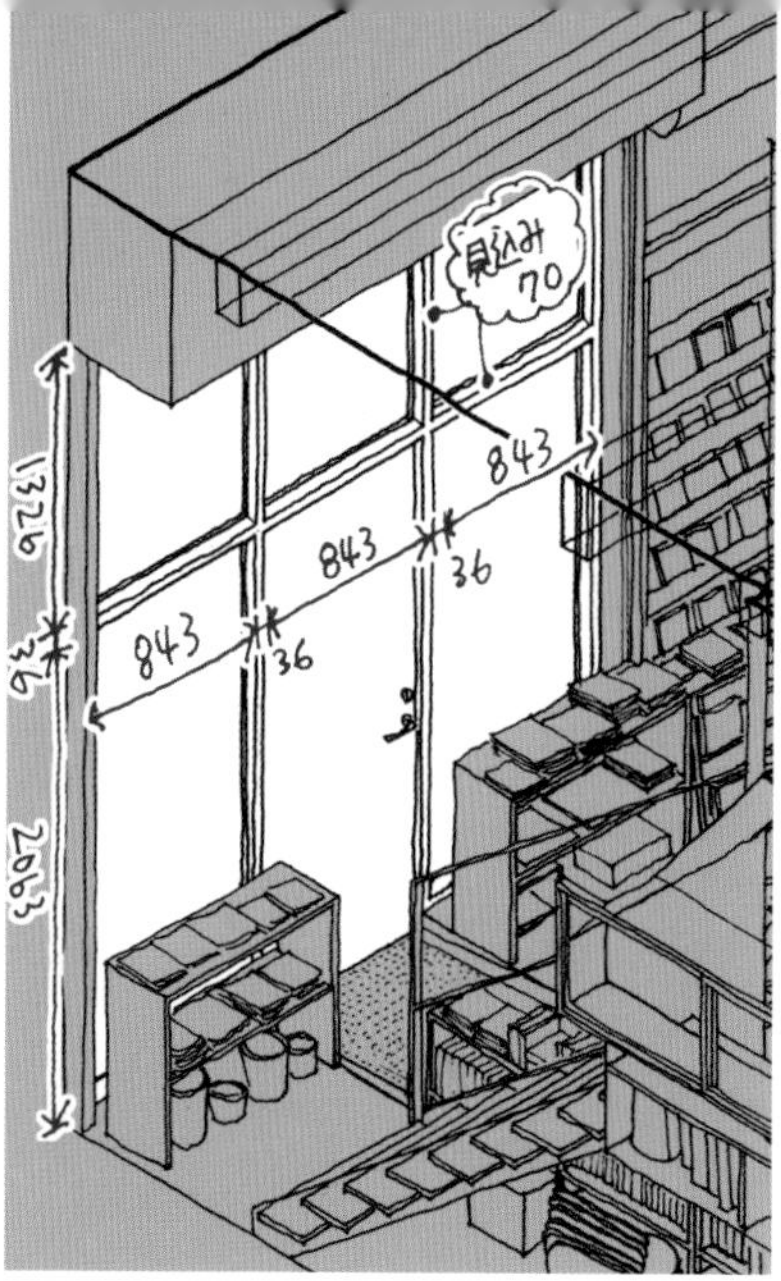
見込み70
843
843
843
36
36
36
1326
2063

フロントサッシ

外光を取り込む大きな開口部

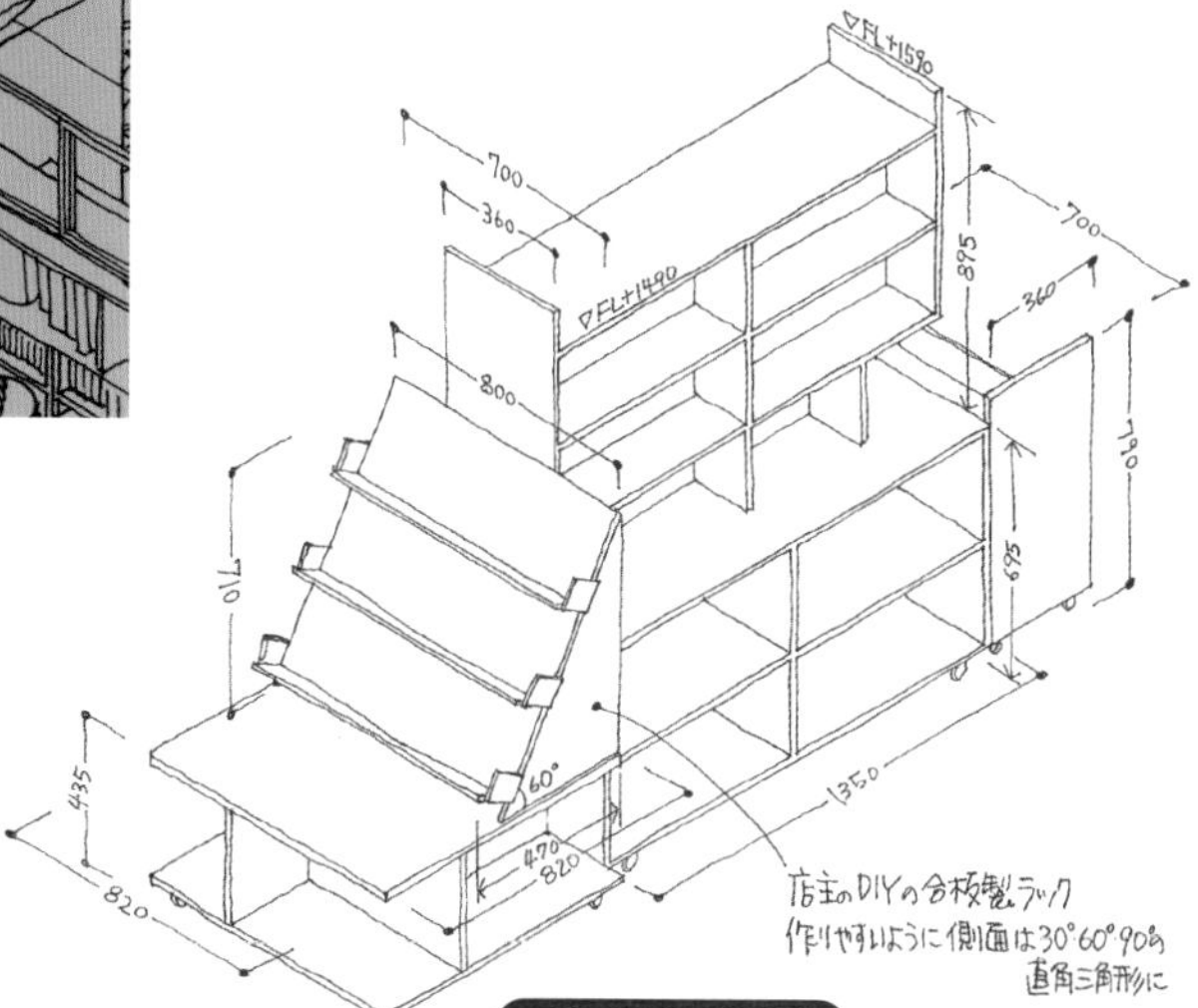
▽FL+1590
700
360
▽FL+1490
895
700
360
800
790
695
710
435
60°
470
820
820
1350
店主のDIYの合板製ラック
作りやすいように側面は30°60°90°の
直角三角形に

可動式本棚の集合体

増殖する本棚が話題書の置き場所に

シまわりと鉄骨階段は専門業者が手掛けることによって、いわゆるDIY感を払拭し、シャープなデザインが実現した。設計に際して落合さんが要求したことは、既存の中2階は畳敷きにしてほしいこと、女性が訪れたくなる店にしてほしいという、2点のみであった。実際にレジカウンターまわりとトイレの内部を担当したのは2名の女子学生で、落合さんのリクエストに応えるべく奮闘した。

大活躍するロフト座敷

木材倉庫の中2階部分はかつて職人が寝泊まりしていた場所とされ、当初はもっと手前まで張り出して広かったという。しかし解体工事と合わせて縮小した中2階はより奥まった空間に。琉球風畳を敷き詰めて靴を脱いでくつろげる快適なロフト座敷に生まれ変わった。実のところ元々天井高が2・1mしか確保できない中2階で、畳に床座は合理的だ。普段は購入した本を店内で読める閲覧スペースとし、下階でイベントをする際には桟敷席となり大活躍である。更に短歌教室や古本市など、座敷を利用した催事も定期的に行われ、今や店が外とつながる大事な奥座敷となった。

Title

TITLE — 東京

本が主となった民家の 9m書架& 隠れ家カフェ

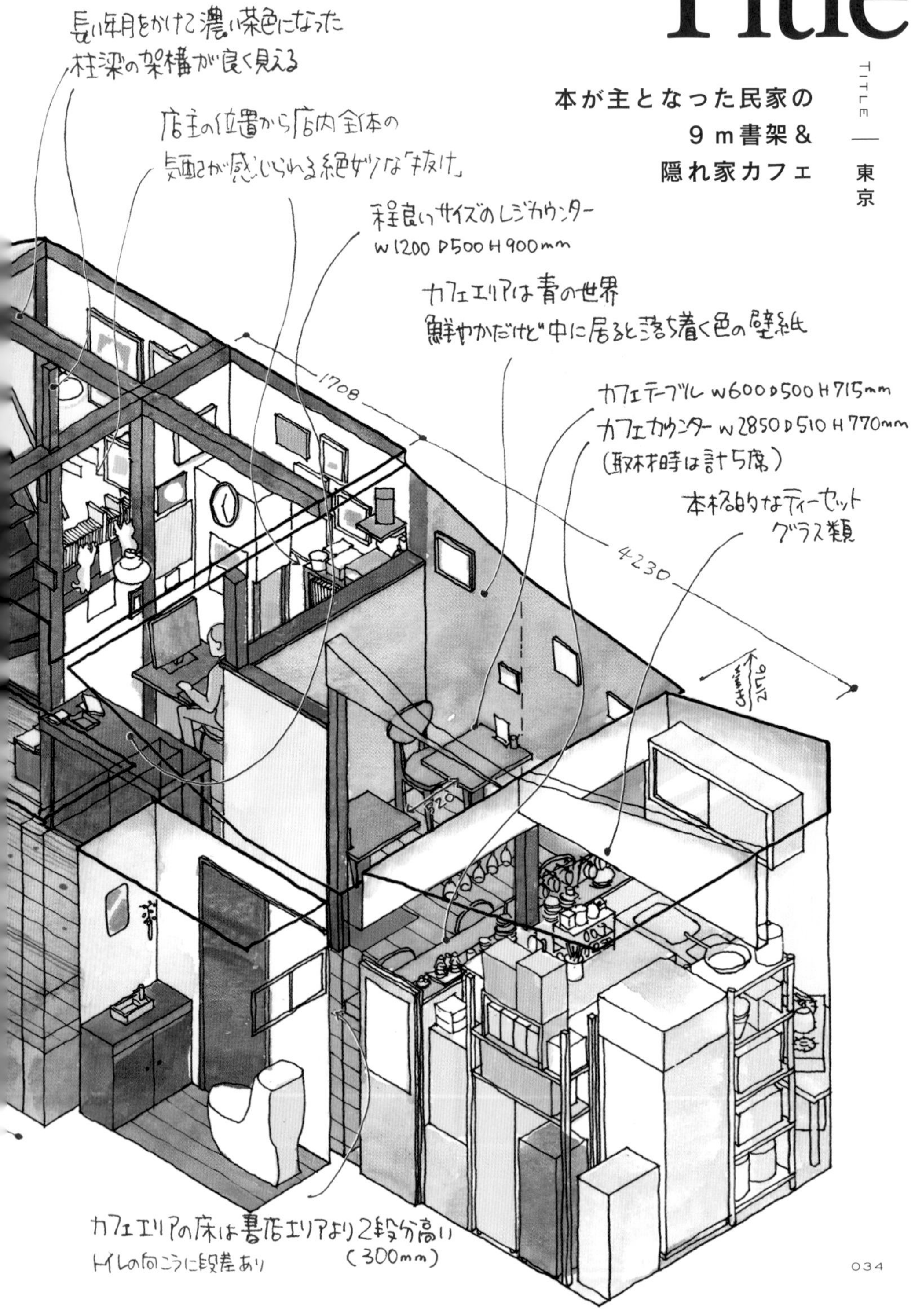
長い年月をかけて濃い茶色になった
柱梁の架構が良く見える
店主の位置から店内全体の
気配が感じられる絶妙な「抜け」
程良いサイズのレジカウンター
W1200 D500 H900mm
カフェエリアは青の世界
鮮やかだけど中に居ると落ち着く色の壁紙
1708
カフェテーブル W600 D500 H715mm
カフェカウンター W2850 D510 H770mm
(取材時は計5席)
本格的なティーセット
グラス類
4230
320
カフェエリアの床は書店エリアより2段分高い
(300mm)
トイレの向こうに段差あり

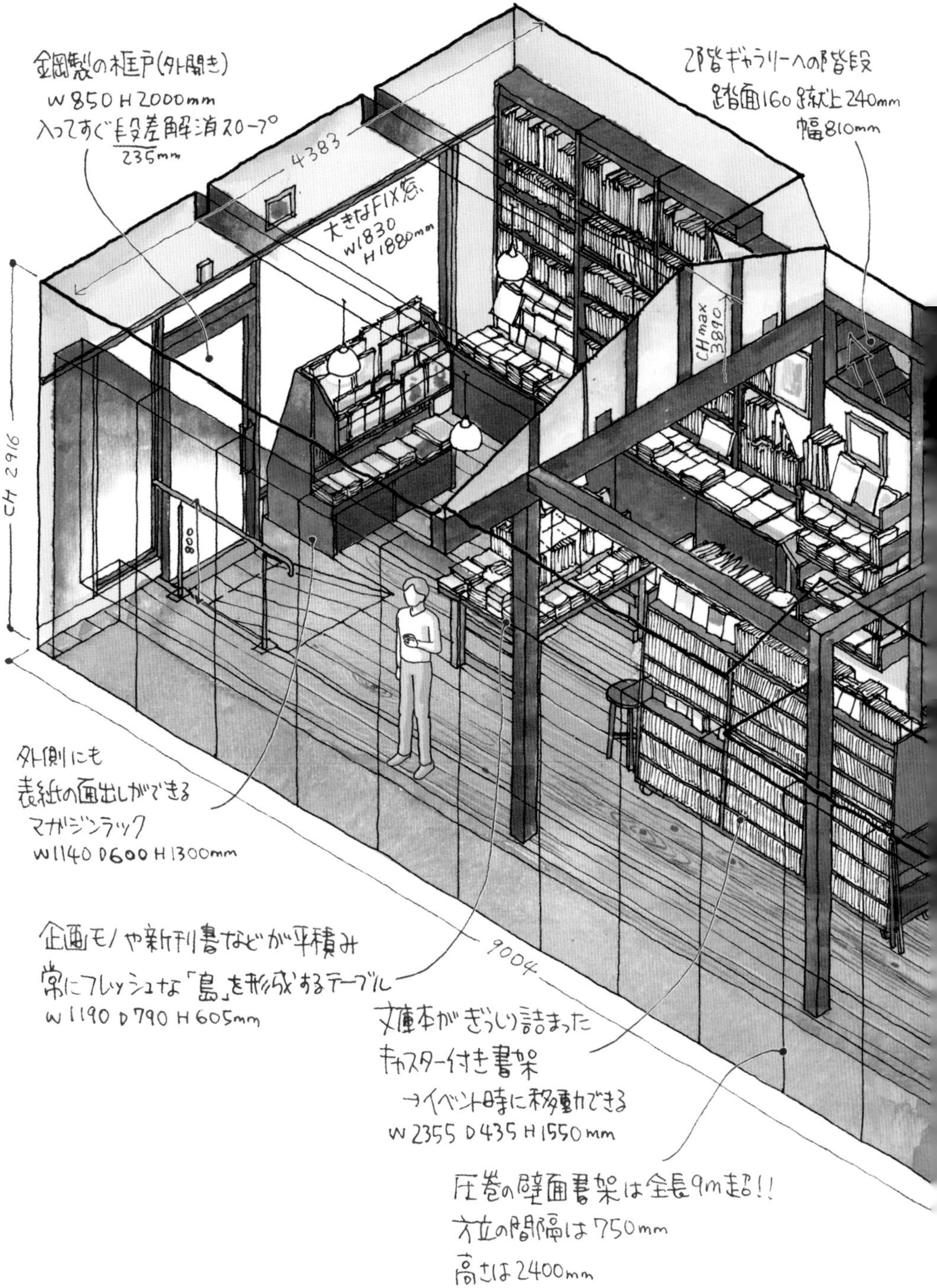

鋼製の框戸(外開き)
W850 H2000mm
入ってすぐ段差解消スロープ
235mm
4383
大きなFIX窓
W1830
H1880mm
2階ギャラリーへの階段
踏面160 蹴上240mm
幅810mm
CH max 3890
CH 2916
800
外側にも
表紙の面出しができる
マガジンラック
W1140 D600 H1300mm
企画モノや新刊書などが平積み
常にフレッシュな「島」を形成するテーブル
W1190 D790 H605mm
9004
文庫本がぎっしり詰まった
キャスター付き書架
→イベント時に移動できる
W2355 D435 H1550mm
圧巻の壁面書架は全長9m超!!
方立の間隔は750mm
高さは2400mm

武蔵野の香りが漂う木造民家

Titleという書店を開業するまでの経緯を詳らかにしたドキュメンタリー、『本屋、はじめました 増補版』（ちくま文庫、2020）は、書店を開業したい人やすでに開業した店主たちのバイブルである。書店のことや今読むべき本について広く発信している著者・辻山良雄さんは、本好きの間で名物店主として一目置かれる存在だ。ファサードのさわやかな青い日よけテントの印象と、店内の印象は全く異なり、露出する柱梁の無骨な存在感に圧倒される。荻窪に暮らした作家・井伏鱒二の『荻窪風土記』を紹介しつつ、辻山さんはこの地の歴史と店のつながりを嬉しそうに語ってくれた。そうなのだ、この店の空気は土地の記憶を含んでいるのである。

大型店舗のような書架

いわゆる町家風の奥行きの深い店内には、長い両側の壁を利用して大型書店でよく見られる収容量の大きいスチールラックが並ぶ。入って右側の壁際の書架は全長9mを超え、壮観だ。奥に長い平面は、手前から奥へと3つのゾーンに分けられる。一番入口に近いゾ

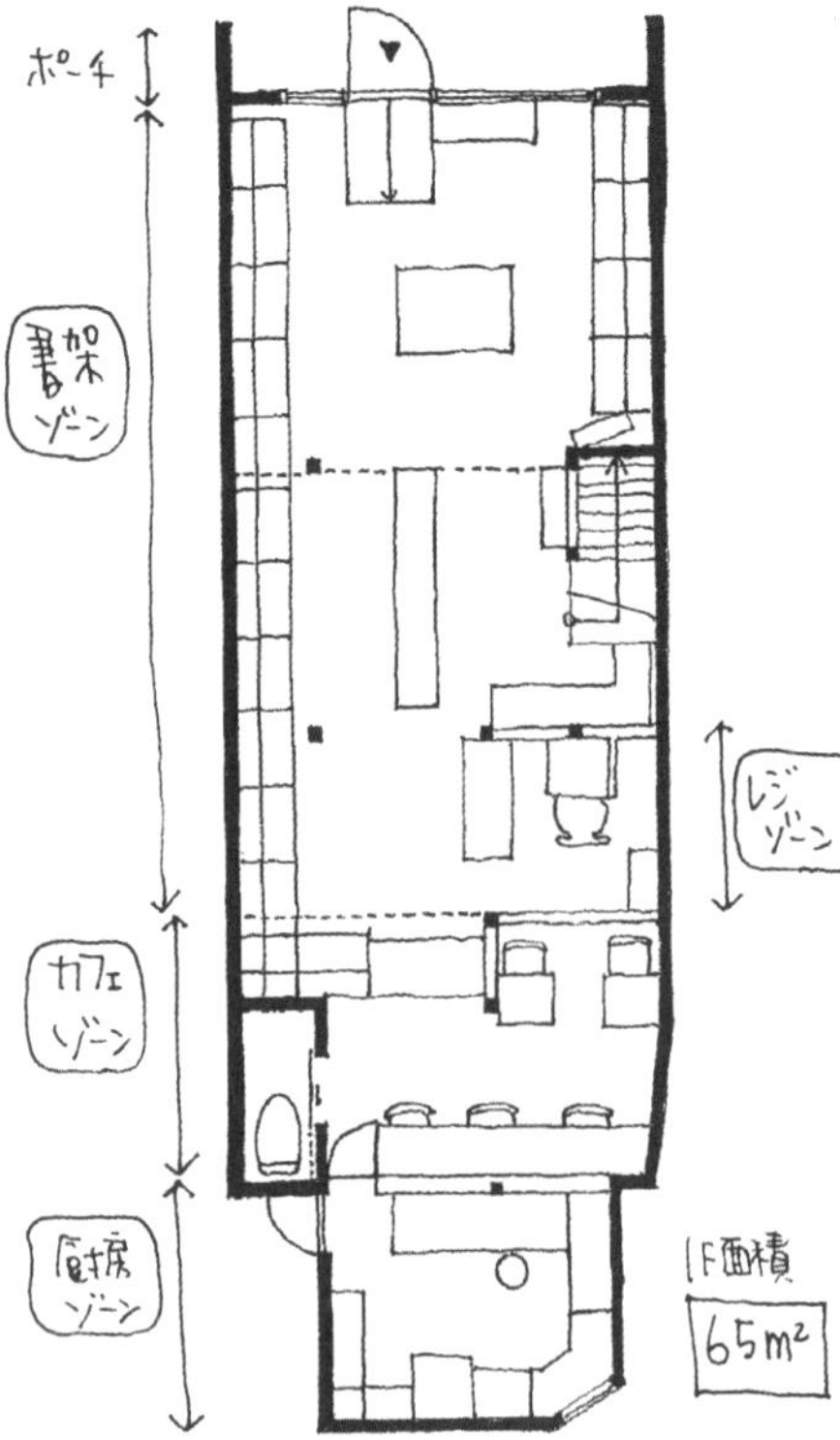
ポーチ
書架ゾーン
レジゾーン
カフェゾーン
厨房ゾーン
1F面積
65m²

間取り図

Title

上：古い木造家屋に青テントが映える
下：露出する小屋組が印象的

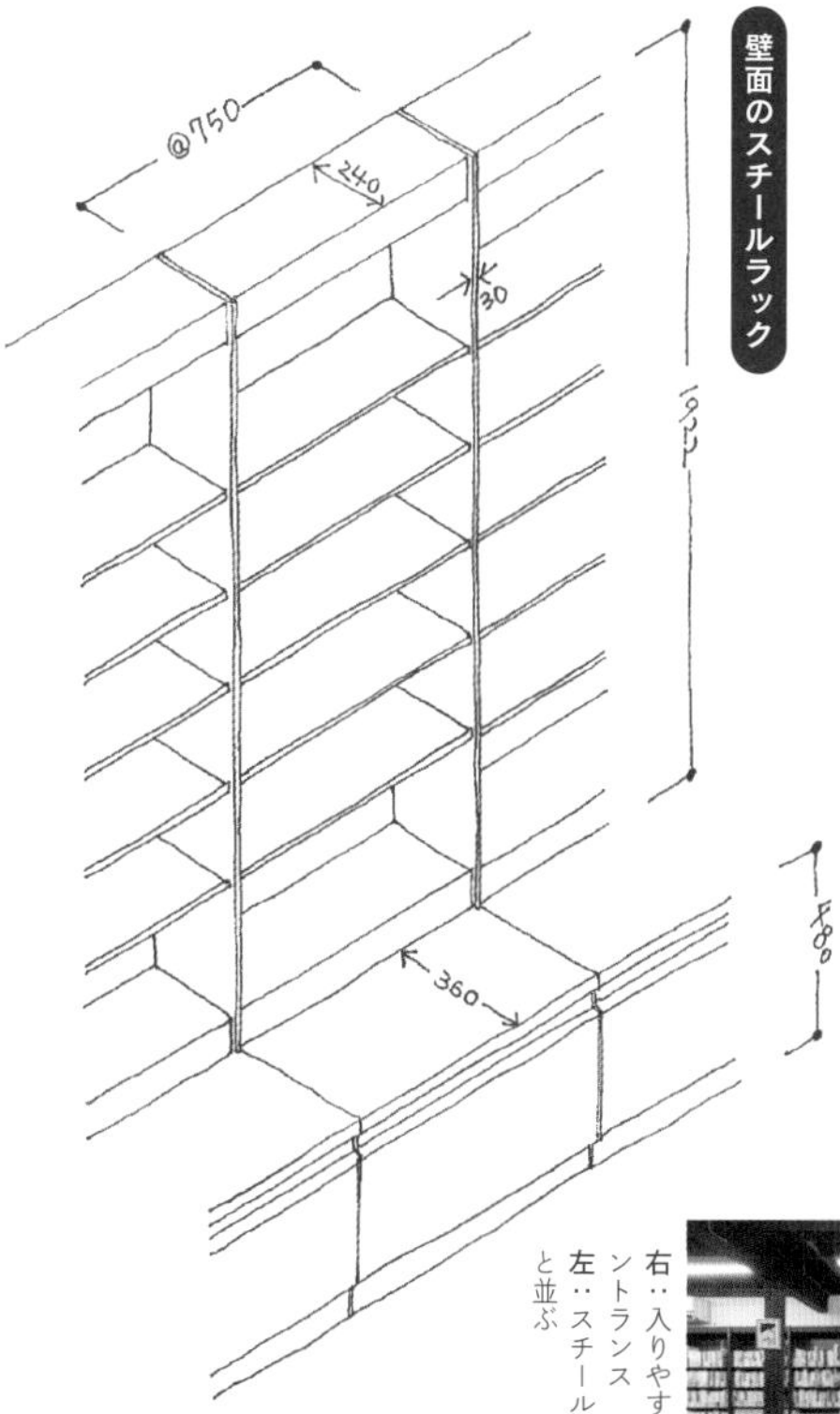

壁面のスチールラック

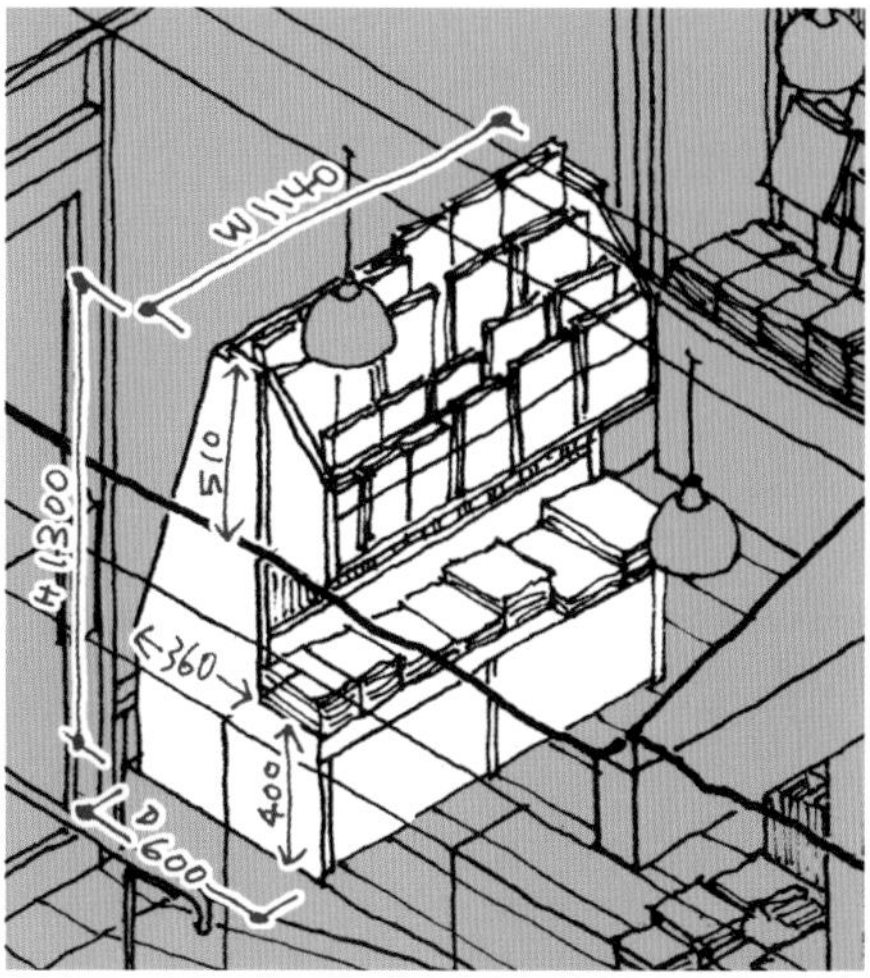

入口脇マガジンラック

右：入りやすさに配慮したエントランス
左：スチールラックがずらりと並ぶ

ーンは上階にギャラリースペースがあり、天井が張られた分だけ高さを抑えている。新刊書や話題の本は入口のすぐ前に配置された平積み用の台に置かれ、常にフレッシュに保たれたスポットとなっている。中間ゾーンは小屋組が露出し気積の大きい空間で、店主の辻山さんの座席があるレジカウンターと上階への階段がコンパクトに収まっている。中央にロングセラーや常備している文庫本が詰まった可動式棚が置かれる。

隠れ家的カフェスペース

一番奥はカフェと厨房のゾーンである。30cm程度上がった床と奥へ行くほど低くなる天井で、ちょっとした隠れ家的な雰囲気がある。きれいなブルーグレーの壁が店の中でも特別な空間として目を引く。2つのテーブル席とカウンター席が用意され、手製のスイーツやドリンクがこだわりの食器でサーブされる。多くのカフェ併設書店はカフェ席を店の表側に配置するが、ここでは奥に引っ込めているのは、あくまで書店だからだ。カフェは本を求めに来た客の、とっておきの楽しみなのである。

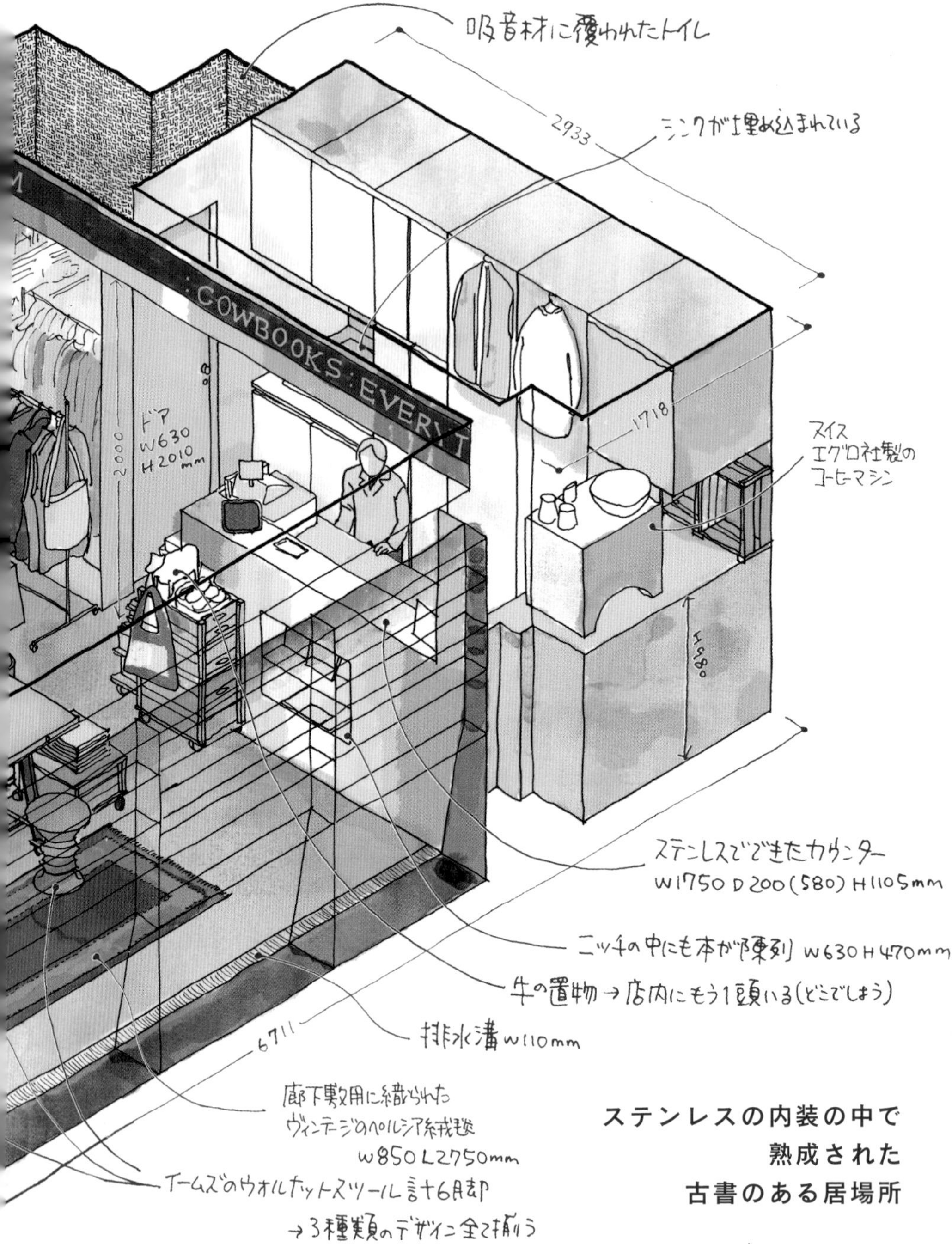
吸音材に覆われたトイレ
2933
シンクが埋め込まれている
:COWBOOKS:EVERY T
ドア
W630
H2010
mm
2000~
1718
スイス
エグロ社製の
コーヒーマシン
H980
ステンレスでできたカウンター
W1750 D200(580) H1105mm
ニッチの中にも本が陳列 W630 H470mm
牛の置物→店内にもう1頭いる(どこでしょう)
排水溝W110mm
6711
廊下敷用に織られた
ヴィンテージのペルシア絨毯
W850 L2750mm
イームズのウォルナットスツール計6脚
→3種類のデザイン全て揃う

ステンレスの内装の中で熟成された古書のある居場所

東京 | Cow Books

COW BOOKS

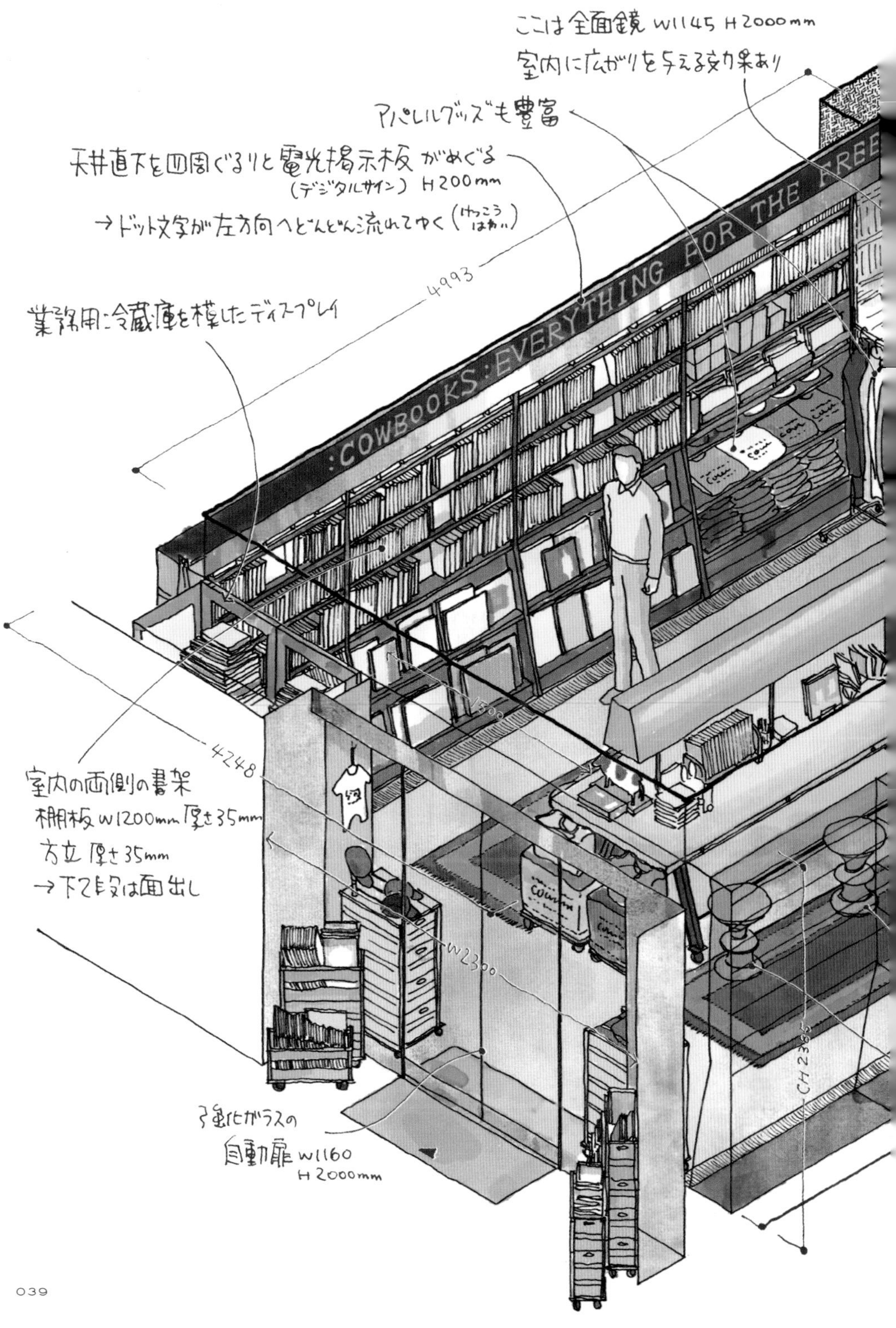
ここは全面鏡 W1145 H2000mm
室内に広がりを与える効果あり
アパレルグッズも豊富
天井直下を四周ぐるりと電光掲示板がめぐる
(デジタルサイン) H200mm
→ドット文字が左方向へどんどん流れてゆく (けっこうはやい)
4993
業務用冷蔵庫を模したディスプレイ
:COWBOOKS:EVERYTHING FOR THE FREE
1500
4248
室内の両側の書架
棚板 W1200mm 厚さ35mm
方立 厚さ35mm
→下7段は面出し
W2300
強化ガラスの
自動扉 W1160
H2000mm
CH2385

Everything for the freedom
THE FREEDOM

右：桜並木の影が落ちる店の前
左：店内はシンプルなレイアウト

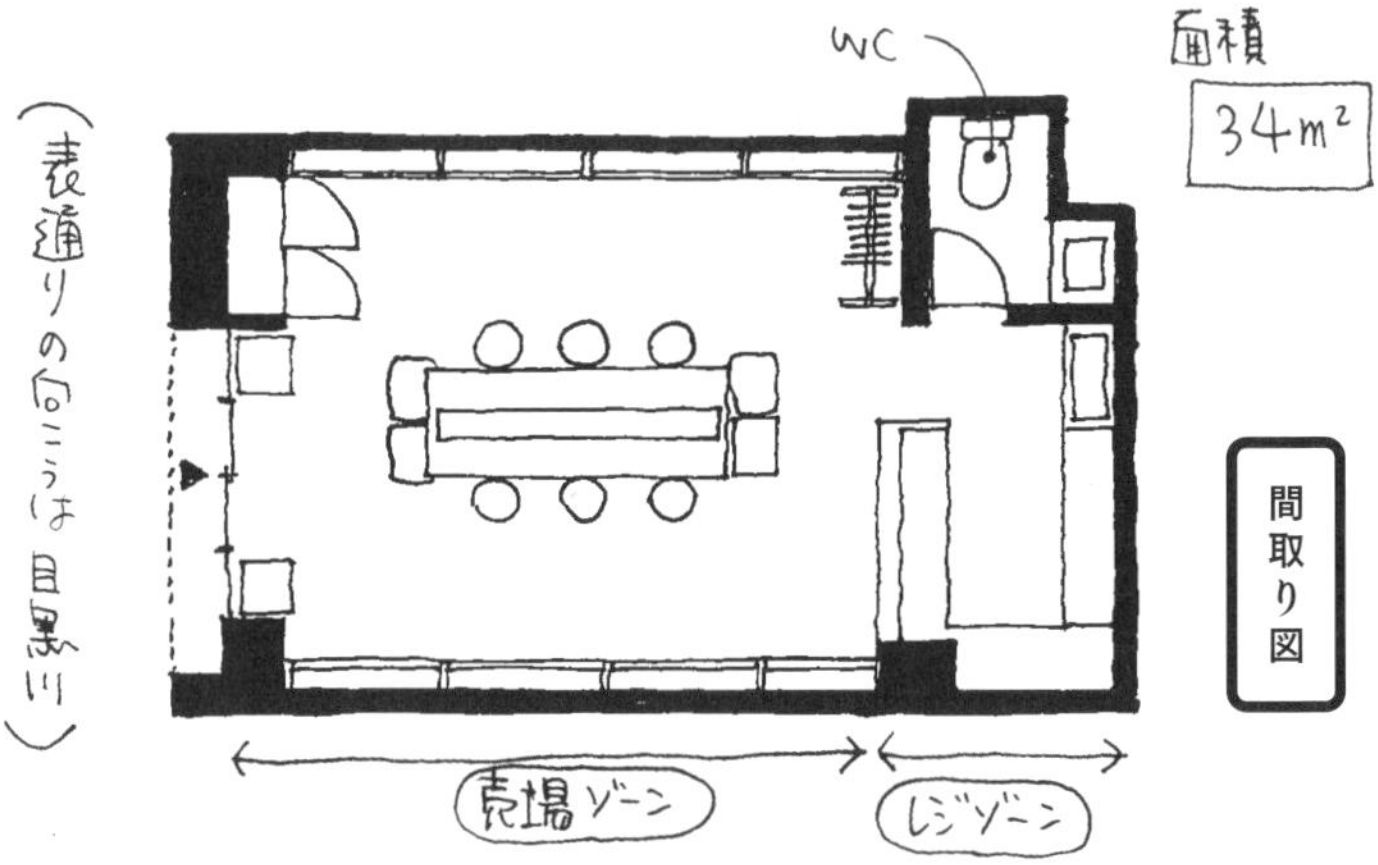
WC
面積
$34m^2$
（表通りの向こうは目黒川）
売場ゾーン
レジゾーン

間取り図

コンセプトショップから古書店へ

東京・中目黒の目黒川沿いにある古書店COW BOOKS。元々１９９９年にオープンしたWIN A COW FREEという「メッセージを売る」一風変わったコンセプトショップを引き継ぐ形で、２００２年に開業した。前身のコンセプトショップでは、食肉工場を彷彿とさせる業務用冷蔵庫のようなショーケースと、店内上部に巡らされた電光掲示板のメッセージ文が際立っていたが、古書店への改修でショーケースを縮小、代わりに書架が埋め込まれた。一方電光掲示板は当初のまま残され、今もメッセージを流し続けている。

ステンレスとヴィンテージの融合

店の外観・内装ともにヘアライン仕上げのステンレスが基調だが、モルタル土間の上に敷かれた絨毯など、冷たい印象のステンレスに対し温かみのあるヴィンテージ素材を組み合わせた対比的なコーディネーションである。インテリアを構成する家具は木製で揃えられ、特に店の中央に鎮座する分厚い無垢材の大型閲覧テーブルと、両側に置かれたウォルナット材の塊のようなスツールが独特の存在感を放っている。そして、空間全体の印象を更にヴィンテージ側へ寄せているのが、書架に並ぶ古書である。提供する体験はメッセージから古書へ変わったものの、COW BOOKSの鈍く光る書架に並ぶ古書からは鮮烈なメッセージが漂う。アートや文学の古書を中心に集められているが、絶版本や品切れ本が中心となり、必然的に年季のあるものが多くなる。温かみのある家具と親和性が高いのは当然だ。

変化し続けるまちの生き証人に

店の中に大きなテーブルを置いたのは、本を読んでいる人の姿がまちの景色の一部になってほしいと思ったからだとスタッフの吉田茂さんは話す。今や多くの若者が訪れるまちとなった中目黒。開店当時から比べると周辺の雰囲気もずいぶん変化したそうだが、変わらず同じ場所に在り続けるCOW BOOKSを訪れると、キリッとした店内に漂う不思議な安心感に気づく。伝説的なコンセプトショップからまちの生き証人としての書店へ、装いを変えつつも、そこにあるのは変わらずアイコニックな空間だ。

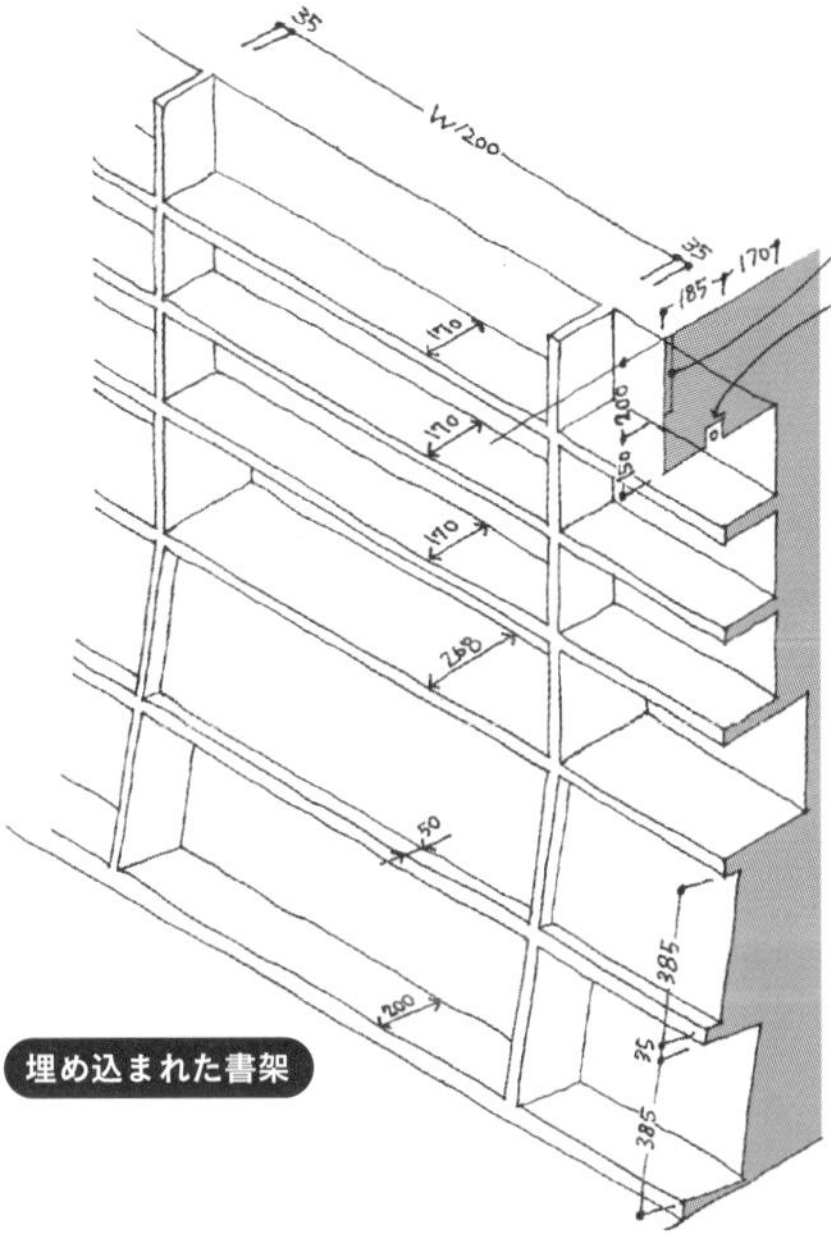

埋め込まれた書架

上：書架に厳選された良書が並ぶ
下：中央に鎮座する閲覧テーブル

大型閲覧テーブル

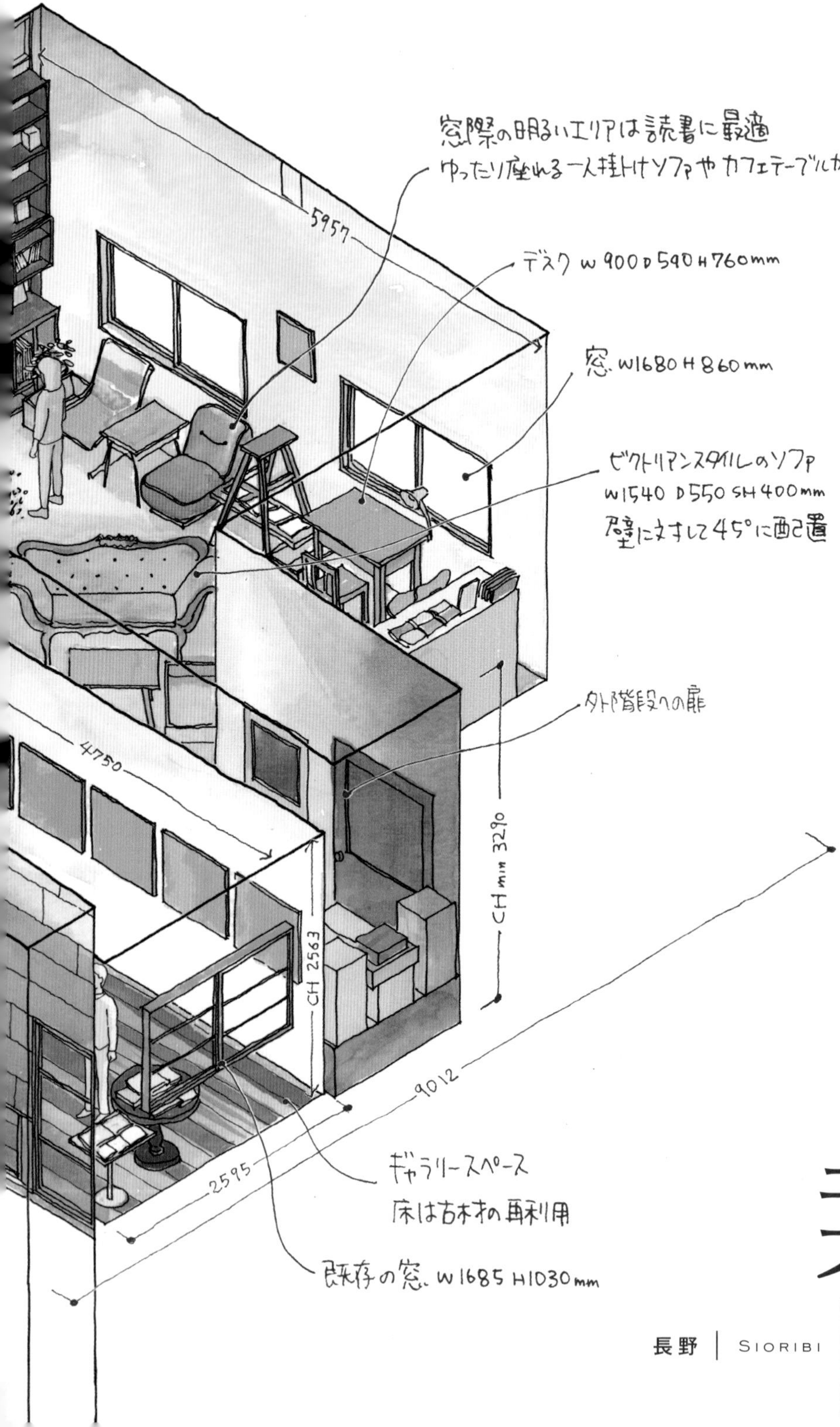
窓際の明るいエリアは読書に最適
ゆったり座れる一人掛けソファやカフェテーブルが並ぶ
5957
デスク W900 D590 H760mm
窓 W1680 H860mm
ビクトリアンスタイルのソファ
W1540 D550 SH400mm
壁に対して45°に配置
外階段への扉
4750
CH min 3290
CH 2563
9012
2595
ギャラリースペース
床は古材の再利用
既存の窓 W1685 H1030mm

書物が発するメッセージを拡声させるアップサイクル書架

栞日

長野 | SIORIBI

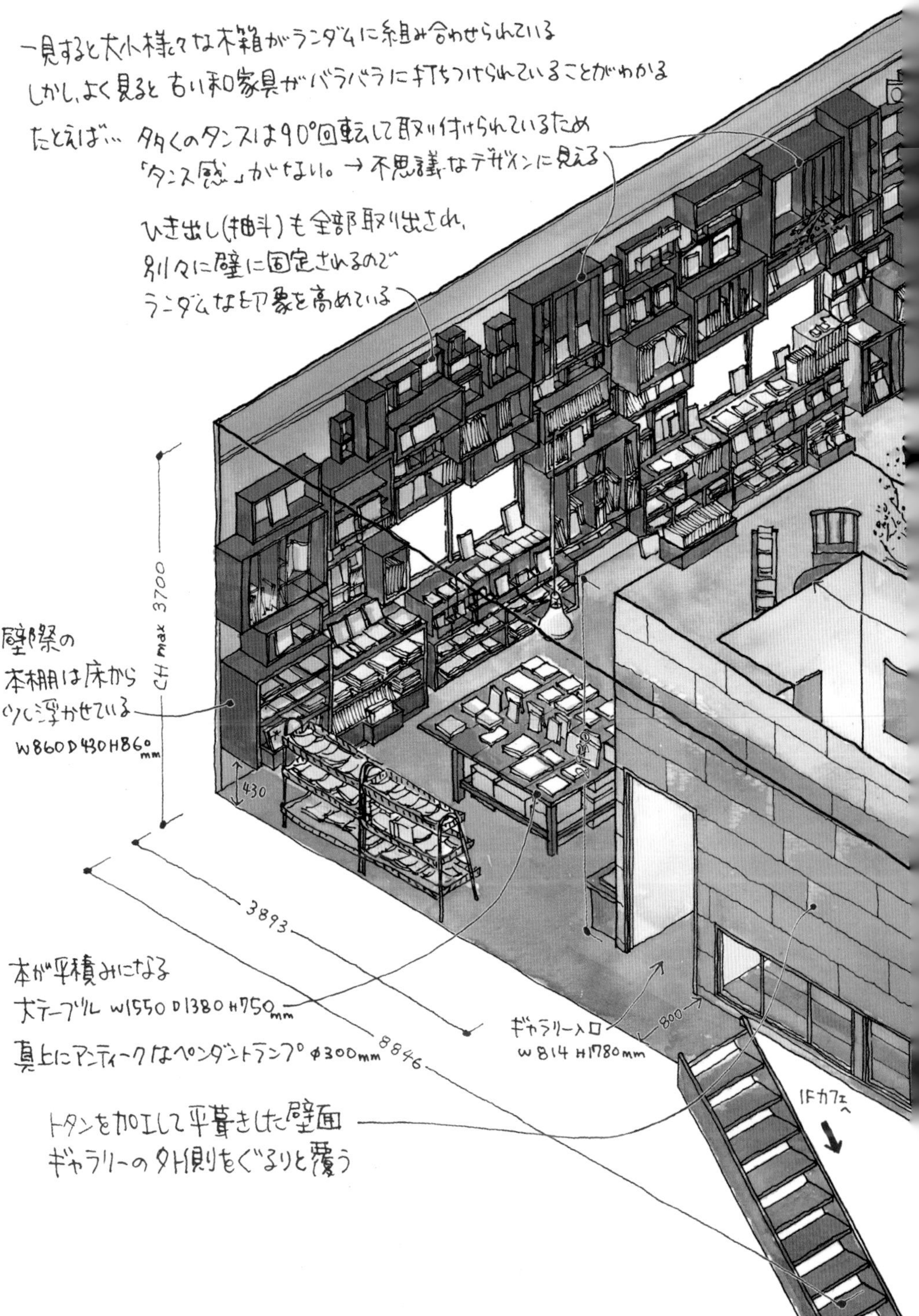
一見すると大小様々な本箱がランダムに組み合わせられている
しかし、よく見ると古い和家具がバラバラに打ちつけられていることがわかる
たとえば… 多くのタンスは90°回転して取り付けられているため
「タンス感」がない。→不思議なデザインに見える
ひき出し(抽斗)も全部取り出され、
別々に壁に固定されるので
ランダムな印象を高めている
壁際の
本棚は床から
少し浮かせている
W860D430H860mm
CH max 3700
430
3893
本が平積みになる
大テーブル W1550 D1380 H750mm
真上にアンティークなペンダントランプ φ300mm
8846
ギャラリー入口
W814 H1780mm
800
1Fカフェへ
トタンを加工して平葺きした壁面
ギャラリーの外側もぐるりと覆う

HEARTY SHOP
高橋ラジオ商会 TEL 32-2512

右：電器店の外壁はそのまま
左：2階の書店ゾーンは大きな一室空間

通りに面した電器店を改修

栞日という美しい響きの名前をもつこの書店は、長野県松本市の中心市街地にある。市内の文教エリアに位置し、5軒隣は建築家・伊東豊雄氏が設計したまつもと市民芸術館である。店主の菊地徹さんは2013年に同じ通りにある他のビルでカフェ兼ギャラリー兼書店を営業していたが、手狭になったため2016年に今の場所に移転した。移転先は鉄骨造2階建ての古い電器店で、前のビルと同じ地主だったという縁もあり、ここで新しい店をオープンすることに。カフェ・ギャラリー・書店の3つの機能を移転するにあたり、まず譲れなかったのが「通りに面したカフェ」であった。通りを行く人からカフェとして認識されるか、書店として認識されるかで、店に入って来る客層の幅が違うのだそうだ。

気鋭のデザイナーが手掛けた内装

店舗の内装を手掛けたのは長野を拠点とするデザイナーの東野唯史・華南子夫妻。現在はリビルディングセンタージャパンという事業を営み、空き家から回収した古材や古道具を活用し、新しいデザインを生み出す気鋭の

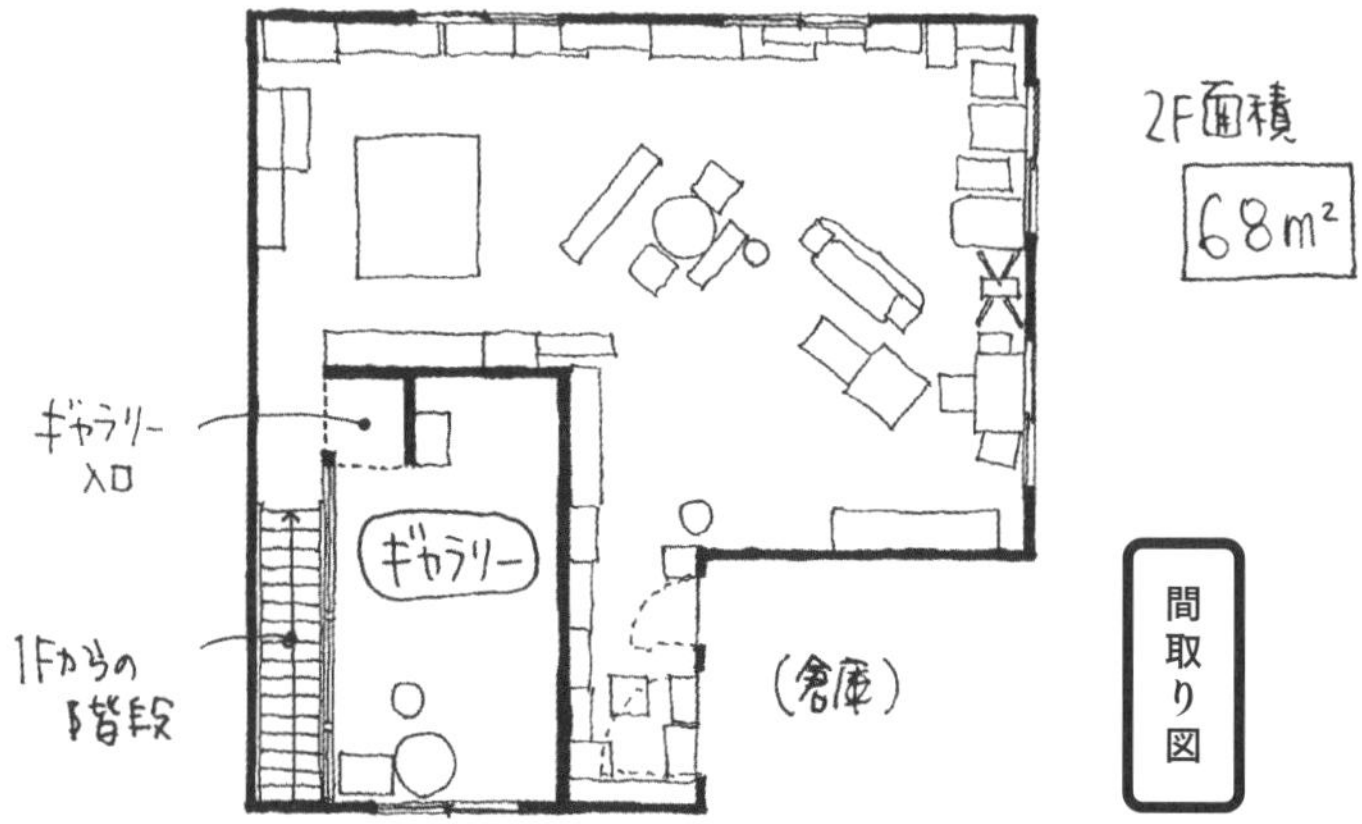
2F面積
68m²
ギャラリー入口
ギャラリー
1Fからの階段
(倉庫)

間取り図

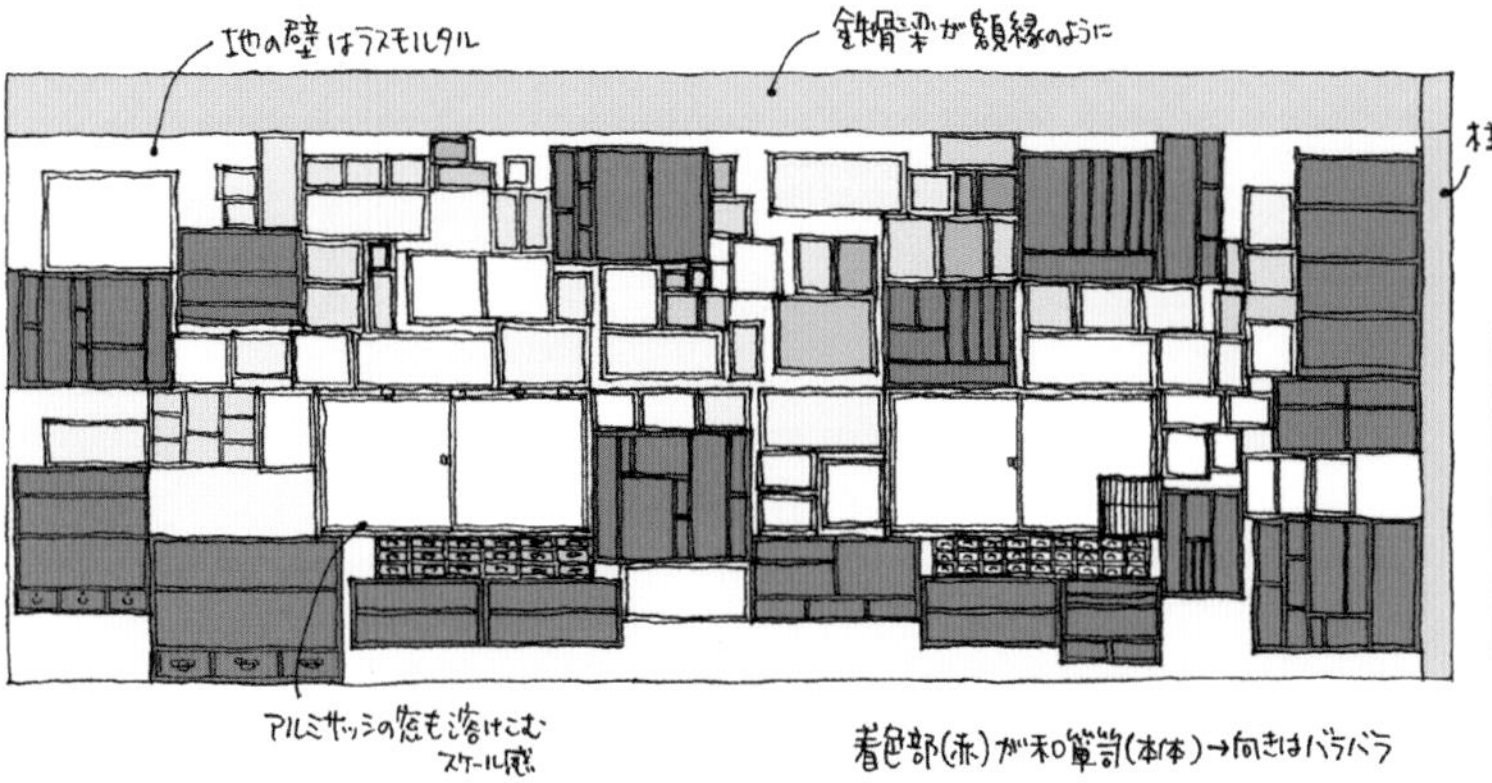
地の壁はラスモルタル
鉄骨梁が額縁のように
柱
アルミサッシの窓も溶けこむスケール感
着色部(赤)が和箪笥(本体)→向きはバラバラ

壁一面 和ダンス書架

デザイナーとして注目を集めるが、当時は彼らが長野県諏訪市に移住し、開業準備中の時期だった。彼らの創意工夫で洗練された空間に仕上がっている。特に書店とギャラリーのある2階が面白い。階段を上がって奥に進むと、天井の高い大きな空間の壁一面に打ち付けられた様々な大きさ・形の木箱に、本や雑誌たちが収まる。木箱を見つめていると、実はこれらが和ダンスの引き出しなどをランダムに組み合わせ再利用したものだと気づく。和ダンスは90度回転させるなど、ぱっと見ただけでは元の家具だとわからないところが見事だ。

メッセージを届けるために

選書で特に目立つのはZINEなどの独立系出版物で、菊地さんが力を入れて取り扱っているのだそう。1階にだれでも入りやすいカフェを設け、いろんな人が訪れたくなる洗練したインテリアにこだわるのも、こうした独立系出版物のもつメッセージを地域に広く届けたいという想いがあるから。知れば知るほど、栞日はまさに店主・菊地さんそのものなのであった。

右：ランダムな壁面の書架パターン
左：ギャラリーはトタンで覆われている

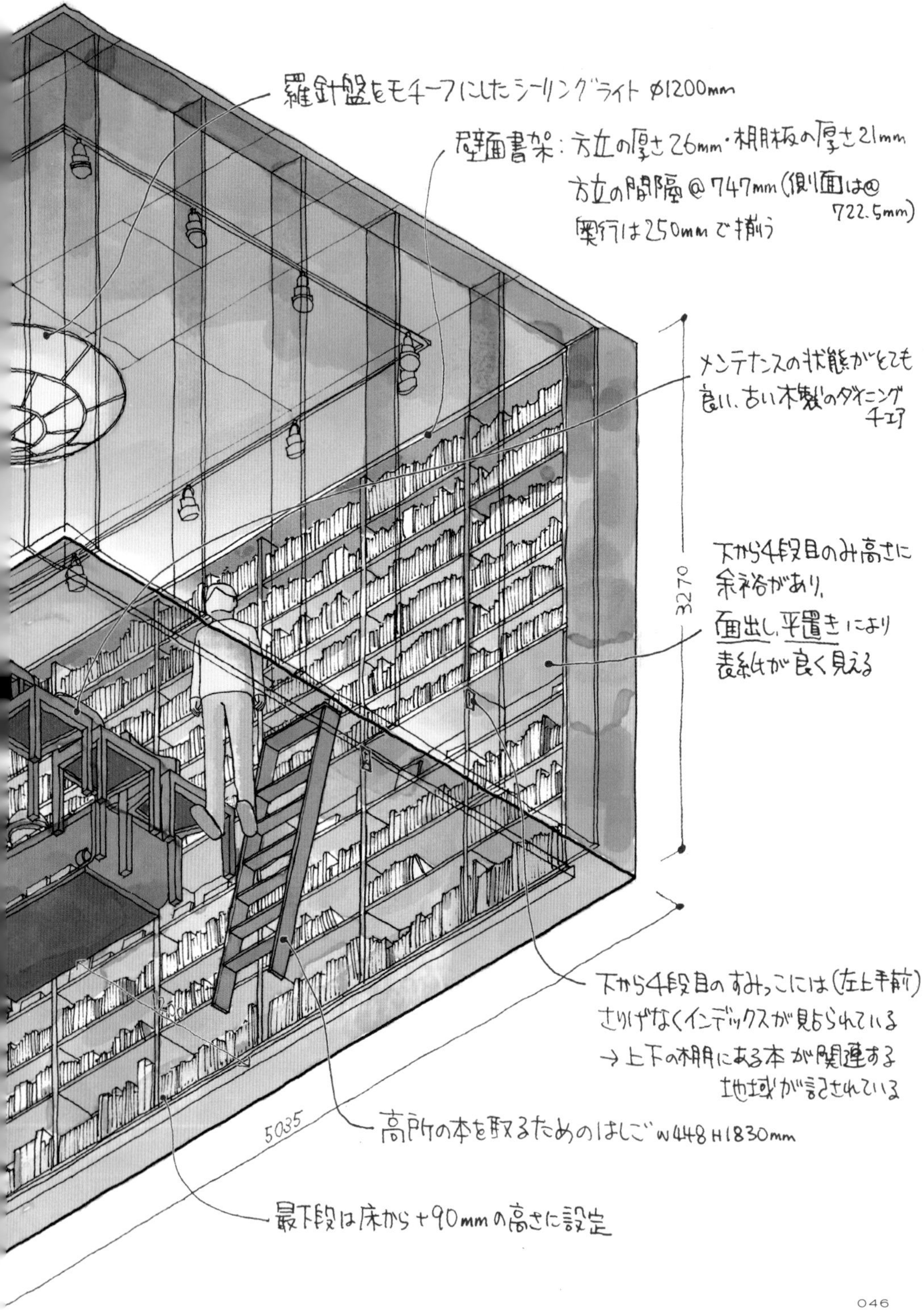

羅針盤をモチーフにしたシーリングライト φ1200mm
壁面書架：方立の厚さ26mm・棚板の厚さ21mm
方立の間隔@747mm（側面は@722.5mm）
奥行は250mmで揃う
メンテナンスの状態がとても良い、古い木製のダイニングチェア
3270
下から4段目のみ高さに余裕があり、面出し、平置きにより表紙が良く見える
下から4段目のすみっこには（左上手前）さりげなくインデックスが貼られている
→上下の棚にある本が関連する地域が記されている
5035
高所の本を取るためのはしご W448 H1830mm
最下段は床から+90mmの高さに設定

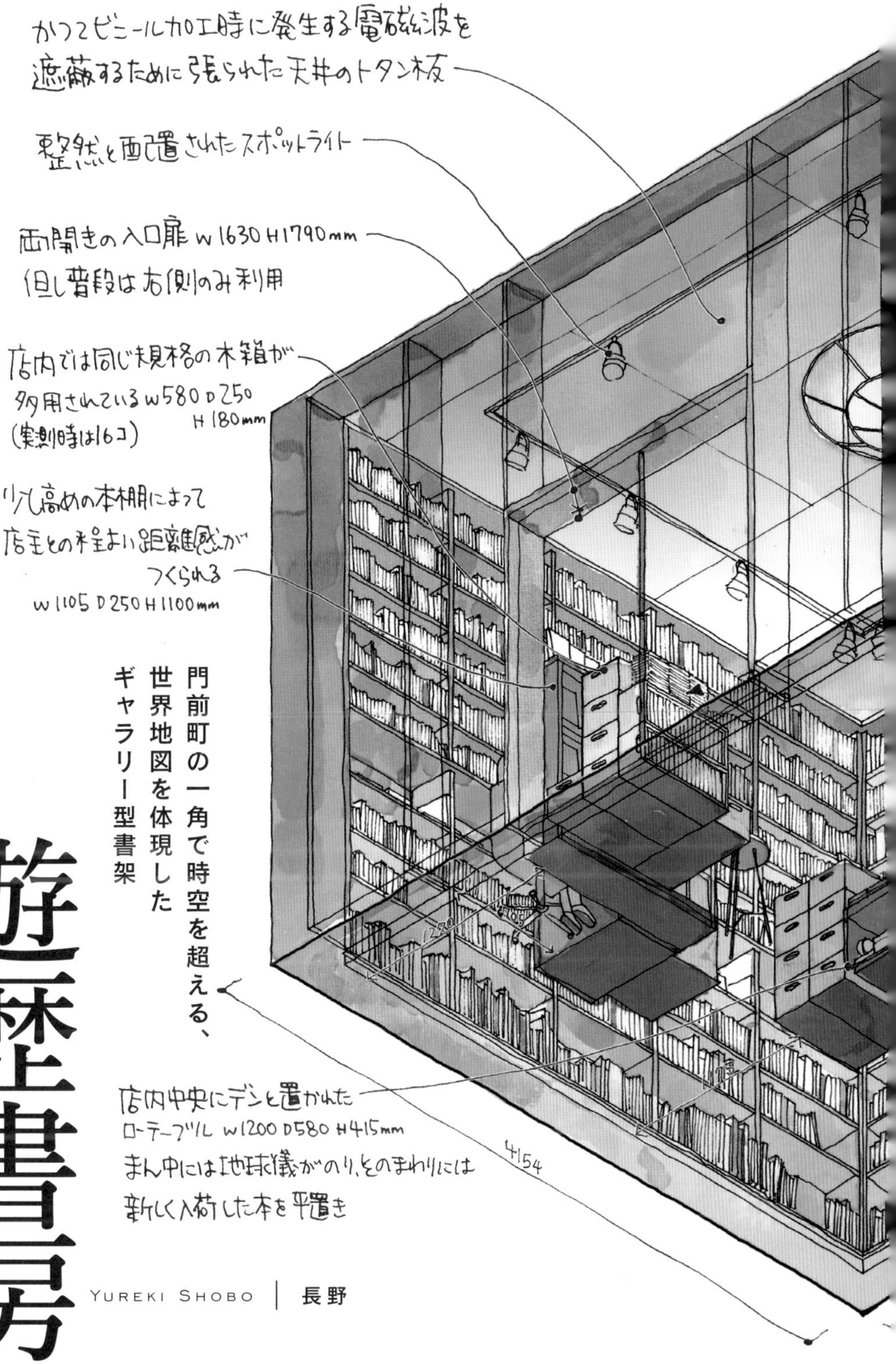
かつてビニール加工時に発生する電磁波を
遮蔽するために張られた天井のトタン板
整然と配置されたスポットライト
両開きの入口扉 W1630 H1790mm
但し普段は右側のみ利用
店内では同じ規格の木箱が
多用されている W580 D250
H180mm
(実測時は16コ)
少し高めの本棚によって
店主との程よい距離感が
つくられる
W1105 D250 H1100mm
店内中央にデンと置かれた
ローテーブル W1200 D580 H415mm
まん中には地球儀がのり、そのまわりには
新しく入荷した本を平置き
4154

遊歴書房

門前町の一角で時空を超える、
世界地図を体現した
ギャラリー型書架

YUREKI SHOBO ｜ 長野

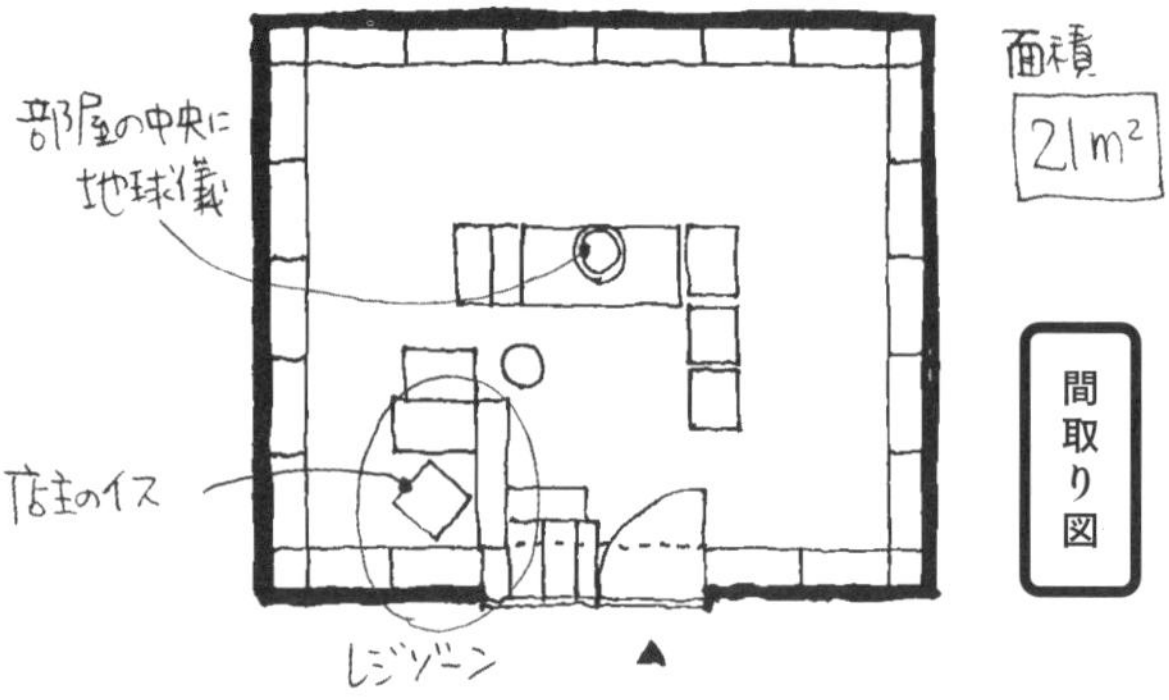

間取り図

右：遊歴書房が入居する元ビニル加工場
左：四周を書架が囲んでいる

門前町のビニル工場を改修

長野県長野市の中心市街地は、長野駅前の比較的新しいエリアと、善光寺周辺の歴史的な門前町とに分けられ、それぞれが全く異なる個性を持つ。遊歴書房をどこで開くべきかと考えたとき、店主の宮島悠太さんは古書店をするなら駅前より歴史的な門前町だろうと判断した。善光寺参道を少し脇に入った、住宅地の複合施設。元ビニル加工場だった建物を改修し、カフェやギャラリーなど数店舗が入居する。遊歴書房は中ほどの一区画にある。両開きの扉を開けて中に一歩入ると、小さな一室空間のすべての壁面に書架が整然と巡らされている。まるでヨーロッパの古い図書館のような佇まいに、ここがただの書店ではないことを感じる。

世界一周するギャラリー型書架

図書館の開架閲覧室の計画は、閲覧席と書架を分けた効率の良い配置方式を取ることが多い。一方で世界的に有名なイギリスの大英博物館図書室やスウェーデンのストックホルム市立図書館は、ギャラリー型と呼ばれる、壁一面に書架が配された部屋の中央に閲覧席を設けた配置だ。360度本に囲まれたギャラリー型の圧倒的な空間には根強い人気がある。遊歴書房はまさにこのギャラリー型の書架であり、左右対称のレイアウトも相まってとてもピクチャレスクな内観だ。書架に近づいてみると、ちょうど目の高さの位置に配されたインデックスに気づく。時計回りに1／学問、2／趣味……と始まり、11／西アジア・アフリカ、12／地中海、と列ごとに異なるジャンルの古書が収められ、世界の各地域へと分類が移っていく。部屋中央のローテーブルには1台の地球儀が置かれている。書架を一巡りするだけで世界一周できる古書店だ。

置きたい本を置くという欲望

店主の宮島さんは歴史学を学び、世界各国へ旅行してきた。書店で取り扱う本は、自身と同じような旅好きに届いてほしいと言う。古書の仕入れはあらゆる本を買い取るものの、店頭に置くものは厳選する。常連客に配慮して、新入荷本は3カ月間のみ平置きにするが、壁面の書架には店主が置きたいと思う本ばかりが並ぶ。この店は店主の描く世界地図なのかもしれない。

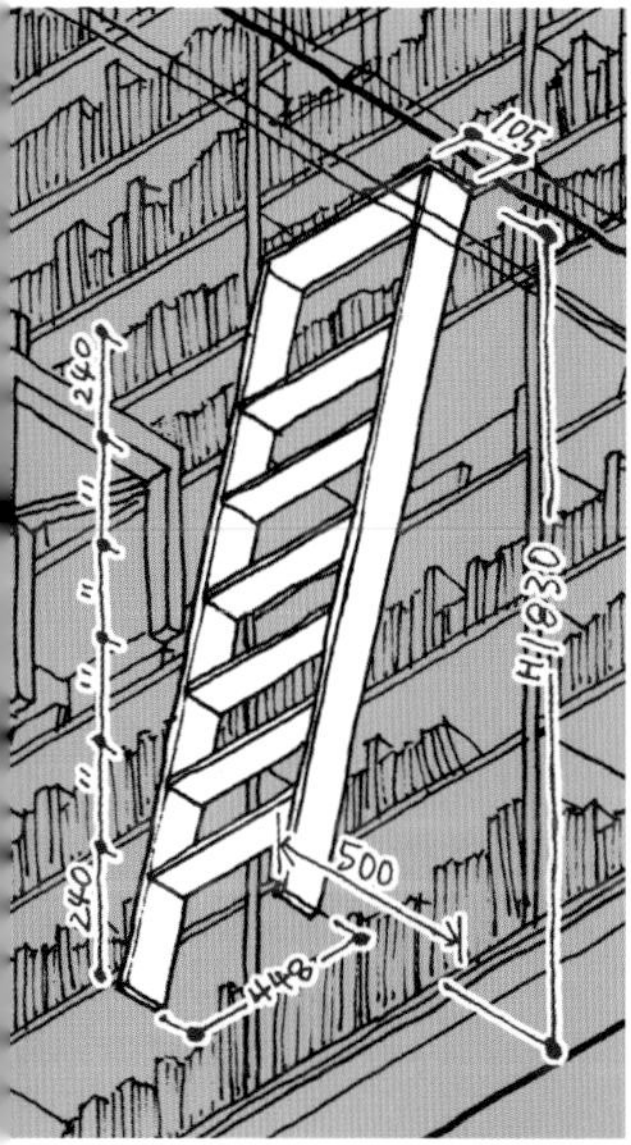

はしご詳細

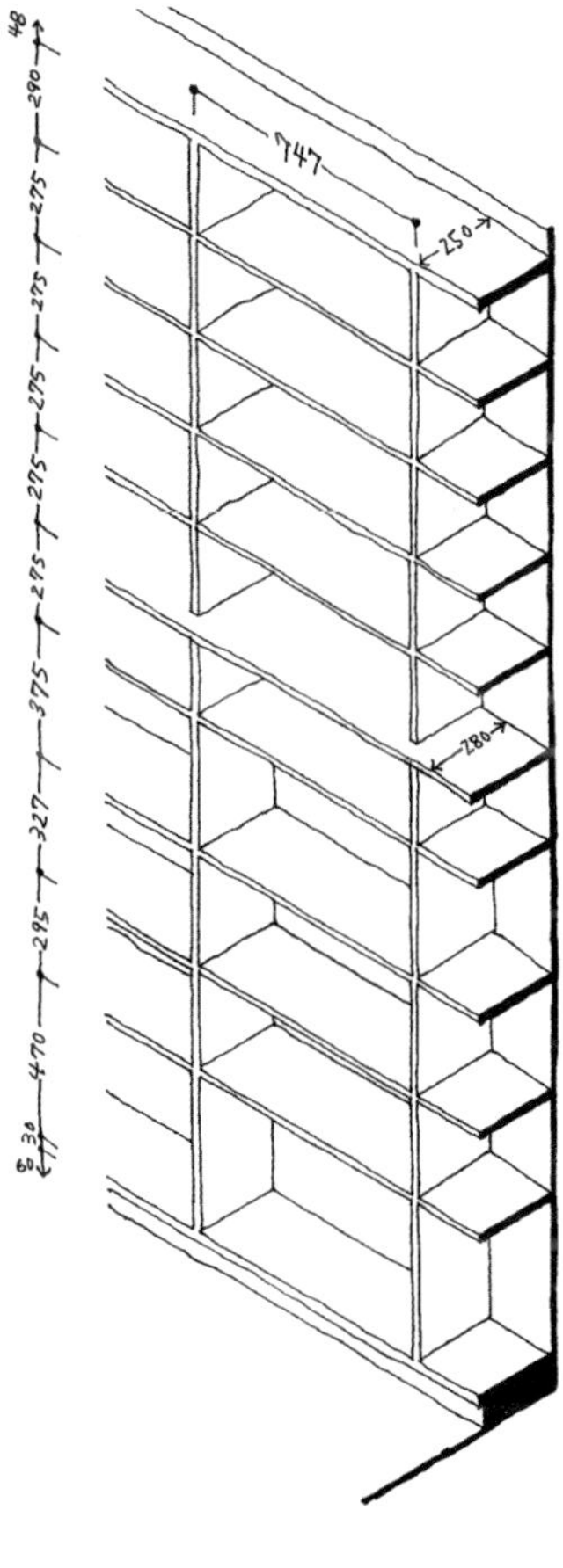

ギャラリー型書架

上：本が美しくライトアップ
下：書架に合わせて製作されたはしご

COLUMN 1

2時間1本勝負の「実測」

今回収録した空間の採集作業はおおまかに、取材先で行う「実測」と、持ち帰って行う「作図」の2段階に分けられる。ここではまず「実測」がどんな作業なのかをご紹介したい。

実測の際に筆者が必ず持っていく7つ道具は、樹脂製の脚立、スケッチブック、レーザー距離計、コンベックス（5・5m）、シャープペンシル、スマートフォン（カメラ機能）、画板（A4横）である。これら全部を大きめのリュックサックに収めて、全国津々浦々取材先を巡った。人によっては、実測すると聞いてなにか実測隊のような集団が来るものだと思い、当日筆者が1人で現れ拍子抜けされたりもしたが、基本的にほとんどの実測作業は1人で実施している。

実測作業で最も重要なのは、限られた時間内に漏れなく測ることである。実測に要する時間は、空間の広さにもよるがおよそ2時間を少し超えるくらいだ。闇雲に手当たり次第に測るのではなく、後の作図で困るような寸法の漏れが起きないよう、あらかじめポイントを押さえておくことが大切だ。まず室内全体が見通せるところに立って、大まかな間取りをフリーハンドで描く。画板に固定したスケッチブックに目一杯の大きさで描くのがいい。次にレーザー距離計を用いて、室内の端から端までの大きな寸法を測っておく。最初に全体の広さを把握しておけば、作図の時の縮尺も決めやすくなる。その後、コンベックスで細部の寸法を記録しながら、部屋に配置されている家具や什器を描き足していく。平面的な寸法のほかに、天井や窓など建物の各部の高さ寸法も押さえておく。実測を終えたら最後に店主（スタッフ）にインタビューを行い、建物の由来や入居時のエピソード、模様替えの履歴などのお話を伺う。先方の都合でインタビューを先に行うこともあるが、極力実測作業を終えてからにしているのは、採集した寸法を空間の来歴に重ねて理解する面白さがあるからだ。

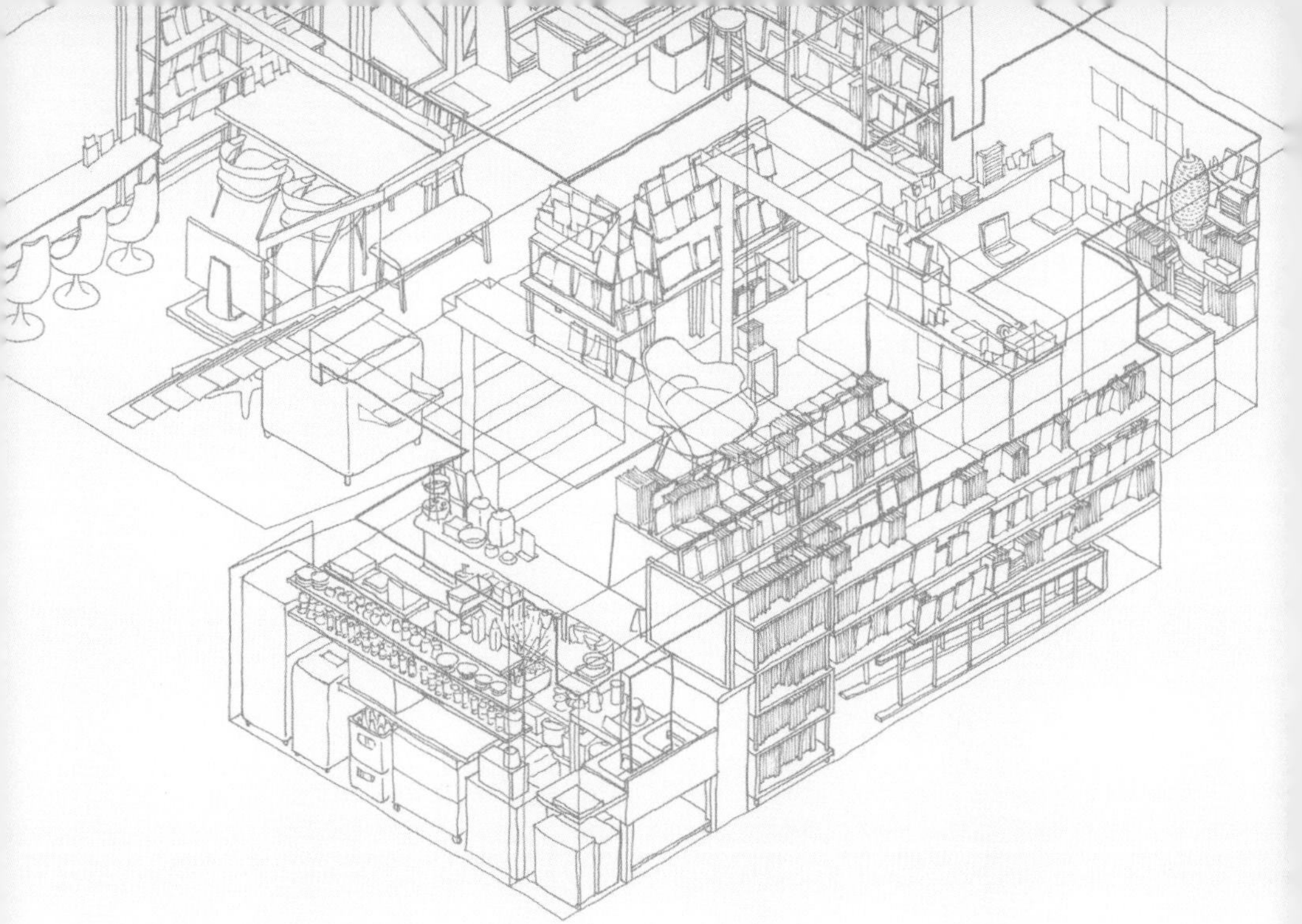

北陸・東海・近畿

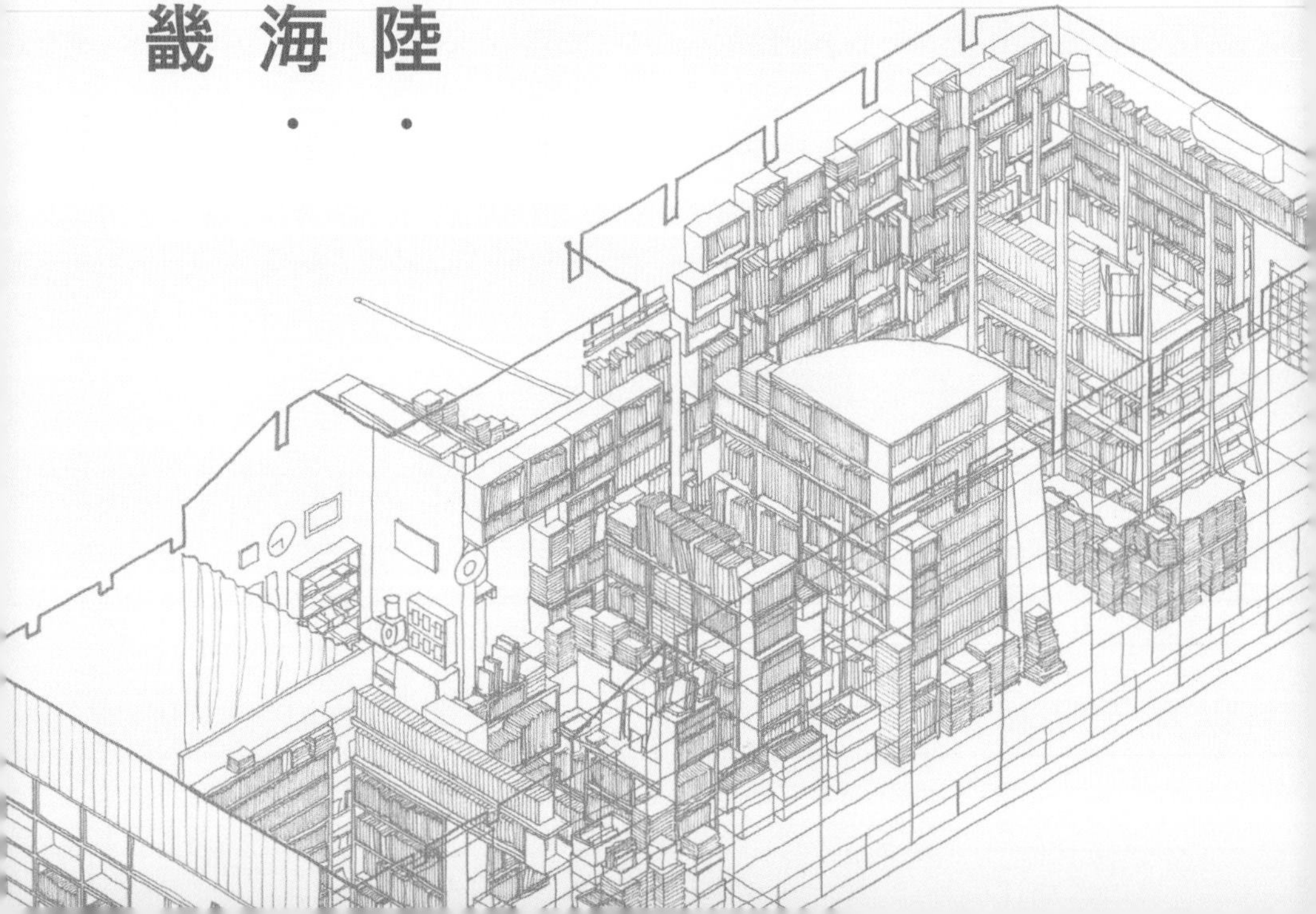

ひらすま書房

富山 | HIRASUMA SHOBO

旧郵便局のタイムレスな空間が引き寄せる古書と人の縁

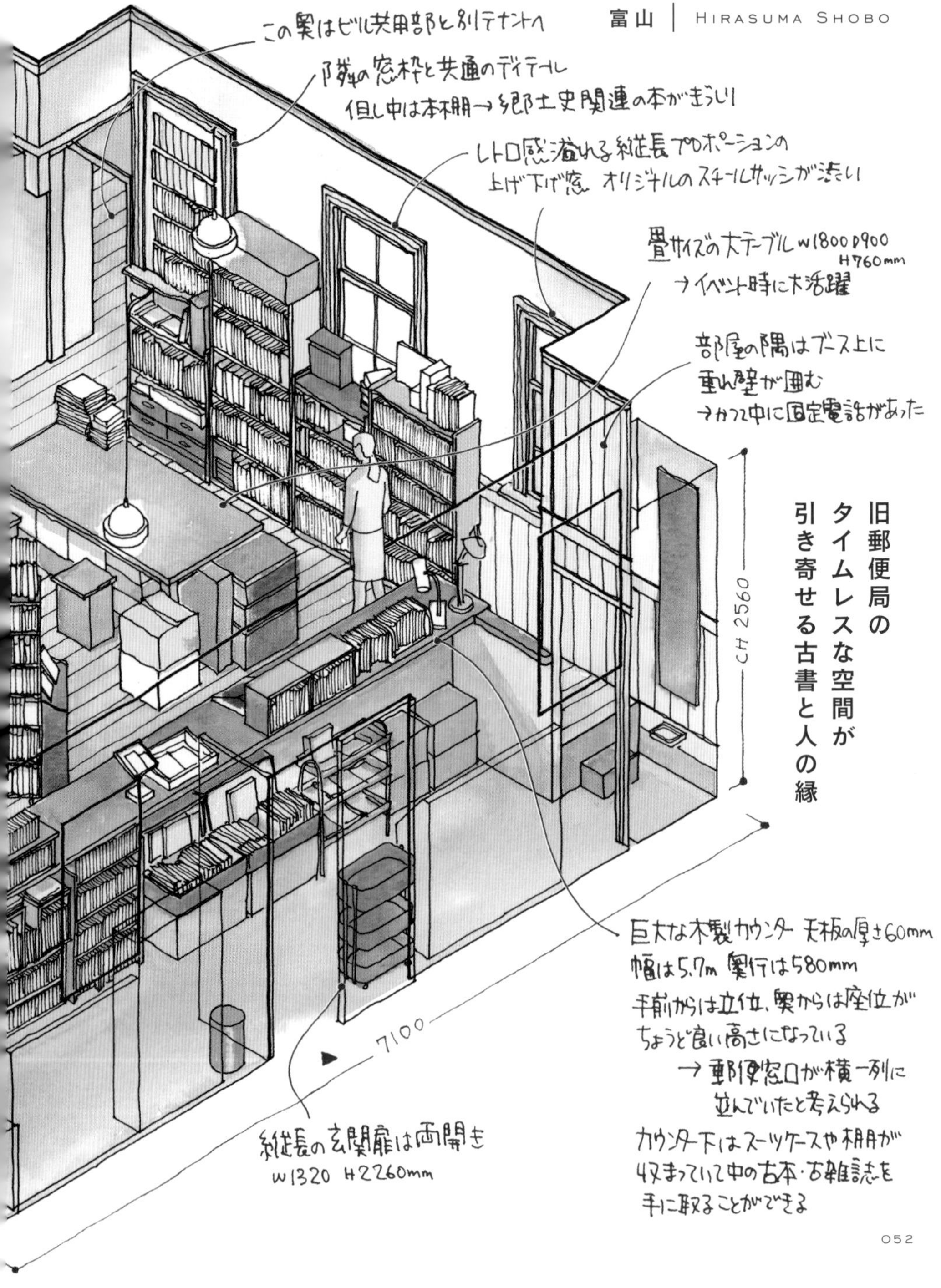

この奥はビル共用部と別テナントへ
隣の窓枠と共通のディテール
但し中は本棚→郷土史関連の本がぎっしり
レトロ感溢れる縦長プロポーションの
上げ下げ窓 オリジナルのスチールサッシが渋い
畳サイズの大テーブル W1800 D900
H760mm
→イベント時に大活躍
部屋の隅はブース上に
垂れ壁が囲む
→かつて中に固定電話があった
CH 2560
巨大な木製カウンター 天板の厚さ60mm
幅は5.7m 奥行は580mm
手前からは立位、奥からは座位が
ちょうど良い高さになっている
→郵便窓口が横一列に
並んでいたと考えられる
カウンター下はスーツケースや棚が
収まっていて中の古本・古雑誌を
手に取ることができる
7100
縦長の玄関扉は両開き
W1320 H2260mm

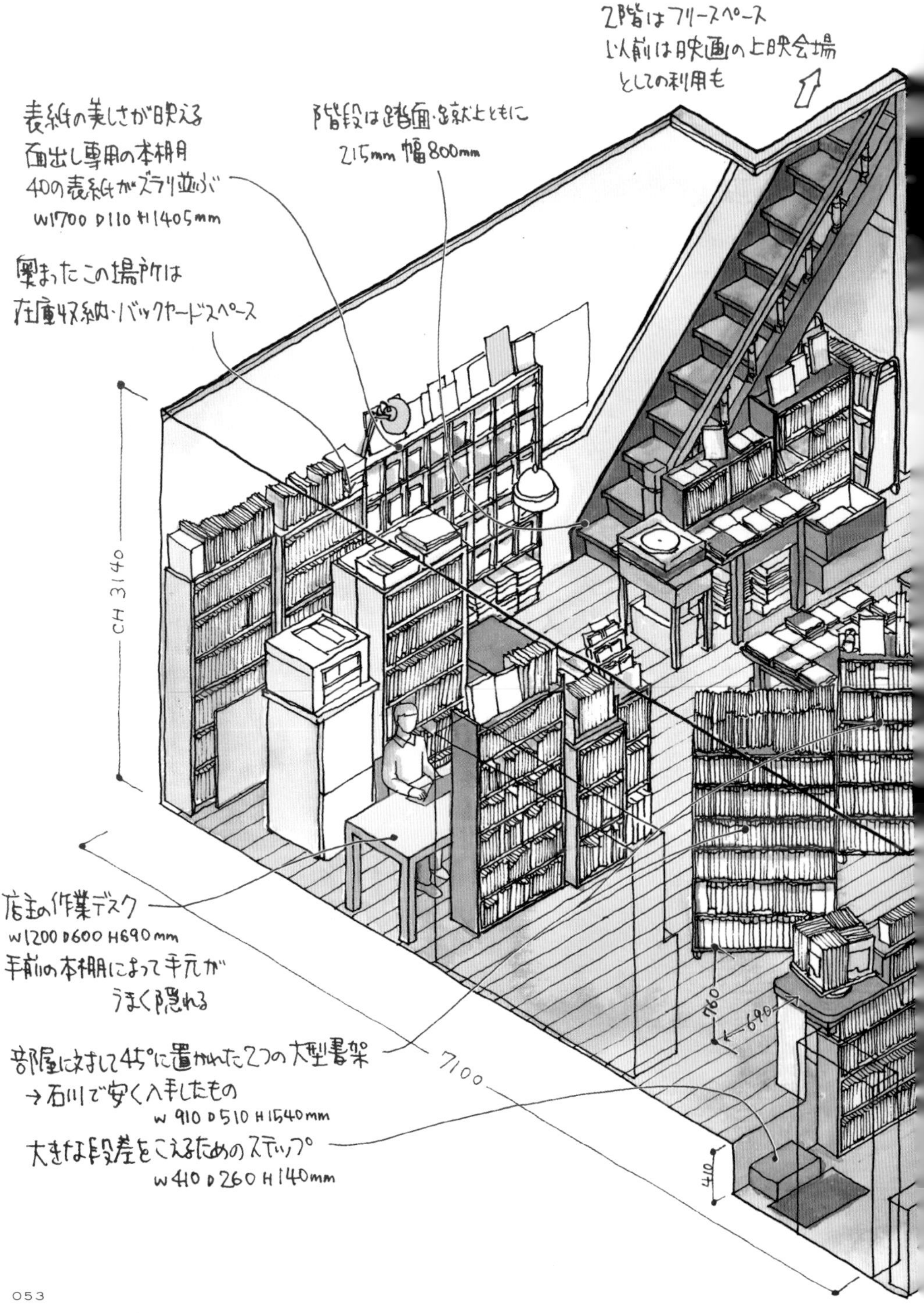
2階はフリースペース
以前は映画の上映会場
としての利用も
表紙の美しさが映える
面出し専用の本棚
40の表紙がズラリ並ぶ
W1700 D110 H1405mm
階段は踏面・蹴上ともに
215mm 幅800mm
奥まったこの場所は
在庫収納・バックヤードスペース
CH 3140
店主の作業デスク
W1200 D600 H690mm
手前の本棚によって手元が
うまく隠れる
部屋に対して45°に置かれた2つの大型書架
→石川で安く入手したもの
W 910 D510 H1540mm
大きな段差をこえるためのステップ
W410 D260 H140mm
7100
760
690
410

右：古い街道沿いの元郵便局
左：正方形平面の店内

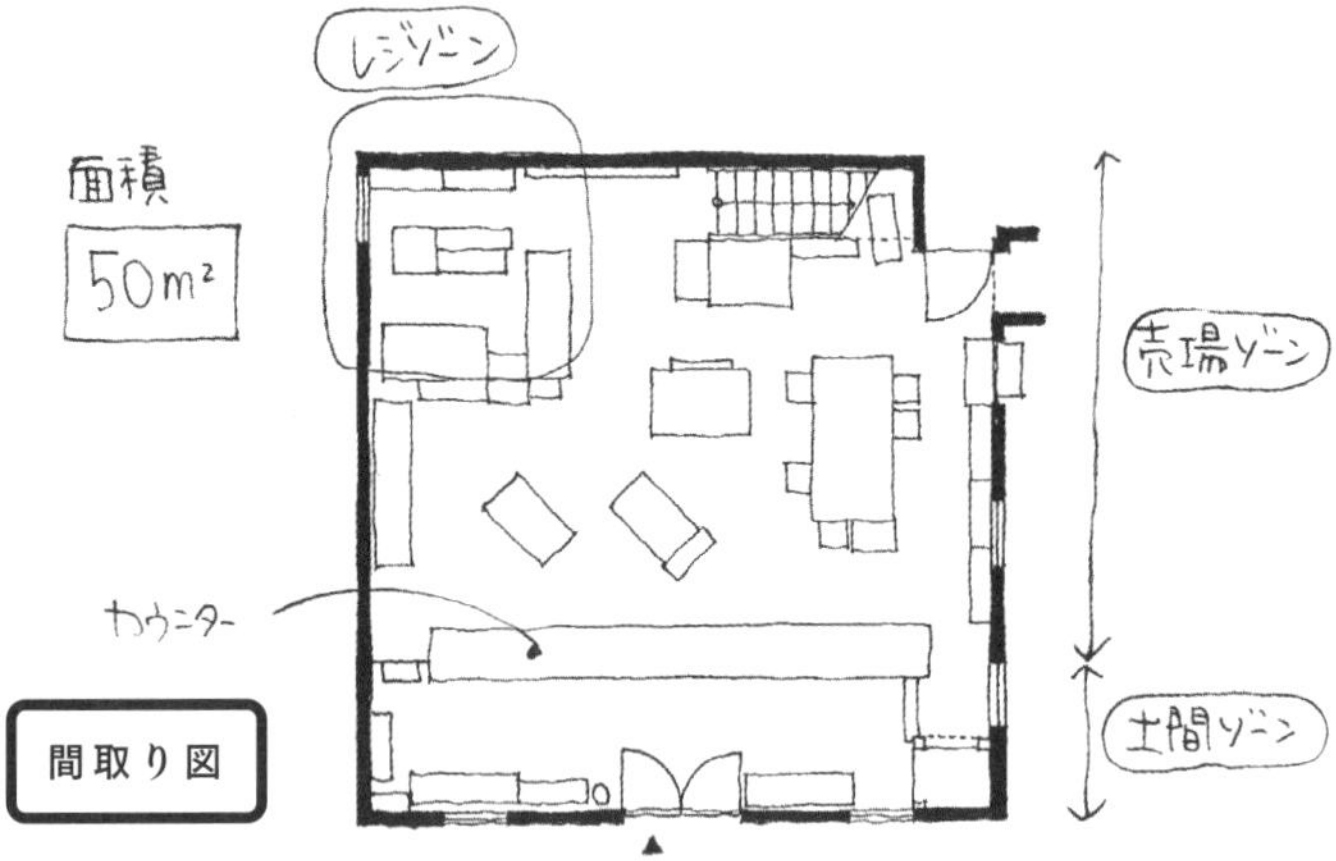

大正時代の郵便局

ひらすま書房は富山県射水市の小杉というまちにある古書店である。高い天井に吊られたペンダントライトの灯りでタイムスリップした気分になるこの店は、大正時代に建てられた古い郵便局の1階に入居している。当時の局長が建てた建物は1965（昭和40）年頃まで現役で使われたが、近くの新しい郵便局に移って以降ずっと空きスペースであった。この建物の魅力に気づき2015年に物件を受け継いだ現所有者は、文化的な施設として活用するために動き出す。かくして、当時自宅の玄関先で古書を販売しながら本の行商をしていた本居淳一さんに白羽の矢が立った。

正方形の大きな一室空間

外から見た建物は、まるでサイコロのような2階建てでなんとも愛らしい。真ん中には両開きの玄関扉、両側にレトロな縦長の上げ下げ窓が付く。平面は1辺7・1mの正方形で天井が高く3・5mあり、部屋の中に柱が落ちない大きな気積の一室空間だ。店内に入るとすぐ、年季の入った分厚いハイカウンターが横たわる。かつて窓口だったと容易に想像できるこのカウンターも、今では上下にびっしり古書が陳列されている。右隅にある垂れ壁ブースは、電話ボックスとして利用されていた跡だとか。40㎝の段差を上がってカウンターを回り込むと、メインの売り場である。店主・本居さんが座るバックヤードは奥の階段脇に設けられた。古書店を開くために行われた改修は、元々上足で利用されていた床に厚みのある杉板を張ったことのみ。書架や家具は、元々郵便局で使われていたものを再利用したり、古書と一緒に買い取ったり、他の古書店から引き受けたりした。

偶然の出会いをどうつくり出すか

店主の本居さんは2016年7月に開店して以来、偶然出会いたい本を置けるようこだわってきた。この店ならではの空間に惹かれ、県外からの客も増えた。同じ場所に実店舗が在り続けると顔の見える関係で人とつながりやすく、自然と棚に並べたくなる古書が集まるそうだ。かつて郵便局として人と人の交信を支えた建物は、今や人と本の偶然の出会いの場となった（当店舗での営業は2024年3月に終了）。

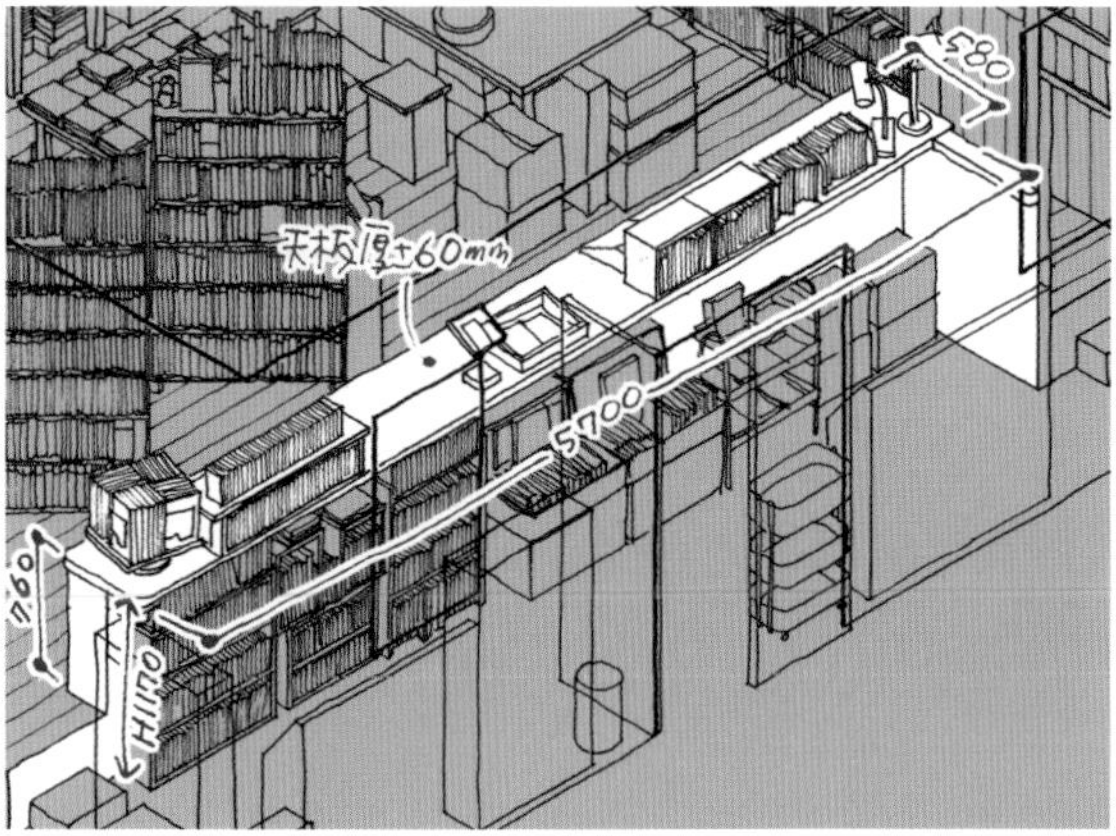
580
天板厚さ60mm
5700
760
1110

巨大木製カウンター

上：大きなカウンターには古書がたくさん
下：斜めに置かれた可動式書架

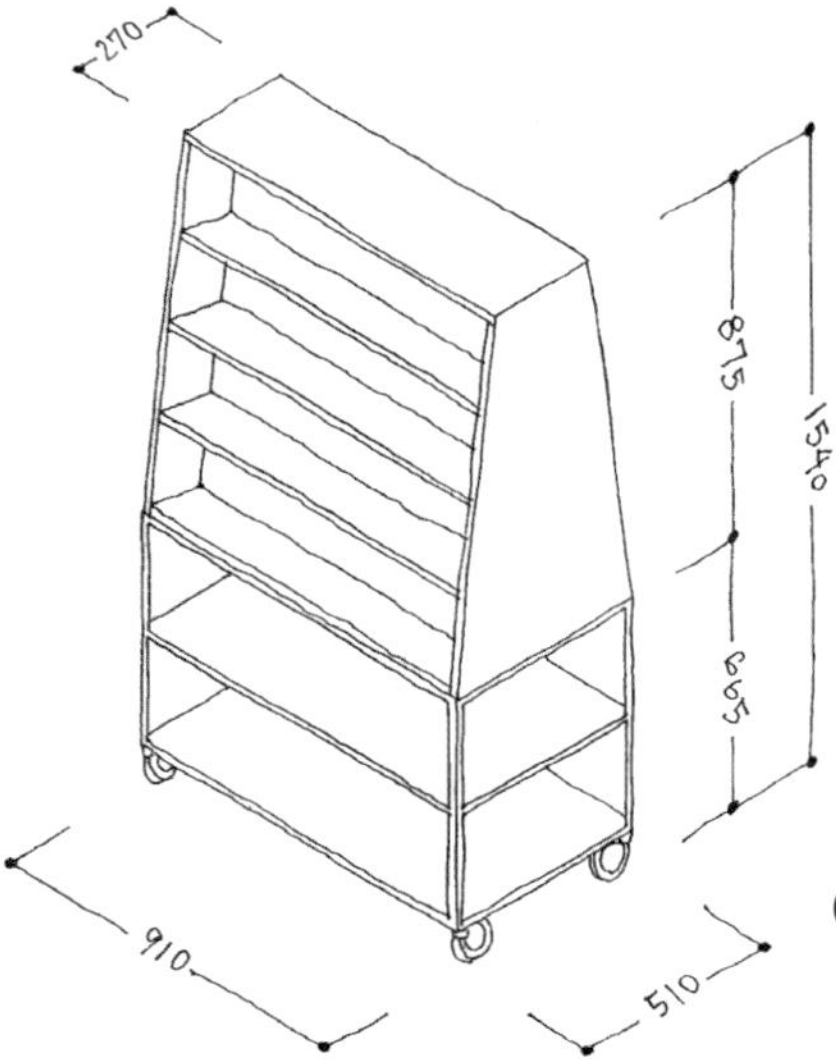
270
875
1540
665
910
510

可動式書架

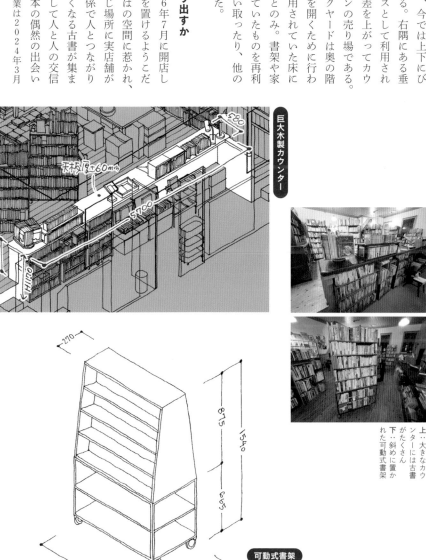

オヨヨ書林 新竪町店

ぼんやりのんびり
本を探せる
大うなぎの寝床

OYOYO SHORIN SHINTATEMACHITEN

石川

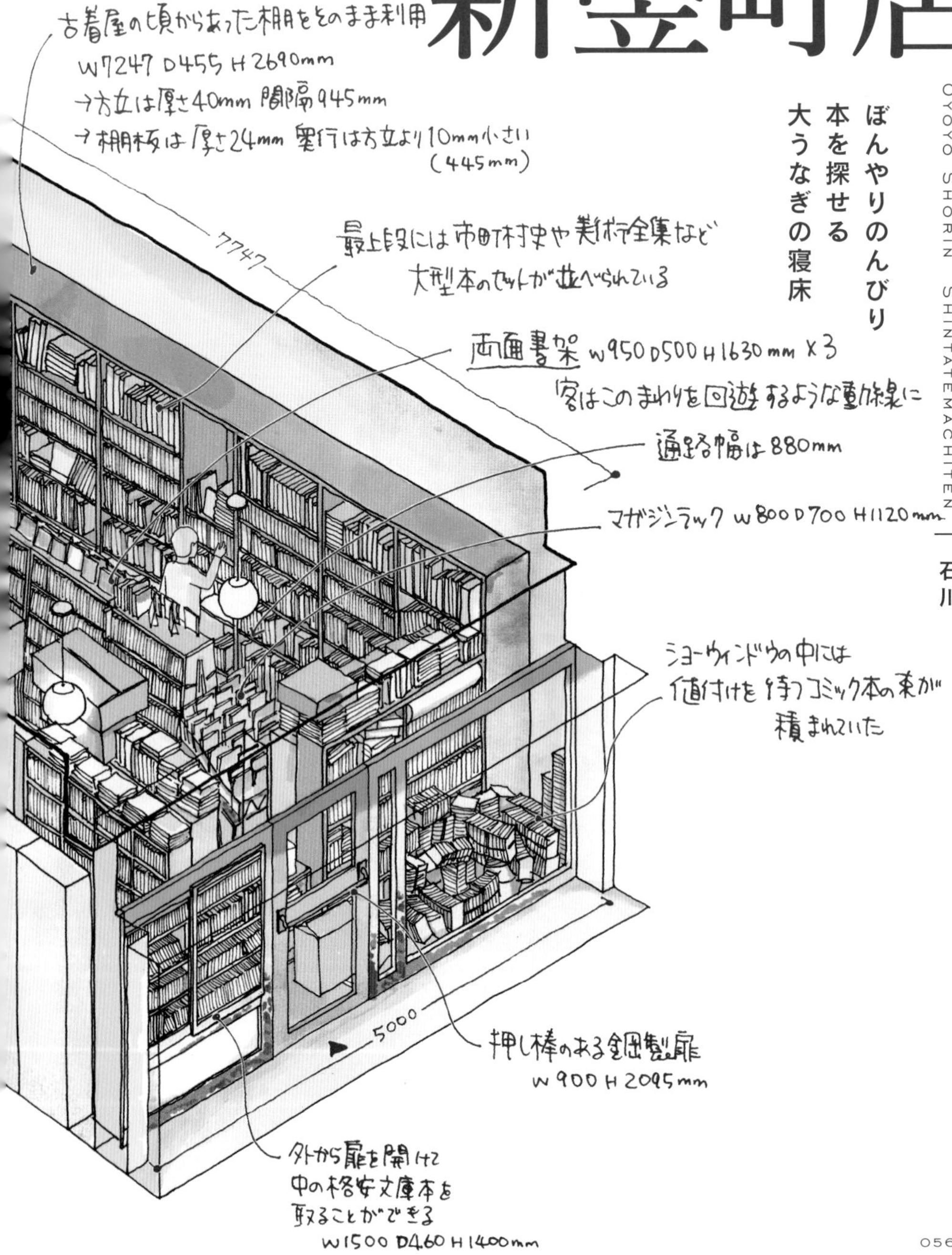
古着屋の頃からあった棚をそのまま利用
W7247 D455 H2690mm
→方立は厚さ40mm 間隔945mm
→棚板は厚さ24mm 奥行は方立より10mm小さい
(445mm)
最上段には市町村史や美術全集など
大型本のセットが並べられている
両面書架 W950 D500 H1630mm ×3
客はこのまわりを回遊するような動線に
通路幅は880mm
マガジンラック W800 D700 H1120mm
ショーウィンドウの中には
値付けを待つコミック本の束が
積まれていた
5000
押し棒のある金属製扉
W900 H2095mm
外から扉を開けて
中の格安文庫本を
取ることができる
W1500 D460 H1400mm

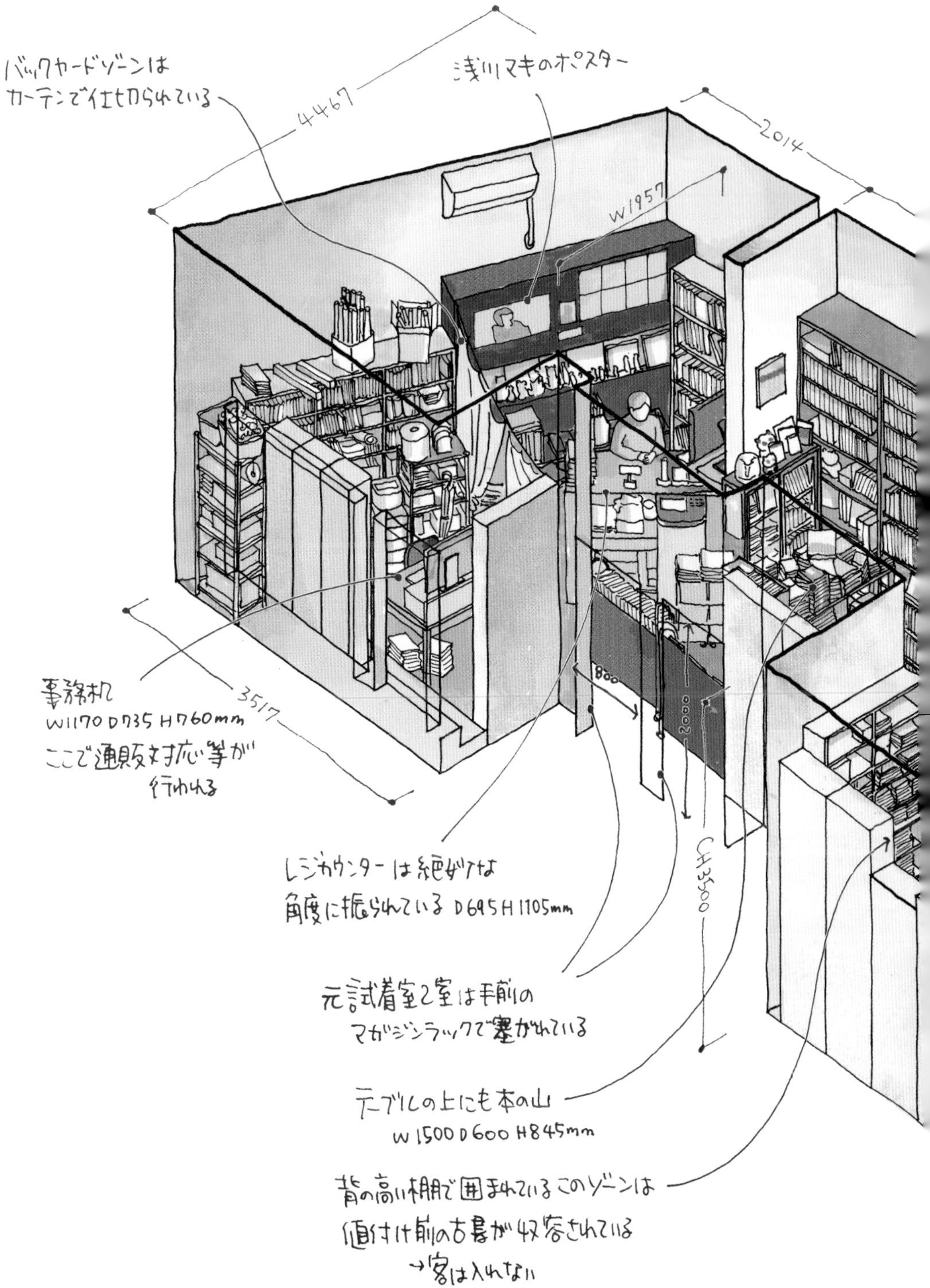
バックヤードゾーンは
カーテンで仕切られている
4467
浅川マキのポスター
2014
W1957
事務机
W1170 D735 H760mm
ここで通販対応等が
行われる
3517
800
2000
CH3500
レジカウンターは絶妙な
角度に振られている D695 H1105mm
元試着室2室は手前の
マガジンラックで塞がれている
テーブルの上にも本の山
W1500 D600 H845mm
背の高い棚で囲まれているこのゾーンは
値付け前の古書が収容されている
→客は入れない

古着屋の内装をほぼそのまま

石川県金沢市にはオヨヨ書林という変わった名前の古書店が2軒ある。ここで取り上げるオヨヨ書林新竪町店と、暖簾分けしたオヨヨ書林せせらぎ通り店である。店主の山崎有邦さんが開業したのは２０１０年。初めは隣町の竪町というファッションストリートで店を構えていたが、より多くの古書を収容できる物件を求めて新竪町に移転し、現在に至る。店主の山崎さんいわく、入居した元古着屋の内装を9割引き継いで活用しているという。

うなぎの寝床型平面

奥行きが11ｍほどある細長いうなぎの寝床のような店内には、書架から溢れんばかりの古書が並ぶ。平積み台はもはや山積み台。すべての本に目を通すには相当な覚悟を要する。背の高い棚が多くあえて見通しの良くない配置としているのは、店を訪れる客にとっては死角があるほど居心地が良く、本をじっくり探すことができるとの思いからである。本をたくさん収容する上で両側の壁面が長いことは有利に働く。入口右側の壁一面には古着屋時代の造り付けの商品棚が残されていたため、

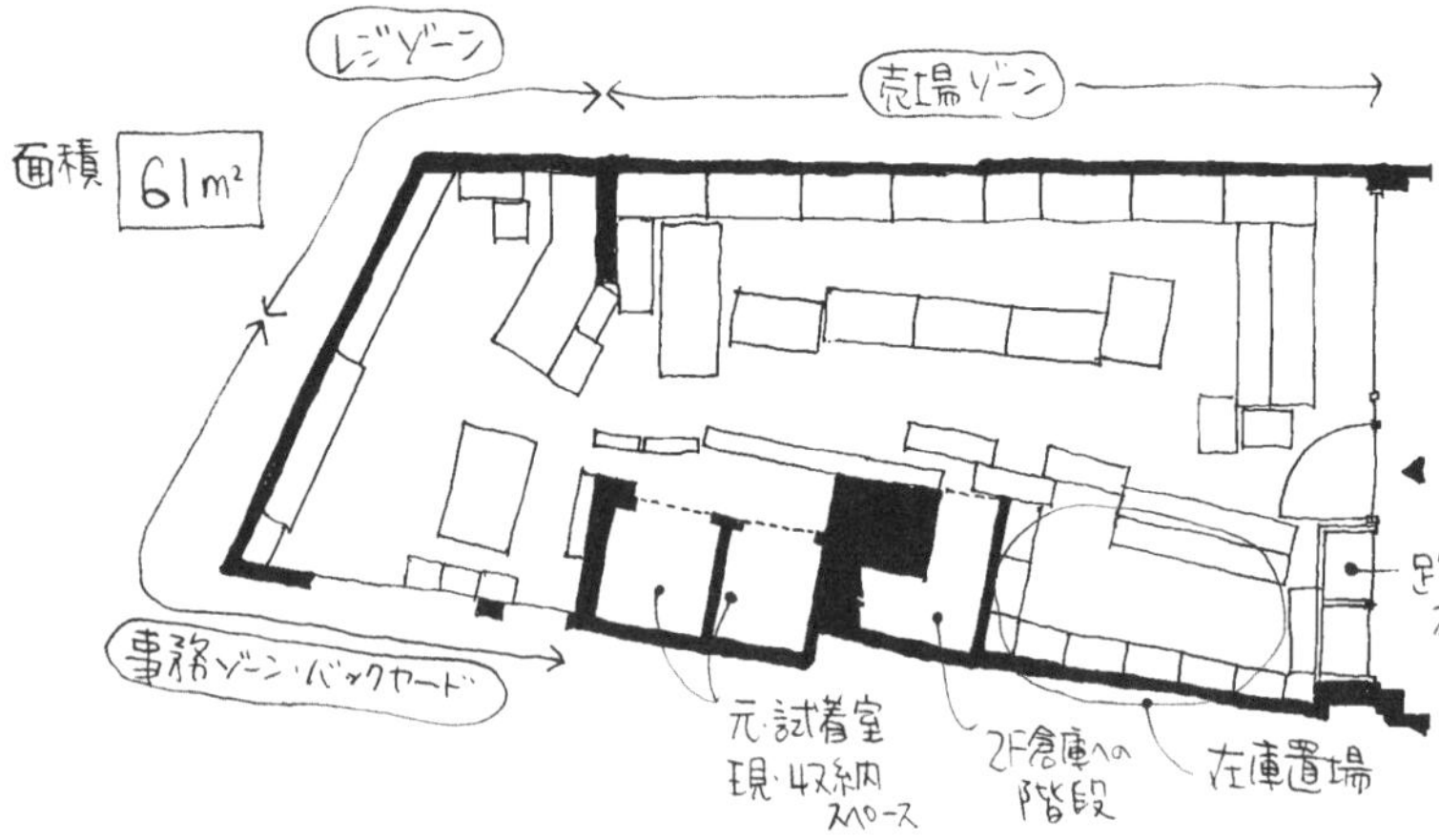
レジゾーン
売場ゾーン
面積 61m²
路面本棚
事務ゾーン・バックヤード
元・試着室
現・収納スペース
2F倉庫への階段
在庫置場

間取り図

右：背の高い本棚がひしめく店内
左：白の明るい外壁が目印に

本の渓谷へと歩みを進めよう

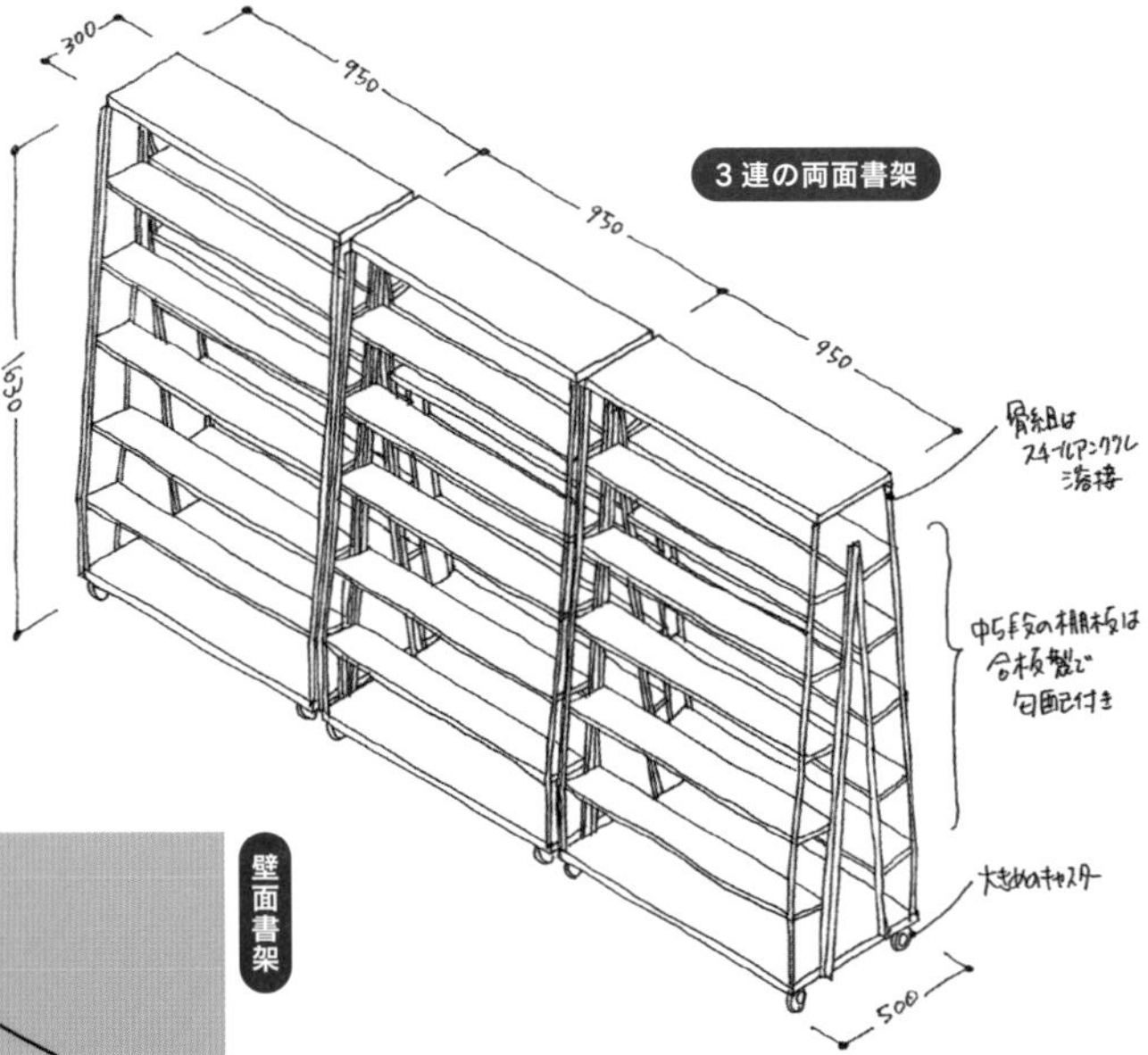
3連の両面書架
300
950
950
950
1630
骨組はスチールアングル溶接
中5段の棚板は合板製で勾配付き
大きめのキャスター
500

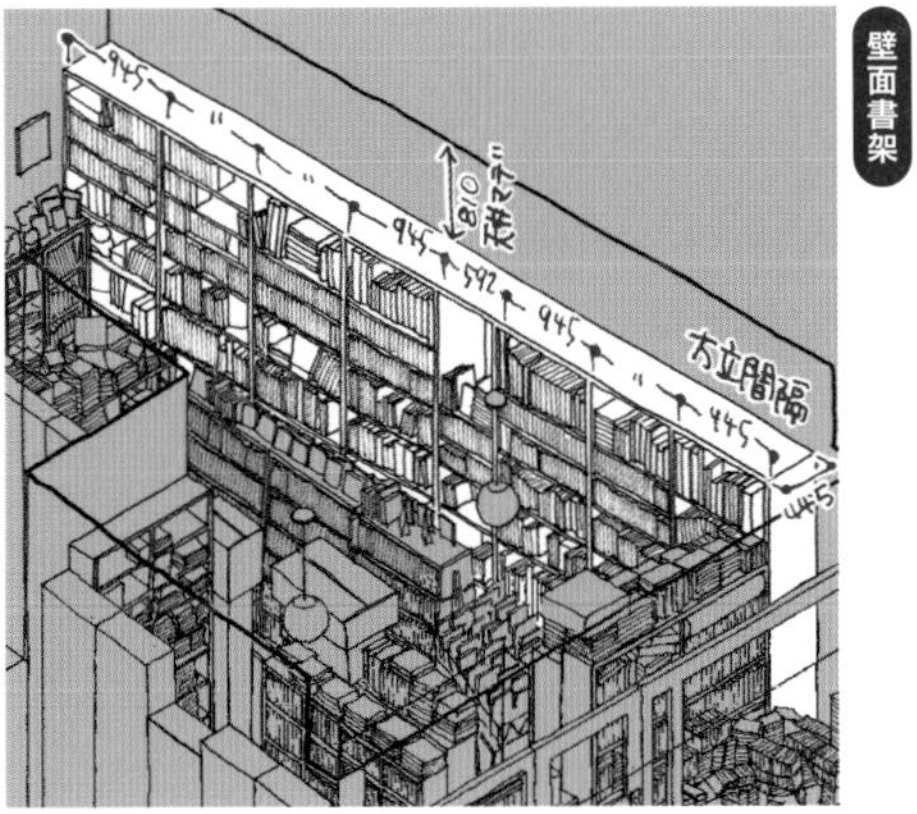
壁面書架
945
810
945
592
945
445
445
方立間隔

古着屋から引き継いだ壁面書架

そのまま書架として活用した。奥行きの深い棚板だが、オヨヨ書林がよく取り扱う美術書など大型本の収容に適していたのが幸いした。店の表側も同様、大きなガラスの開口部にもかかわらず買取を済ませたばかりの本がうず高く積まれ、一歩足を踏み入れれば文字通り本に埋もれる店内だ。そんな圧倒的な物量ながら、3・5mの高い天井のおかげで店内は明るく保たれている。店内上部に抜けの空間がたっぷりあることで、息が詰まることなく落ち着いて本と向き合うことができる。

何が欲しいかわからないときのためにあるべき古書店

古道具屋が多く、古物を物色しに人々が訪れる新竪町での開業ということもあり、当初から無理なくまちに馴染んだというオヨヨ書林新竪町店。店の在庫を増やすことに注力するのは、店に来た客に対してより多くのきっかけを提供したいからだと山崎さんは言う。欲しいものがはっきりしない人でも、ぼんやりと本を探したい時に来られる、肩肘張らない知への案内所のような場所が、まちに1軒くらいないとダメなのだ、と。

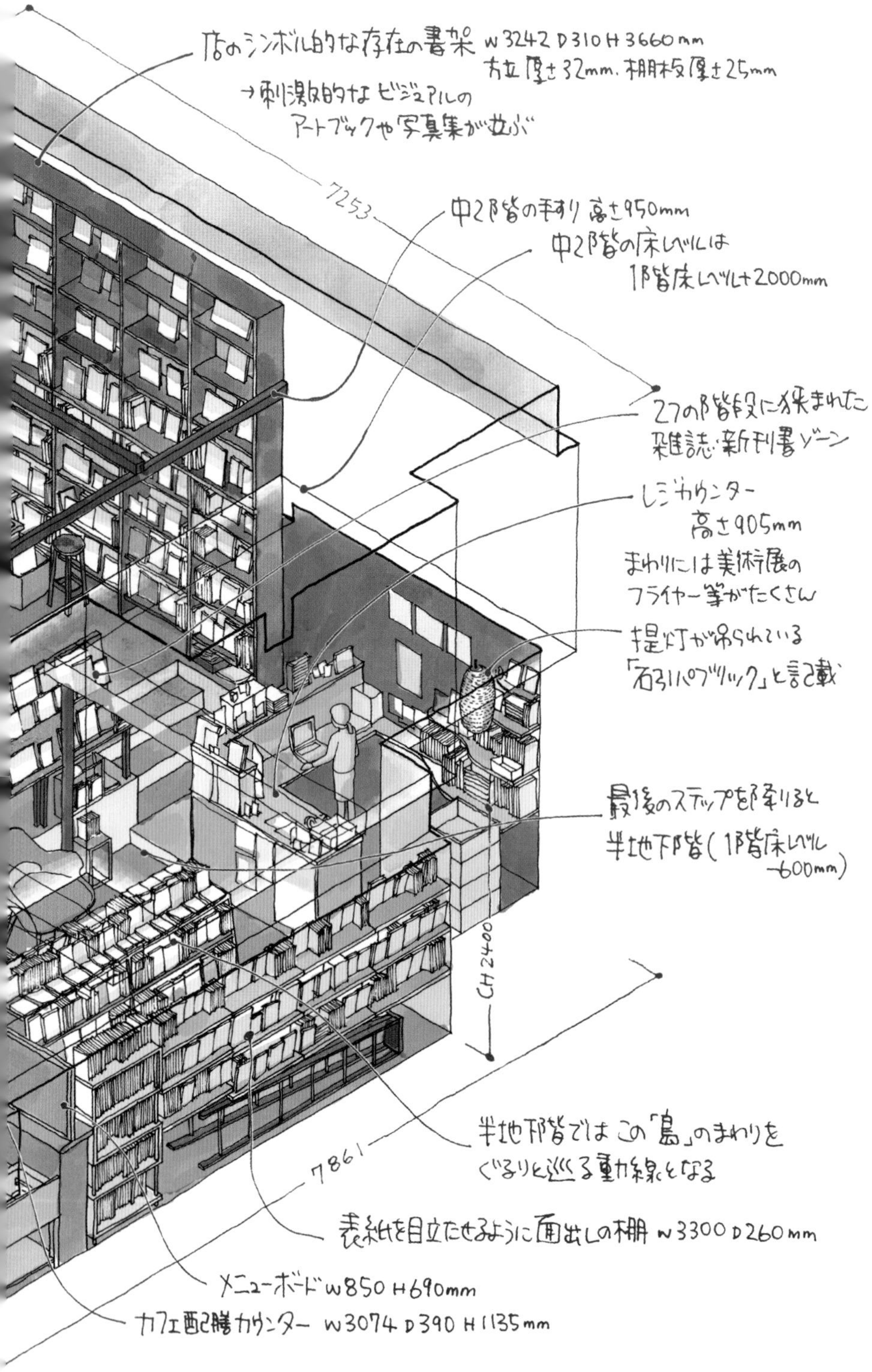

店のシンボル的な存在の書架 W3242 D310 H3660mm
方立厚さ32mm、棚板厚さ25mm
→刺激的なビジュアルの
アートブックや写真集が並ぶ
7253
中2階の手すり 高さ950mm
中2階の床レベルは
1階床レベル+2000mm
2つの階段に挟まれた
雑誌・新刊書ゾーン
レジカウンター
高さ905mm
まわりには美術展の
フライヤー等がたくさん
提灯が吊られている
「石引パブリック」と記載
最後のステップを降りると
半地下階（1階床レベル
-600mm）
CH2400
半地下階ではこの「島」のまわりを
ぐるりと巡る動線となる
7861
表紙を目立たせるように面出しの棚 W3300 D260mm
メニューボード W850 H690mm
カフェ配膳カウンター W3074 D390 H1135mm

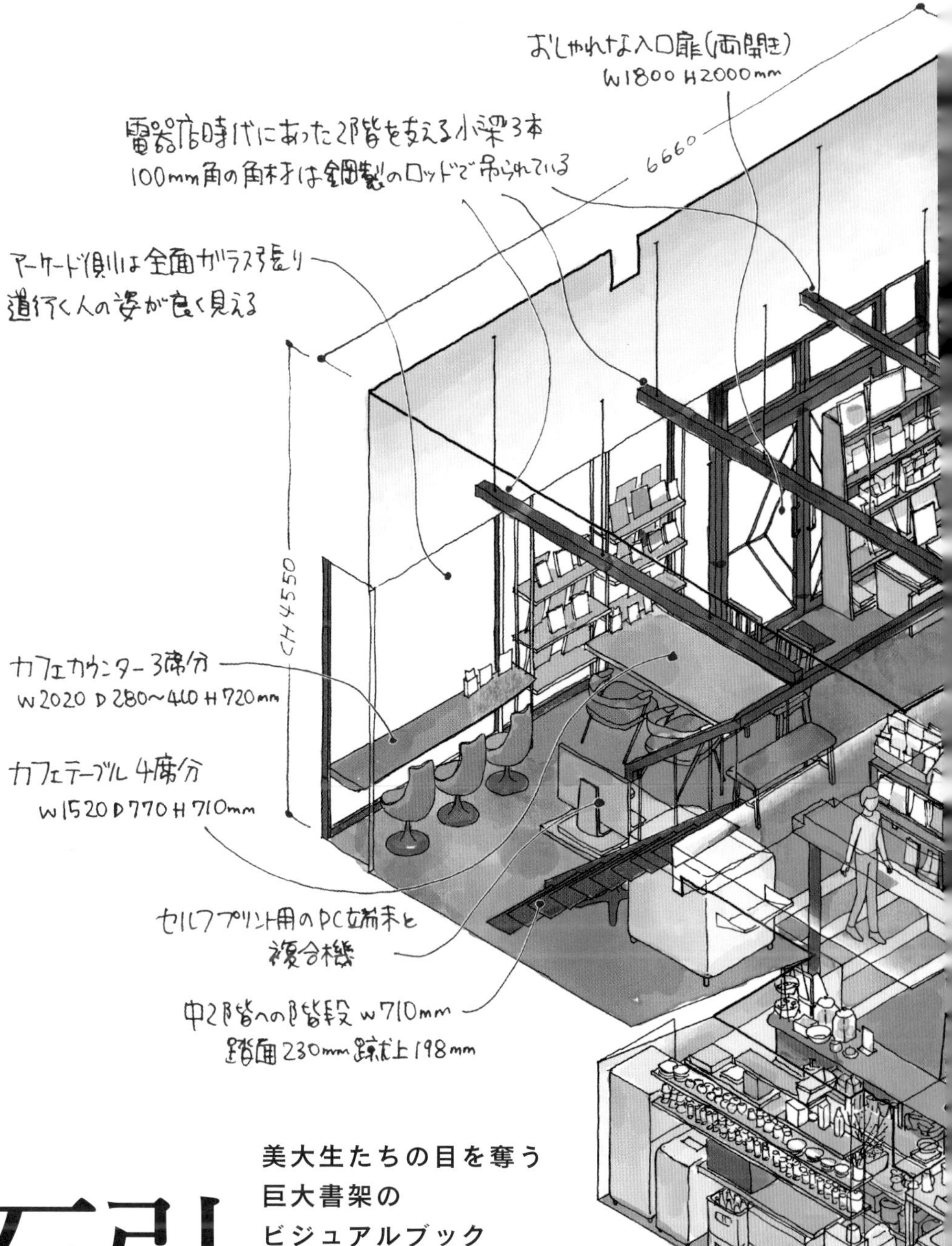
おしゃれな入口扉(両開き)
W1800 H2000mm
電器店時代にあった2階を支える小梁3本
100mm角の角材は鋼製のロッドで吊られている
6660
アーケード側は全面ガラス張り
道行く人の姿が良く見える
CH4550
カフェカウンター3席分
W2020 D280〜410 H720mm
カフェテーブル4席分
W1520 D770 H710mm
セルフプリント用のPC端末と複合機
中2階への階段 W710mm
踏面230mm 蹴上198mm

美大生たちの目を奪う
巨大書架の
ビジュアルブック

石引パブリック

ISHIBIKI PUBLIC | 石川

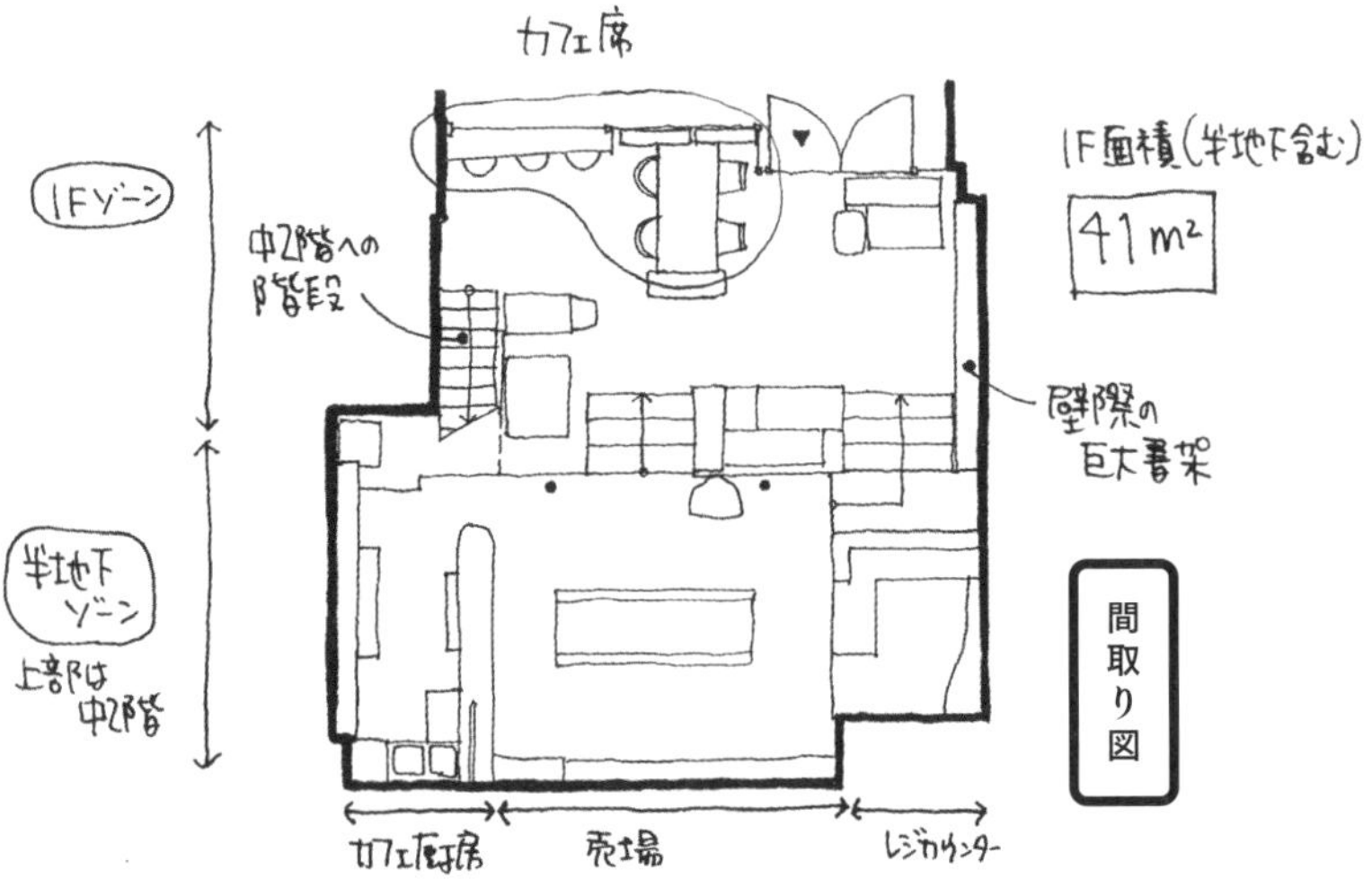
カフェ席
1Fゾーン
中2階への階段
1F面積(半地下含む)
41m²
壁際の巨大書架
半地下ゾーン
上部は中2階
間取り図
カフェ厨房
売場
レジカウンター

右：商店街に溶け込む落ち着いた外観
左：スキップフロアを活かした変化のある空間

商店街の元電器店に入居

石川県金沢市の文教エリアにある石引商店街は、近くの美術大学に通う美大生たちの通学路でもある。そんな商店街の中ほどに、石引パブリックという風変わりな名前の書店がある。この店には書店とカフェのほかに、店主の砂原久美子さんが経営する印刷スタジオが同居する。尾根筋に沿って伸びる商店街は、その地形的特徴から各区画で奥のフロアレベルが下がるつくりだ。商店街の元電器店だった石引パブリックが入居するビルも、1階の奥側が半地下で、店全体はスキップフロアの複雑な階構成をしている。

スキップフロアと巨大書架

店主の砂原さんは、地域の活性化に熱心な不動産屋からこの物件での書店開業を強く推薦され、入居を決めた。一般的に使いこなしにくいスキップフロアだが、中2階では印刷スタジオ機能を独立させ、手前の2階の床を撤去することで、約4・6mの高い天井をもつ特色ある書店空間をつくり出した。高さを活かした壁際の巨大書架には、砂原さんこだわりのビジュアル本や写真集が面出しで並ぶ。

道行く人にもガラス越しにインパクトを与える巨大書架は、店のシンボルに。

開店当初、併設するつもりはなかったカフェスペースは、アーケードに面する窓際にカウンターとテーブル合わせて9席。配膳カウンターと厨房は半地下の奥にまとめた。あくまでカフェは書店の添え物だが、カフェ運営が得意なスタッフのおかげで順調だという。

インスピレーションを与え続ける場に

店に並ぶすべての本は買取販売である。店主の砂原さん自身が読みたい本か、デザインのヒントになるかどうかが判断基準となる。土地柄、よく店を訪れてくれる美大生や大学関係者のインスピレーションの源となりそうな選書・陳列を意識しているという。2016年の開業時はシャッターが下りたままだった空き店舗のいくつかで、若い人が新しい店をオープンするようになり、今ではカフェやかき氷屋、洋服屋などが軒を連ねる。まちと店主の個性を掛け合わせながら店を営み続けてきた日々の工夫が地域に好循環をもたらしている（※2022年12月に書店とカフェが閉店。今は印刷スタジオのみ）。

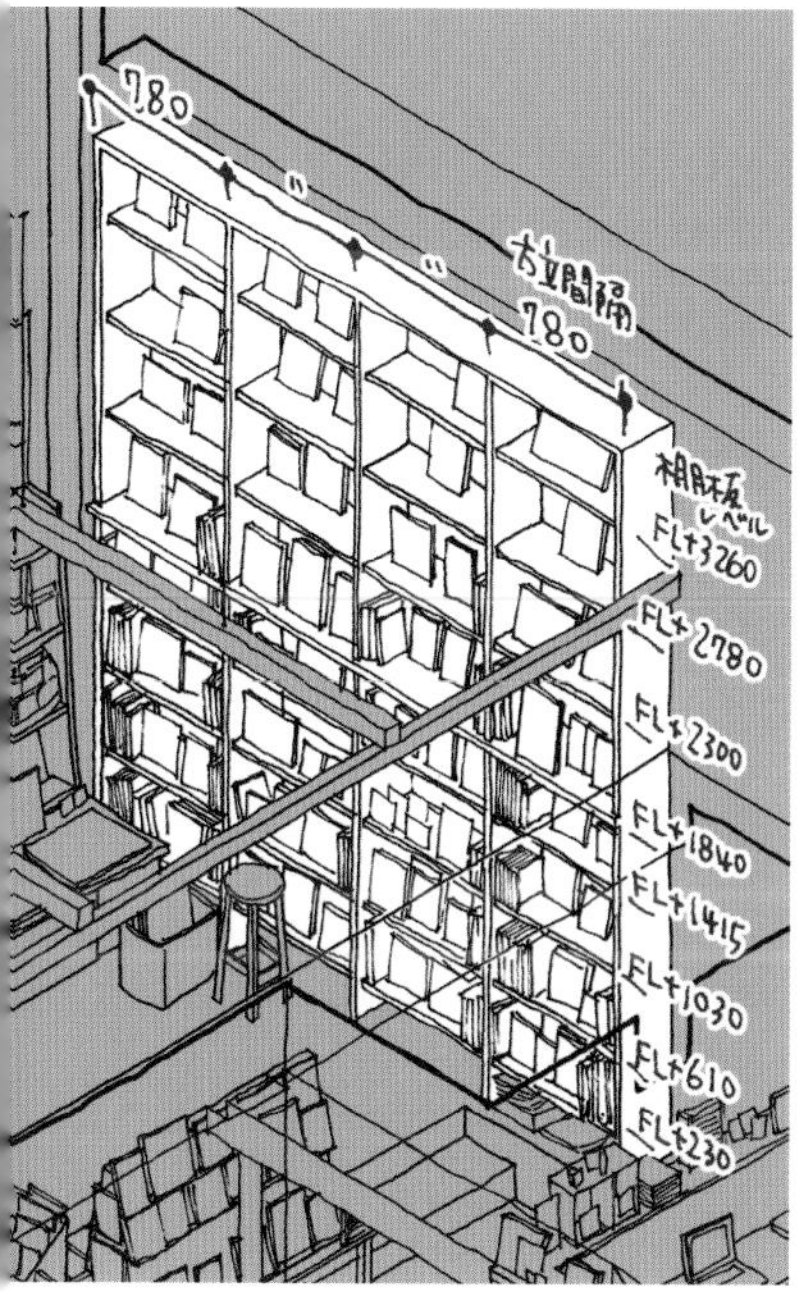
780
780
FL+3260
FL+2780
FL+2300
FL+1840
FL+1415
FL+1030
FL+610
FL+230

巨大書架

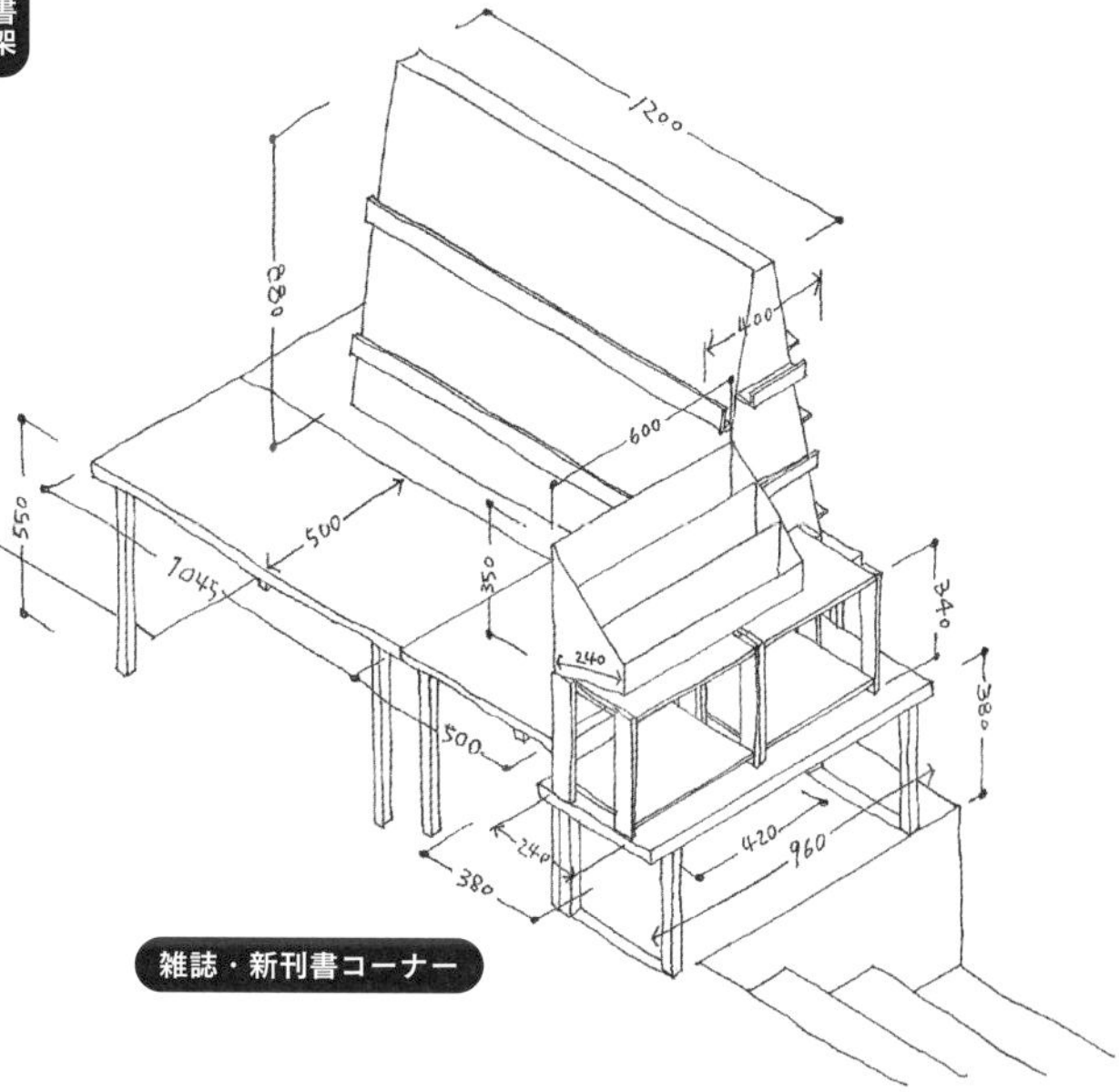
1200
880
400
600
550
500
1045
350
340
240
380
500
240
420
960
380

雑誌・新刊書コーナー

右：回遊動線の要となる雑誌・新刊書コーナー
左：入口のそばにそびえ立つ巨大書架

ひみつの本屋

静岡 | HIMITSU NO HONYA

私的に本と出会う、元映画館のチケットブース

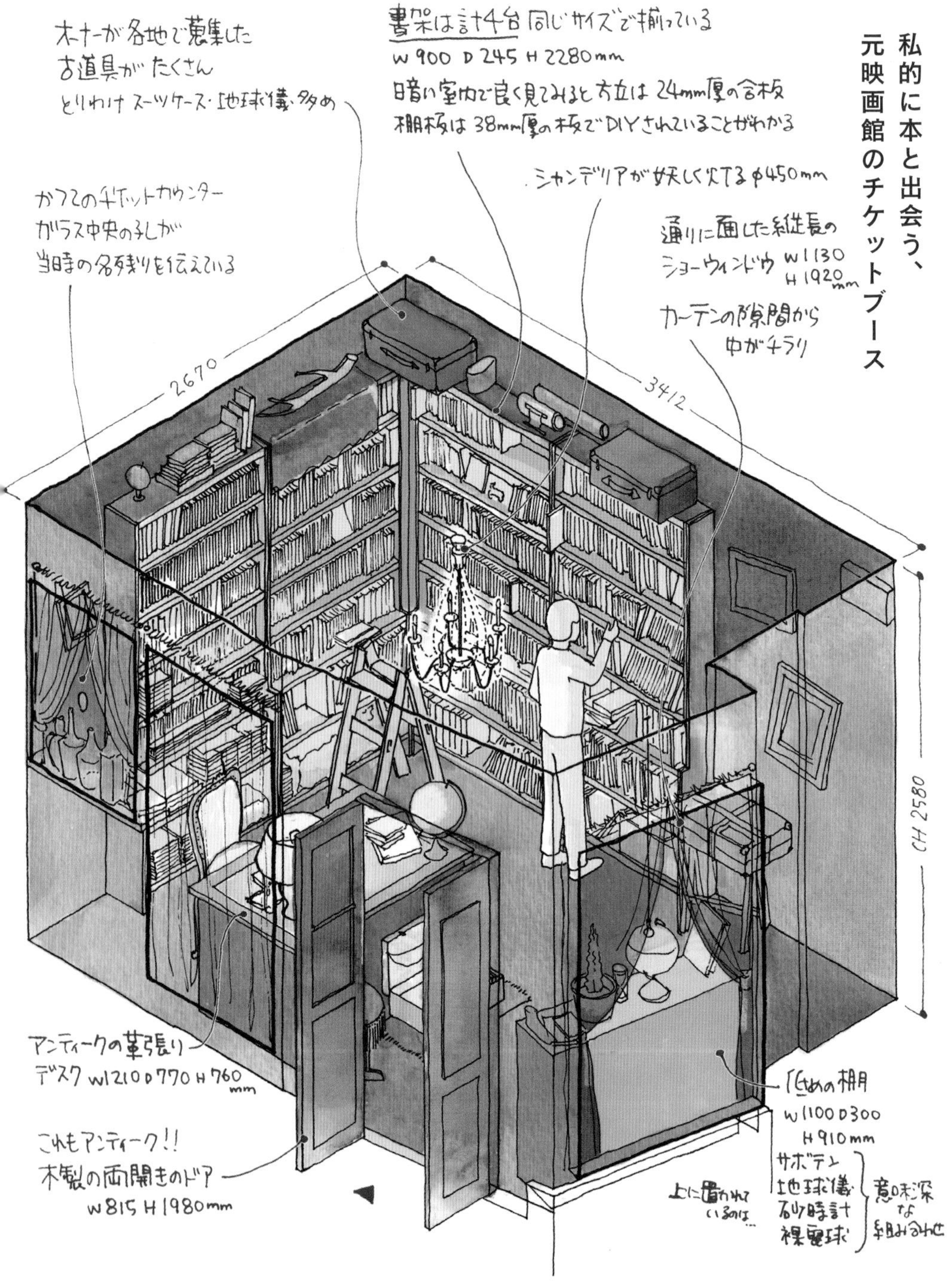

オーナーが各地で蒐集した
古道具がたくさん
とりわけ スーツケース・地球儀 多め
書架は計4台 同じサイズで揃っている
W900 D245 H2280mm
暗い室内で良く見てみると方立は24mm厚の合板
棚板は38mm厚の板でDIYされていることがわかる
シャンデリアが妖しく灯る φ450mm
かつてのチケットカウンター
ガラス中央の孔が
当時の名残りを伝えている
通りに面した縦長の
ショーウィンドウ W1130 H1920mm
カーテンの隙間から
中がチラリ
2670
3412
CH 2580
アンティークの革張り
デスク W1210 D770 H760mm
これもアンティーク!!
木製の両開きのドア
W815 H1980mm
低めの棚
W1100 D300
H910mm
上に置かれているのは…
サボテン
地球儀
砂時計
裸電球
意味深な組み合わせ

映画館のチケットブース

温泉街として有名な熱海の中心市街地に、ひみつの本屋はある。廃館した映画館に付属していた小さなチケットブースをリノベーションして開店したのが２０２１年のこと。「ひみつの」と冠されている店について、あれこれ暴くようなことを書くのはどうも憚られる気もするが、可能な範囲で述べてみたい。まず、この店には店員がいない。無人の書店である。客はいくつかの手続きを経て入店することができる。これだけでも一般的な書店と比べるとかなり特殊だ。

だれかの書斎に忍び込んだような

チケットブースの中は決して広くない。四畳半程度の部屋の中央には、天板が革張りの年代物の書斎机が鎮座する。卓上にはデスクランプや地球儀、書籍が無造作に置かれ、さっきまでだれかがここに座っていたかのようだ。壁際の書架に目を移す。適切に配された照明で絶妙に薄暗い室内では、本との距離が近くなる。ひとりきりで背表紙を眺めていると、まるで透明人間になってだれかの書斎の本棚を覗いているかのように錯覚してしまう。

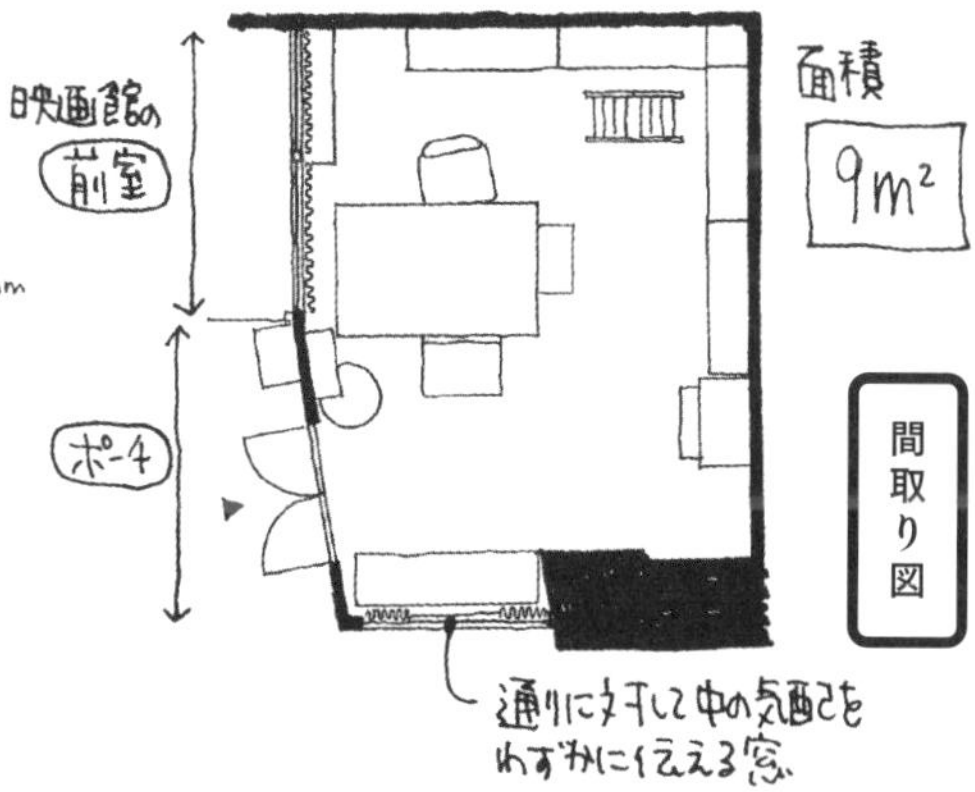
映画館の
前室
ポーチ
面積
9m²
間取り図
通りに対して中の気配を
わずかに伝える窓

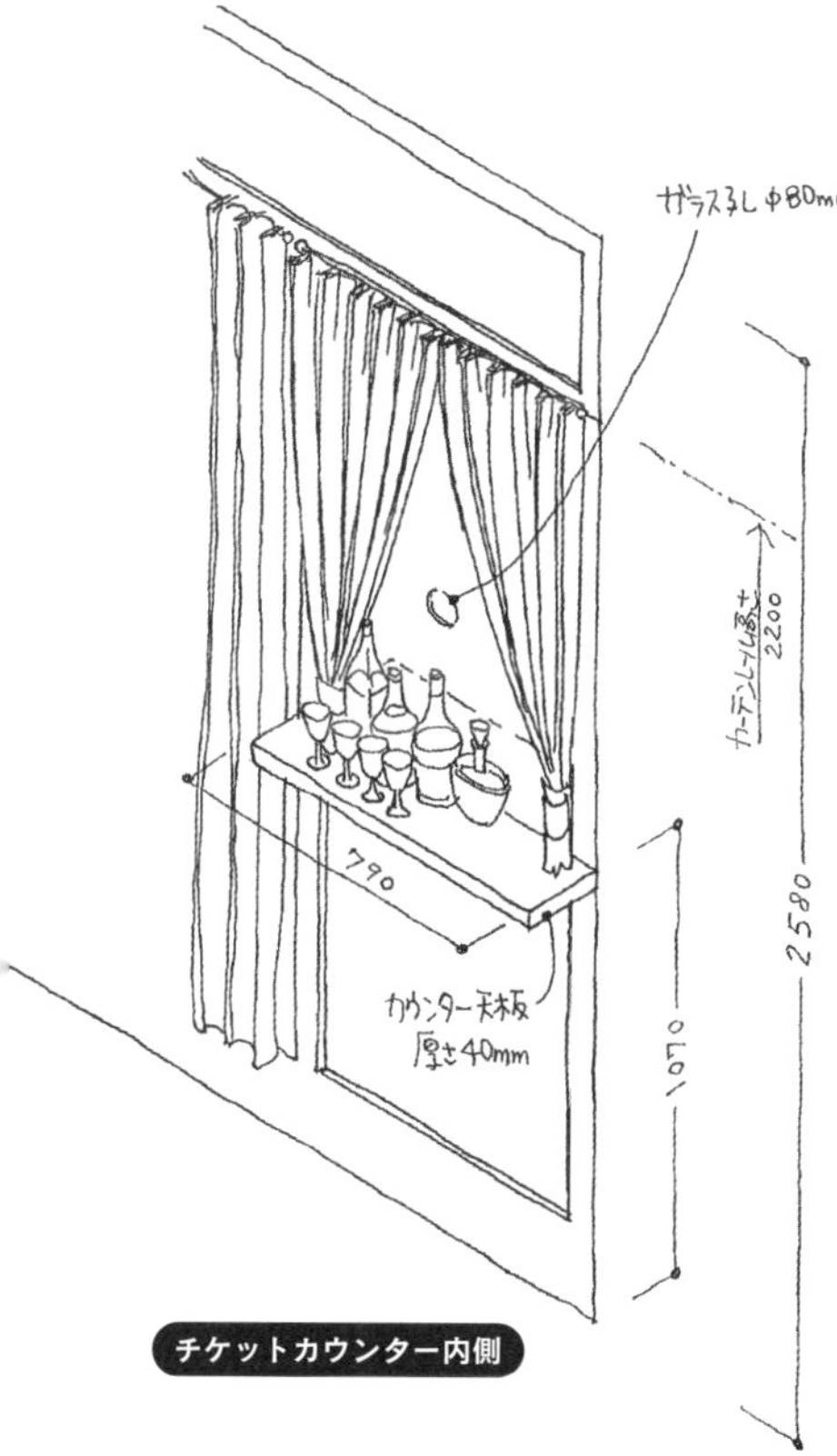
カーテンレール高さ
2200
790
2580
1070
カウンター天板
厚さ40mm

チケットカウンター内側

ロマンス座

上：店内は暗くミステリアス
下：元映画館の入口にひっそりと

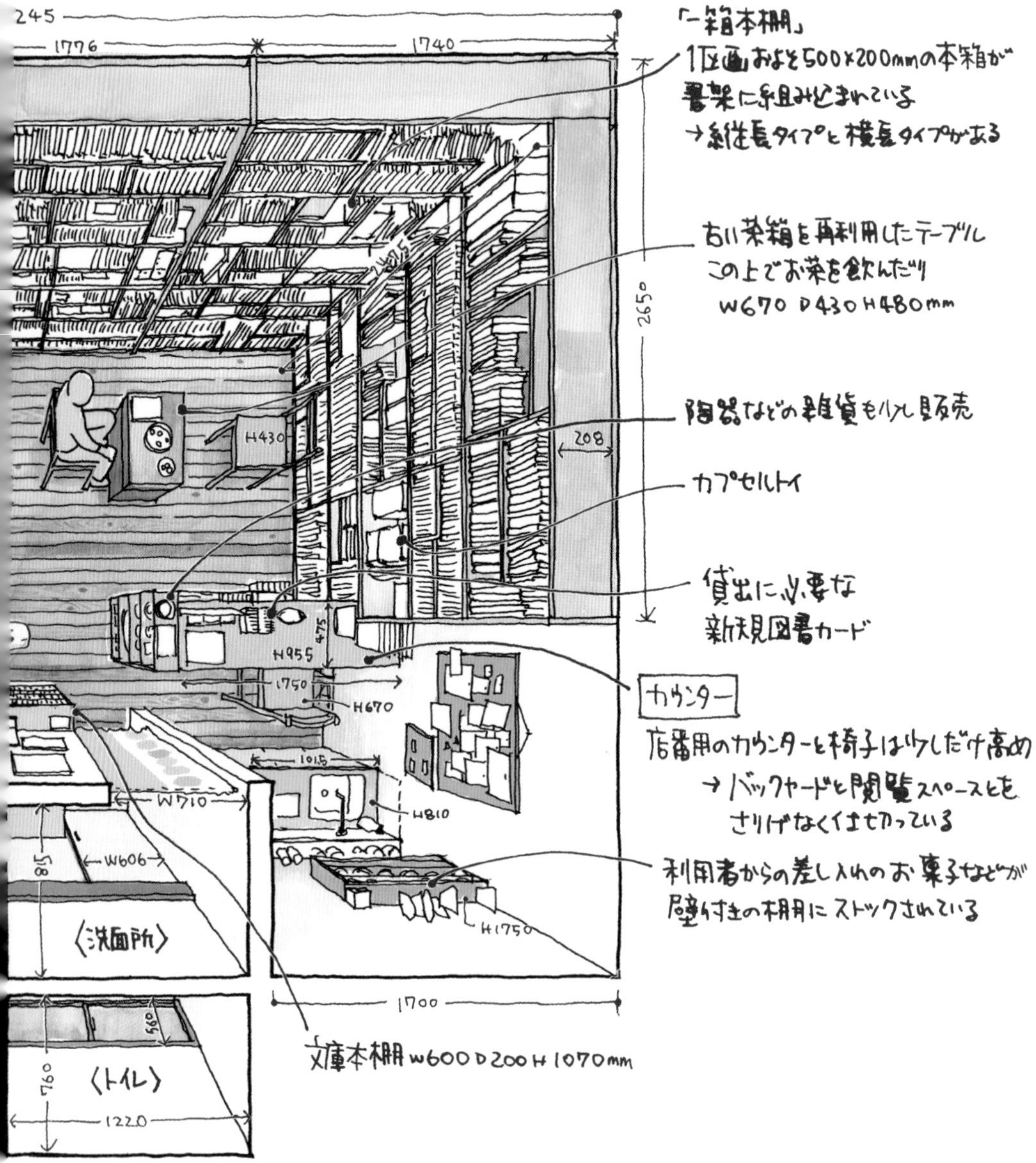

2245
1776
1740
「一箱本棚」
1区画およそ500×200mmの本箱が
書架に組み込まれている
→縦長タイプと横長タイプがある
2485
2650
古い茶箱を再利用したテーブル
この上でお茶を飲んだり
W670 D430 H480mm
H430
陶器などの雑貨も少し販売
208
カプセルトイ
貸出に必要な
新規図書カード
475
H955
1750
H670
カウンター
店番用のカウンターと椅子は少しだけ高め
→バックヤードと閲覧スペースとを
さりげなく仕切っている
1015
W710
H810
W606
850
利用者からの差し入れのお菓子などが
壁付きの棚にストックされている
H1750
〈洗面所〉
1700
560
760
〈トイレ〉
1220
文庫本棚 W600 D200 H1070mm

一箱本棚でつくる
駅前商店街の溜まり場

さんかく

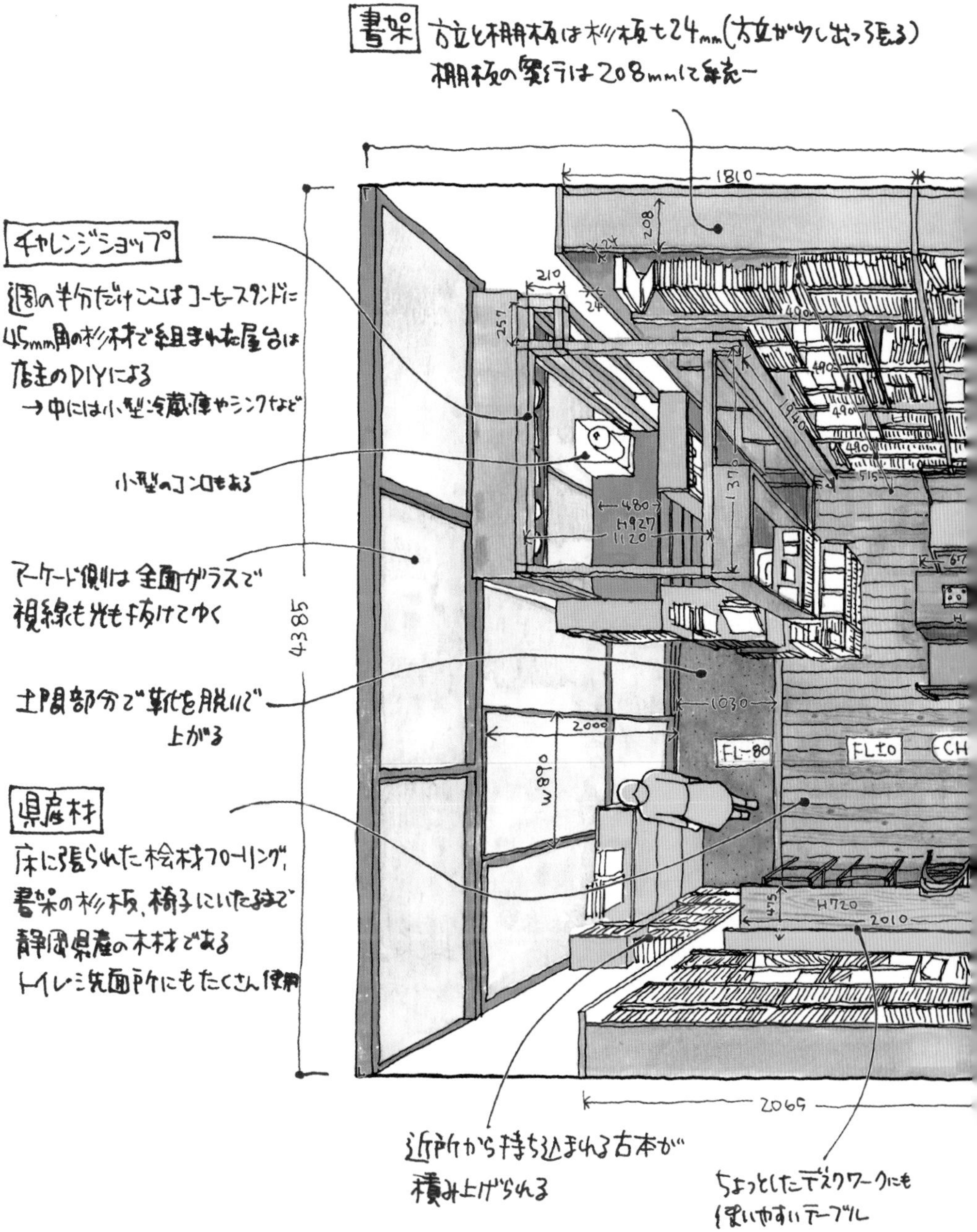
書架 方立と棚板は杉板t24mm（方立が少し出っ張る）
棚板の奥行は208mmに統一
チャレンジショップ
週の半分だけここはコーヒースタンドに
45mm角の杉材で組まれた屋台は
店主のDIYによる
→中には小型冷蔵庫やシンクなど
小型のコンロもある
アーケード側は全面ガラスで
視線も光も抜けてゆく
土間部分で靴を脱いで
上がる
県産材
床に張られた桧材フローリング、
書架の杉板、椅子にいたるまで
静岡県産の木材である
トイレ・洗面所にもたくさん使用
1810
208
210
257
490
1940
515
480
H927
1120
1370
4385
1030
2000
W890
FL-80
FL±0
H720
475
2010
2065
近所から持ち込まれる古本が
積み上げられる
ちょっとしたデスクワークにも
使いやすいテーブル

MINNA NO TOSHOKAN SANKAKU | 静岡

みんなの図書館

商店街の空き店舗が「みんなの」図書館に

みんなの図書館さんかくは、いわゆる公共の図書館や私設の図書館ではない。本棚の分類に、図書館然としたジャンル別の探しやすさは全くなく、むしろ多様な趣味嗜好を組み上げた古本屋の本箱のような品揃えだ。ひと月2000円でだれでもオーナーになれる「一箱本棚オーナー制度」という運営方法でまちづくり関係者の間で注目を集めた、ちょっと変わった図書館なのだ。

賑やかな本棚は、棚ごとに本の持ち主が異なり、どの棚も彼らの〝推し本〟が並んでいる。ジャンルレスな本の並びを象徴するように、本棚自体も縦長、横長の箱が組み合わさったパズルのようなつくりだ。

小さいのに狭くない奥行きのある空間

小さなおでん屋だった区画は、通りに面した間口4・4m×奥行6・2mのシンプルな長方形平面に、トイレが付属しているだけ。天井いっぱいの高さの本棚は棚板・方立ともに厚さ24ミリの杉板で組み立てられ、ところどころ仕切りや棚板を自在に増設している。静岡県産の無垢材フローリングが張られたス

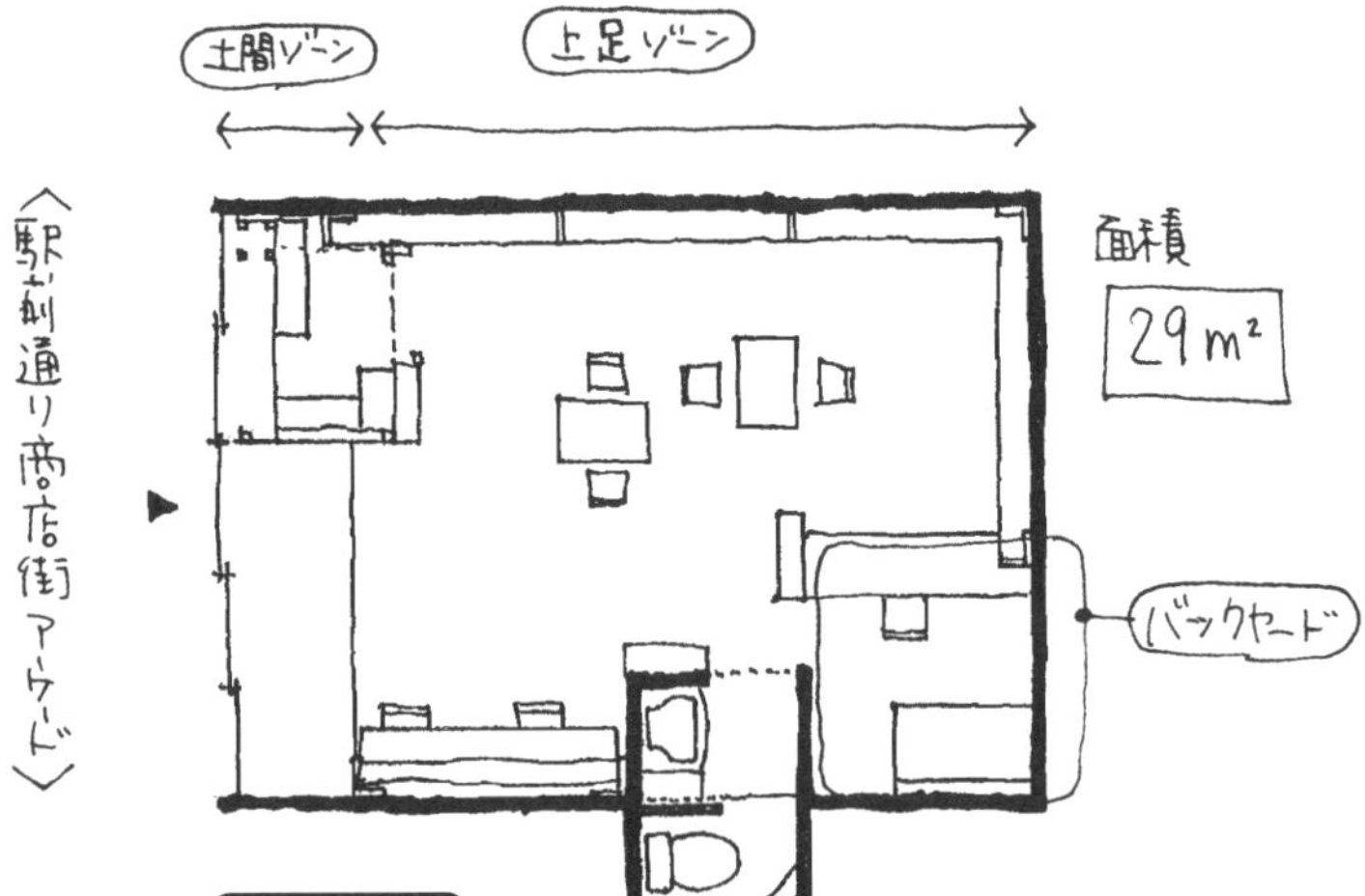
土間ゾーン
上足ゾーン
面積
29m²
バックヤード
〈駅前通り商店街アーケード〉

間取り図

右：今日も駅前商店街の一角で開館中
左：無垢の木材が温かい雰囲気をつくり出す

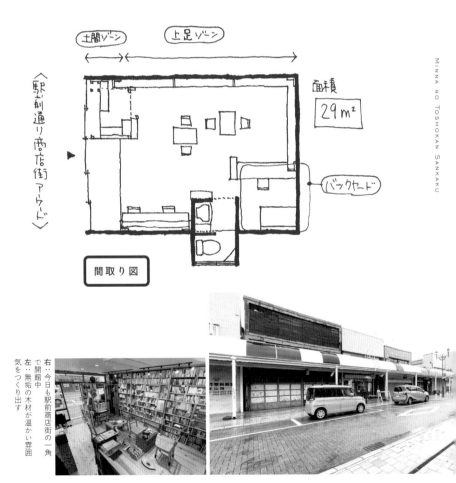

上：チャレンジショップ越しに外を眺める
下：賑やかな本棚はみんなでつくる

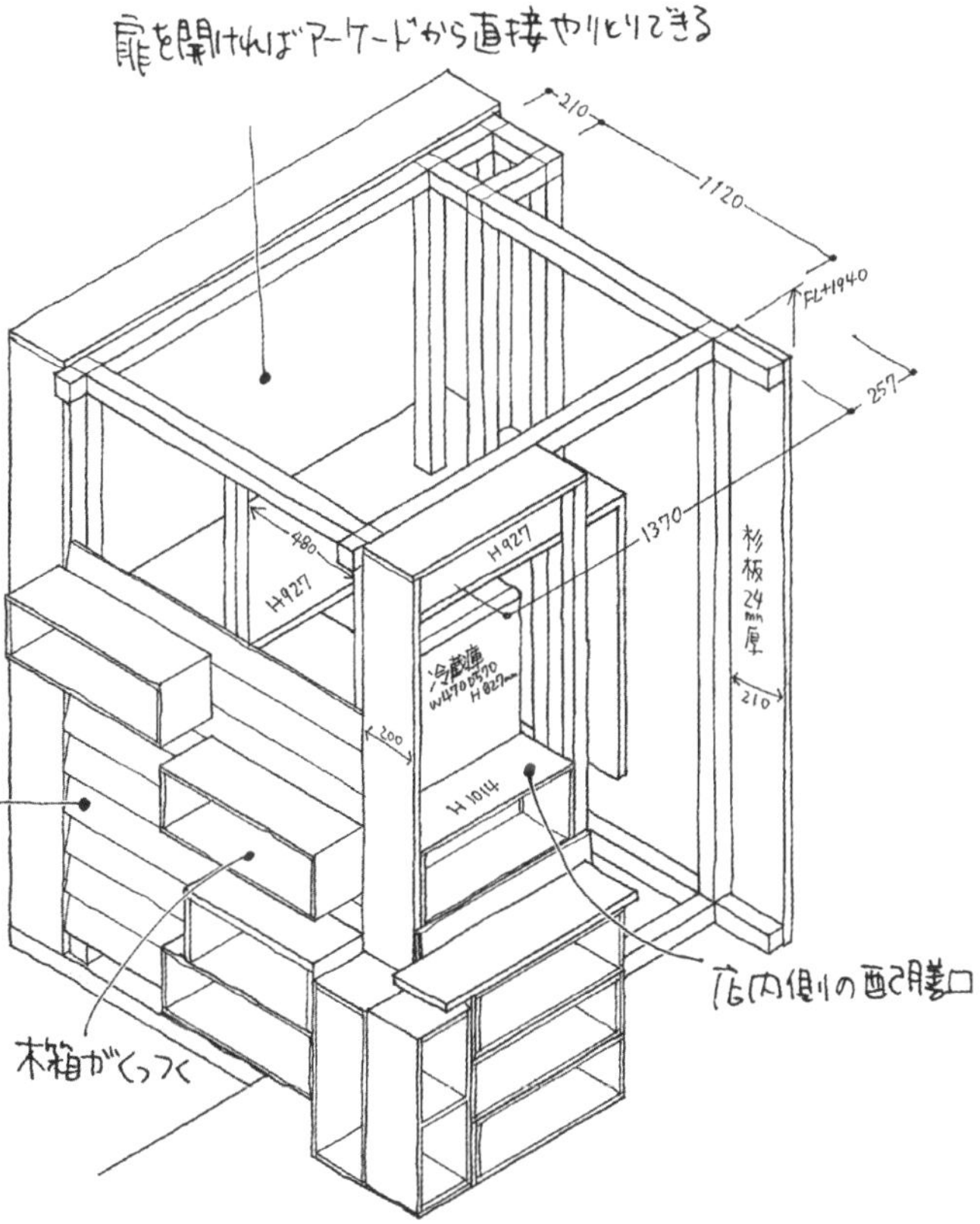
扉を開ければアーケードから直接やりとりできる
210
1120
FL+1940
257
1370
杉板24mm厚
210
480
H927
H927
冷蔵庫 W470 D370 H827mm
200
H1014
下見板張りの側面
店内側の配膳口
木箱がくっつく
チャレンジショップ

ペースは、入口の土間で靴を脱いで上がる。中央にあるのは、これも静岡県産の木製の椅子と古い茶箱を利用したローテーブルのある閲覧スペース。椅子に腰を下ろすと、四周を囲む本の背表紙がぐるりと眺められる。通りに面した小さな屋台は、杉の角材を組んだコーヒースタンドが入るチャレンジショップだ。通りからの入りやすさだけでなく行き交う人の視線を適度に遮り、滞在しやすさも両立させている。右奥にはカウンター付きのバックヤードスペース。スタンドとカウンターの斜め配置で通りの視線を遮ったり分散させたり、程良い奥行きがある。

人と地域と本のネットワーク

２０２０年のオープン以来好評で、主役の「一箱本棚オーナー」もどんどん増え続けているという。当初は20箱でスタートした本箱も、せっせとＤＩＹで追加して取材時点で50箱に増えていた。本棚も床も屋台も、すべて館長たちの手づくり。オーナーの個性際立つ本棚と、生きもののようにかたちを変え続ける空間に囲まれると、このまちに住む一人ひとりの人生にも思いを馳せずにはいられない。

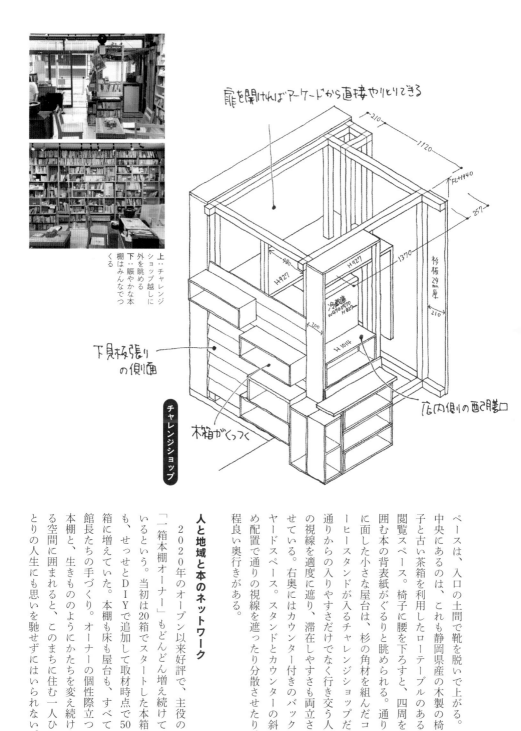

フェイヴァリットブックスL

静岡 | FAVORITE BOOKS L

友だちの家に擬態した
本好きの楽園

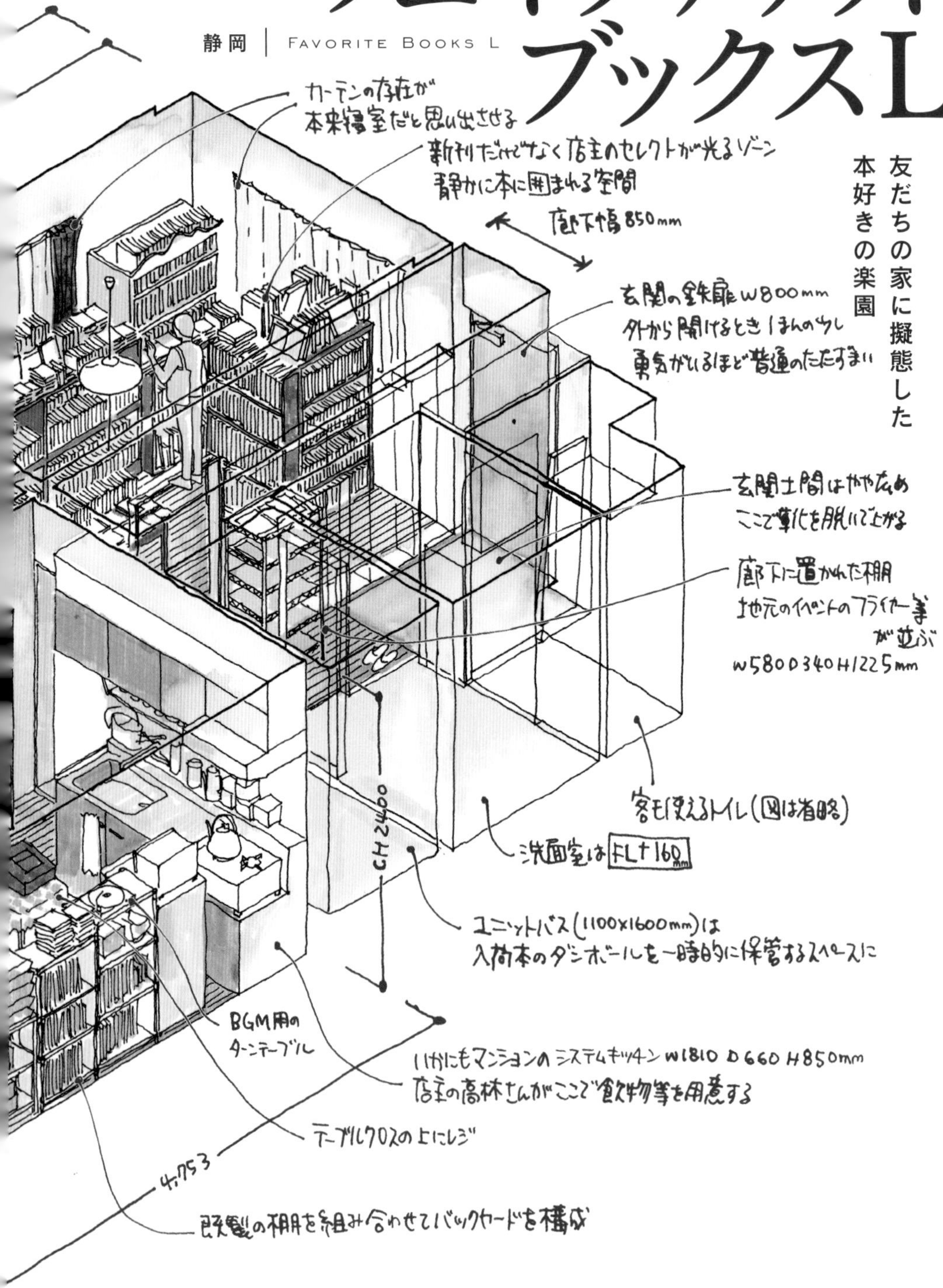

カーテンの存在が
本来寝室だと思い出させる
新刊だけでなく店主のセレクトが光るゾーン
静かに本に囲まれる空間
廊下幅850mm
玄関の鉄扉W800mm
外から開けるときほんの少し
勇気がいるほど普通のたたずまい
玄関土間はやや広め
ここで靴を脱いで上がる
廊下に置かれた棚
地元のイベントのフライヤー等
が並ぶ
W580D340H1225mm
客も使えるトイレ(図は省略)
洗面室はFL+160mm
CH2400
ユニットバス(1100×1600mm)は
入荷本のダンボールを一時的に保管するスペースに
BGM用の
ターンテーブル
いかにもマンションのシステムキッチン W1810 D660 H850mm
店主の高林さんがここで飲物等を用意する
テーブルクロスの上にレジ
4,753
既製の棚を組み合わせてバックヤードを構成

・浜松市郊外に建つRC造7階建てのマンションの一室でひっそりと営業する書店（2016年オープン）

・ほとんど内装には手をつけず、住居然とした雰囲気が独特の魅力を放つ

・当初は事務所として利用していたが、いつの間にか販売・カフェまで

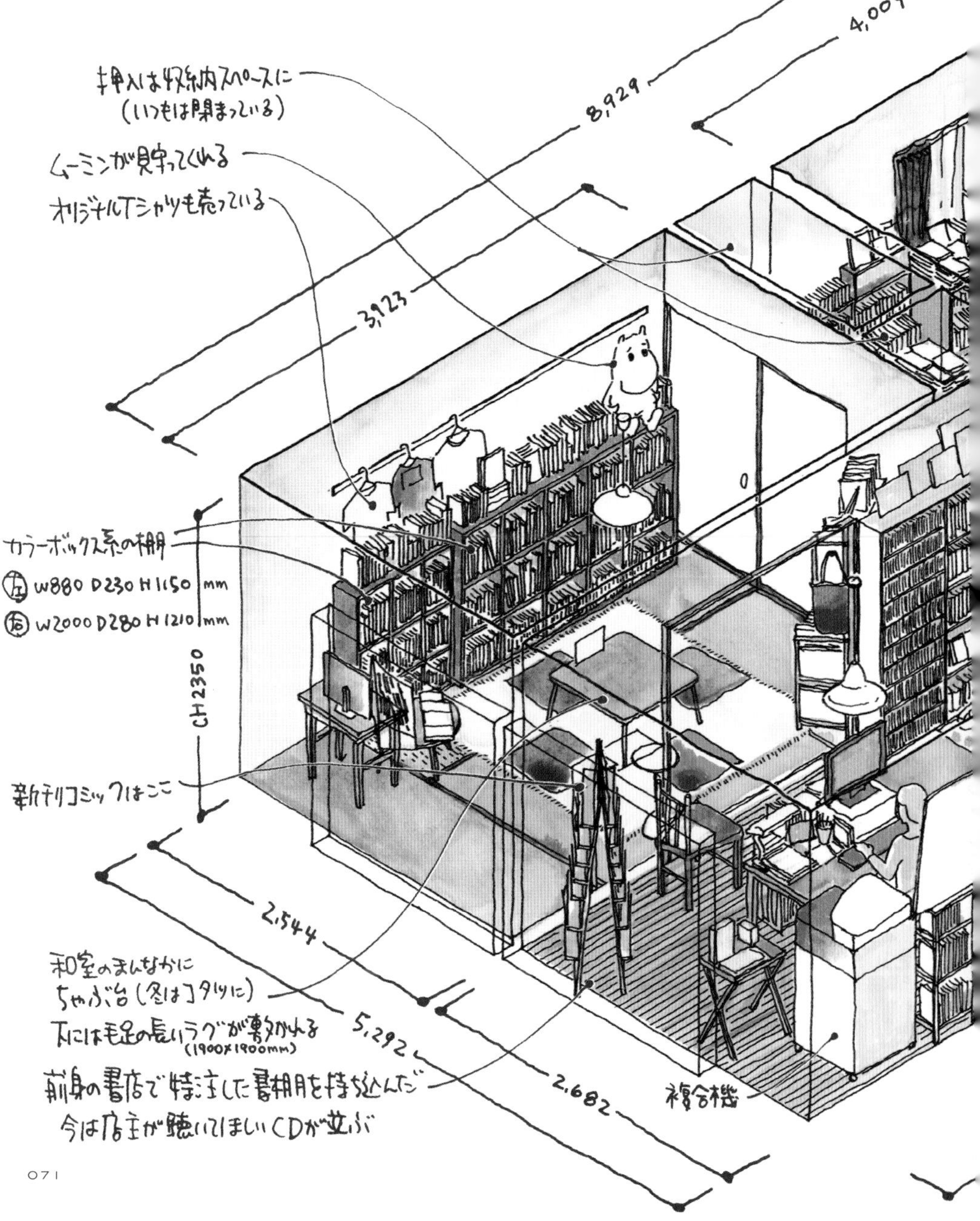

8,929
4,009
3,923
押入は収納スペースに（いつもは閉まっている）
ムーミンが見守ってくれる
オリジナルTシャツも売っている
カラーボックス系の棚
左 W880 D230 H1150 mm
右 W2000 D280 H1210 mm
CH2350
新刊コミックはここ
2,544
5,292
2,682
和室のまんなかにちゃぶ台（冬はコタツに）
下には毛足の長いラグが敷かれる（1900×1900mm）
前身の書店で特注した書棚を持ち込んだ
今は店主が聴いてほしいCDが並ぶ
複合機

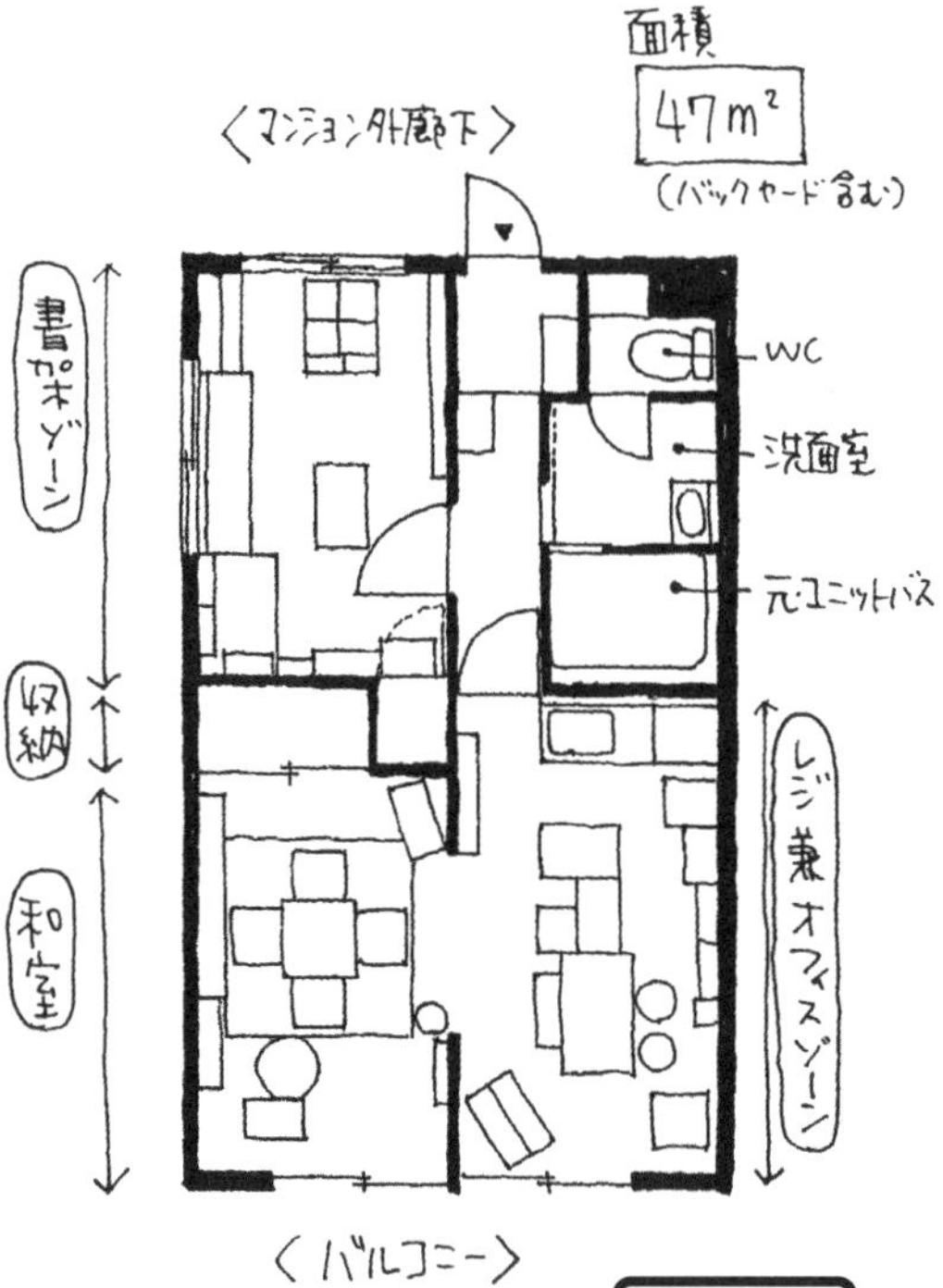
面積
47m²
(バックヤード含む)
<マンション外廊下>
書架ゾーン
収納
和室
WC
洗面室
元ユニットバス
レジ兼オフィスゾーン
<バルコニー>

間取り図

上：外廊下を進むと入口が見えてくる
下：ダイニングキッチンは事務室に

マンションの一室だって書店に

静岡県の浜松駅から北へ伸びるローカル線・遠州鉄道に乗ってフェイヴァリットブックスLの最寄り駅へ。書店があるとは思えない住宅地のマンションに到着。少し勇気を出して階段を上がり廊下を進むと、突き当たりに店の看板が現れる。もう一度勇気を振り絞り、スチールの玄関ドアを開ける。玄関で靴を脱ぎ、スリッパに履き替え廊下の奥へ。よくある2LDKの間取りの主室に入ると、本来ダイニングテーブルがあるべきところには店主・高林幸寛さんの事務机が。ここが書店であることは四周を囲む本棚でかろうじて認識できるが、視線を横に移せばちゃぶ台と座布団が置かれ、いかにもマンション然とした和室に気が緩む。

揺さぶられる店主と客との関係性

髙林さんに声を掛け座布団に座り、ちゃぶ台の上のメニュープレートからコーヒーを注文すると、髙林さんがコーヒーを淹れて運んでくれた。ちゃぶ台で話しているとなんとなく友達の家に上がった気分になるが、視線を上げると壁沿いにはずらりと並ぶカラーボックスや、大小様々な本棚が囲むように置かれている。コミックや絵本などが手に取りやすいように置かれているので、ついこちらも手を伸ばし、ごろりと楽な姿勢になって読みふけってしまう。果たして本当にここは書店なのだろうかと、再び疑問が頭をもたげる。

前店舗から引き継がれたレガシー

しかしもう1つの部屋に足を踏み入れるとその疑問は一蹴される。本来ならば寝室として使われる玄関脇の個室、ここが圧倒的なラインナップを誇る本好きの楽園なのだ。店主こだわりのセレクトや、他所ではなかなか手に入らない希少タイトルも多く、惜しまれつつ閉店した前店舗FAVORITE BOOKSの名残が随所に見られる。決して広くない室内に本棚や平積み用のテーブルが巧みに配され、さながら本の迷宮である。

良質な選書のほかに、ベランダ脇でCDラックとして活用されている特注の書棚もその名残だ。営業形態は大きく変わっても、本に対する店の熱量はたしかにマンションの一室に引き継がれている（当店舗での営業は2024年2月に終了。同年5月に移転した）。

右：座布団に座ってゆっくりしよう
左：さながら本の迷宮のようだ

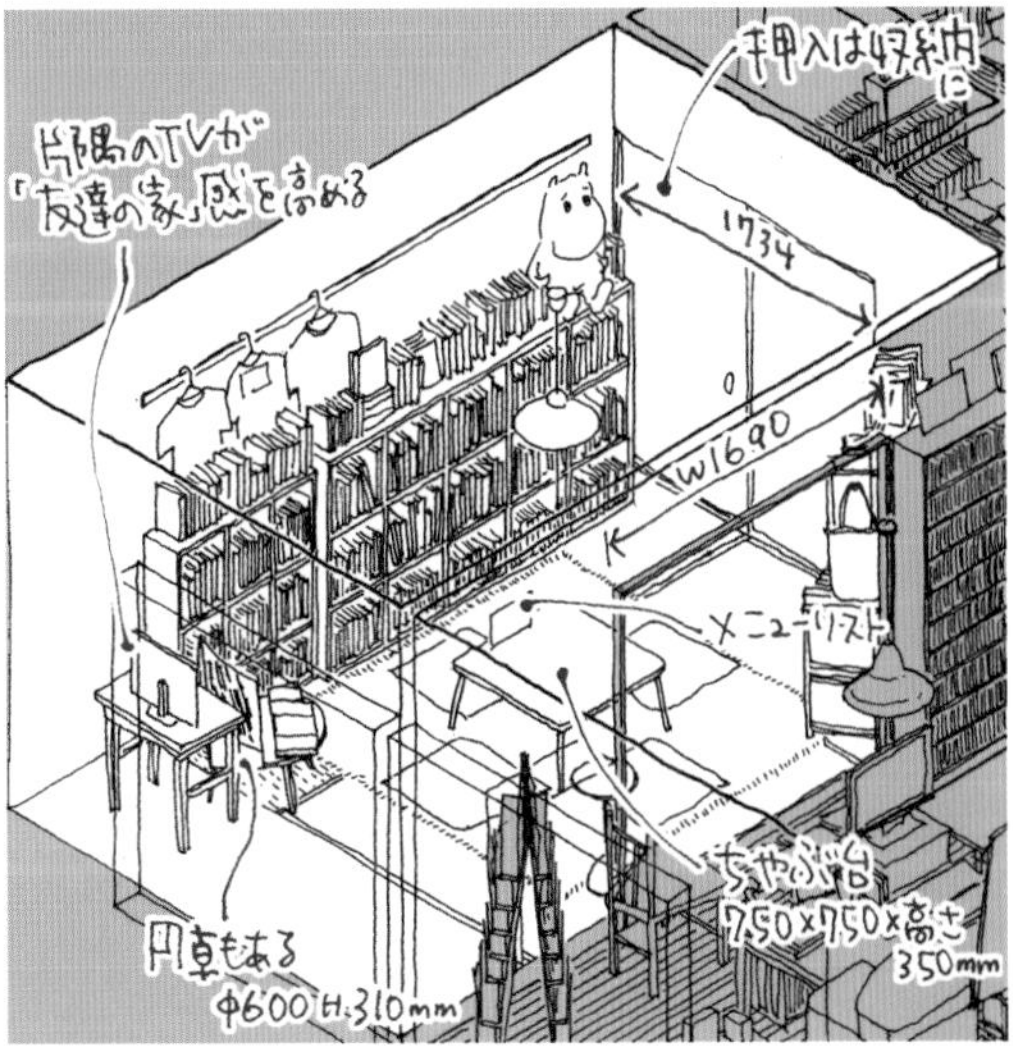
押入は収納に
片隅のTVが「友達の家」感を高める
1734
W1690
ちゃぶ台
750×750×高さ350mm
円卓もある
φ600 H:310mm

和室

特注書棚

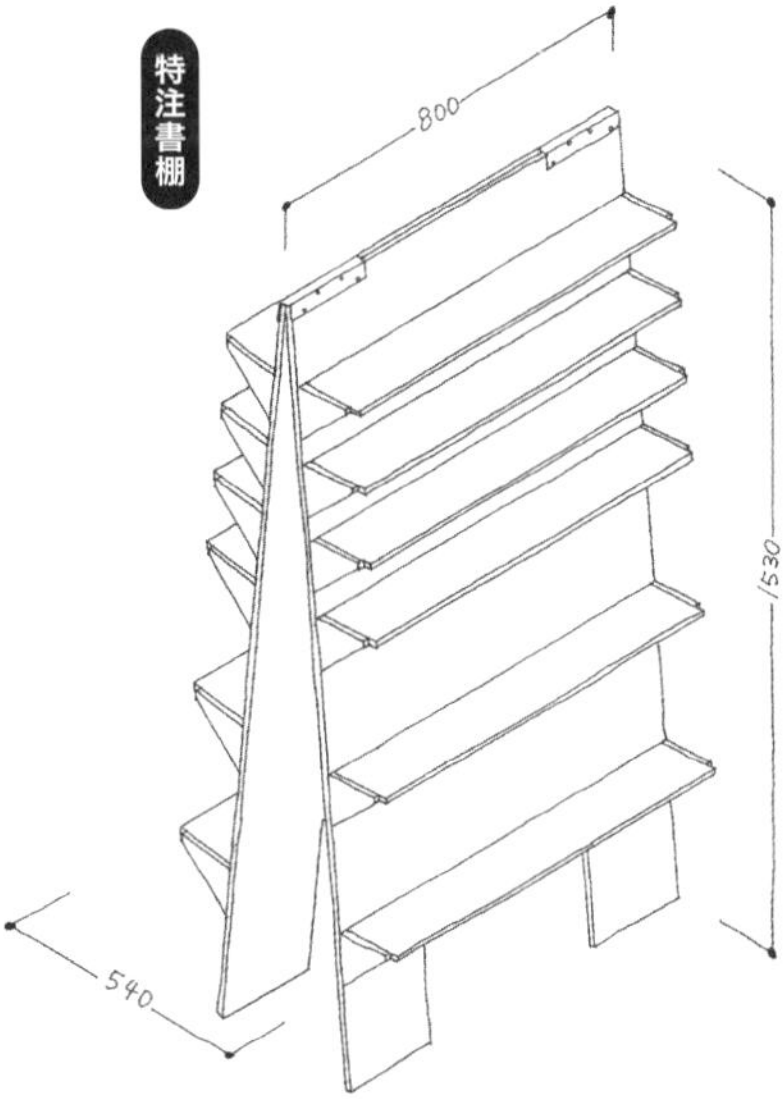
800
1530
540

TOUTEN BOOKSTORE

カフェバーカウンターは奥に伸びる書架への入口

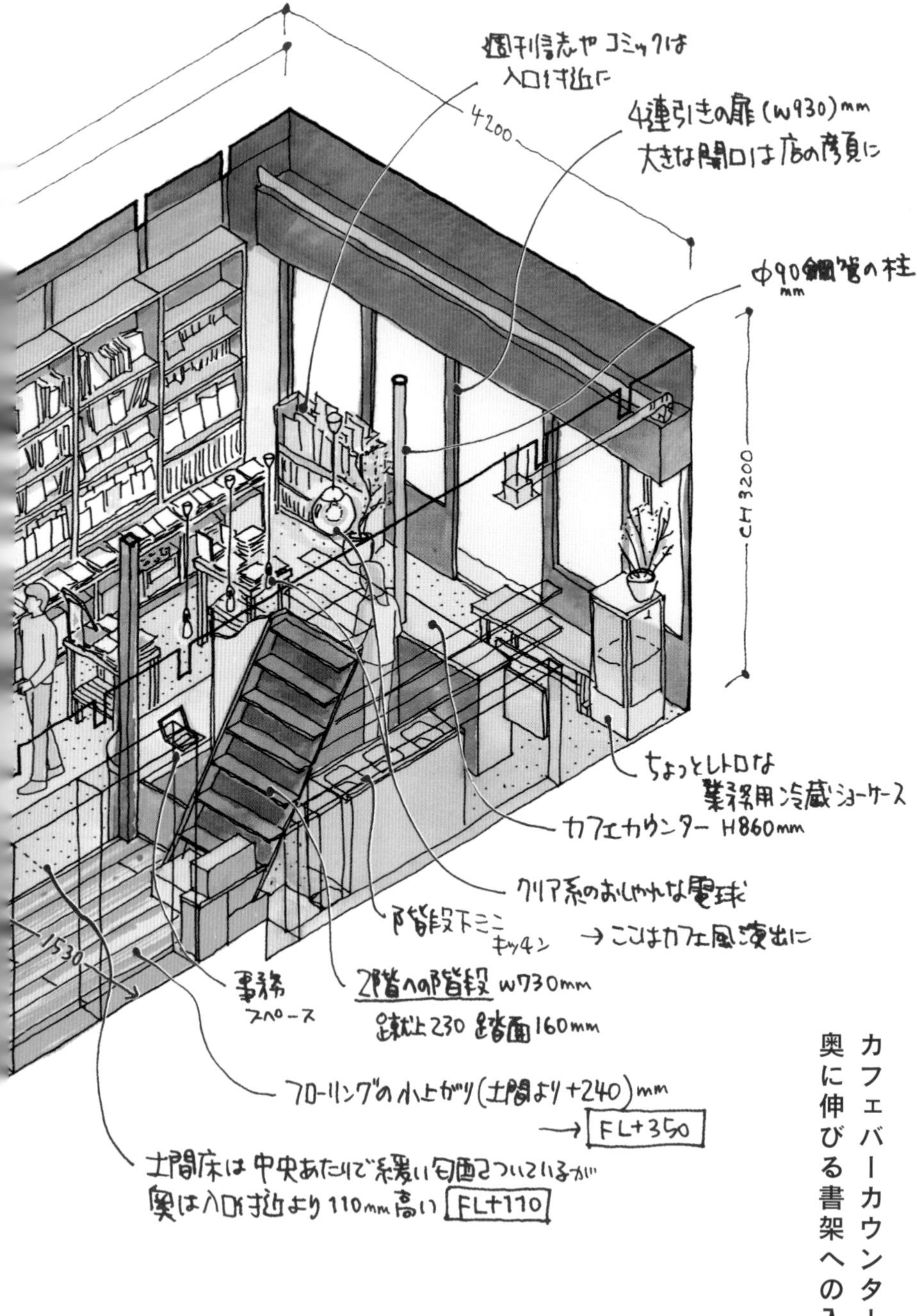
週刊誌やコミックは入口付近に
4200
4連引きの扉(W930)mm
大きな開口は店の顔に
φ90mm鋼管の柱
CH3200
ちょっとレトロな業務用冷蔵ショーケース
カフェカウンター H860mm
クリア系のおしゃれな電球
階段下ミニキッチン →ここはカフェ風演出に
2階への階段 W730mm
蹴上230 踏面160mm
事務スペース
1530
フローリングの小上がり(土間より+240)mm
→ FL+350
土間床は中央あたりで緩い勾配がついているが
奥は入口付近より110mm高い FL+110

- 愛知県名古屋市の中心から少し離れた金山エリアにある書店→2021年1月オープン
- 古い商店街の中ほどにある元時計店の空き家に入居
- 古民家改修補助金(市)や
  クラウドファンディングで資金集め

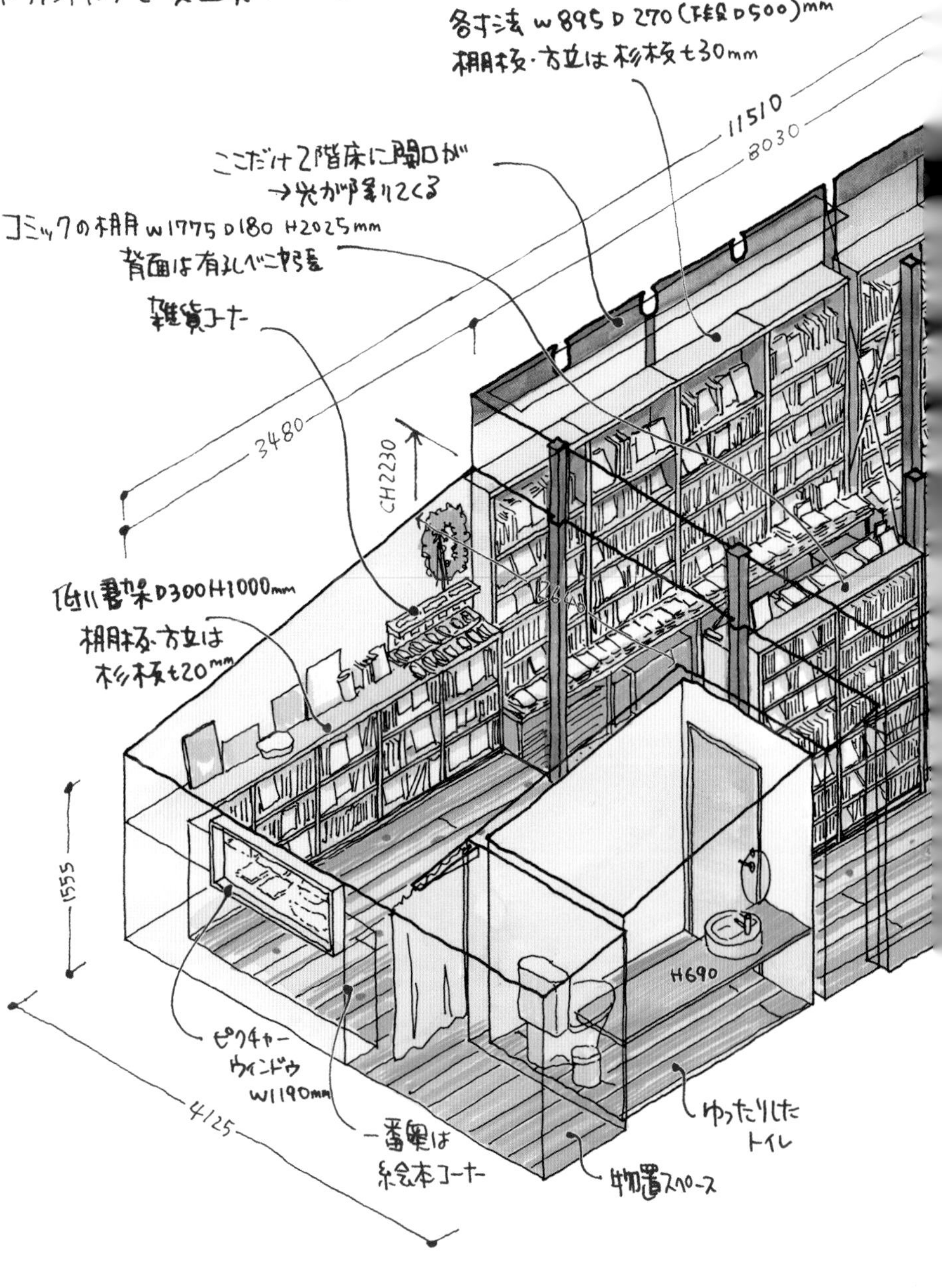

壁一面の書架：天板高さはFL+2510mmで揃う
各寸法 W895 D270（下段D500）mm
棚板・方立は杉板t30mm
11510
8030
ここだけ2階床に開口が
→光が降りてくる
コミックの棚 W1775 D180 H2025mm
背面は有孔ベニヤ張
雑貨コーナー
3480
CH2230
低い書架 D300 H1000mm
棚板・方立は
杉板t20mm
1555
4125
ピクチャーウィンドウ W1190mm
一番奥は絵本コーナー
H690
ゆったりしたトイレ
物置スペース

間取り図

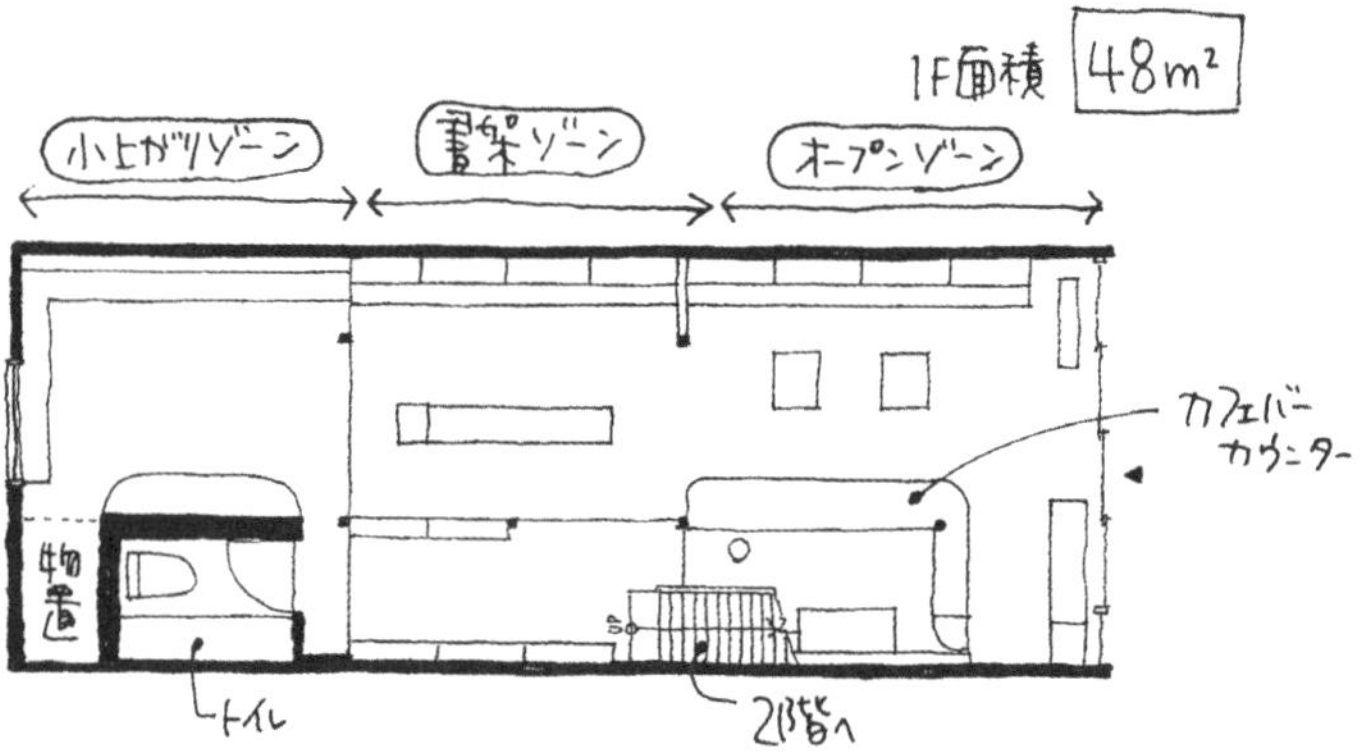
1F面積 48m²
小上がりゾーン
書架ゾーン
オープンゾーン
カフェバーカウンター
物置
トイレ
2階へ

ウェブで物件マッチングと資金調達

TOUTEN BOOKSTOREは愛知県名古屋市の金山エリアにある小さな商店街で営業している。店主の古賀詩穂子さんは、かつて時計屋だった古い町家を改修し、２０２１年1月にオープンさせた。この町家とは、古賀さんのように自分の店をもちたい店主と、それに賛同する空き家の貸主を引き合わせるという一風変わったウェブサービスを通じて出会ったという。改修費用は名古屋市の古民家改修用補助金とクラウドファンディングによって調達し、知り合いの建築家に改修設計を依頼した。

奥への抜けに配慮した空間的仕掛け

通りに馴染むレトロな4連引戸を開けて店内に入ると、温かみのある什器や照明と、細部まで店主のこだわりが詰まった空間が広がる。1階平面は手前から奥へと3つのゾーンに分けられる。手前はカフェバーカウンターがあるオープンなゾーン。一番奥は床が張られた小上がりゾーンで、天井は低く少し籠もった空間に児童書や雑貨が並ぶ。それらの中間にあるのが、様々なジャンルの本が揃う書

COFFEE

右：商店街の古い町家の佇まい
左：光が抜ける細長い店内

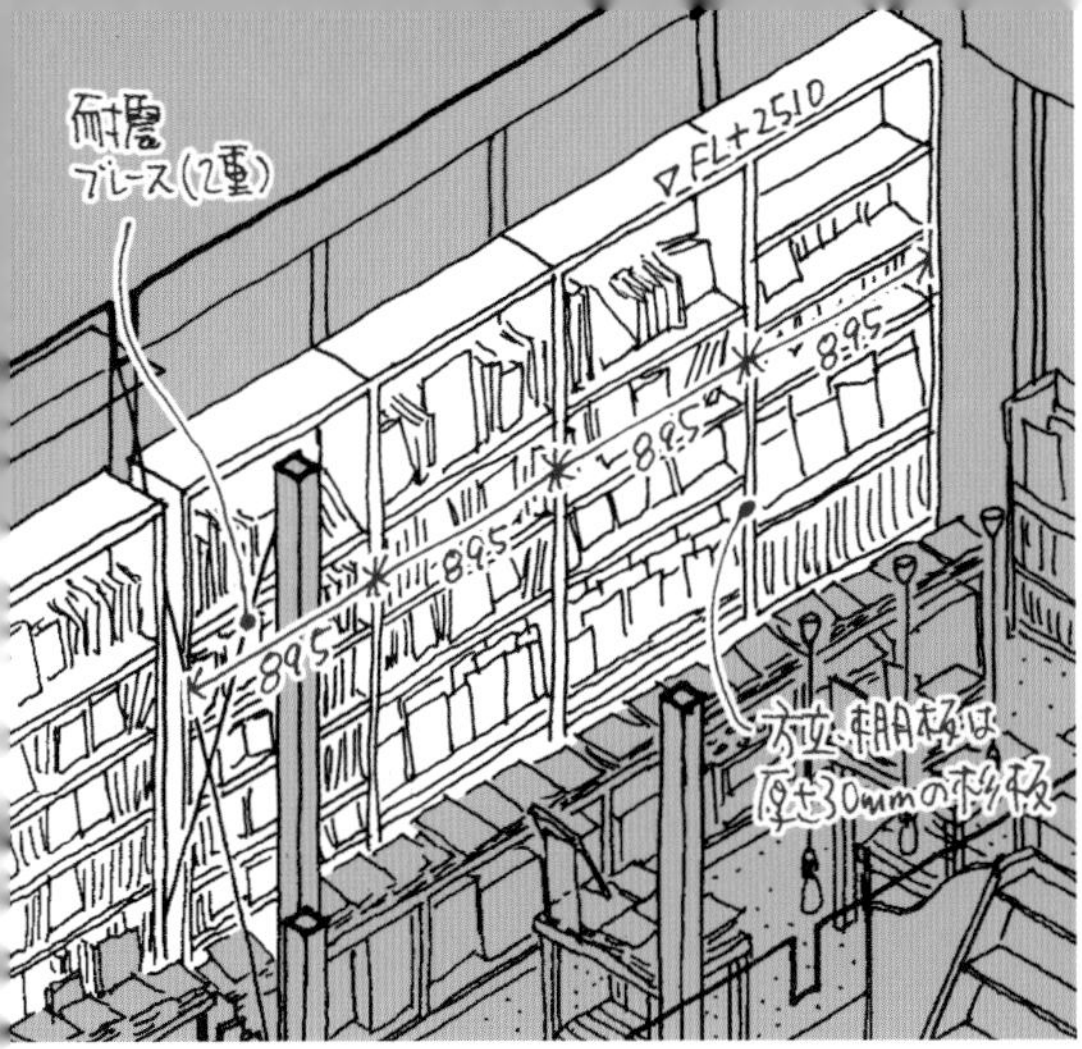
耐震ブレース(2重)
▽FL+2510
895
895
895
895
方立、棚板は厚さ30mmの杉板

壁一面の書架

明るい木目の書架

架ゾーンだ。町家特有の深い奥行きを活かした長い書架があり、陳列された本の表紙を辿るうちに奥へ奥へと誘われる。突き当たりにある小上がりの窓から光が入り、小ぢんまりとしながらさわやかな居心地だ。

吟味された建材でつくられたまちのカウンター

2階は来店客を迎える喫茶・ギャラリースペースである。当初利用方法が定まらなかったという2階だが、読書と喫茶ができる席を用意しつつ定期的にヨガイベントや展覧会が開催される。

店内で一際目を引くのは、やはり入ってすぐに「でん」と配置された大きなカフェバーカウンターであろう。カウンターの上には大小のペンダントライトが吊られ、イチョウ材の天板の下は、岐阜県の名産品である多治見タイルを店主自ら施工した。古い町家に新しいデザインを掛け合わせて生まれたインテリアには、初めて訪れた人でもすぐにくつろげる居心地の良さがある。コーヒーやビール片手に本と常連たちをつなぐ、親密なまちの寄せ場となっている。

入口のそばのカフェバーカウンター

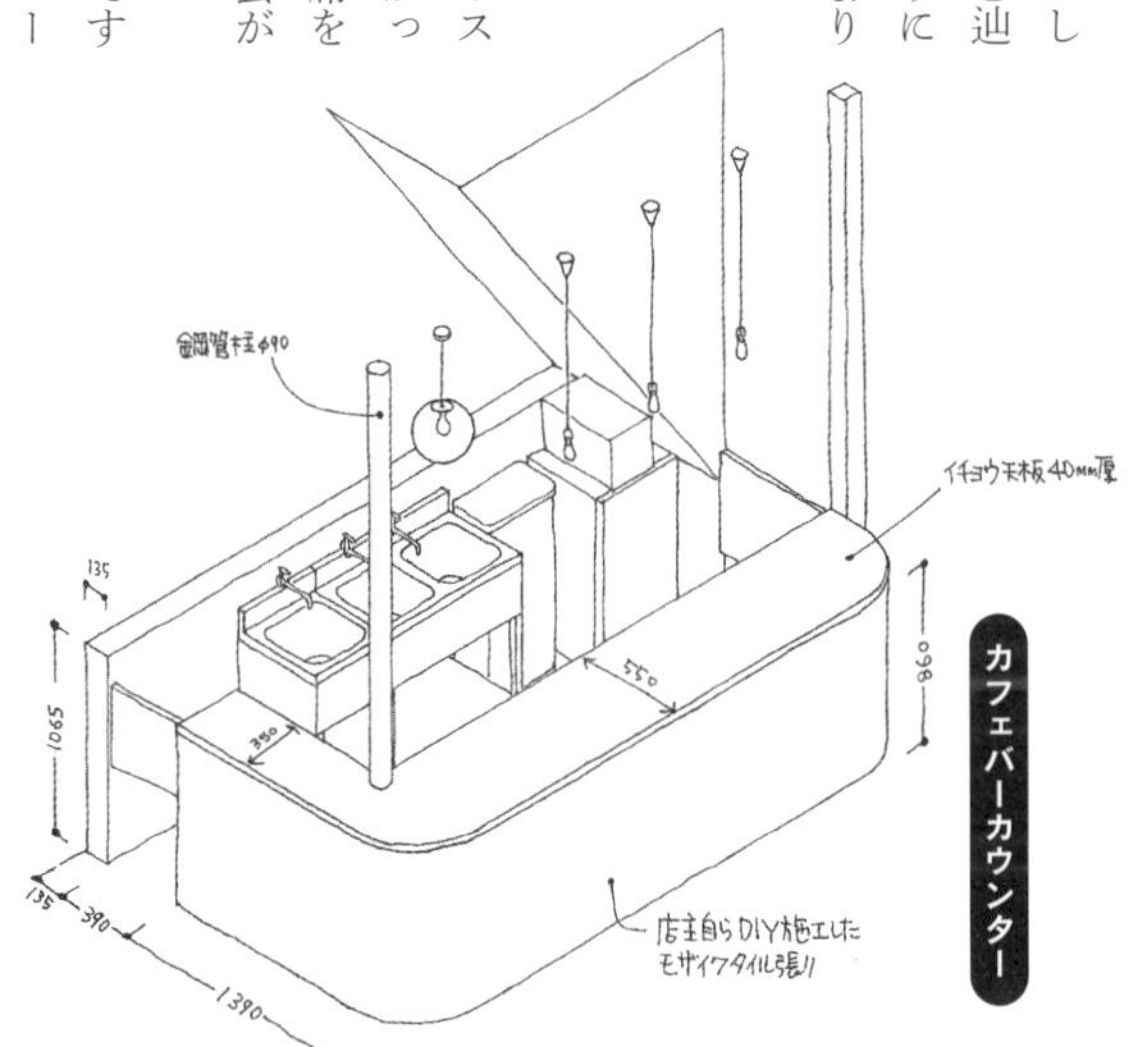
鋼管柱φ90
イチョウ天板40mm厚
135
1065
990
350
550
135
390
1390
店主自らDIY施工したモザイクタイル張り

カフェバーカウンター

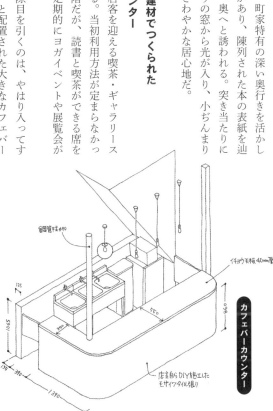

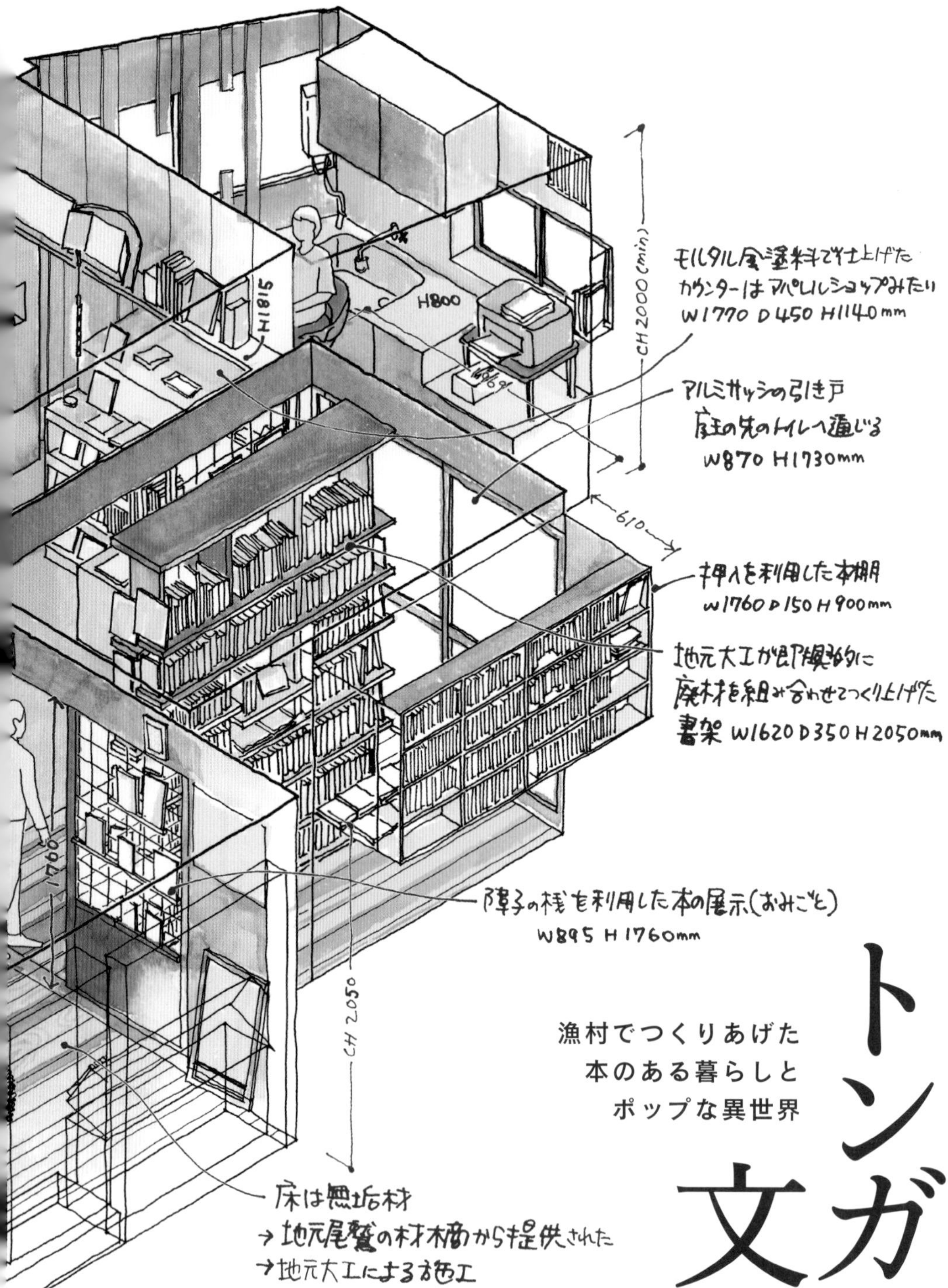
モルタル金鏝塗料で仕上げた
カウンターはアパレルショップみたい
W1770 D450 H1140mm
アルミサッシの引き戸
庭の先のトイレへ通じる
W870 H1730mm
CH2000(min)
H800
H1815
610
押入を利用した本棚
W1760 D150 H900mm
地元大工が即興的に
廃材を組み合わせてつくり上げた
書架 W1620 D350 H2050mm
障子の桟を利用した本の展示(おみごと)
W895 H1760mm
1760
CH2050
床は無垢材
→地元尾鷲の材木商から提供された
→地元大工による施工

トンガ坂文庫

漁村でつくりあげた
本のある暮らしと
ポップな異世界

三重 | TONGAZAKA BUNKO

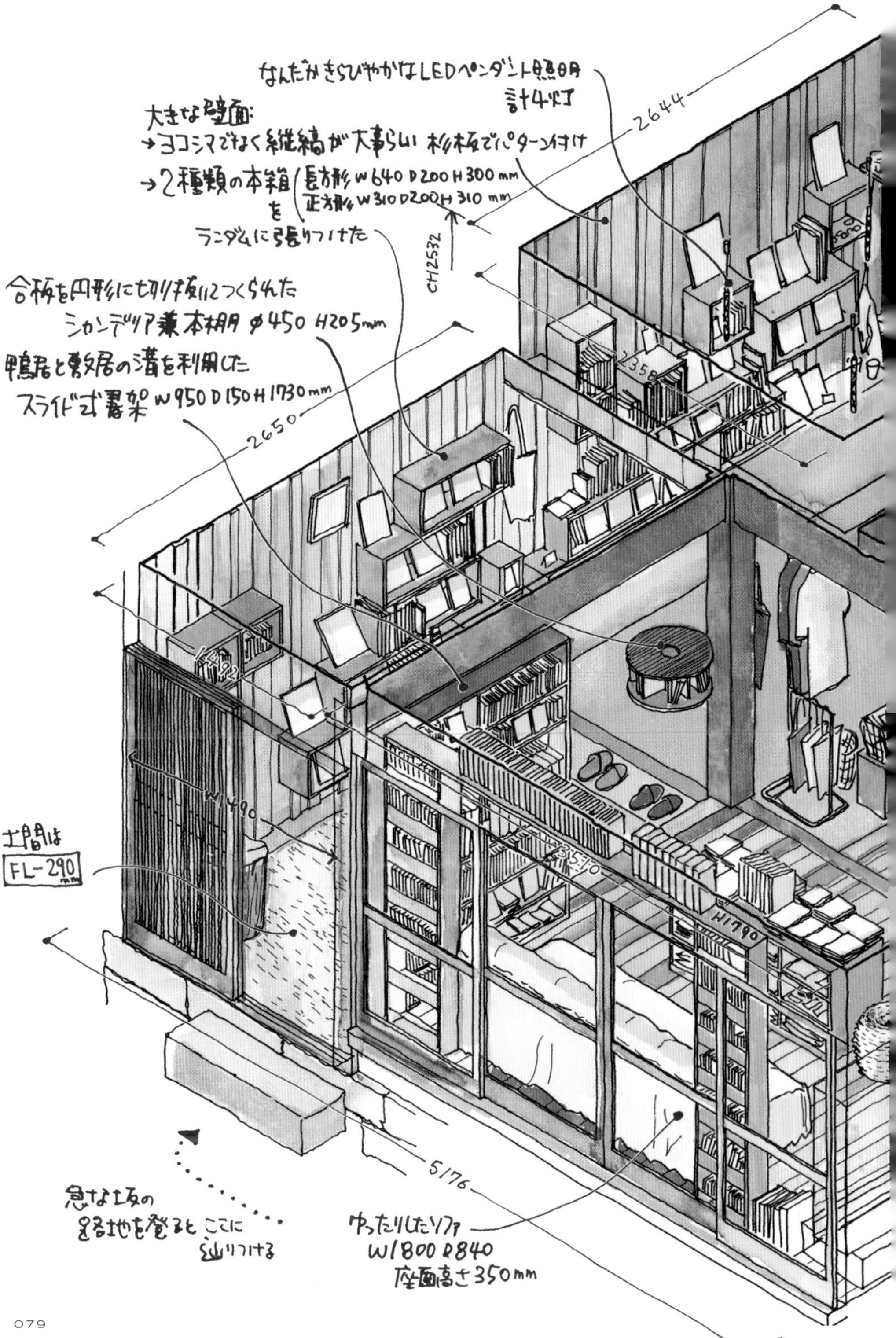
なんだかきらびやかなLEDペンダント照明
計4灯
2644
大きな壁面：
→ヨコシマでなく縦縞が大事らしい 杉板でパターン付け
→2種類の本箱を ランダムに張りつけた
長方形 W640 D200 H300mm
正方形 W310 D200 H310mm
CH2532
合板を円形に切り抜いてつくられた
シャンデリア兼本棚 φ450 H205mm
鴨居と敷居の溝を利用した
スライド式書架 W950 D150 H1730mm
2650
2358
1492
W1490
3510
W1790
土間は
FL-290mm
5176
急な坂の
路地を登るとここに
辿りつける
ゆったりしたソファ
W1800 D840
座面高さ350mm

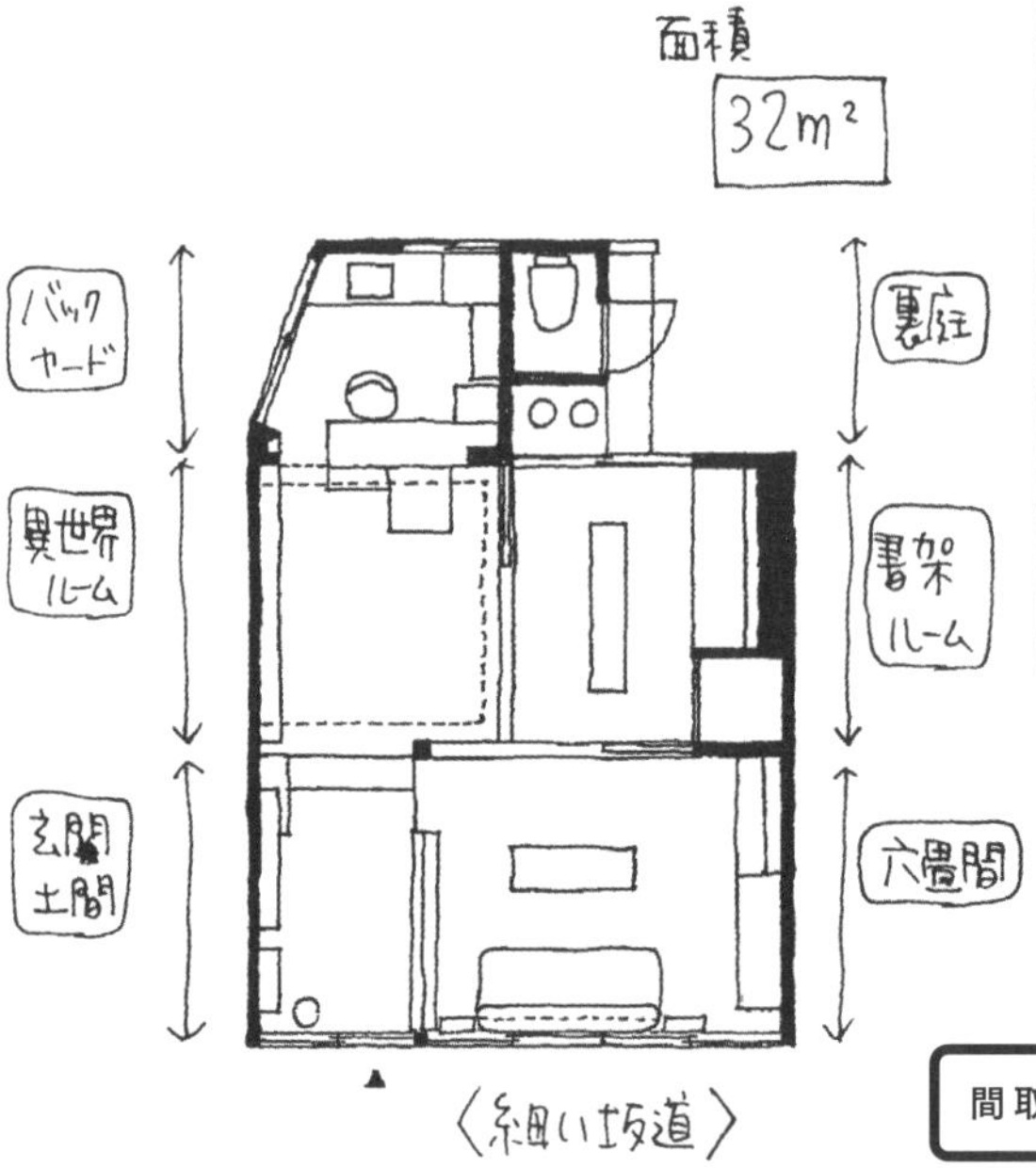
面積
32m²
バック
ヤード
異世界
ルーム
玄関
土間
裏庭
書架
ルーム
六畳間
〈細い坂道〉

間取り図

上：細い坂道の途中に入口がある
下：民家の座敷が読書スペースに大変身

漁村集落の細い坂道を登れば

三重県尾鷲市に九鬼という古い漁村集落がある。漁村の書店に向かうため、集落の漁港から伸びる細い坂道をせっせと登る。少し登ったところに小ぢんまりとした民家があり、さりげなく店の看板が掲げられている。トンガ坂文庫の店主・本沢結香さんは２０１６年秋にこの地へ移住。地域おこし協力隊として活動していた豊田宙也さんと２０１８年7月に書店をオープンさせた。「トンガ坂」とは奇異な名称である。「トンガ」はこの漁村の方言で「大ぼら吹き」を意味するそうで、その妙な響きが気に入り書店の屋号にした。

意表をつくポップなインテリア

昔ながらの引戸をがらがらと開けると、そこは玄関の土間である。靴を脱ぎ正面の床に上がってふと見上げると、そこには異世界が広がっていた。天井一面に古い書物のページが貼り巡らされ、吊り下げられた4本の試験管のような照明器具が薄暗い空間に鈍い光を放っている。実に怪しい雰囲気だ。視線を戻すと壁面にはマットグレーのカウンターや、ランダムに取り付けられた木箱がある。ポップなアパレルショップのような部屋で、片隅に陳列されたオリジナルTシャツやトートバッグが妙に馴染む。

この民家はかつておばあさんがひとりで暮らしていた小さな平屋である。近くに共同風呂があるため裏庭に面してトイレがあるだけ。新たに住宅として改修するより店舗利用が適していた。一番広い部屋は玄関の脇の六畳間で、遠くからやってきた客はここの日当たりの良いソファでゆっくりと本を読むことができる。障子を改造した本棚や、合板を加工してつくられた本棚型のシャンデリアなど、創意工夫が詰まった様々な仕掛けが溢れている。

書店のあるまちに住みたかった

開店当初は古書販売のみだったが、すぐに新刊書も取り扱うようになったのは、ふたりがだれよりもそれを読みたかったから。漁村の暮らしに憧れて移住したものの、日に日に書店のあるまちに住みたいという思いが強くなった。ならば自ら書店を開いて、自分の住むまちを書店のあるまちに変えることにした。地域おこしの極めて明快な実践例である。

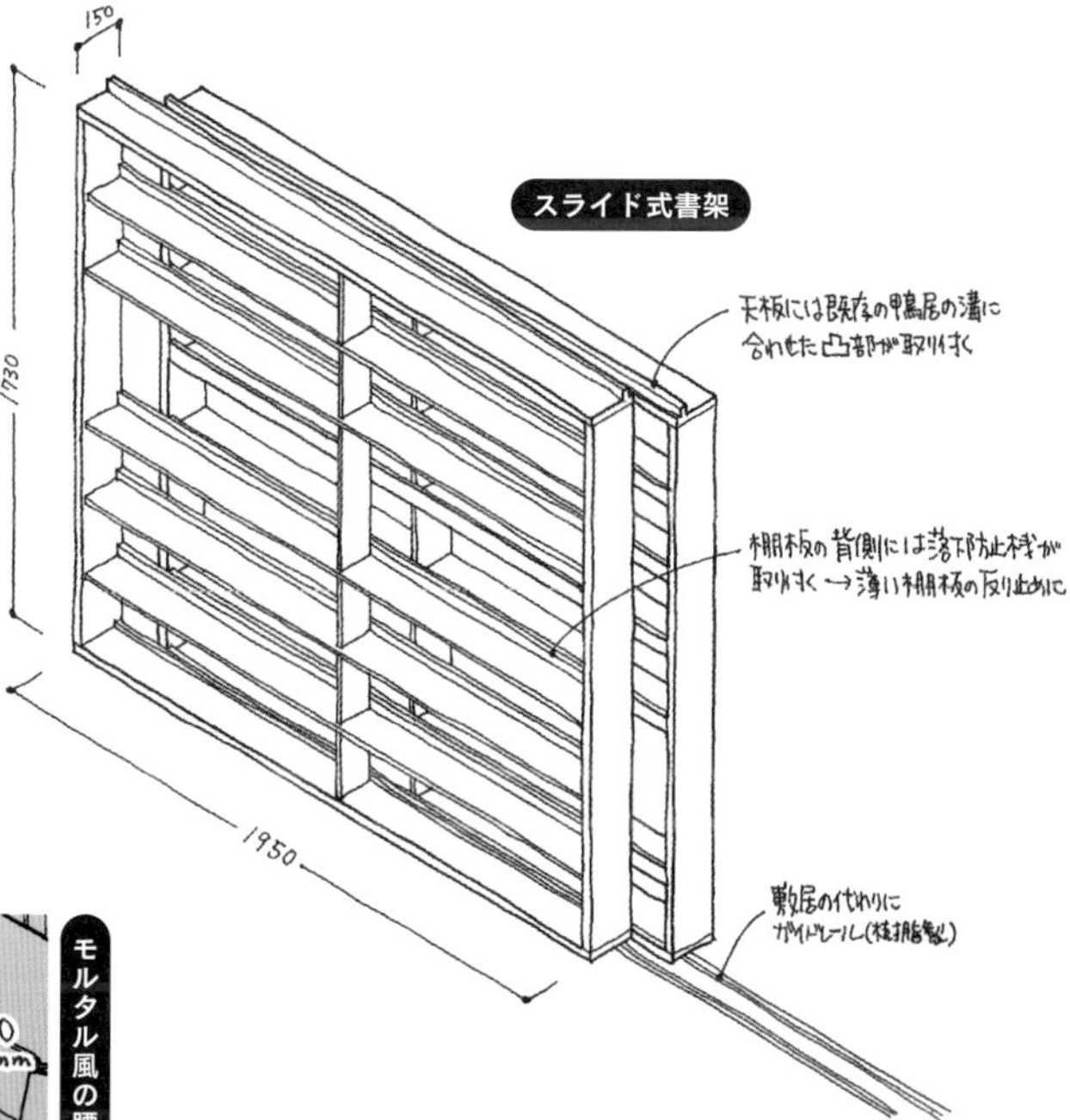
スライド式書架
150
1930
1950
天板には既存の鴨居の溝に合わせた凸部が取り付く
棚板の背側には落下防止桟が取り付く→薄い棚板の反り止めに
敷居の代わりにガイドレール(樹脂製)

玄関脇のスライド式書架

モルタル風の腰壁
ニッチ
W155 D140
H1220mm
D200
W330
H600
仕上げは左官材料
モールテックス
(カウンターも同じ)

ポップで怪しいインテリアデザイン

USED BOOK BOX

三重 | USED BOOK BOX

内法80cm四方の極小図書館

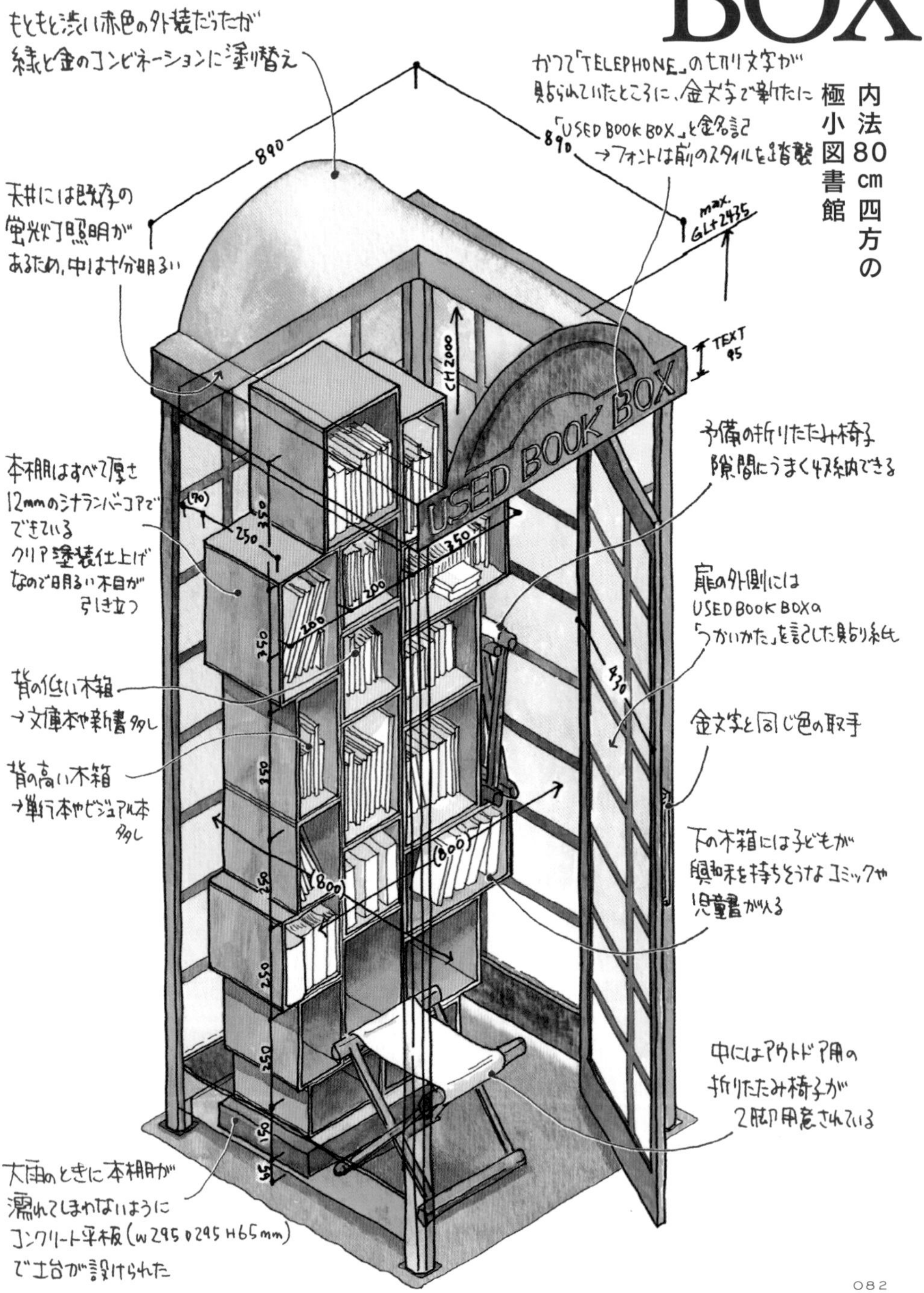

もともと渋い赤色の外装だったが
緑と金のコンビネーションに塗り替え
かつて「TELEPHONE」の切り文字が
貼られていたところに、金文字で新たに
「USED BOOK BOX」と銘記
→フォントは前のスタイルを踏襲
890
890
max. GL+2435
TEXT 95
CH2000
USED BOOK BOX
天井には既存の
蛍光灯照明が
あるため、中は十分明るい
本棚はすべて厚さ
12mmのシナランバーコアで
できている
クリア塗装仕上げ
なので明るい木目が
引き立つ
予備の折りたたみ椅子
隙間にうまく収納できる
扉の外側には
USED BOOK BOXの
「つかいかた」を記した貼り紙
背の低い木箱
→文庫本や新書多し
背の高い木箱
→単行本やビジュアル本
多し
金文字と同じ色の取手
下の木箱には子どもが
興味を持ちそうなコミックや
児童書が入る
中にはアウトドア用の
折りたたみ椅子が
2脚用意されている
大雨のときに本棚が
濡れてしまわないように
コンクリート平板(w295 D295 H65mm)
で土台が設けられた
(70)
250
350
200
200
250
430
(800)
(800)
150
65

内法80㎝四方の極小図書館

三重県四日市市、商店街の通り沿いにぽつんと立つ緑色の電話ボックス。正面に回って見上げると、「USED BOOK BOX」の金文字が光る。電話ボックスを再利用した図書館だ。扉を開けて中を見てみよう。本棚自体は19の直方体の木箱で構成されている。それぞれの木箱にはジャンルレスに種々の本が並び、すべて住民からの寄贈本だという。偶然隣り合った本とはいえ、まじまじ眺めているうちに思わぬ広がりが感じられるから面白い。

子どもが見上げるまちの本棚

木箱はシナランバーコア合板でつくられ、25㎝で揃った奥行寸法に対し、縦横はバラバラで7種類のサイズ展開だ。ランダムに組み合わせ、凸凹の多い複雑な形状ができあがる。企画設計を担当した建築家の石田祐也さんいわく、小さな子どもが見上げた時にワクワクするデザインを意図したそうで、サイズの違う本を収容したり、箱ごとにテーマ設定したりと自在な使い方ができる、なんとも賑やかな極小空間だ。

西洋風でレトロな佇まいが通りの顔だった電話ボックスだが、一時は撤去告知の張り紙が貼られ、存続の危機があった。何かに転用すべくとりあえず譲り受けたのが商店街組合の人たちだ。ＤＩＹで本棚に改修した組合若手の杉野哲嗣さんは、海外に電話ボックスを再利用した図書スペースがあると知るやいなや、石田さんに相談。駅前の高層マンション開発によって転入者が増えつつあるこのまちで、地元店主らの課題だった〝新しい住民が商店街に来たくなるきっかけづくり〟が、通りの電話ボックスの余生になった。

クリップで固定するアイデア施工

設計に対する唯一の条件は、将来の定期的なメンテナンスも想定して取外しと再設置がしやすいこと。日曜大工が得意な杉野さんが施工を買って出た。狭い電話ボックス内の什器設置は、思っていた以上に組み立てが難しかったが、複数の木箱ユニットをクリップで互いに固定する方法に落ち着いた。電話ボックスを利用した図書館は日本でここだけ、と杉野さんは胸を張る。

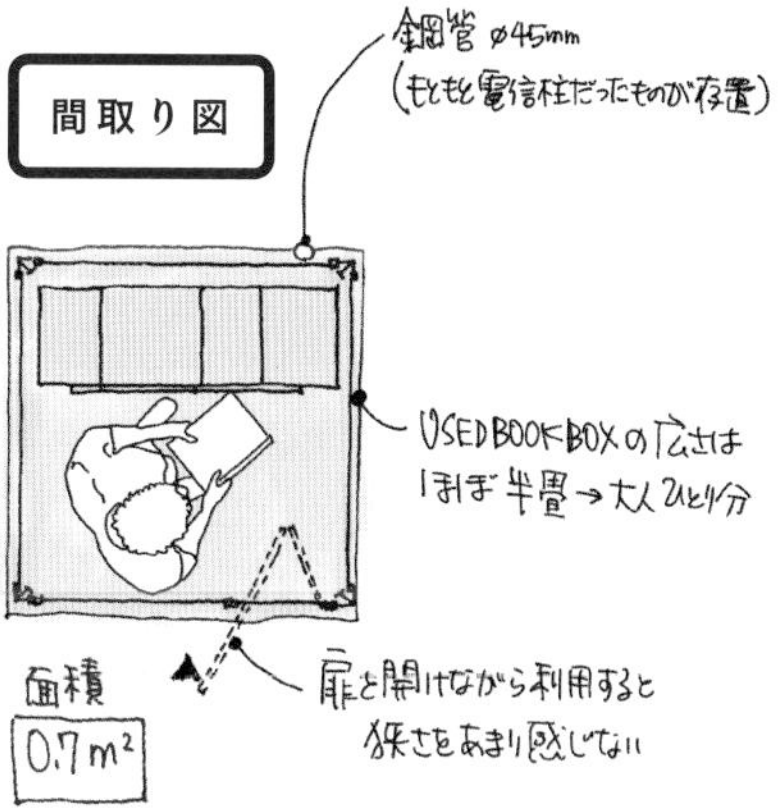
鋼管 φ45mm
(もともと電信柱だったものが存置)
USED BOOK BOXの広さは
ほぼ半畳→大人ひとり分
扉を開けながら利用すると
狭さをあまり感じない
面積
0.7m²

間取り図

商店街にぽつんと立つ電話ボックス

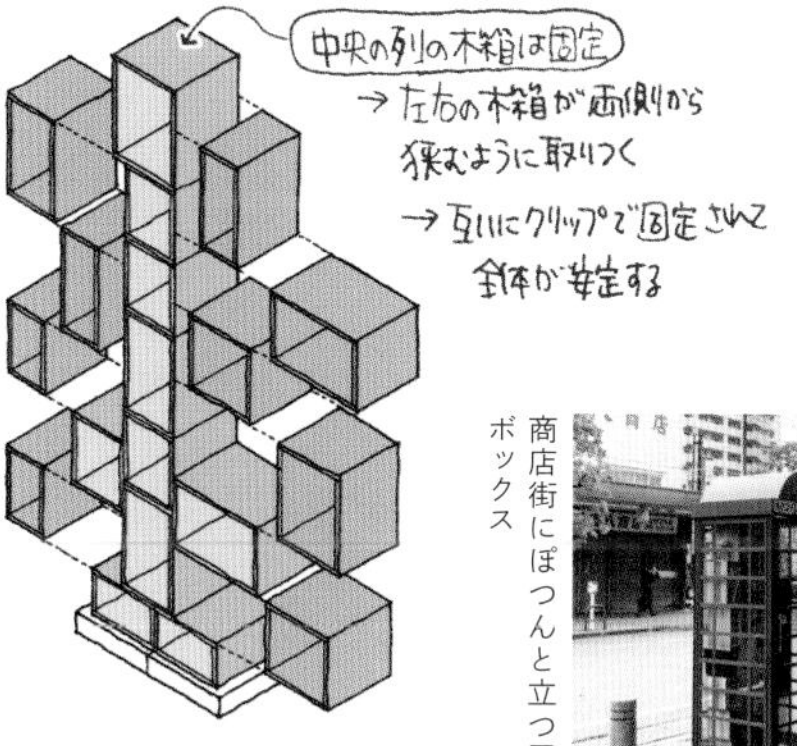
中央の列の木箱は固定
→左右の木箱が両側から
挟むように取りつく
→互いにクリップで固定されて
全体が安定する

木箱組み合わせ

toi books

大阪 | Toi Books

都会の5坪空間に光る54のインデックス棚

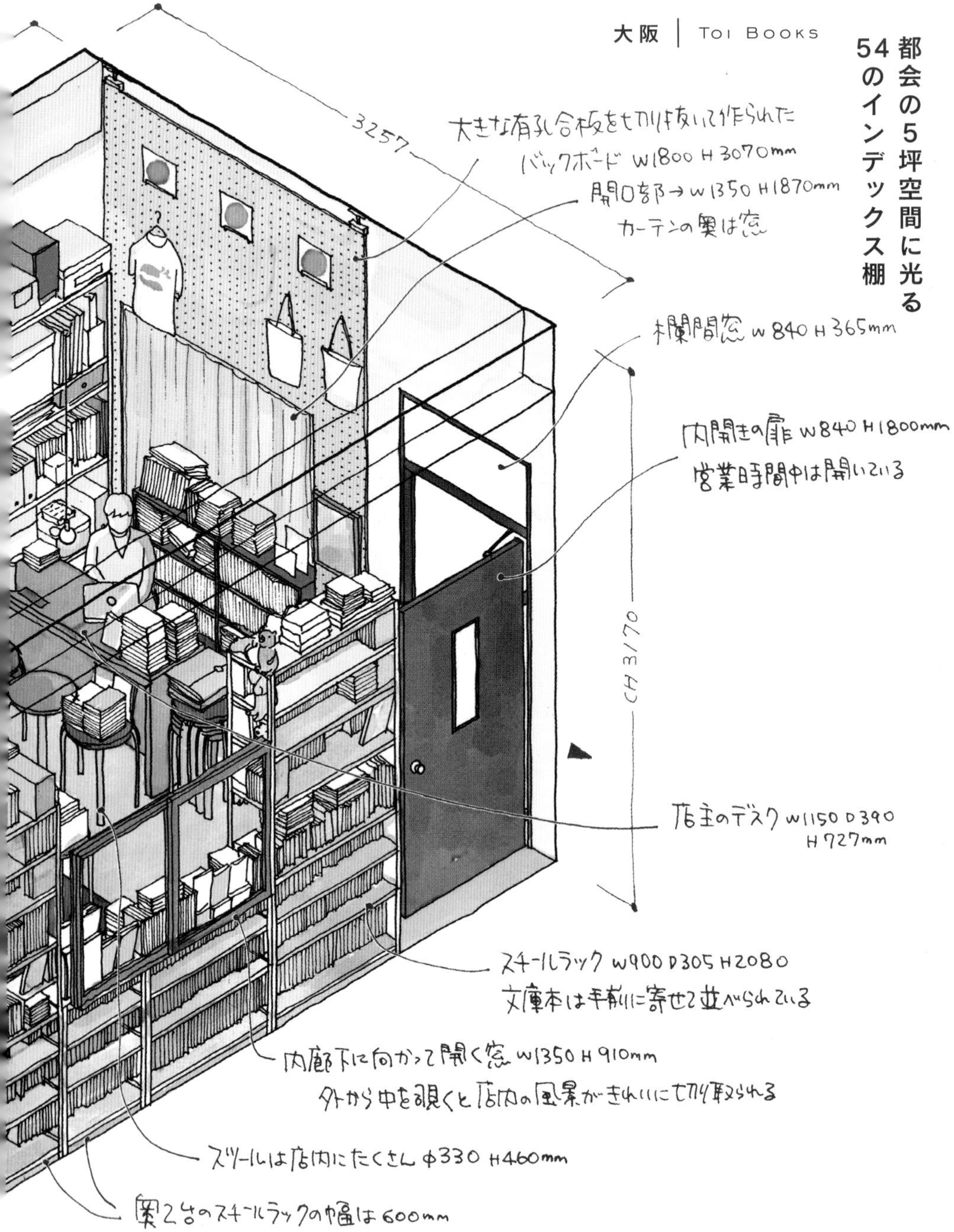
3257
大きな有孔合板を切り抜いて作られた
バックボード W1800 H3070mm
開口部→W1350 H1870mm
カーテンの奥は窓
欄間窓 W840 H365mm
内開きの扉 W840 H1800mm
営業時間中は開いている
CH3170
店主のデスク W1150 D390
H727mm
スチールラック W900 D305 H2080
文庫本は手前に寄せて並べられている
内廊下に向かって開く窓 W1350 H910mm
外から中を覗くと店内の風景がきれいに切り取られる
スツールは店内にたくさん φ330 H460mm
奥2台のスチールラックの幅は600mm

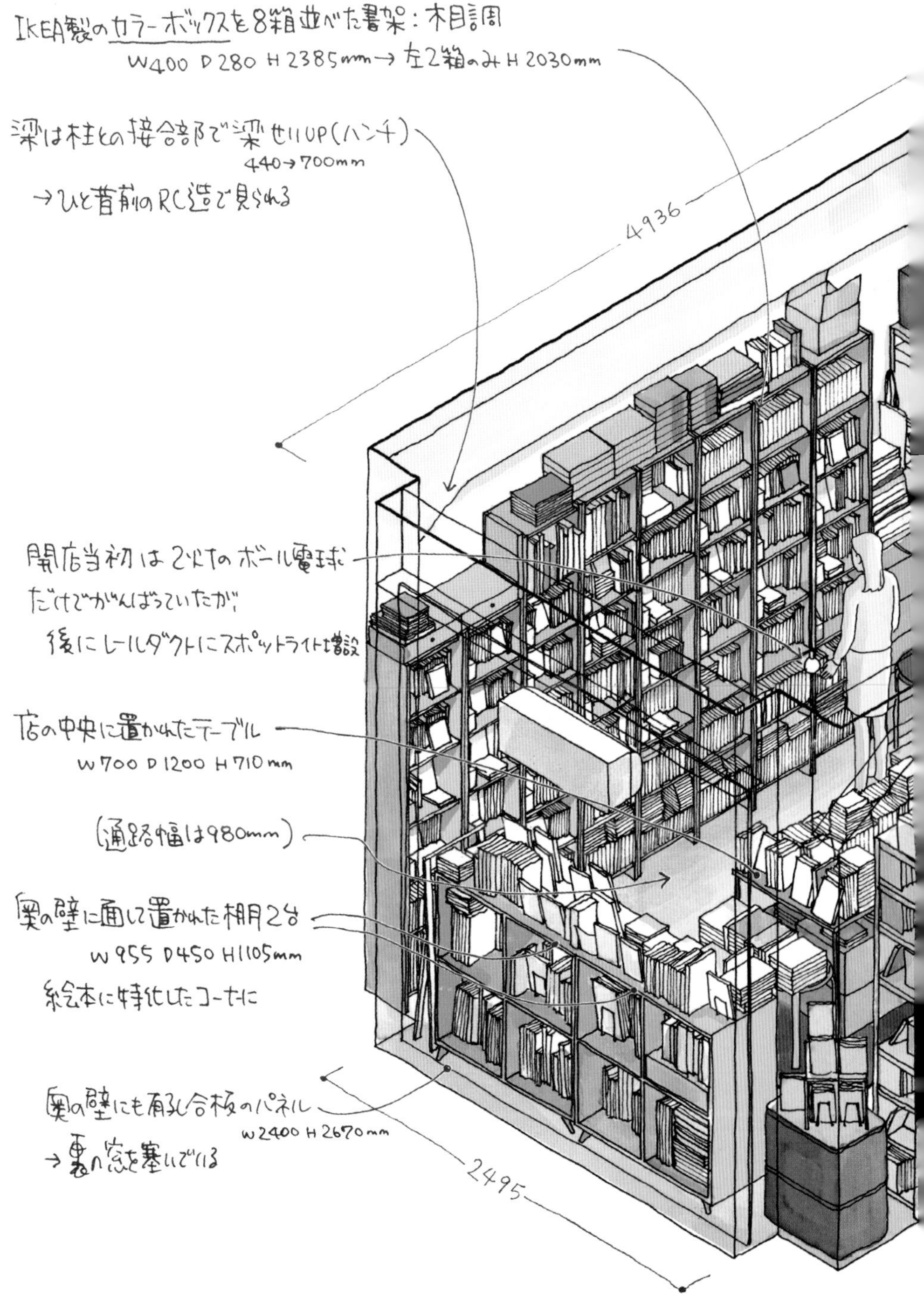
IKEA製のカラーボックスを8箱並べた書架：木目調
W400 D280 H2385mm→左2箱のみH2030mm
梁は柱との接合部で梁せいUP(ハンチ)
440→700mm
→ひと昔前のRC造で見られる
4936
開店当初は2灯のボール電球
だけでがんばっていたが、
後にレールダクトにスポットライト増設
店の中央に置かれたテーブル
W700 D1200 H710mm
(通路幅は980mm)
奥の壁に面して置かれた棚2台
W955 D450 H1105mm
絵本に特化したコーナーに
奥の壁にも有孔合板のパネル
W2400 H2670mm
→裏の窓を塞いでいる
2495

上：入居するビルは問屋街の中にある
下：広さ5坪の店内

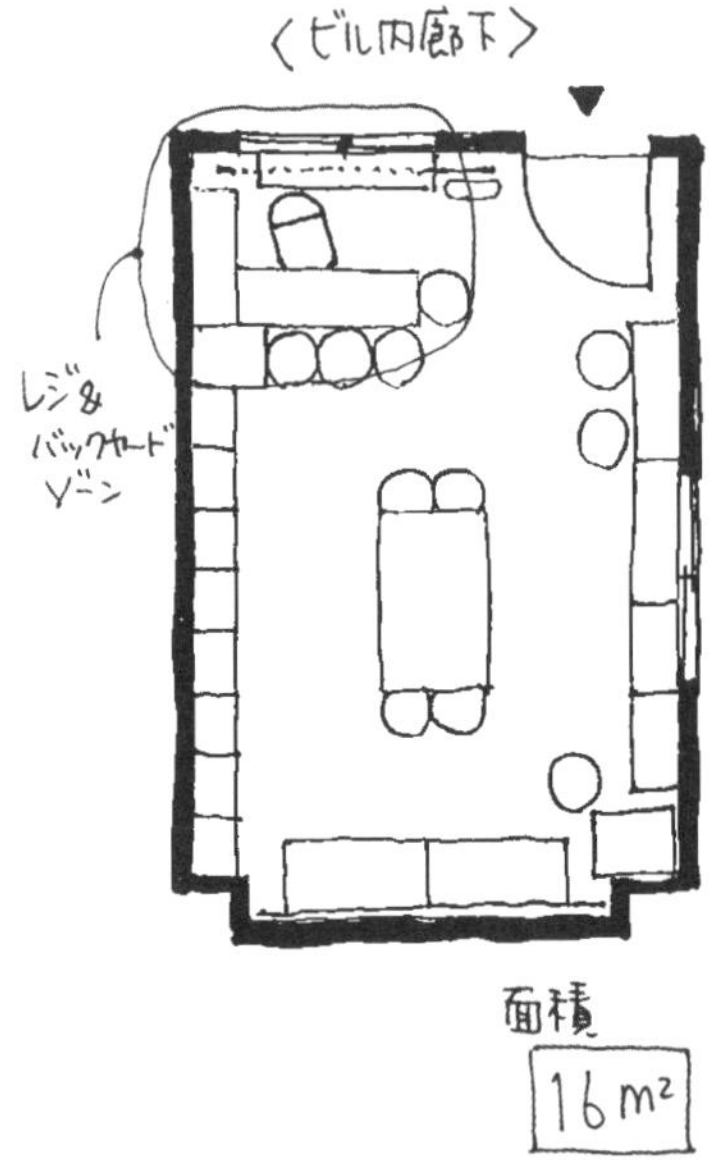
〈ビル内廊下〉
〈ビル内廊下〉
レジ&バックヤードゾーン
面積
16m²

間取り図

書店の最小単位「5坪」

5坪の書店として知られる大阪市のtoi booksは、大阪有数の問屋街・船場に軒を連ねる低層事務所ビルの2階で、2019年から営業している。ビルの中に入ると、レトロな階段室や廊下など趣のある共用部分を抜け少し奥まった一画に、いつも扉が開いたままの書店が顔を見せる。店内は奥行きが5m、幅は3・25mの小さな長方形平面。狭いビジネスホテルの一室と同じくらいのサイズ感である。しかしながら、ビジネスホテルと大きく異なる3mを超す高い天井のおかげで、店内に入ってもあまり狭さは感じない。

提案型の本棚と文芸棚

店主の磯上竜也さんの前職は大阪市内にあった老舗大型書店の文芸書担当。現場にいながら、文芸書の取り扱いが年々縮小していることを肌で感じてきたという。しかしその反面、売るための努力や仕掛け次第でちゃんと売上が伸びる面白さがあった。toi booksで磯上さんが特に力を入れているのが、店内の奥にある「インデックス棚」である。40㎝幅のボックス棚を8台並べたもので、全部で54のマス目となる。それぞれのマス目には磯上さんが考えるテーマごとに数冊の本が置かれ、「夢の中へ」「不思議に触れる」などとテーマが記された見出しブロックが手前に並ぶ。前職で実践していた仕掛けだが大型書店の書架は幅が70〜90cmと広く、本が多く並ぶため、普段本をあまり読まない人には圧迫感があると思っていたため、toi booksでは幅の小さい棚で実践した。

都心へのこだわり

インデックス棚の対面にあるスチールラックには、磯上さん専門の文芸書が並ぶ。インデックス棚や他の棚は木製だが、文芸書はあえて無骨なスチール製を選んだ。日本人作家だけでなく海外文学も多く取り揃えられたコアな選書は店の真骨頂だろう。一方で単純に売上に対する立地と規模の影響は大きい。集客や利便性の良い都心の立地は押さえたが、規模は当初考えた必要最低限。売場面積と売上は比例するため、今後もう少し広い場所で営業したいという希望もあるそうだ。5坪の密度感を保ったまま広くなったtoi booksもぜひ見てみたい。

右：このインデックスは「夢の中へ」
左：内廊下から店内入口を見る

有孔合板バックボード

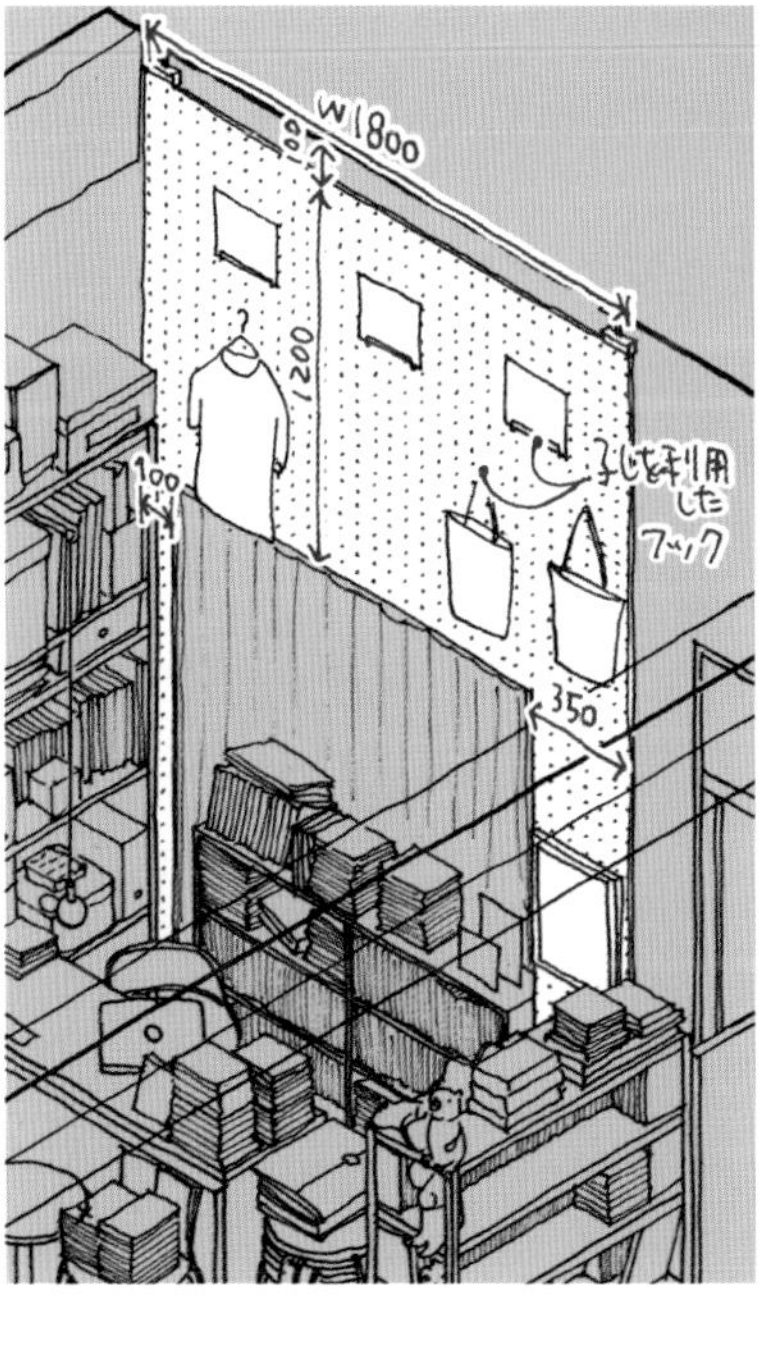
W1800
2000
100
350

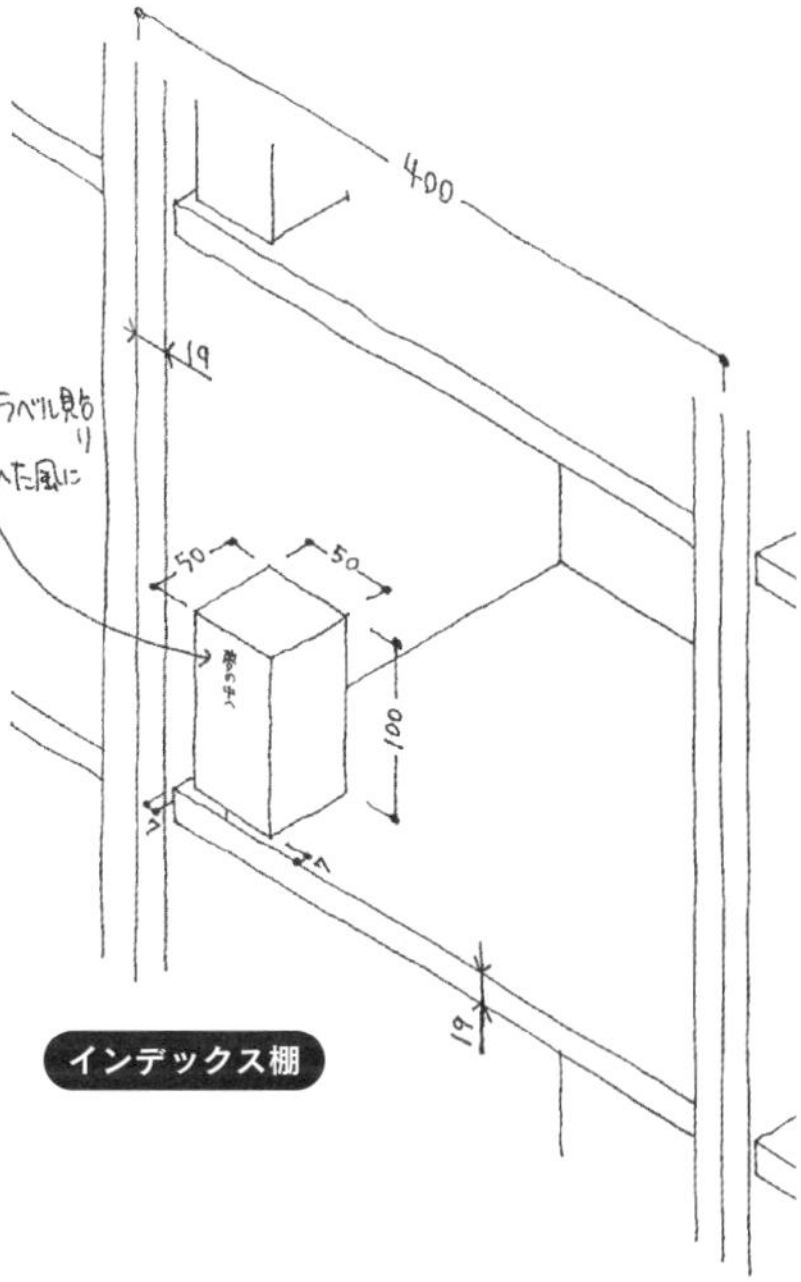
400
19
テーマ見出しは透明ラベル貼り
→ブロックに刻印された風に
50
50
100
19

インデックス棚

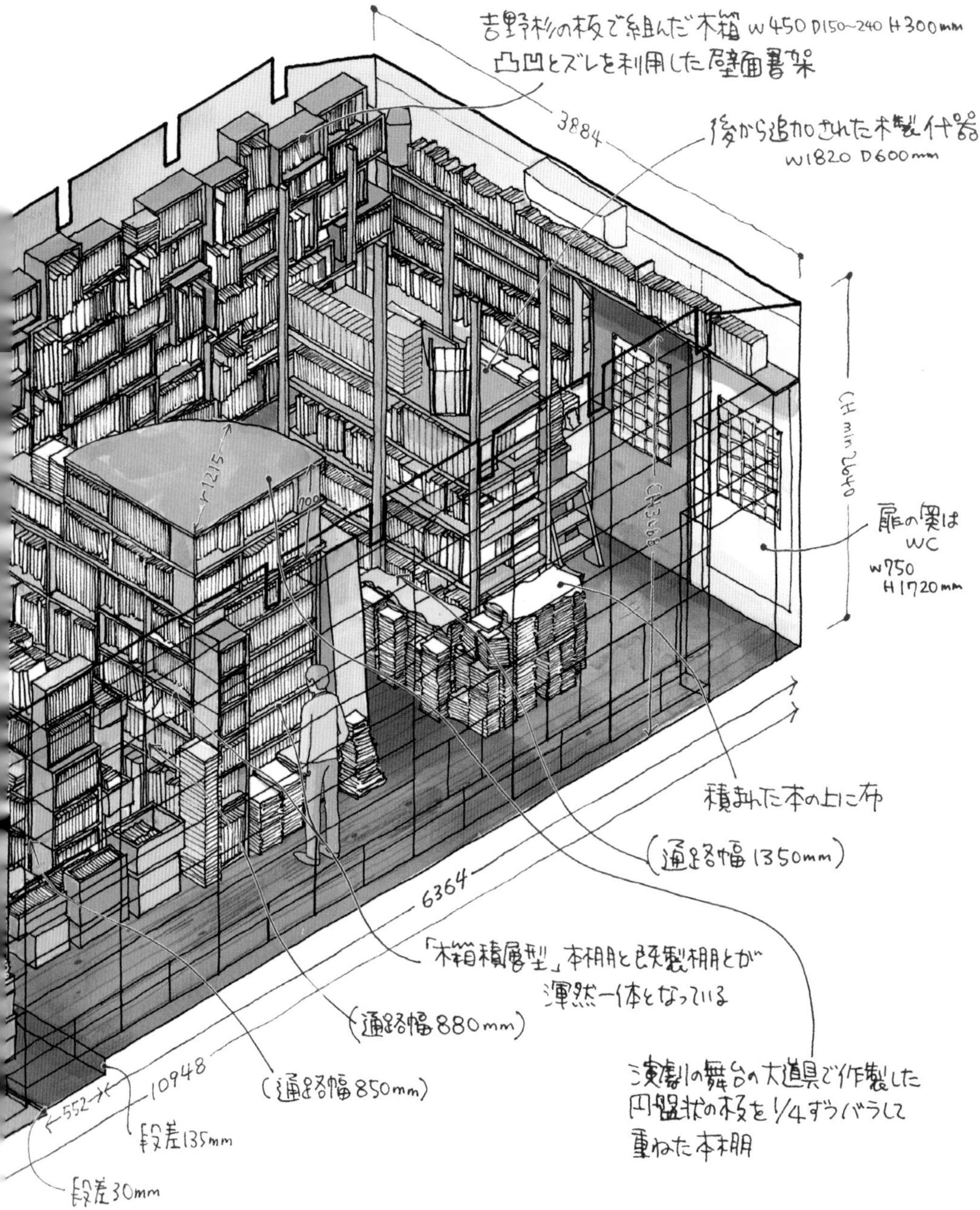

吉野杉の板で組んだ木箱 W450 D150~240 H300mm
凸凹とズレを利用した壁面書架
3884
後から追加された木製什器 W1820 D600mm
CH min 2650
扉の奥は WC
W750 H1720mm
CH3088
r1215
700
積まれた本の上に布
(通路幅1350mm)
6364
「木箱積層型」本棚と既製棚とが渾然一体となっている
(通路幅880mm)
10948
(通路幅850mm)
552
段差135mm
段差30mm
演劇の舞台の大道具で作製した円盤状の板を1/4ずつバラして重ねた本棚

居留守文庫

IRUSU BUNKO | 大阪

増殖しつづける木箱で
埋め尽くされた本の迷宮

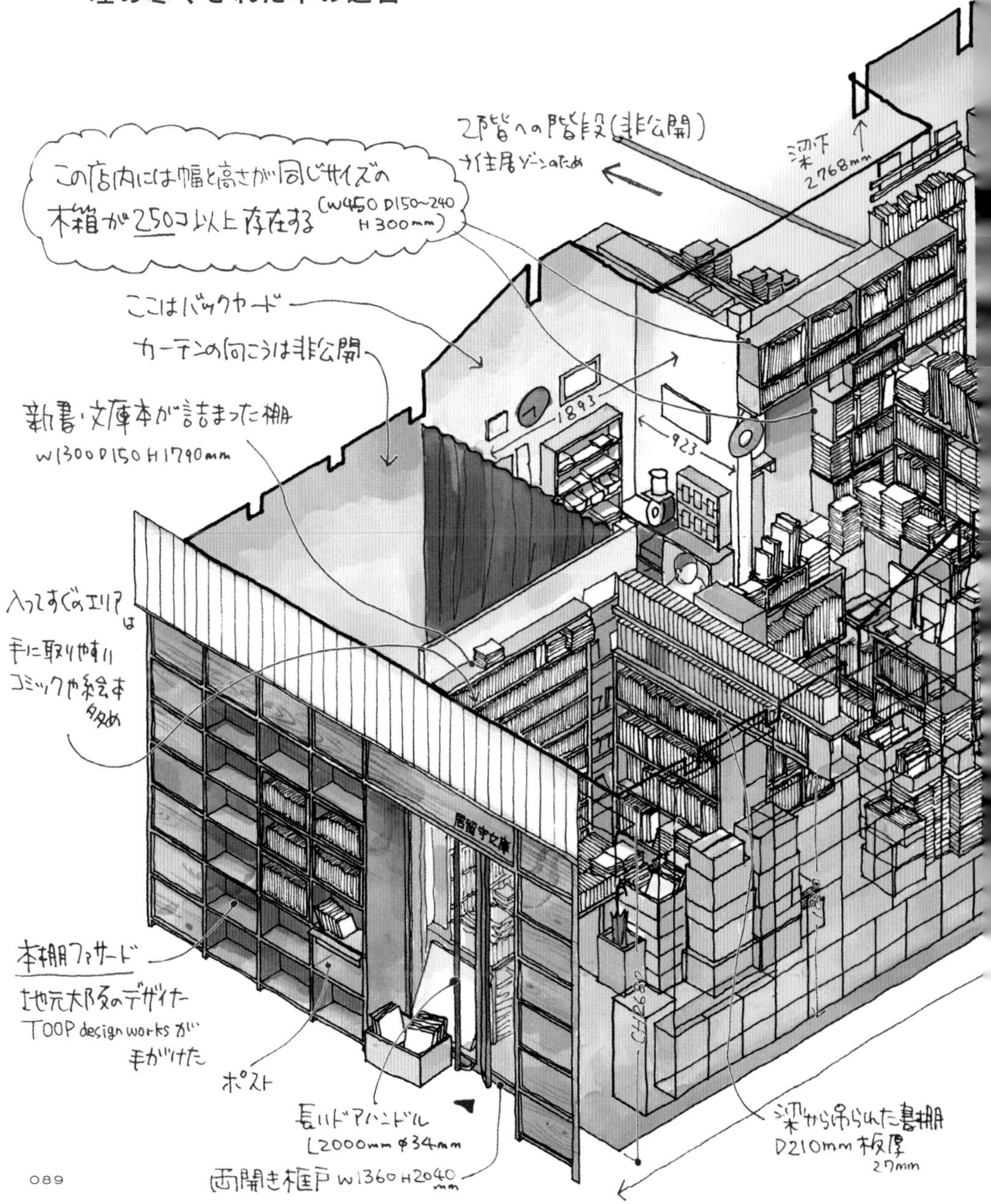

2階への階段(非公開)
→住居ゾーンのため
梁下 2768mm
この店内には幅と高さが同じサイズの木箱が250コ以上存在する (W450 D150~240 H300mm)
ここはバックヤード
カーテンの向こうは非公開
新書・文庫本が詰まった棚 W1300 D150 H1790mm
1893
923
入ってすぐのエリアは手に取りやすいコミックや絵本多め
居留守文庫
本棚ファサード
地元大阪のデザイナー TOOP design worksが手がけた
ポスト
長いドアハンドル L2000mm φ34mm
両開き框戸 W1360 H2040mm
梁から吊られた書棚 D210mm 板厚27mm
CH2680

住宅地の中にひっそりと存在する書架

超高層ビル・あべのハルカスを取り巻く再開発地区と隣接して、下町情緒あふれる商店街や細い路地の連なる住宅地が広がり、真逆のまち並みが共存する大阪市阿倍野。居留守文庫はそんなまちの入り組んだ路地奥にある。地図アプリを頼りに店を目指すも、その姿を見るまではこんなところに古書店があるとはにわかに信じがたい、静かな住宅地であった。店の外観がとても凝っていて、玄関まわり全体を大きな書架に見立てている。地元大阪のデザイナーによる設計で、まちに馴染む落ち着いた色調に着色されつつも整然と棚板が並び、すっきり洗練された趣きだ。

がらんどうから書店のイメージが湧いた

店主の岸昆さんは居留守文庫を２０１３年にオープンさせた。他にもシェア型書店や多業種の店の古本コーナーなど、様々なところで古書販売を展開している。居留守文庫の店頭には、岸さんが特に置いておきたいと思う演劇やアート関連書、建築書や文学書が並んでいる。入居物件は木造2階建てで2階部分は岸さんの住居だ。意外にも1階奥側の天井

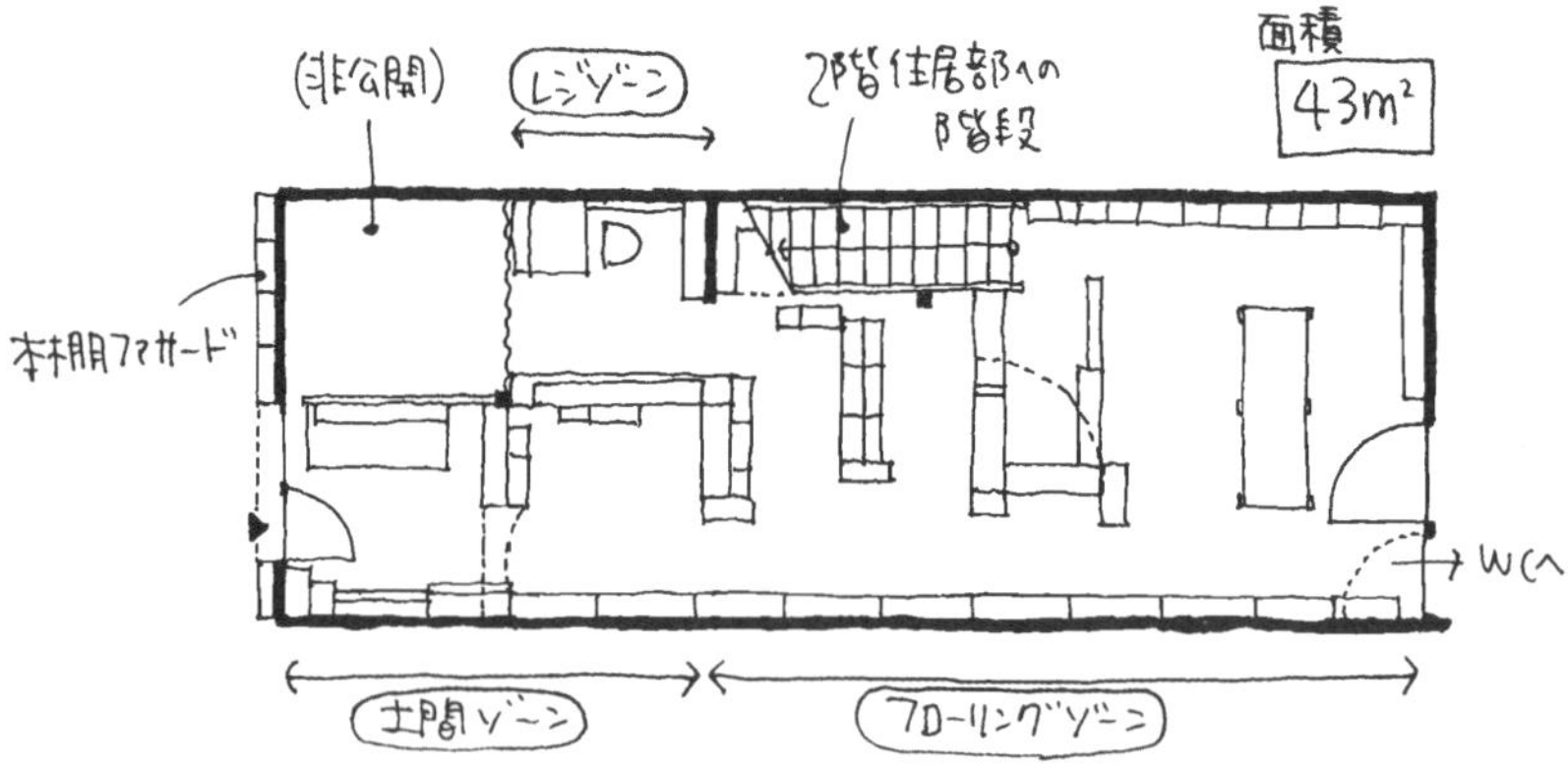

面積
43m²
(非公開)
レジゾーン
2階住居部への階段
本棚ファサード
WCへ
土間ゾーン
フローリングゾーン

間取り図

右：本棚ファサードを目印に訪ねよう
左：ところ狭しと本棚が置かれている

本棚ファサード

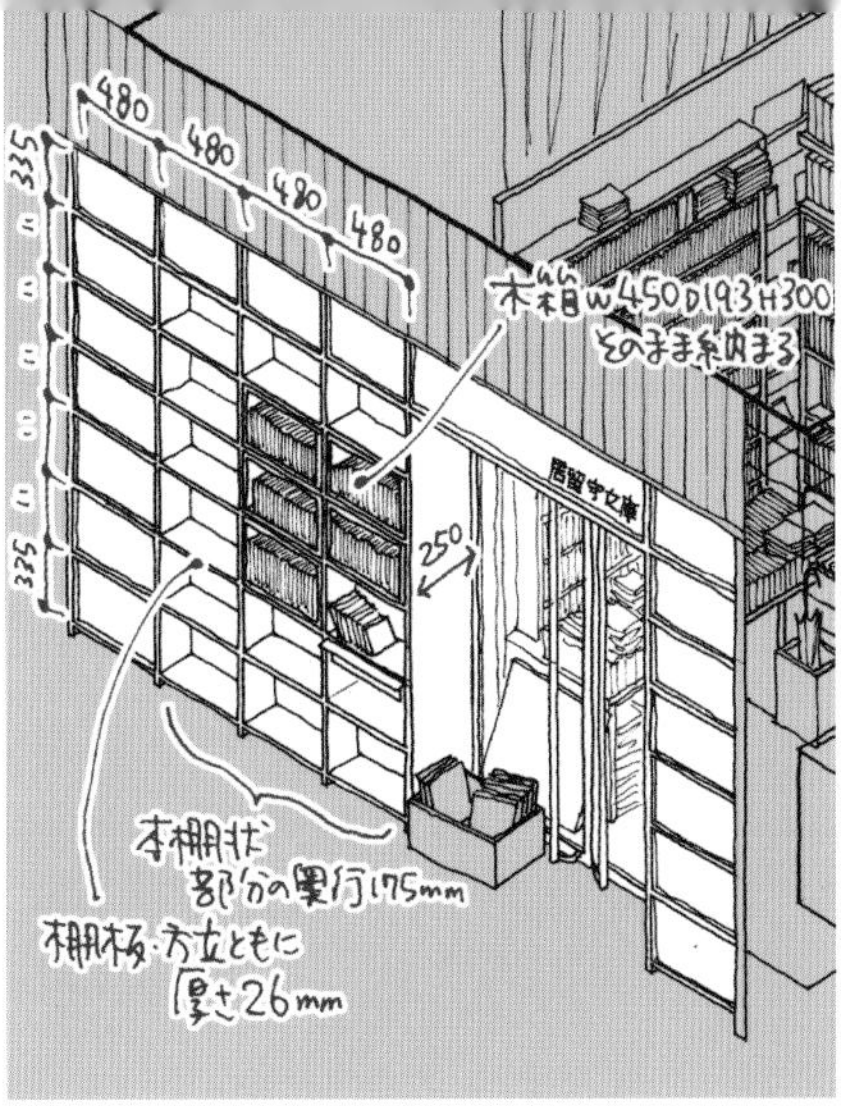

玄関の本棚をクローズアップ

店の奥の壁面書架

ランダムに見える壁面書架

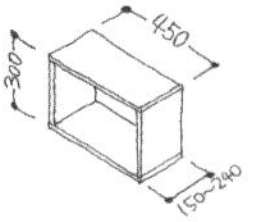

高は3mを超える大空間。初めてこの空き家を見学したとき、岸さんはこのがらんどうの空間からすぐに書店のイメージが湧いて入居を決めたという。

木箱に埋もれる

店主の岸さんは演劇人でもある。大道具をつくるように、増え続ける本に合わせて店の棚も自作してきた。店内にはいたるところにほぼ同じサイズの木箱が埋め込まれ、量産し続けた結果、当初の250箱から、今や400箱以上にまで増えたという。店の奥には、開業時に木箱をランダムに積み上げ、当時珍しい書棚として雑誌に大きく取り上げられた初代の壁面書架がひっそりと佇む。今となっては増え続ける本と増設された棚に埋もれその全貌を眺める術はないが、本棚の間をさまよう新たな楽しみが生まれた。

岸さんは、あえて前の持ち主の思考の痕跡を残して本を並べることもあると話してくれた。古書店の特徴は、本が売れてできた隙間をどう埋めるのかに表れるという。この店には、整然と分類された図書館の棚とは真逆の、人の痕跡に誘われて本を探す楽しみがある。

LVDB BOOKS

長屋を貫く鋼管足場書架と静けさをまとう書物たち

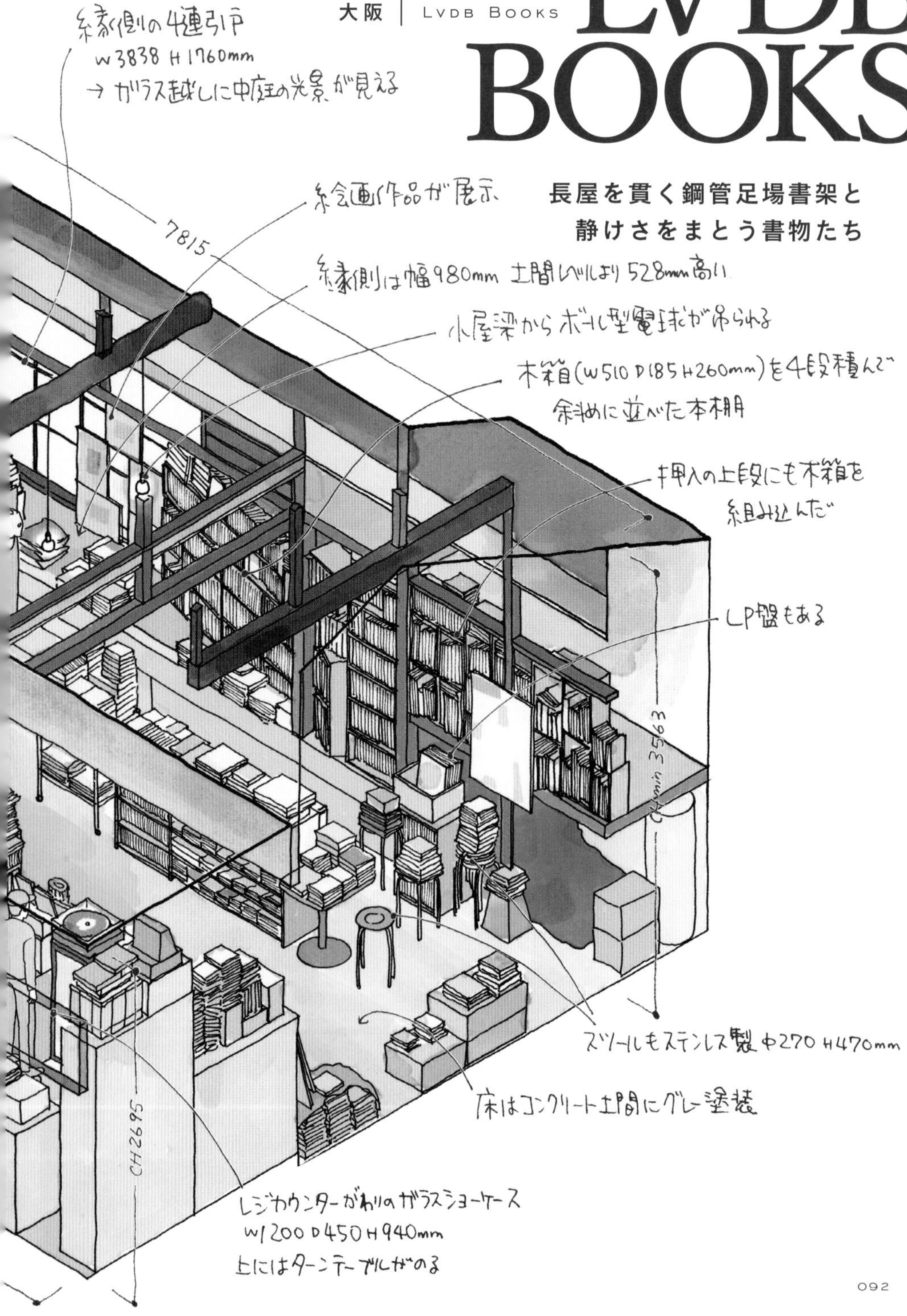
縁側の4連引戸
W3838 H1760mm
→ガラス越しに中庭の光景が見える
絵画作品が展示
7815
縁側は幅980mm 土間レベルより528mm高い
小屋梁からボール型電球が吊られる
木箱(W510 D185 H260mm)を4段積んで
斜めに並べた本棚
押入の上段にも木箱を
組み込んだ
LP盤もある
CH min 3563
スツールもステンレス製 φ270 H470mm
床はコンクリート土間にグレー塗装
CH2695
レジカウンターがわりのガラスショーケース
W1200 D450 H940mm
上にはターンテーブルがのる

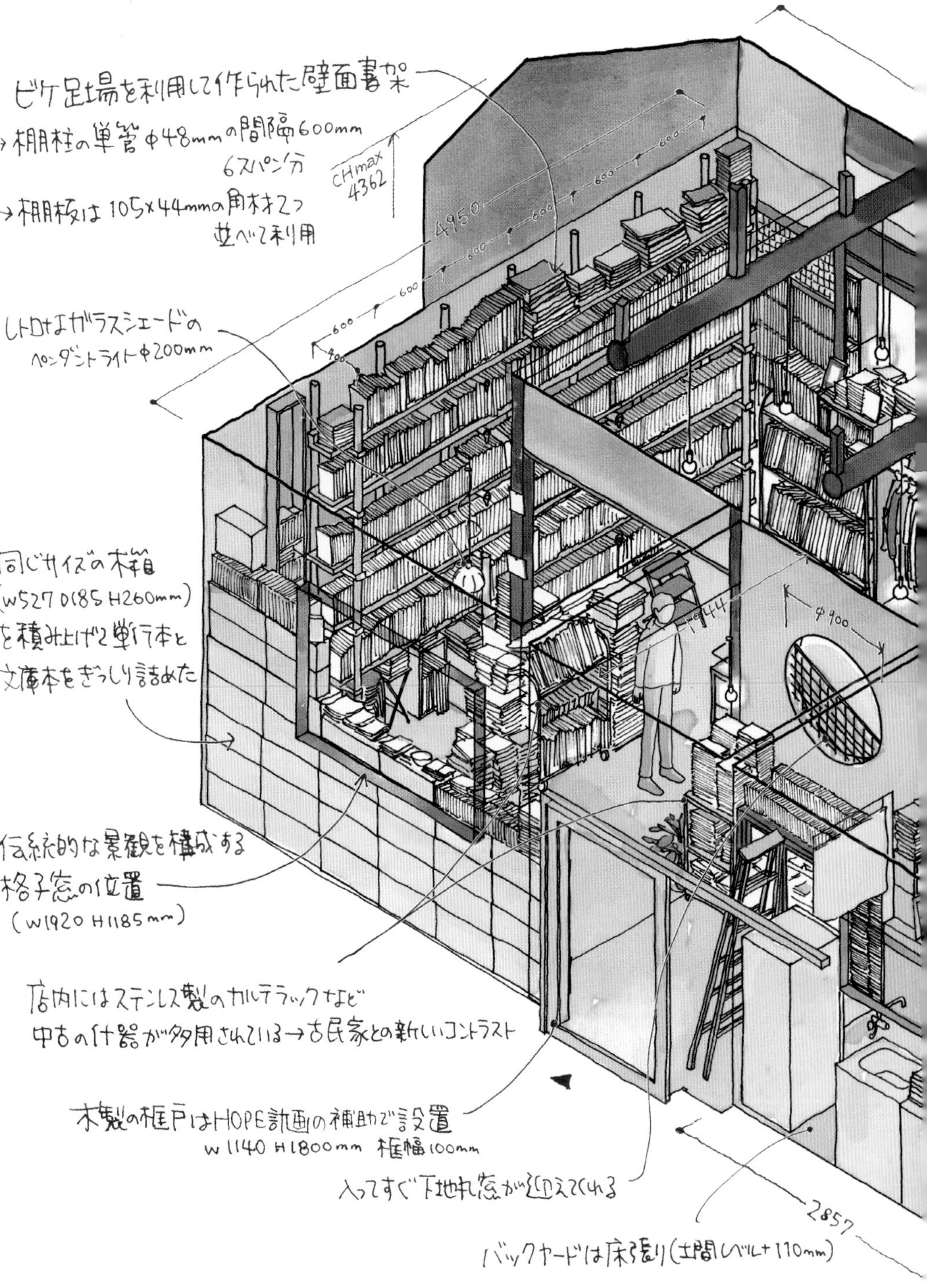
ビケ足場を利用して作られた壁面書架
→棚柱の単管φ48mmの間隔600mm
6スパン分
→棚板は105×44mmの角材2つ
並べて利用
CHmax
4362
4950
600
600
600
600
600
600
400
レトロなガラスシェードの
ペンダントライトφ200mm
同じサイズの木箱
(W527 D185 H260mm)
を積み上げて単行本と
文庫本をぎっしり詰めた
1944
φ900
伝統的な景観を構成する
格子窓の位置
(W1920 H1185mm)
店内にはステンレス製のカルテラックなど
中古の什器が多用されている→古民家との新しいコントラスト
木製の框戸はHOPE計画の補助で設置
W1140 H1800mm 框幅100mm
入ってすぐ下地丸窓が迎えてくれる
2857
バックヤードは床張り(土間レベル+110mm)

古民家改修と景観保存

歩けば相撲中継や洗濯物をたたく音が聞こえてくる、のどかな住宅地。LVDB BOOKSは大阪市東住吉区の木造長屋が密集する下町でひっそりと営業している。同じ地域の別物件で3年間営業していたが、より広い売り場を求めて今の古民家を改修し、2018年4月に移転した。改修した古民家は、奥に長いうなぎの寝床型の平面ではなく、間口が広く奥が浅い珍しい間取りだ。横に長いファサードの真ん中に新しい引戸が取り付けられ、両側には伝統的な格子窓が付く。外壁もきれいに塗り直され、古い意匠を丁寧に保存していることがわかる。

ステンレスへの偏愛

中に入ると、正面の土壁に開いた丸窓から奥の売り場の気配が伝わってくる。壁を左へ回り込むと大きな土間の一室空間が広がる。座敷だった部分の床をすべて撤去し土間仕上げとしているため、上部の小屋裏が高く感じられた。ビケ足場を利用した大きな壁面書架以外の家具・什器は極力控えめに置かれ、大きな一室空間を活かした内部構成である。土

間取り図

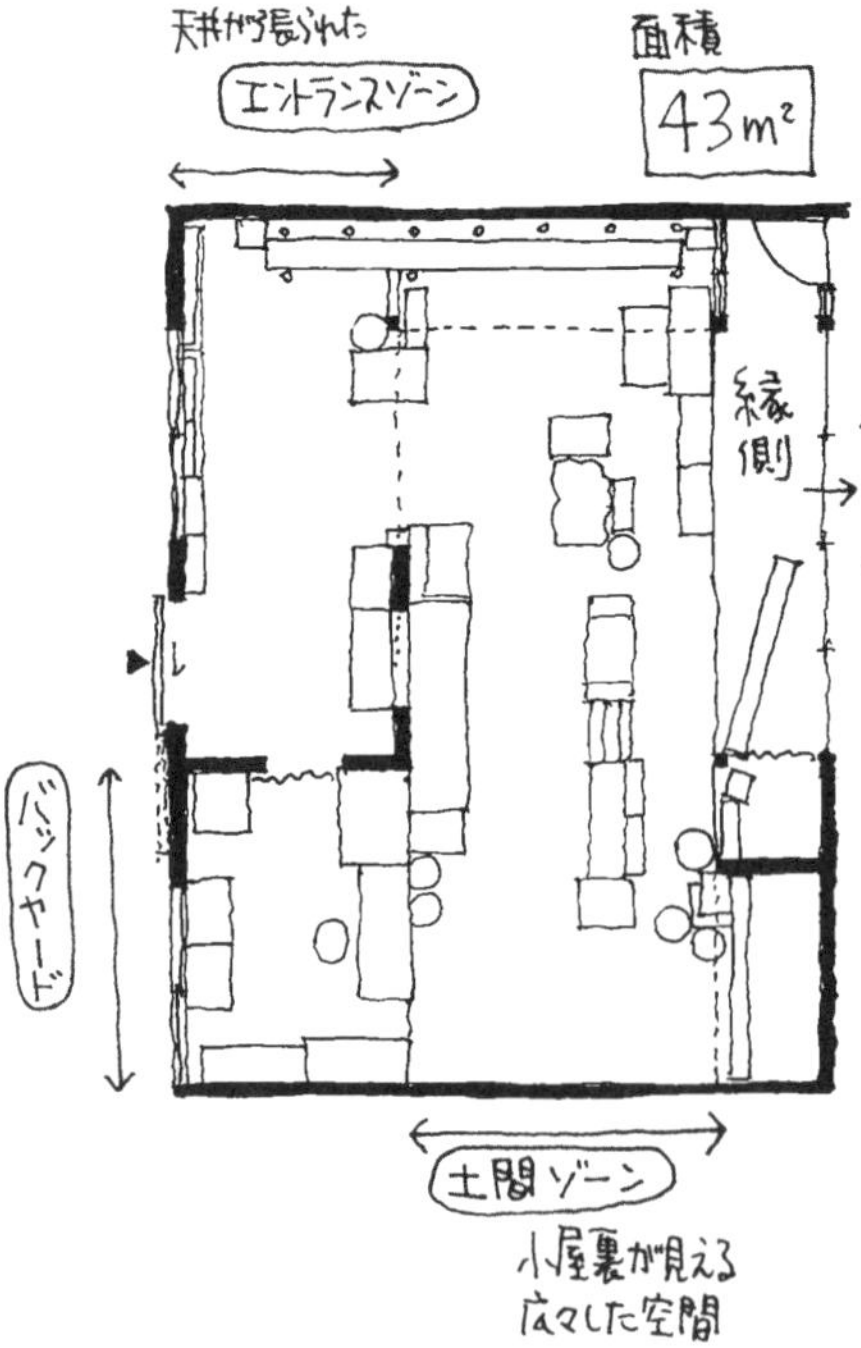
天井が張られた
エントランスゾーン
面積
43m²
縁側
裏庭
バックヤード
土間ゾーン
小屋裏が見える
広々した空間

上：丸窓の壁を回り込んで奥へ
下：路地奥に現れる端正なファサード

間奥の縁側は元の床の高さで50cmほど高いまま残され、ガラス障子越しに裏庭の光が入ってくる。ビケ足場を転用した壁面書架と中古のカルテラックは、前の店でも使っていたものだ。店内の家具と什器は、店主の厳然たるセレクションによってステンレス製の業務用や医療用で統一され、ありがちな市販品は慎重に避けられている。土間や土壁の荒々しいテクスチャと鏡面仕上げのクールなステンレスの組み合わせでまとまりのある空間だ。

ノイズをなくすために

こんな奥まった場所で店を開いた理由を店主の上林翼さんに聞けば、車通りのない静かな環境が良かったと話す。店内に置かれる本の7割ほどが古書で、希少本を含め様々なジャンルが並ぶが、客を誘導するインデックスやPOPなど文字情報は一切ない。通りすがりの人がふらっと立ち寄れる立地でもなければ、店内には宣伝めいた色が全く感じられない。良質な本を揃え、無駄に介在せず、本を求めやってくる人にただ委ねる空間。LVDB BOOKSの書架は、今日もひっそりと存在感を放つ本たちに彩られている。

ステンレスの什器ばかりが集まった

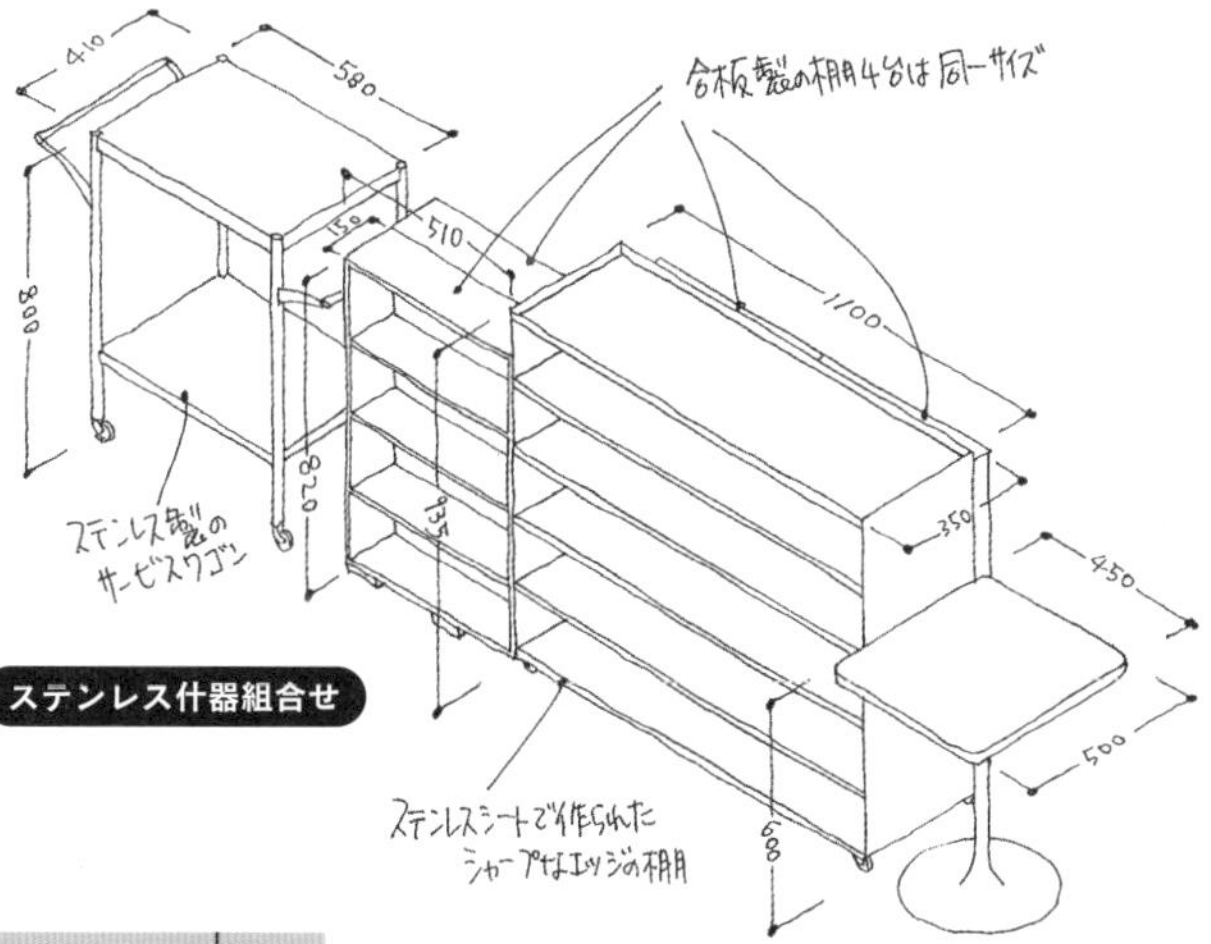
410
580
150
510
800
820
935
1100
350
450
500
68
合板製の棚4台は同一サイズ
ステンレス製のサービスワゴン
ステンレスシートで作られたシャープなエッジの棚
ステンレス什器組合せ

ビケ足場の壁面書架
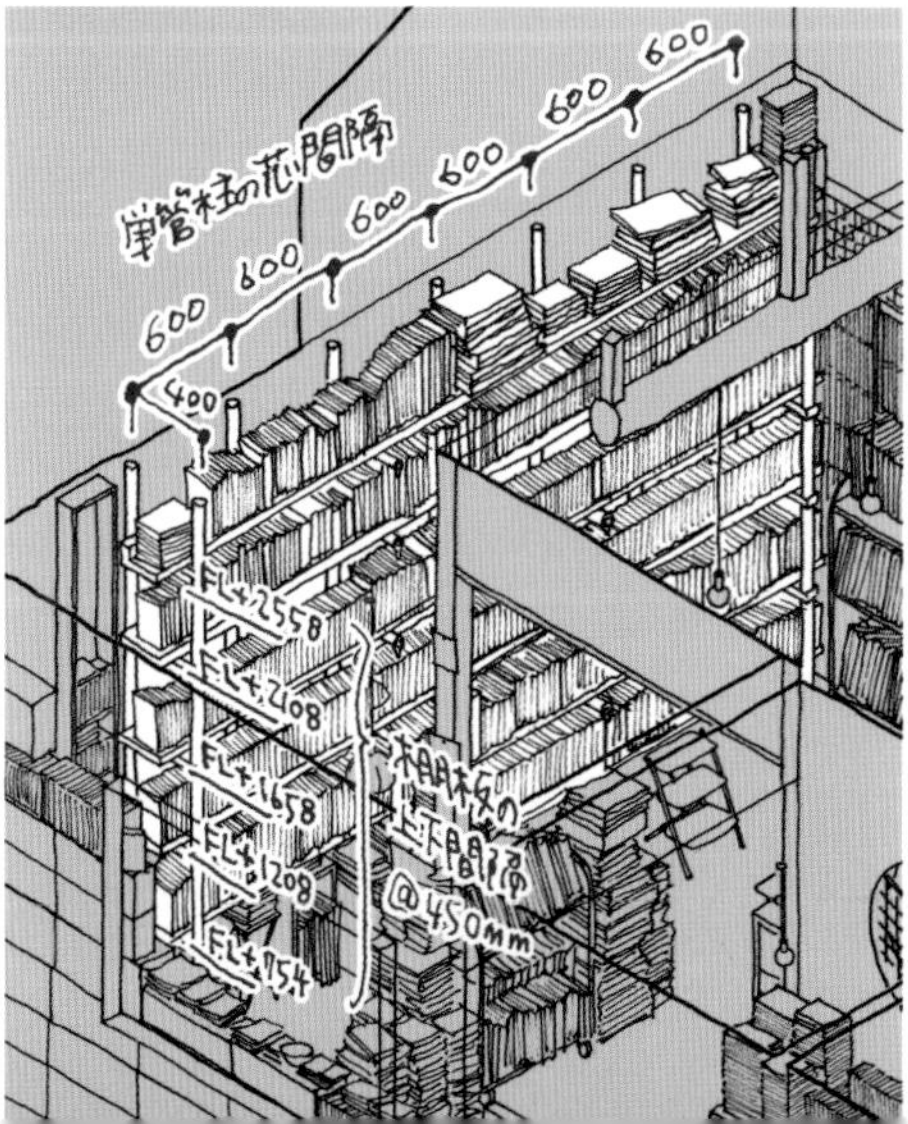
単管柱の芯間隔
400
600 600 600 600 600 600 600
FL+2558
FL+2108
FL+1658
FL+1208
FL+754
棚板の上下間隔
@450mm

ビケ足場で組まれた壁面書架

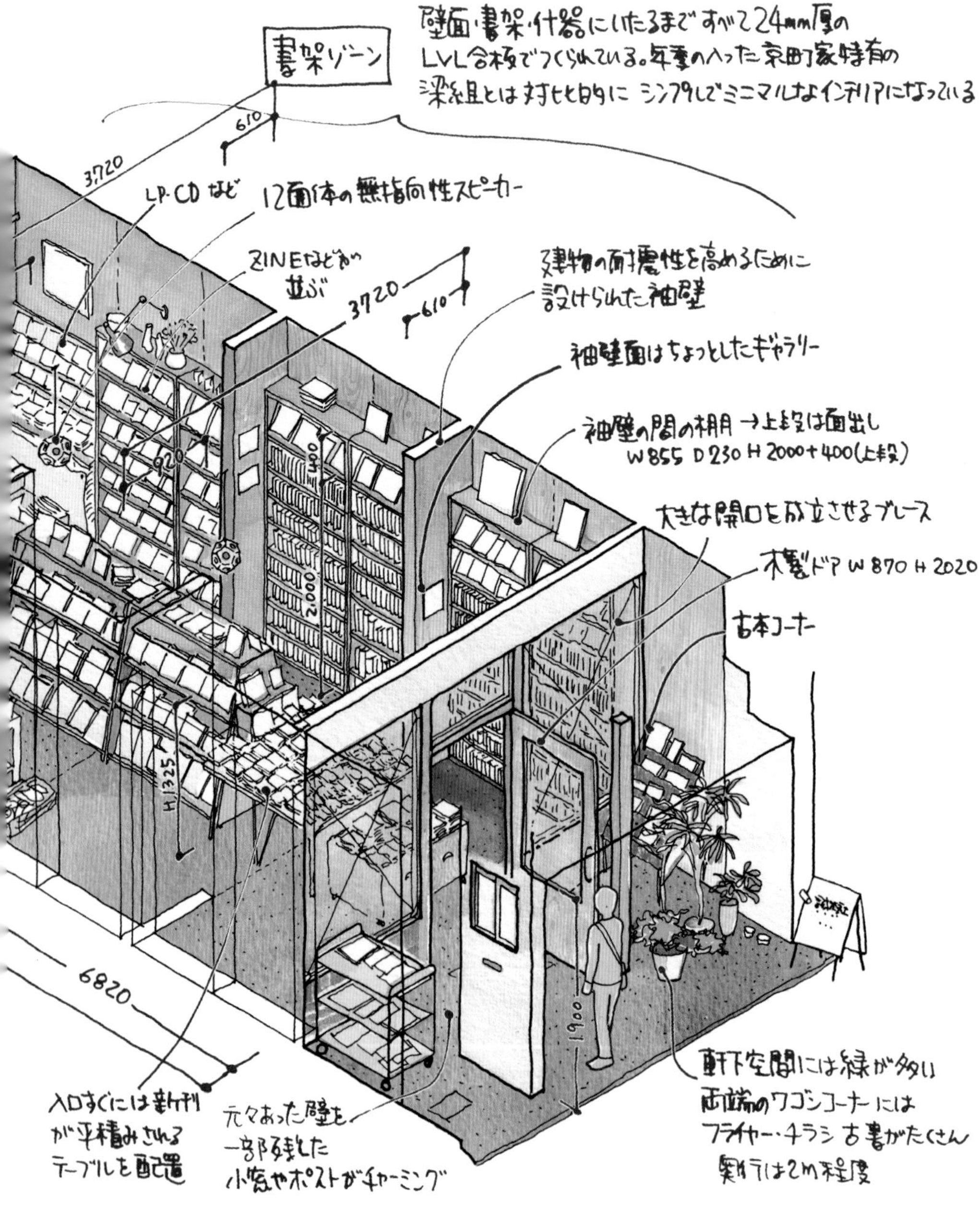

書架ゾーン
壁面・書架・什器にいたるまですべて24mm厚の
LVL合板でつくられている。年季の入った京町家特有の
梁組とは対比的にシンプルでミニマルなインテリアになっている
3720
610
LP・CDなど
12面体の無指向性スピーカー
ZINEなどが並ぶ
3720
610
建物の耐震性を高めるために
設けられた袖壁
袖壁面はちょっとしたギャラリー
袖壁の間の棚 →上段は面出し
W855 D230 H2000+400(上段)
大きな開口を成立させるブレース
木製ドア W870 H2020
古本コーナー
920
400
2000
H1325
6820
1900
入口すぐには新刊
が平積みされる
テーブルを配置
元々あった壁を
一部残した
小窓やポストがチャーミング
軒下空間には緑が多い
西端のワゴンコーナーには
フライヤー・チラシ 古書がたくさん
奥行は2m程度

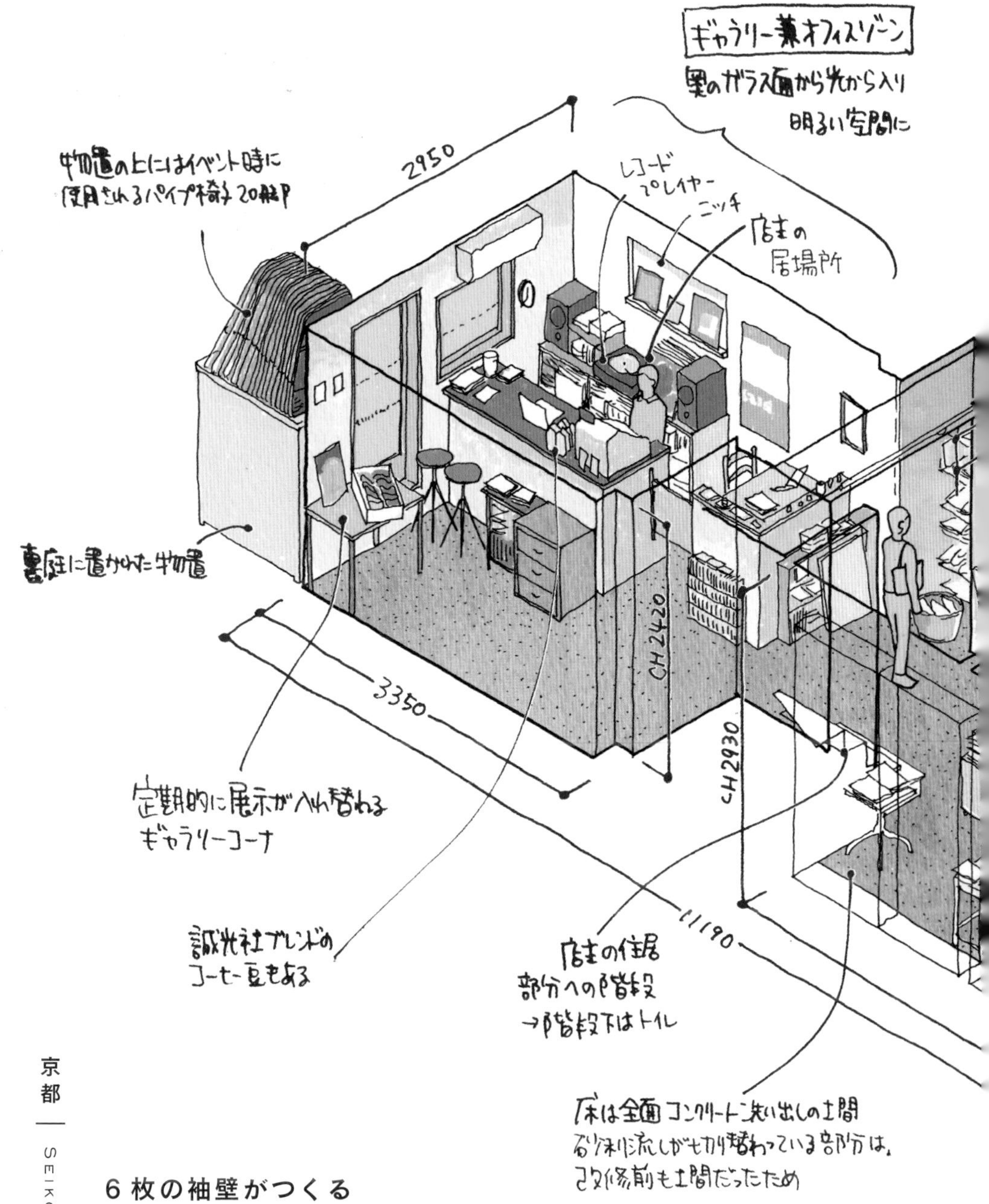

ギャラリー兼オフィスゾーン
奥のガラス面から光から入り
明るい空間に
2950
物置の上にはイベント時に
使用されるパイプ椅子20脚
レコード
プレイヤー
ニッチ
店主の
居場所
裏庭に置かれた物置
3350
CH2420
CH2930
定期的に展示が入れ替わる
ギャラリーコーナー
誠光社ブレンドの
コーヒー豆もある
11190
店主の住居
部分への階段
→階段下はトイレ
床は全面コンクリート洗い出しの土間
砂利流しが切り替わっている部分は、
改修前も土間だったため

京都

SEIKOSHA

6枚の袖壁がつくる
ほどよい没入感

誠光社

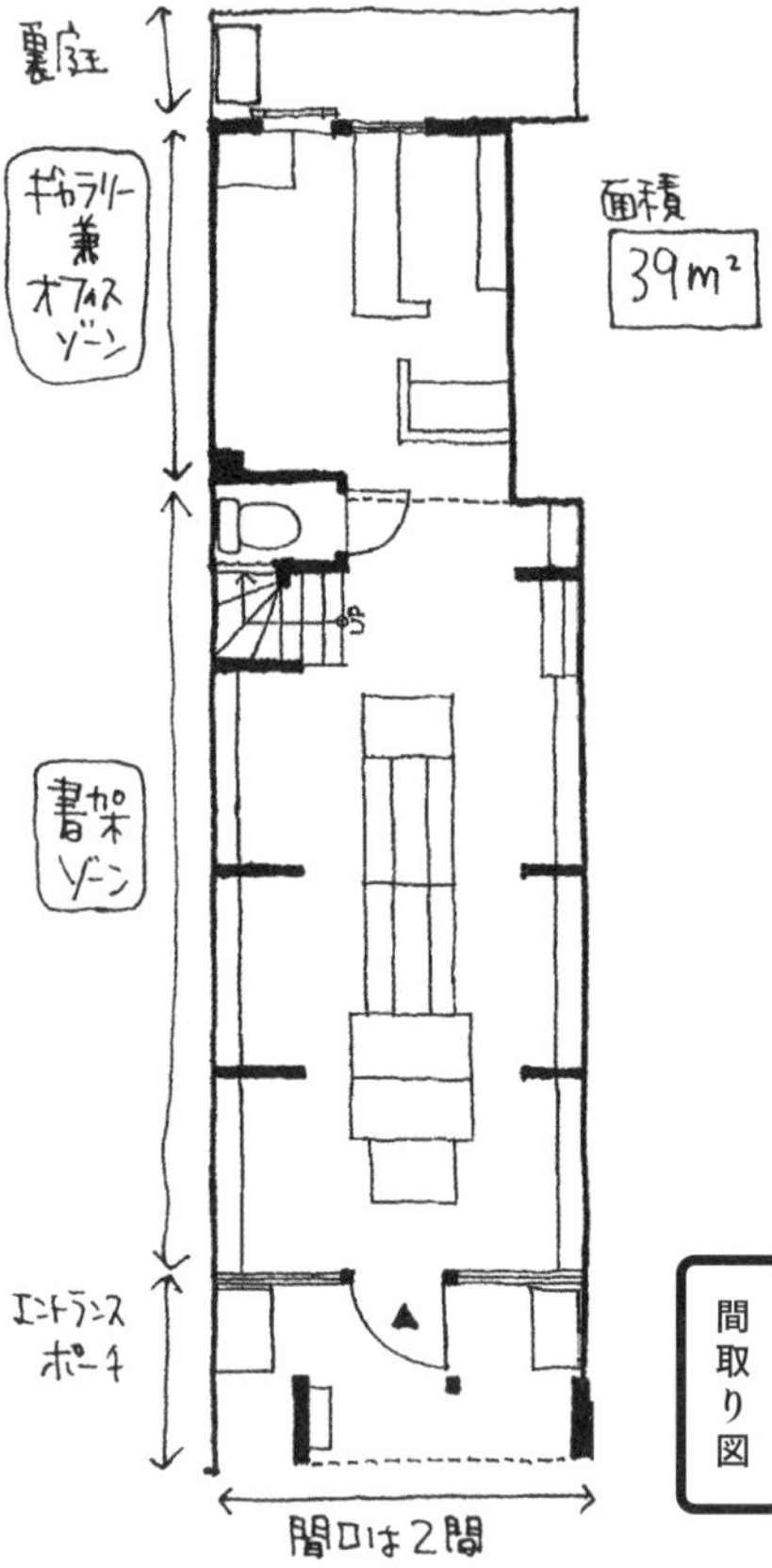
裏庭
ギャラリー兼オフィスゾーン
面積
39m²
書架ゾーン
エントランスポーチ
間口は2間

間取り図

上：古い町家の雰囲気はそのまま
下：店内に入ると平積みテーブルがお出迎え

使い慣れた書架のサイズ

地価や賃料が急騰する京都市内でもかろうじて自由な商いを維持する丸太町エリアで、カフェや銭湯、雑貨屋、パン屋とまちの個性豊かな個人店とともにあるのが誠光社だ。「設計者には自由に使えるシンプルな箱を用意してもらいました。見てほしいのは本だから」と店主の堀部篤史さんは話す。言葉どおりメインの書架はシンプルな合板の箱だ。長年の書店員経験で染みついた最も使い慣れた寸法と納まりを指示し、知り合いの大工・DIY仲間に頼んで形にしたという。

6枚の袖壁とフレキシブルな什器

店内は手前の書架ゾーンと奥のギャラリーゾーンの2つに分けられる。入ってすぐ、真正面のテーブルには新刊本が並ぶ。中央の島はすべての本が平置きで、個性豊かな表紙につい手が伸びる。古い町家を店舗へ改修するにあたり耐震性を高めるのに必要だったのが、両側の壁から突き出る6枚の袖壁だ。壁面書架はこの袖壁に囲われることで、ほどよい溜まりの空間を合わせもつ。絵本、文芸、農や食、芸術とジャンルごとに本を選ぶ客のためのパーソナルスペースとなる。ひとりで切り盛りできるサイズだという店内には空間を活用する仕掛けも多い。人を集めたイベントもよく行うため、中央の什器はキャスター付きで容易に移動できるつくりだ。町家には珍しい3m近い天井高を活かして、天井にプロジェクター、壁にロール状のスクリーンを設置。ひとりでも30分もかからずに設営できてしまうそうだ。

店は分身。仕事と日常が地続きなまち

一番奥のギャラリー兼オフィスゾーンは店主の普段の居場所である。数十分おきにレコードの針を落とし、カウンターで時折やってくる常連客を迎える。店づくりで最も重視したのは「仕事が日常と地続きだからこそ、毎日そこで過ごすことが気持ち良い」ことだとか。物件の決め手は、裏手の窓からバックヤードへ風が抜けるところだった。天井に吊り下げられた無指向性スピーカーからは「毎日の気分に合わせて居続けたくなる曲」が流れる。間口二間の小さな箱に詰まった本や音楽が一体となった空間はまさに、堀部さんご自身なのだ。

右：可動式什器に表紙が映える
左：袖壁がつくり出す陰影のリズム

袖壁間の書架

袖壁の芯間隔
2000
610
230
400
2000
棚板も方立も
12mm厚合板
2枚重ね
(24mm厚)

可動式の什器

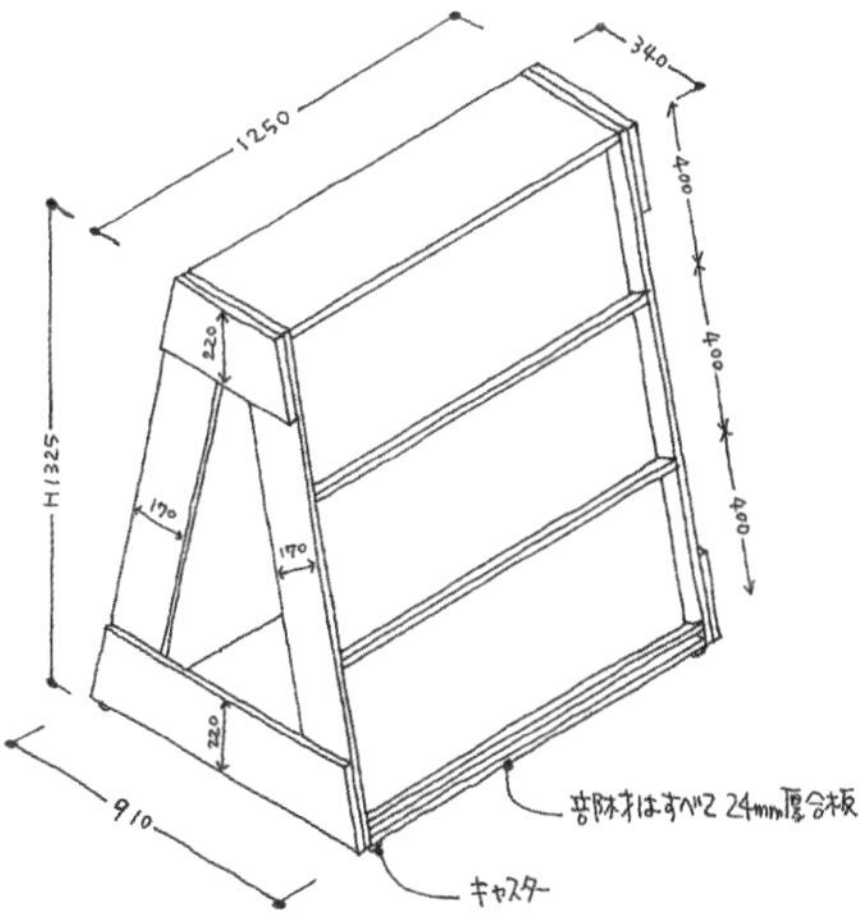
1250
340
400
400
400
H1325
220
220
170
170
910
部材はすべて24mm厚合板
キャスター

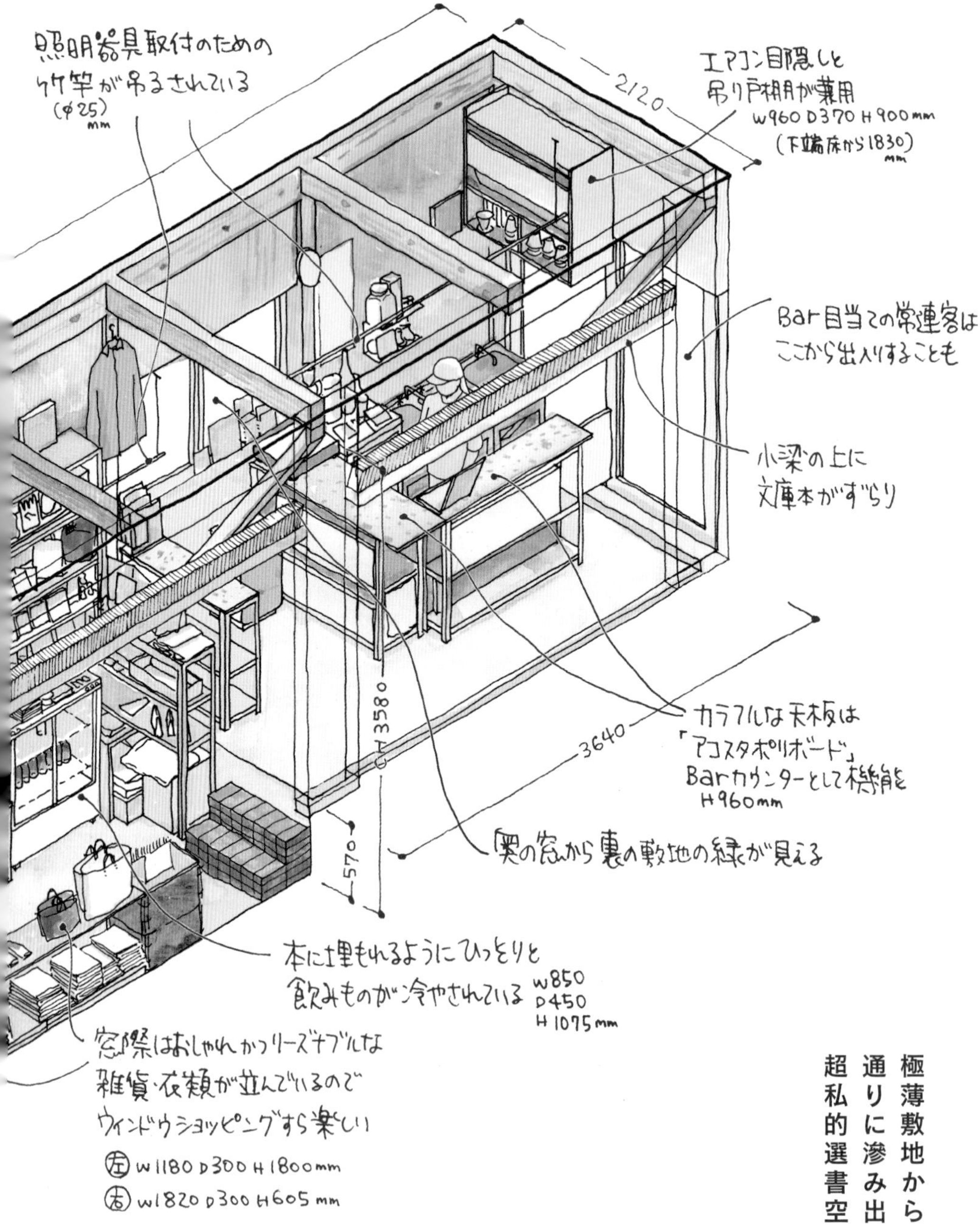
照明器具取付のための
竹竿が吊るされている
(φ25)
mm
2120
エアコン目隠しと
吊り戸棚が兼用
W960 D370 H900mm
(下端床から1830)
mm
Bar目当ての常連客は
ここから出入りすることも
小梁の上に
文庫本がずらり
3580
カラフルな天板は
「アコスタポリボード」
Barカウンターとして機能を
H960mm
3640
570
奥の窓から裏の敷地の緑が見える
本に埋もれるようにひっそりと
飲みものが冷やされている
W850
D450
H1075mm
窓際はおしゃれかつリーズナブルな
雑貨・衣類が並んでいるので
ウィンドウショッピングすら楽しい
(左) W1180 D300 H1800mm
(右) W1820 D300 H605mm

極薄敷地から
通りに滲み出す
超私的選書空間

京都 | BA HÜTTE.

ba hütte.

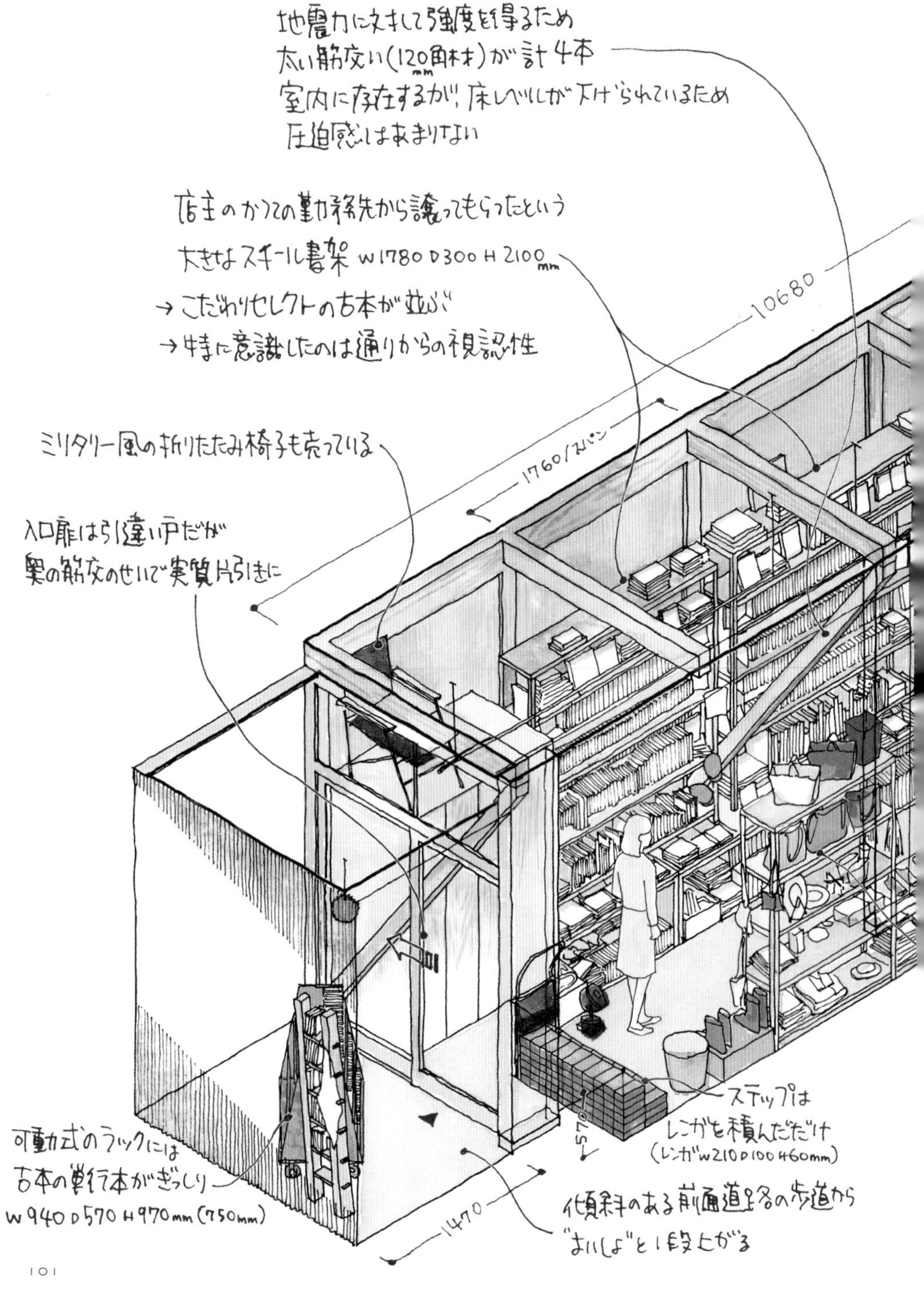
地震力に対して強度を得るため
太い筋交い(120mm角材)が計4本
室内に存在するが、床レベルが上げられているため
圧迫感はあまりない
店主のかつての勤務先から譲ってもらったという
大きなスチール書架 W1780 D300 H2100mm
→こだわりセレクトの古本が並ぶ
→特に意識したのは通りからの視認性
10680
1760/スパン
ミリタリー風の折りたたみ椅子も売っている
入口扉は引違い戸だが
奥の筋交のせいで実質片引きに
ステップは
レンガを積んだだけ
(レンガW210 D100 H60mm)
160
可動式のラックには
古本の単行本がぎっしり
W940 D570 H970mm (750mm)
1470
傾斜のある前面道路の歩道から
"よいしょ"と1段上がる

交差点からよく見える店舗付き住宅

両側にスチールラックが並ぶ

新築の職住一体型書店

ba hütte.（バヒュッテ）は、京都市の北白川という落ち着いた住宅街にある。表通りと裏の大学会館の敷地に挟まれたヘタ地のような細長い土地には、元々地元客向けの魚屋があった。普通の住宅は建ちようがない狭小地に地元建築家の設計による店舗付き住宅建てられ、ba hütte.が1階にオープンする。昨今珍しい新築の職住一体型書店で、上階は店主夫妻の住居だ。共に市内の書店勤務だった店主の清野郁美さん・龍さん夫妻は、自分たちの古書店を構えたいという願望をかなえるべく3年間中古物件を探したが、希望通りの物件が出てこなかった。いっそ新築で理想の建築をつくってしまおうと思い立ち、当時気鋭の建築家ユニットとして注目され始めていた木村松本建築設計事務所に設計を依頼した。

超個人的選書

建物は木造2階建てで、通りに対して幅が8間、奥行きは1間という細長い平面である。このような極端に細長い建物を構造的に成立させるには様々な工夫が必要となる。店内には地震力に耐えるための壁がない代わりに、

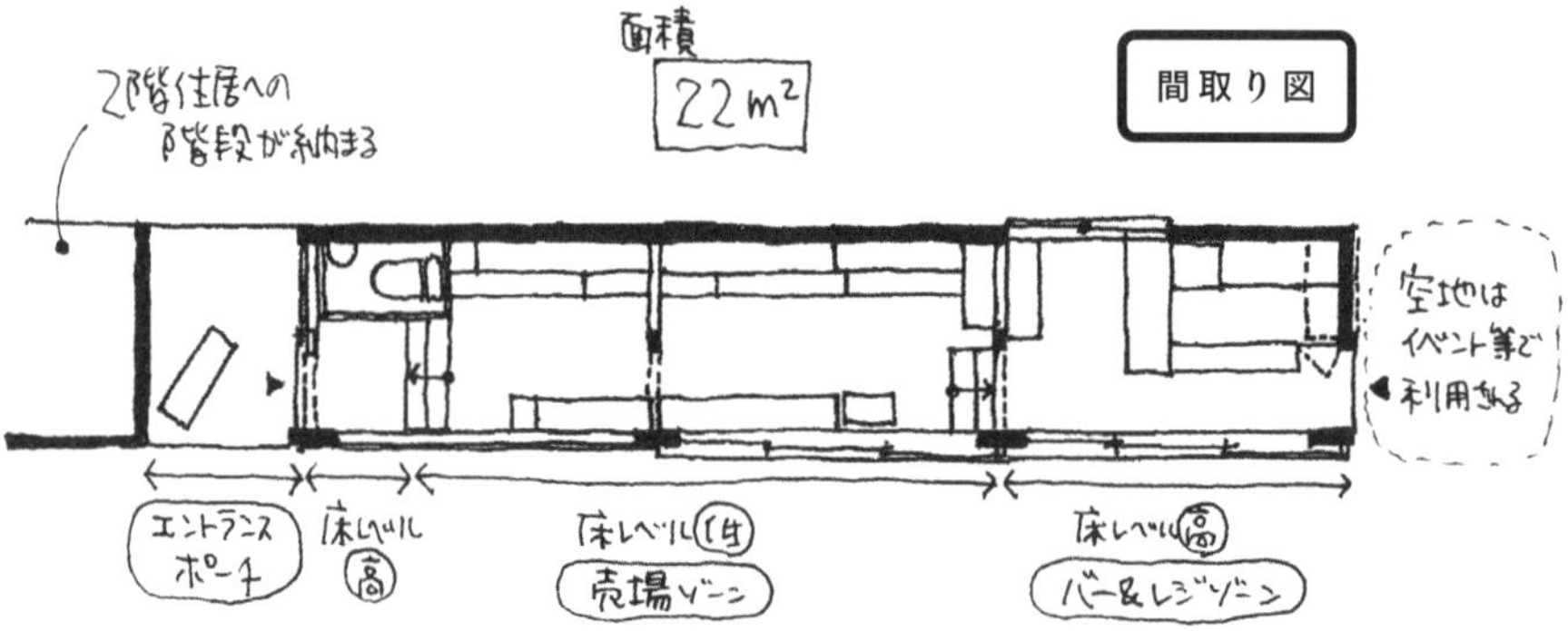
面積
22m²
間取り図
2階住居への階段が納まる
空地はイベント等で利用する
エントランスポーチ
床レベル高
床レベル低
売場ゾーン
床レベル高
バー&レジゾーン

バーカウンターは店主の作業場に

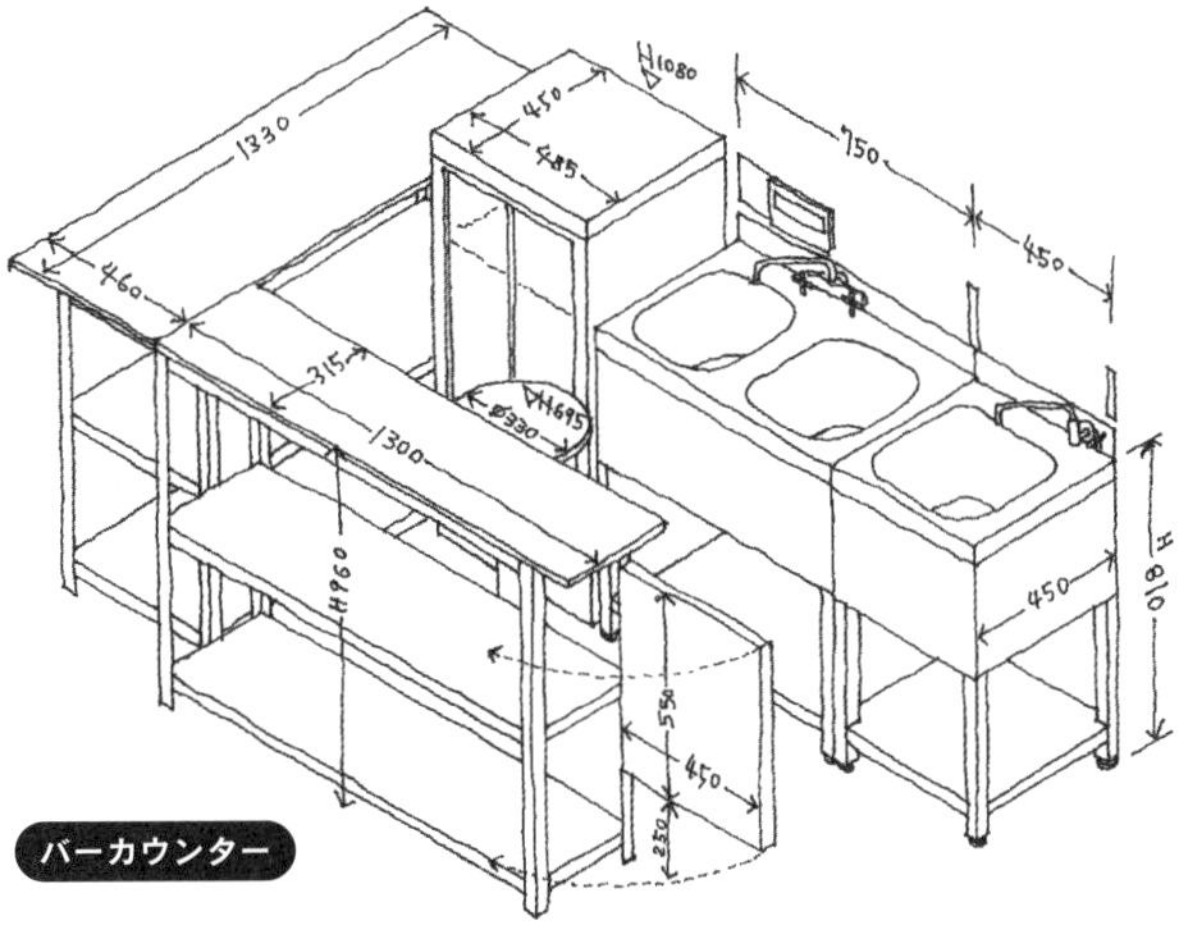

バーカウンター

4本の太い筋交いが内部に露出している。通常は人が通る邪魔になると敬遠される筋交いだが、ba hütte.では店の床レベルを60㎝近く下げているので、筋交いに頭をぶつけることなく室内を行き来できる。

前の職場から譲り受けた大きなスチールラック3台は、奥の壁側に並ぶ。店主の超私的な選書が目を引くのもそのはず、実は並ぶ本はすべて店主の蔵書も兼ねているという。

ストリート主義

大きなガラス面のある通り側には、カラフルな雑貨や服などが陳列され、楽しげな雰囲気を醸し出している。60㎝下がった床のおかげで店内からは外が近く感じられ、逆に外から見たときは客の頭越しに本棚に並ぶ背表紙もよく見えるのだそうだ。店内の一番奥は小さなバーカウンターとなっていて、清野さんはいつもここで常連と歓談している。通りに面した店内の賑わいは、ときおり外のテラスにまで客が溢れ出し、まさにストリートと店内が溶け合っている。かつて町家の「ミセ」が担っていたコミュニティスペースの、現代的解釈とでもいえそうだ。

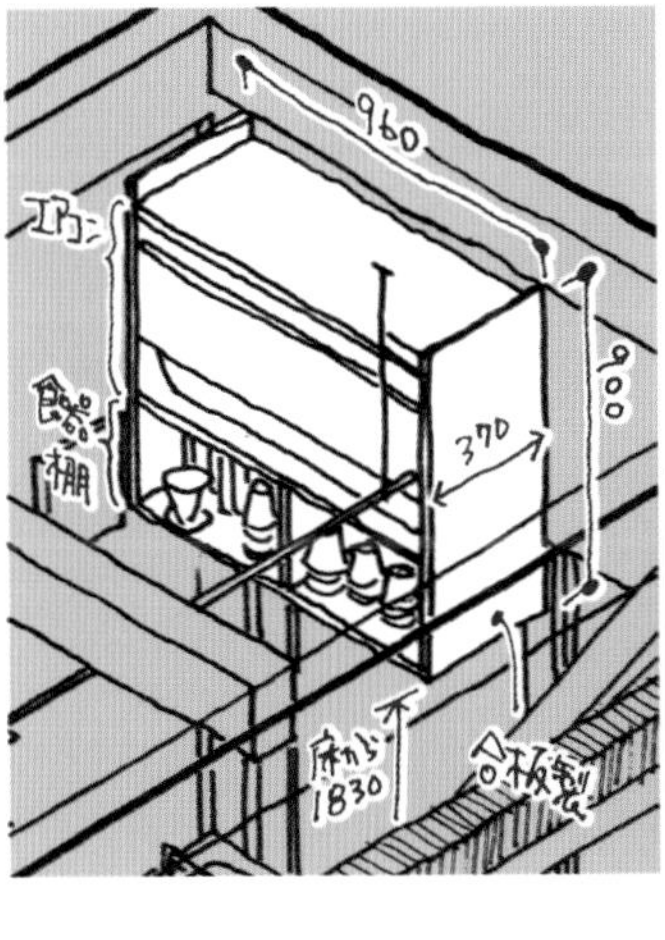

エアコン目隠し兼食器棚

吊り戸棚にはエアコンが収まる

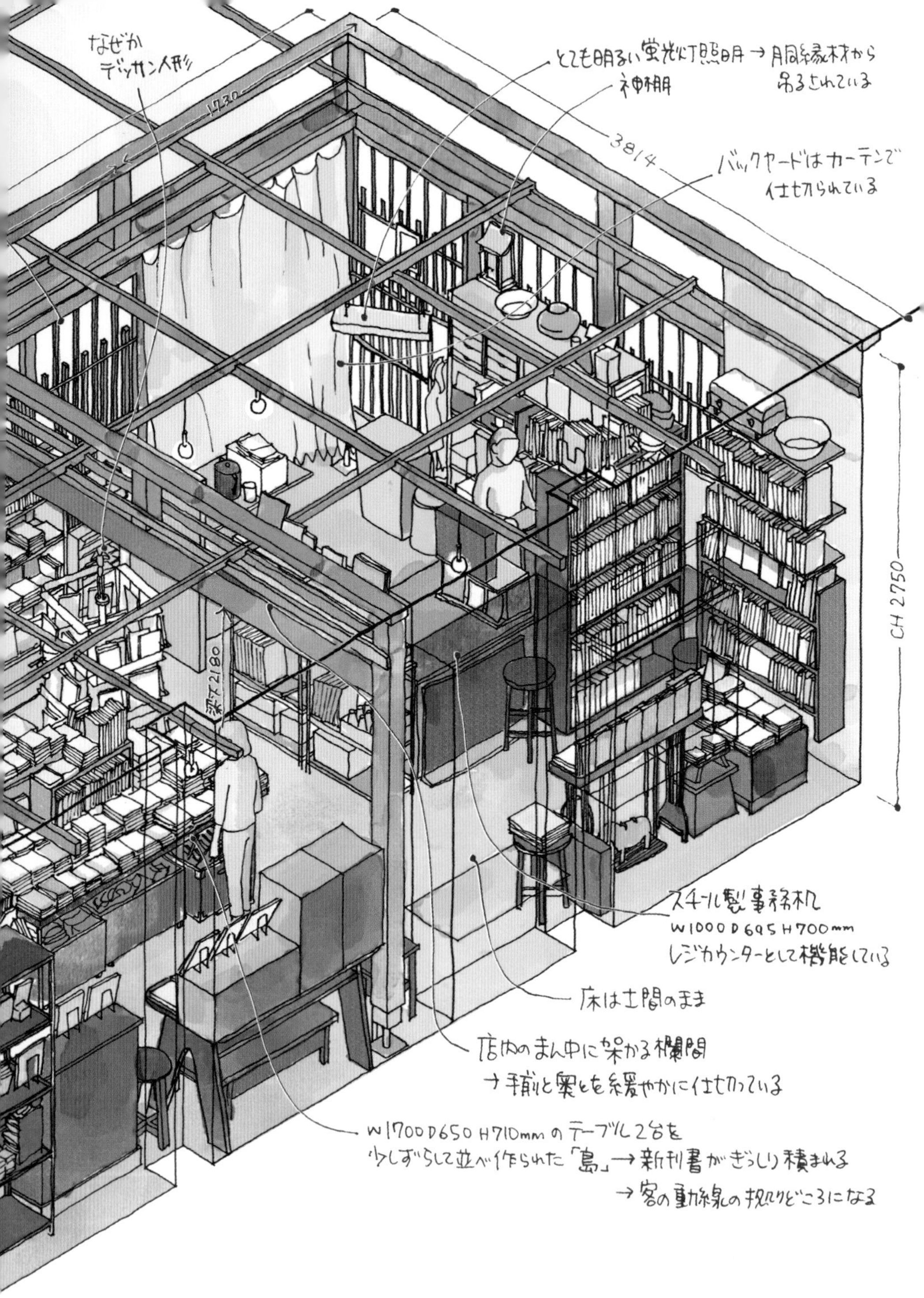
なぜか
デッサン人形
1730
とても明るい蛍光灯照明 → 胴縁材から
吊るされている
神棚
3814
バックヤードはカーテンで
仕切られている
CH 2750
梁下2180
スチール製事務机
W1000 D695 H700mm
レジカウンターとして機能している
床は土間のまま
店内のまん中に架かる欄間
→ 手前と奥とを緩やかに仕切っている
W1700 D650 H710mm のテーブル2台を
少しずらして並べ作られた「島」→ 新刊書がぎっしり積まれる
→ 客の動線の拠りどころになる

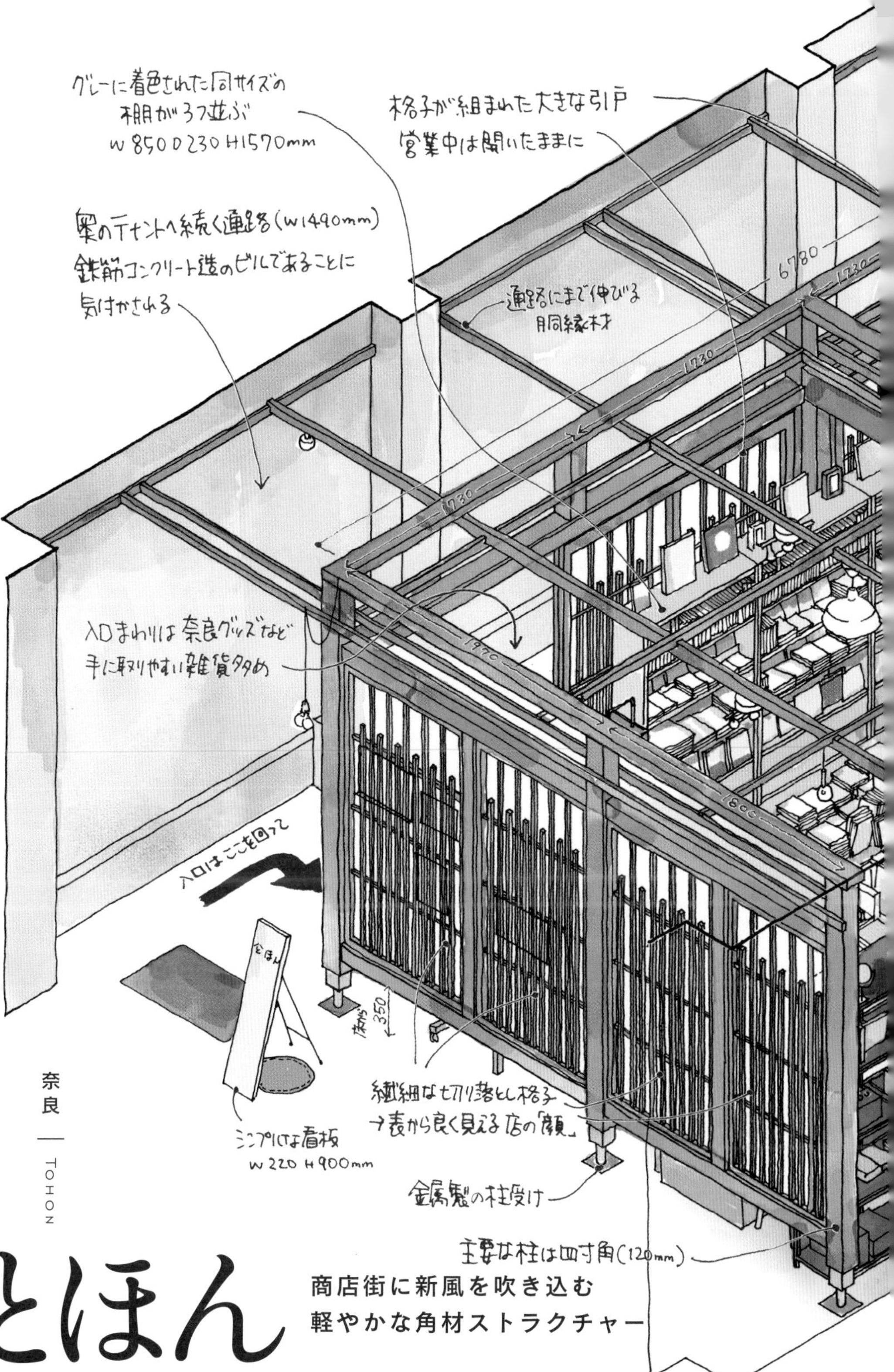

グレーに着色された同サイズの
棚が3つ並ぶ
W850 D230 H1570mm
格子が組まれた大きな引戸
営業中は開いたままに
奥のテナントへ続く通路(W1490mm)
鉄筋コンクリート造のビルであることに
気付かされる
通路にまで伸びる
胴縁材
6780
1730
1730
1730
1990
1800
入口まわりは奈良グッズなど
手に取りやすい雑貨多め
入口はここを回って
とほん
床から
350
シンプルな看板
W220 H900mm
繊細な切り落とし格子
→表から良く見える店の「顔」
金属製の柱受け
主要な柱は四寸角(120mm)

奈良 — TOHON

とほん

商店街に新風を吹き込む
軽やかな角材ストラクチャー

上：RC造のビルの奥に格子がちらり
下：土間の上に配置された書棚の間を散策しよう

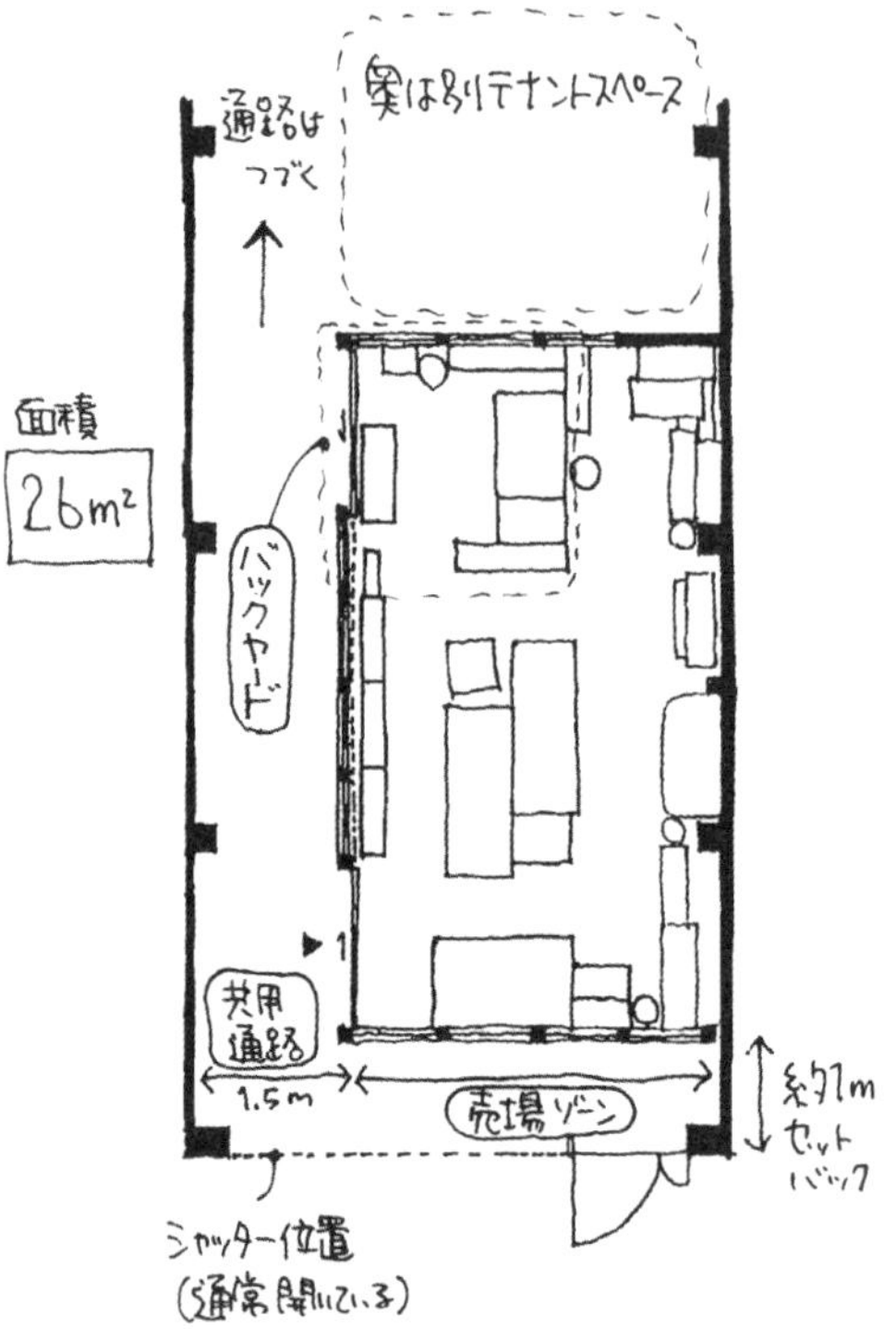
奥は別テナントスペース
通路はつづく
面積
26m²
バックヤード
1
共用通路
1.5m
売場ゾーン
約1m
セットバック
シャッター位置
（通常開いている）

間取り図

古い商店街の畳屋を改修

小さな城下町・奈良県大和郡山市の古い町並みが残る商店街の中に、とほんという書店が入居するビルがある。このRC造ビルの1階ではかつて畳屋が営業していたらしい。畳屋がなくなった後はしばらく空きビルとなっていたが、まちおこしNPOによって一帯の活性化が図られ、書店の開業を考えていた店主の砂川昌広さんと物件のマッチングが実現し、砂川さんはこの場所で店を始めることになった。

格子と角材に囲われた売り場

通りからは格子の外観が目を引く。正面には2間分の柱が立ち間に格子がはまっていて、RC造ビルの1階部分に、角材で組まれた木造の骨組みが挿入されたような構成である。格子の上下は塞がれておらず奥に抜けているので、骨組みの軽快さがより強調される。

店内に入ってみよう。格子壁の左側を回り込むようにして中に入ると、まず奈良関連グッズやポストカードなどが目に入る。店内中央には長机を2台並べてつくられた大きな平積み台が置かれる。客はこの周りをぐるりと回るようにして、壁沿いに配置された棚を眺めることになる。印象的なのは、棚の間に置かれた年代物の家具たちだ。とりわけ正面の格子の裏にあるデスクは存在感がある。これは商店街を更に進んだところにあったガソリンスタンドで使われていたのを譲り受けたそう。店内にはこのように近隣から寄せられた古い什器や家具が並び、書籍の陳列台として新たな役割を与えられている。

奈良の空気感を体現

だれでも入りやすい雰囲気をもつ店の居心地は、木材の骨組みによる温かなテクスチャと、土間と打ち放し壁のRCとのコントラストによってつくり出されている。ここには奈良のなんともゆるい空気感が反映されていると砂川さんは言うが、寄せ集められた家具や棚も各々の個性そのままにうまく居場所を与えられているのは、異質な素材を共存させた器としての空間の存在が大きい。そこにかわいらしい雑貨や心地良い選書が組み合わさって、とほんらしさは生まれている。ぜひここで、ぼんやりと本の奥深い世界にはまってほしい。

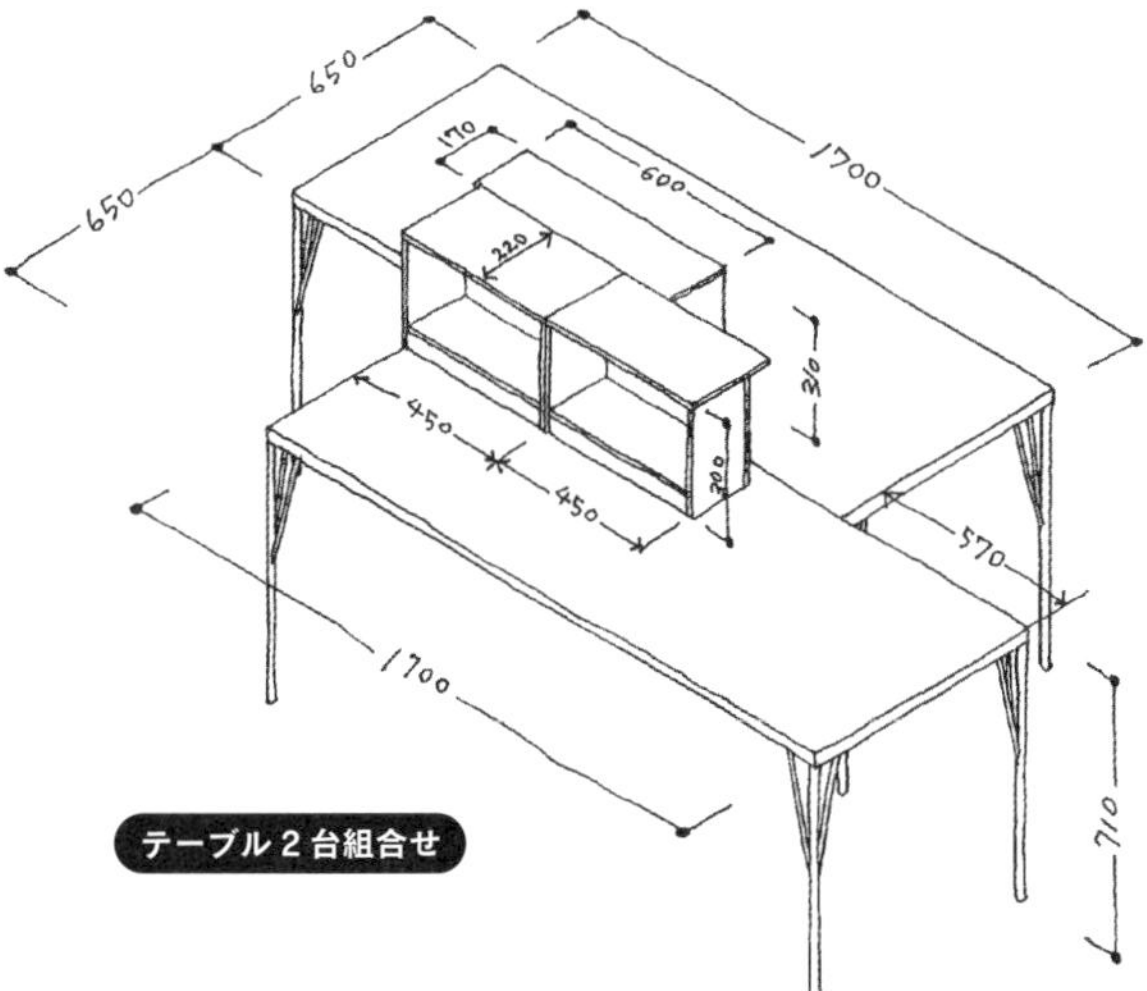

テーブル２台組合せ

上：正面の格子を回り込んで店内へ
下：テーブルの上には新刊書がぎっしり

格子ファサード

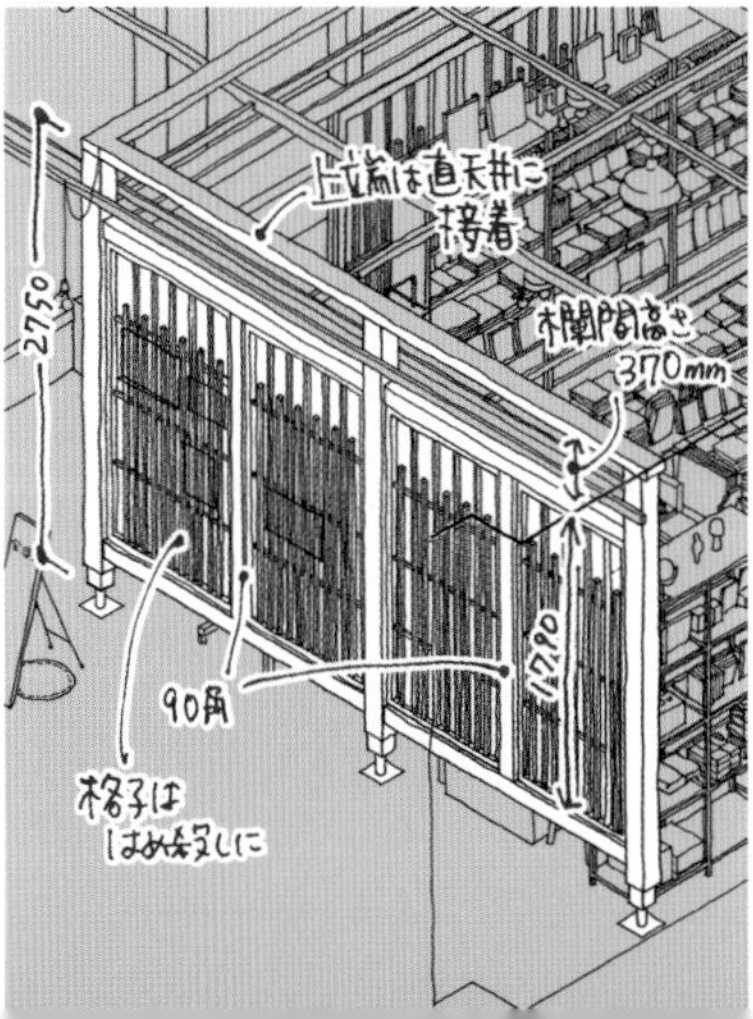

ルチャ・リブロ

JINBUNKEI SHISETSUTOSHOKAN LUCHA LIBRO | 奈良

辺境でこそ出会える
1冊が待つ、
山中の開架閲覧室

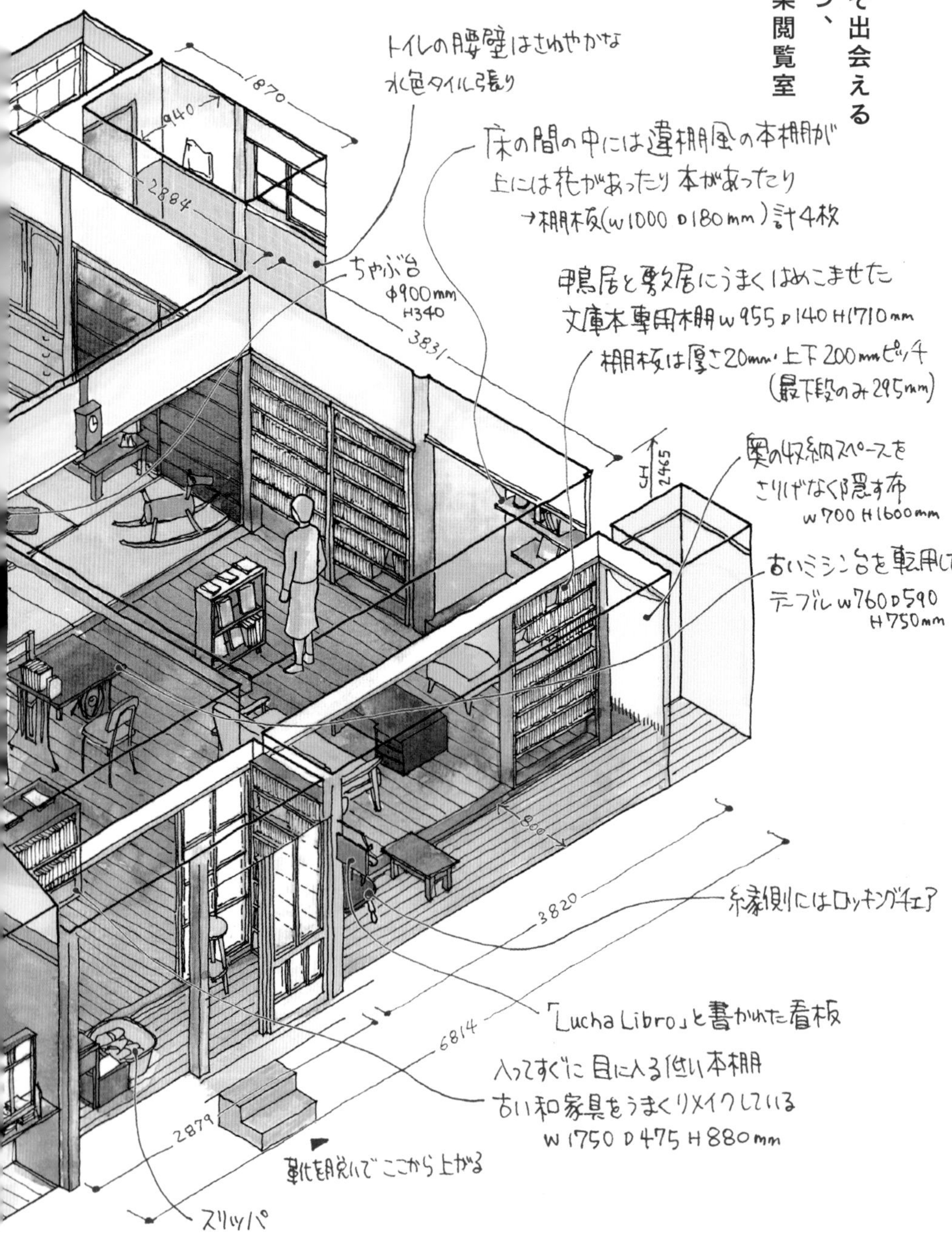

トイレの腰壁はさわやかな
水色タイル張り
1870
940
2884
床の間の中には違棚風の本棚が
上には花があったり 本があったり
→棚板(w1000 D180mm) 計4枚
ちゃぶ台
φ900mm
H340
3831
鴨居と敷居にうまくはめこませた
文庫本専用棚 w955 D140 H1710mm
棚板は厚さ20mm・上下200mmピッチ
(最下段のみ295mm)
2465
奥の収納スペースを
さりげなく隠す布
w700 H1600mm
古いミシン台を転用した
テーブル w760 D590
H750mm
800
3820
縁側にはロッキングチェア
「Lucha Libro」と書かれた看板
6814
入ってすぐに目に入る低い本棚
古い和家具をうまくリメイクしている
W1750 D475 H880mm
2879
靴を脱いで ここから上がる
スリッパ

人文系私設図書館

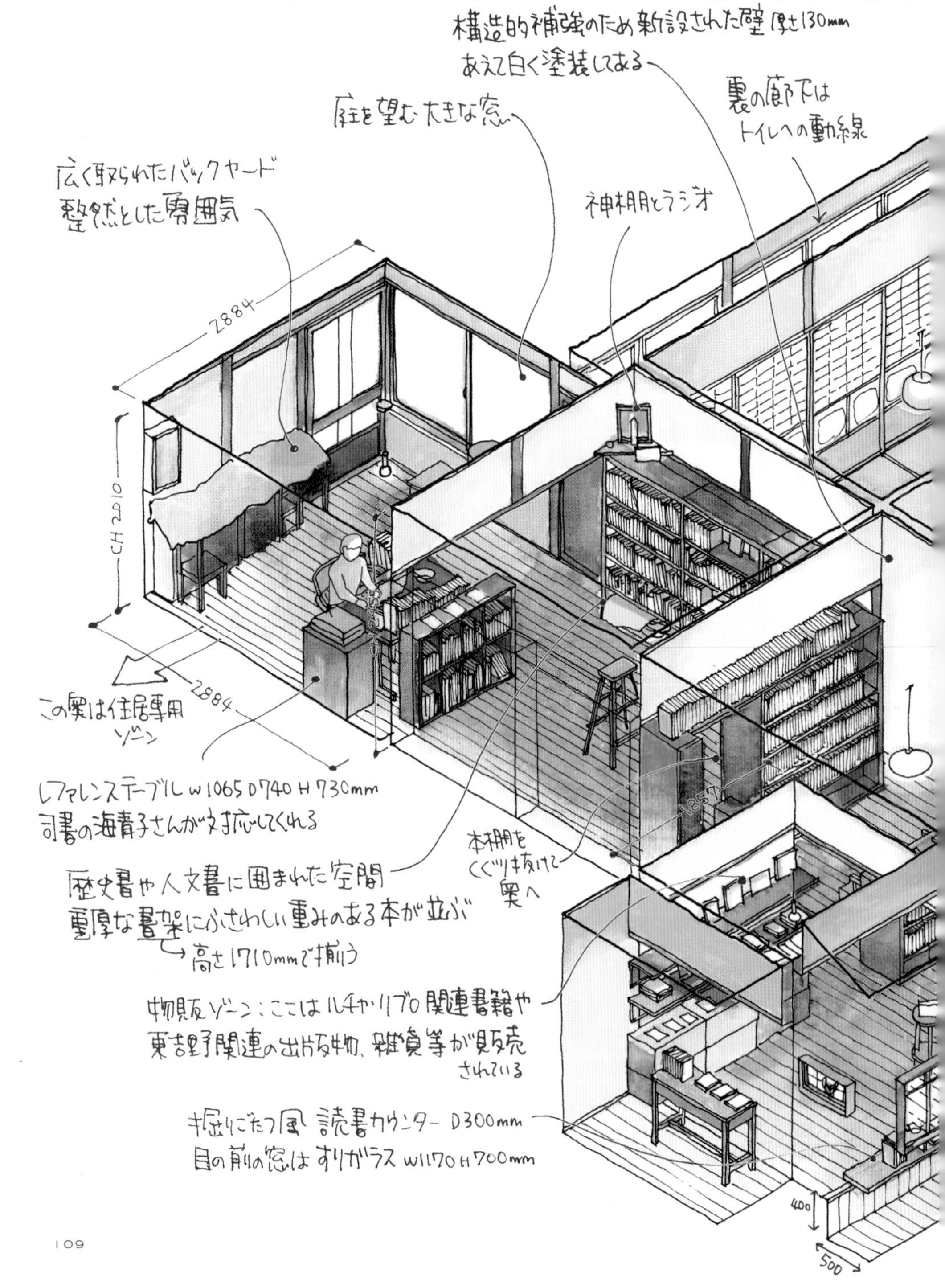

構造的補強のため新設された壁 厚さ130mm
あえて白く塗装してある
裏の廊下は
トイレへの動線
庭を望む大きな窓
広く取られたバックヤード
整然とした雰囲気
神棚とラジオ
2884
CH2910
2884
この奥は住居専用
ゾーン
レファレンステーブル W1065 D740 H730mm
司書の海青子さんが対応してくれる
1857
本棚を
くぐり抜けて
奥へ
歴史書や人文書に囲まれた空間
重厚な書架にふさわしい重みのある本が並ぶ
高さ1710mmで揃う
物販ゾーン：ここはルチャ・リブロ関連書籍や
東吉野関連の出版物、雑貨等が販売
されている
掘りごたつ風 読書カウンター D300mm
目の前の窓はすりガラス W1170 H700mm
400
500

上：木立の中を進むと玄関が見えてくる
下：ゆったりと置かれた家具が絶妙

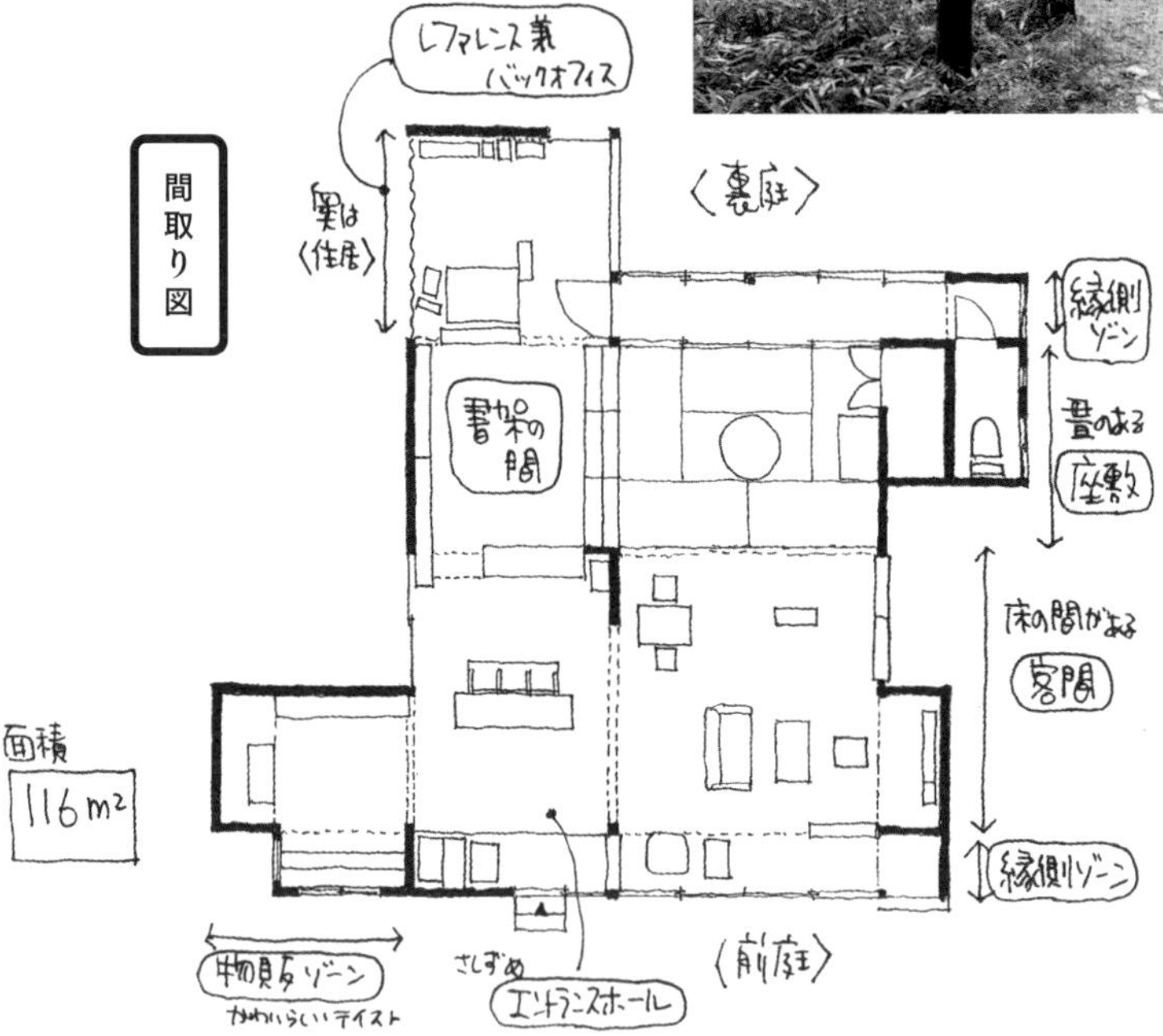

周縁と終焉

人文系私設図書館ルチャ・リブロのことは、当館を運営している青木真兵・海青子夫妻の著作『彼岸の図書館』（夕書房、２０１９）を読んで知っていたが、奈良県東吉野村まで車を走らせて訪れるのは初めてだ。村の中でも開けた平地ではなく、少し山の中へ入った立地に驚く。車道から沢の流れる図書館の前庭へと降りていくと、明るい庭が出迎えてくれた。建物の玄関を目指して庭を抜けると、縁側の奥にきれいな座敷と本棚が見える。すぐ隣には天誅組終焉の地の石碑が立っている。天誅組とは尊皇攘夷派の武装集団だ。幕府の追討を受け、この地で多くの隊士が戦死し壊滅した。人が住む村と野生が残る山、図書館はその境目の周縁に位置する。

東吉野の空き家を改修

建物は元々地元の住人が長く住んだ民家だ。十年の空き家期間を経て空き家バンクに登録され、都市を離れ自分たちの図書館を開こうとしていた青木夫妻が入居することになった。民家は広い平屋建てであるが、そのうち３分の２は図書館として共有空間化し、残りは夫

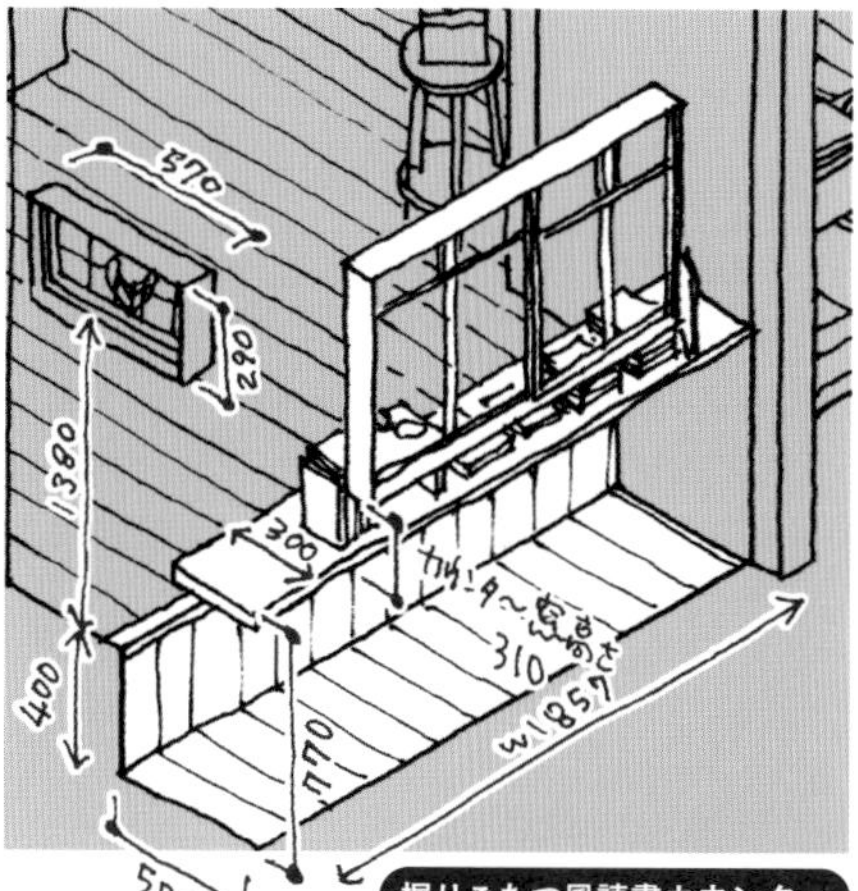

掘りごたつ風読書カウンター

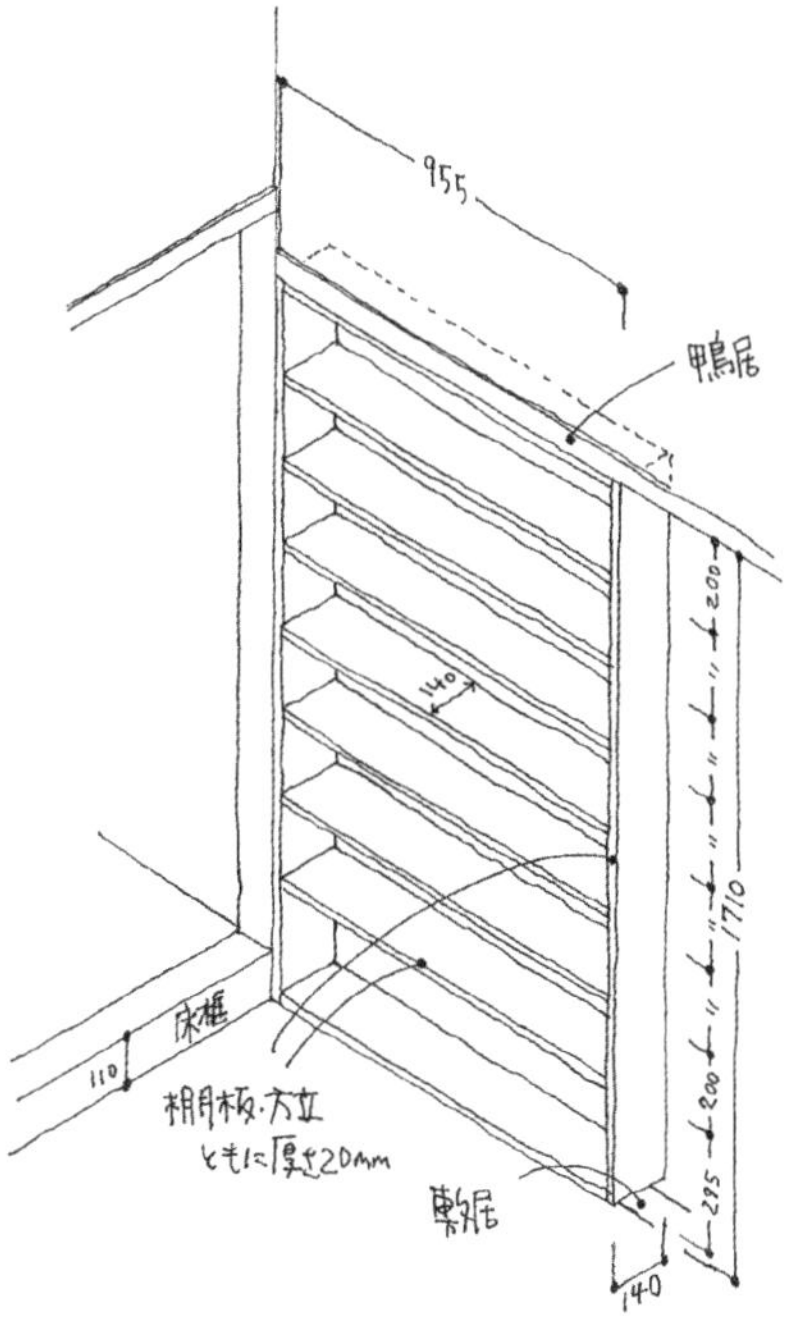

文庫本専用棚

右：縁側越しに前庭を望む
左：掘りごたつ風読書カウンター

妻の住居専用としている。

玄関から中に上がると、正面に古い箪笥が置かれ、その上に人文書が数冊置かれている。すぐ上にはレトロなガラスシェードのペンダントランプが吊られる。奥の間は、この図書館の核である人文書の開架閲覧室である。四畳半ほどの部屋だが、青木夫妻の選書が強く感じられる独特の雰囲気が漂っている。ときおり猫が横切る。館長のかぼすさんである。

公私が溶け合うお座敷

開架閲覧室に隣接して司書の海青子さんが常駐するレファレンスコーナーがある。館内の清々しく落ち着いた雰囲気は、この場所に合う家具や器具を選び、丁寧に配置してきた司書の海青子さんの手腕による。開架閲覧室の隣には6畳の座敷があり、丸いちゃぶ台が真ん中に置かれていて、来館者は自由に利用できる。まるで田舎の親戚の家に上がり込んだような親密な空間である。座敷は閉館後も実は夫妻の居間や寝室として利用されるという。このように公私が溶け合う唯一無二の親密な空間だからこそ、この図書館を目指す人が絶えないのだと実感した。

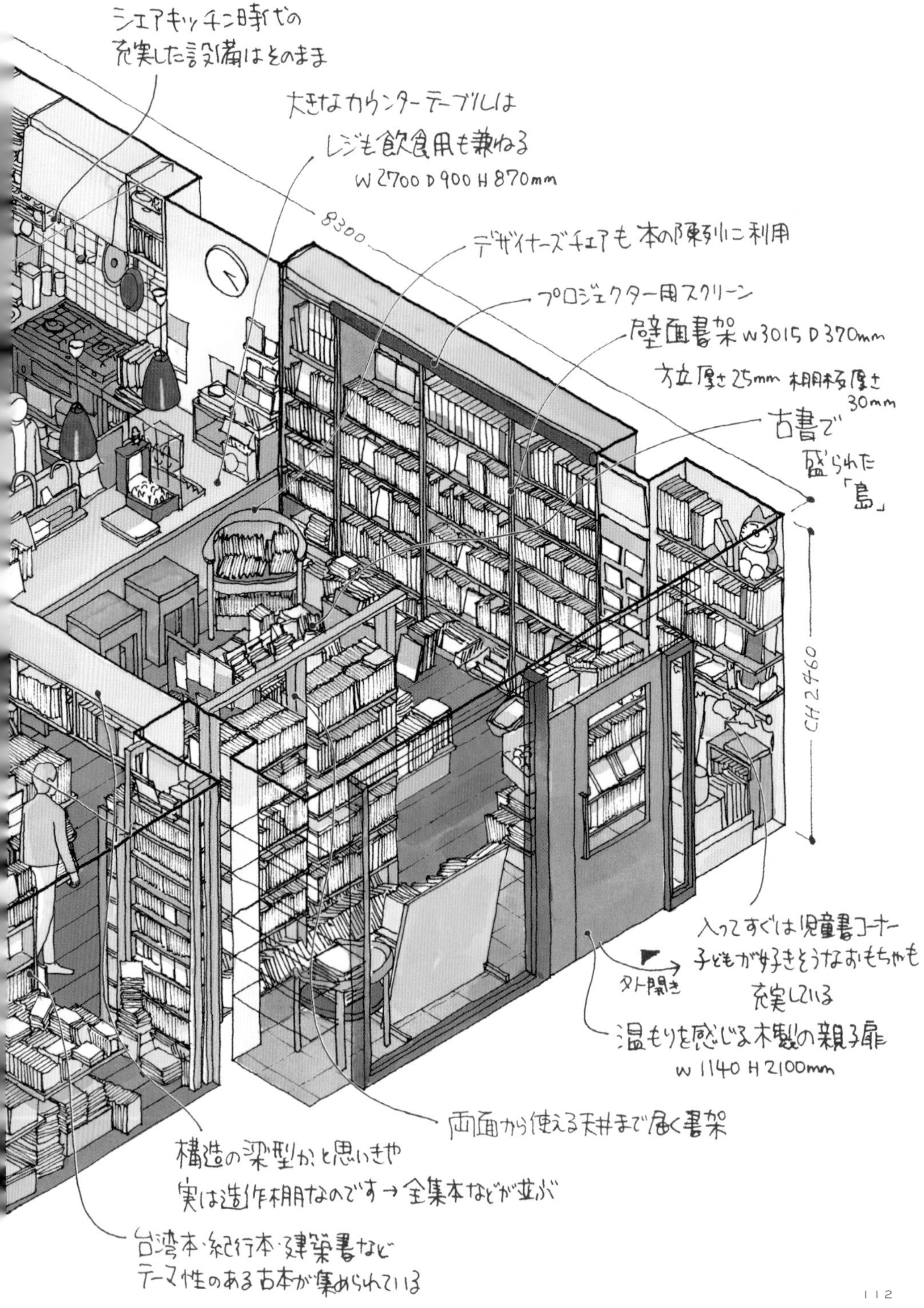

シェアキッチン時代の
充実した設備はそのまま
大きなカウンターテーブルは
レジも飲食用も兼ねる
W2700 D900 H870mm
8300
デザイナーズチェアも本の陳列に利用
プロジェクター用スクリーン
壁面書架 W3015 D370mm
方立厚さ25mm 棚板厚さ30mm
古書で盛られた「島」
CH2460
入ってすぐは児童書コーナー
子どもが好きそうなおもちゃも
充実している
外開き
温もりを感じる木製の親子扉
W1140 H2100mm
両面から使える天井まで届く書架
構造の梁型かと思いきや
実は造作棚なのです→全集本などが並ぶ
台湾本・紀行本・建築書など
テーマ性のある古本が集められている

本屋プラグ

椅子も机も書架になる、自由奔放な居心地

HONYA PLUG

和歌山

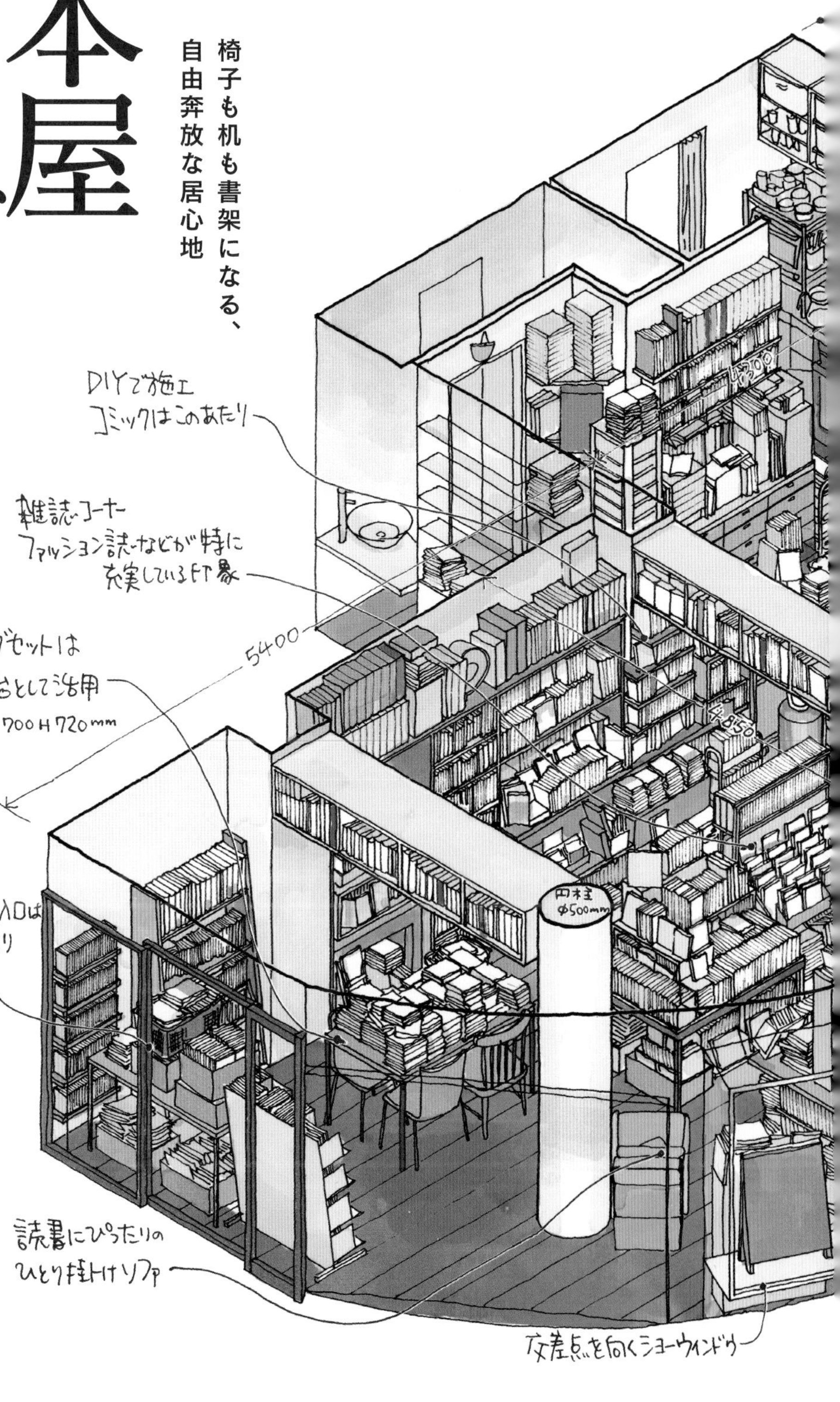

DIYで施工
コミックはこのあたり
雑誌コーナー
ファッション誌などが特に
充実している印象
ダイニングセットは
平積み台として活用
W1200 D700 H720mm
5400
こちらの出入口は
しめきり
円柱
φ500mm
読書にぴったりの
ひとり掛けソファ
交差点を向くショーウィンドウ

本の魔窟へようこそ

本屋プラグは和歌山県和歌山市の中心市街地にある書店である。交差点に面して建つ5階建てのテナントビルの1階に入居しており、角地側が丸く面取りされたL型の平面となっている。個人店のわりに大きい床面積だが、店内はあまり広々としていない。なぜなら、極めて高い密度でひしめくように本が置かれているからだ。当然ながら店内を歩き回れる最低限の動線は確保されているので足の踏み場がないということはないが、上を見ても下を向いても、隙あらばDIYで棚を増設し余白を本で埋め尽くす。とにかく圧倒的な本の量なのである。

シェアキッチンの名残を活かしつつ

この店の前身は2014年にオープンしたシェアキッチンだ。このシェアキッチンとして利用されていた空間を書店に改造、オープンしたのが2017年である。開店当初はシェアキッチンの名残でカフェスペースも設けられていたが、拡張し続ける書籍売場にすぐ変わっていった。

残されたシェアキッチン時代の設備や家具

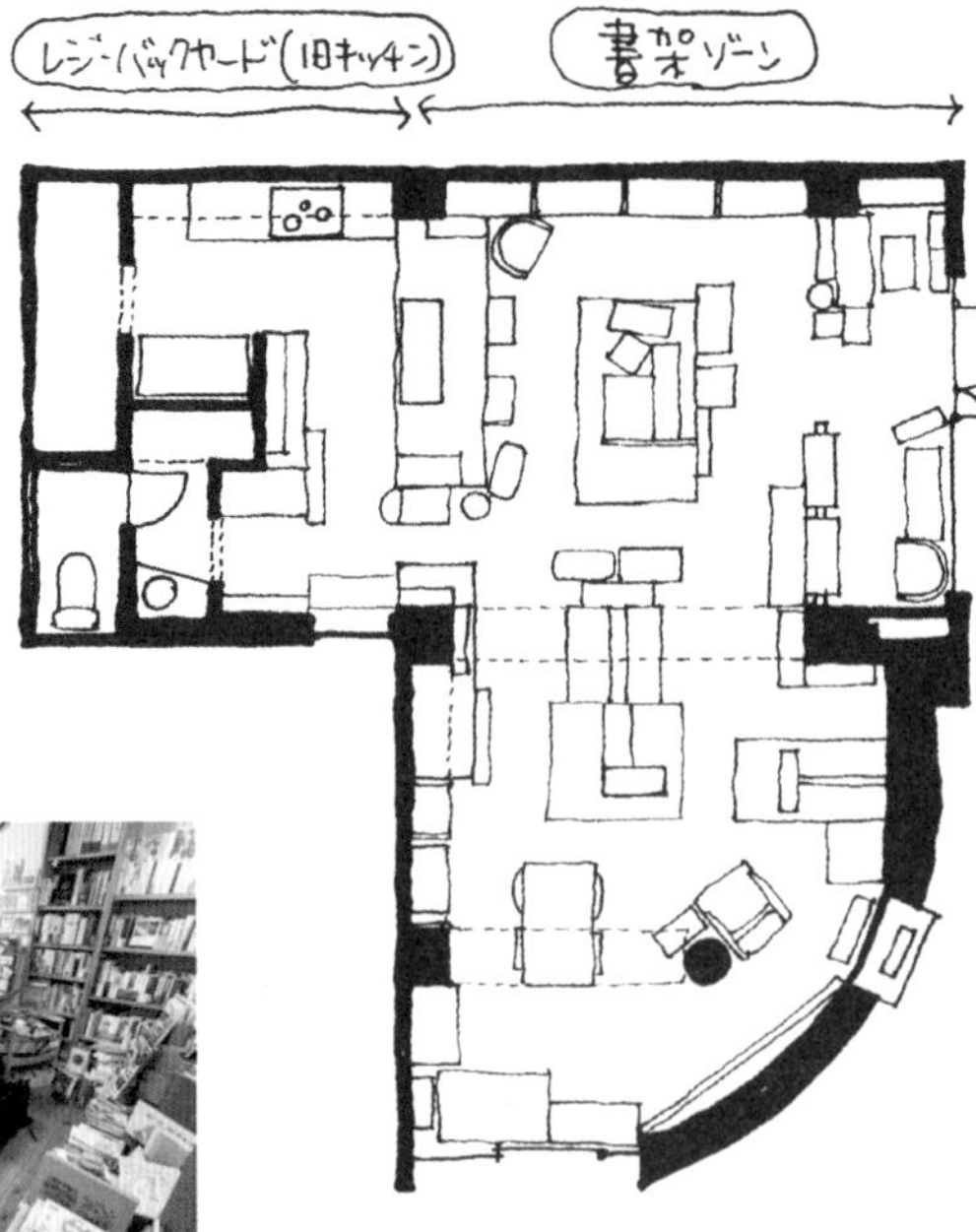

レジ・バックヤード（旧キッチン）
書架ゾーン
面積
65m²

間取り図

上：椅子も机も書架になる
下：交差点に面する店舗の入口

ブリコラージュ的陳列台

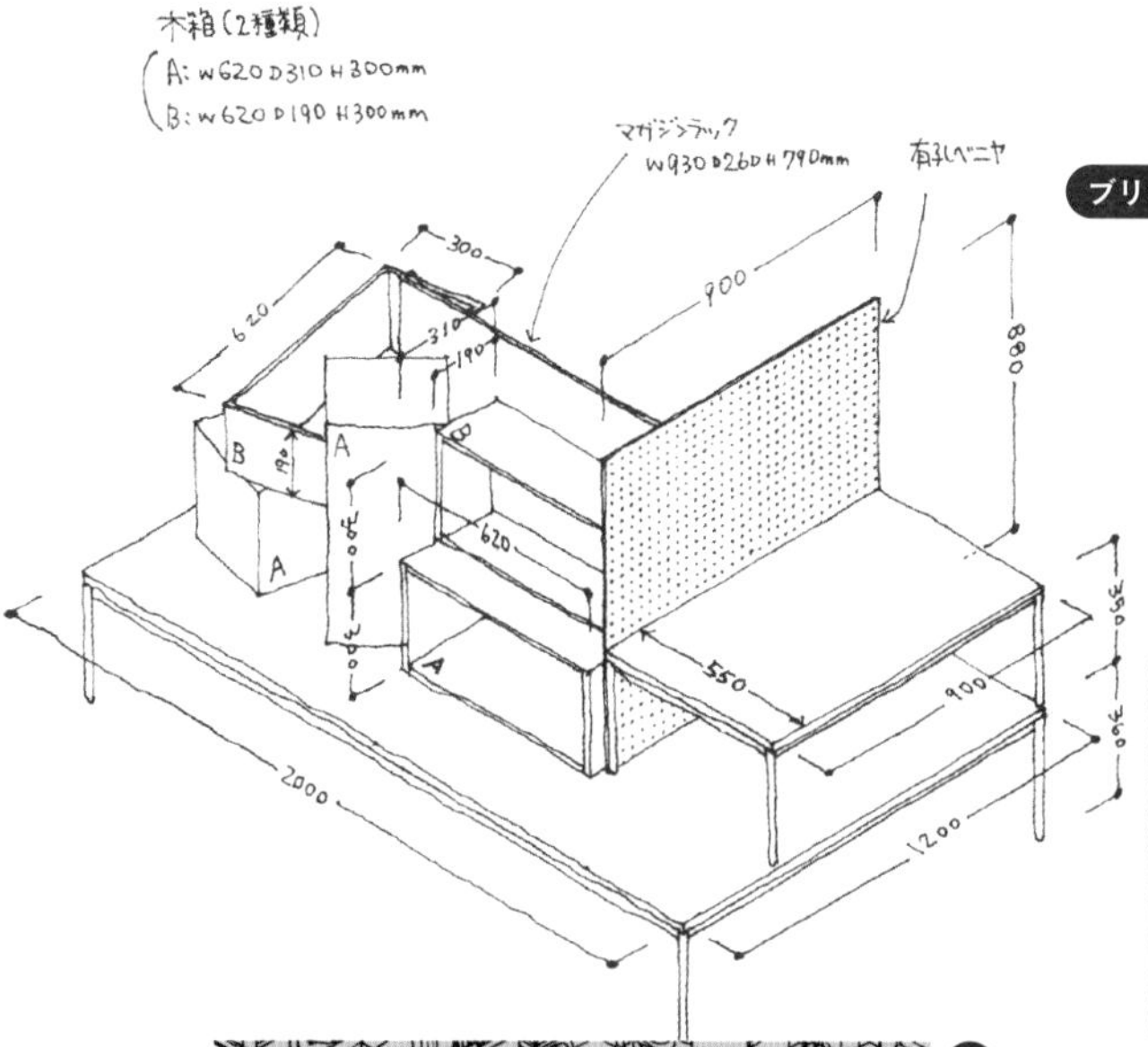
本箱（2種類）
A: W620 D310 H300mm
B: W620 D190 H300mm
マガジンラック
W930 D260 H790mm
有孔ベニヤ
300
620
310
190
900
880
620
350
360
550
900
2000
1200

梁のような造作棚

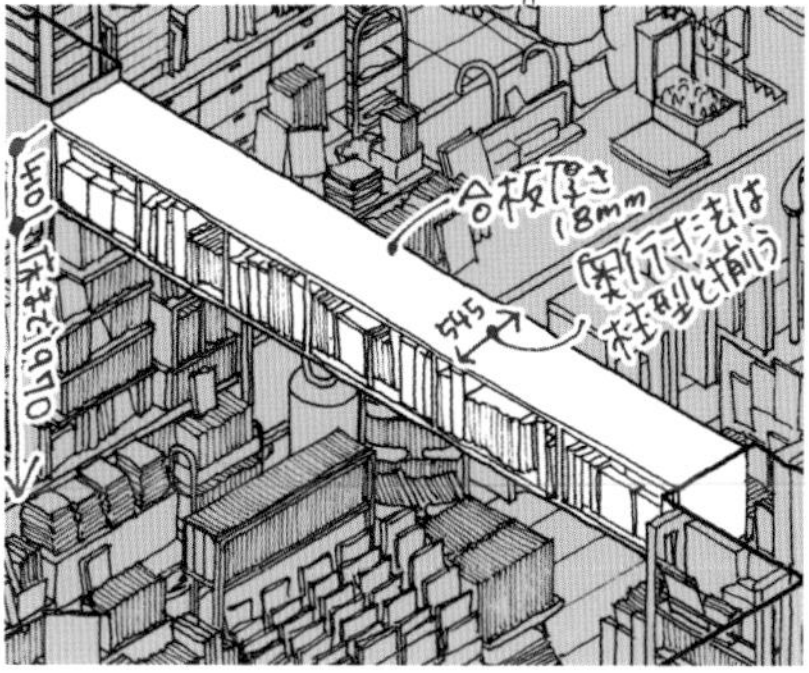
合板厚さ18mm
奥行寸法は柱型と揃う
545

上：陳列台に盛られた古書
下：店内が本棚で縁取られる

は、書店の中で受け継がれている。例えば3台の大きなダイニングテーブルは平積み用の台に転用された。本はますます増え続けるばかりで、取材時に唯一飲食用だったカフェテーブルも今や本棚となった。シェアキッチン時代に使われていたデザイナーズチェアすら、本の置き場に変わるほどの勢いである。

全方位型のまちの書店

店内を見回すと、台湾関連本を集めたコアな企画コーナーがあるかと思えば、ファッション誌や週刊誌、ベストセラーのコミックなど、一般的なまちの書店が揃えるような売れ筋本まで幅広い取り扱いだ。親子連れ、小中学生、20代の若者からご近所のお年寄りまで、ここを訪れている客層の幅広さは容易に想像できる。店主の三木早也佳さんは、なるべくいろんなジャンルの本をできるだけたくさん置いて、だれもがふらっと気軽に立ち寄れるまちの本屋でありたいと話す。

本屋プラグは、より広い空間を求めて2024年春に閉店。同市内において「本町文化堂」として移転オープンした。

COLUMN 2

「作図」は孤独な作業

実測取材を終えるとようやく「作図」が始まる。まず、建築士の資格試験などでも使われる平行定規（と呼ばれる製図板）にA3ケント紙を貼り付ける。今回はCADなどを使用せず手描きに徹し、スケッチブックの記録を見ながらアイソメ図（斜め上から見た視点で空間を起こした図）を立ち上げていった。A3用紙の真ん中に大きく全体が描けるように、三角スケールを当てながら図面の縮尺と配置を検討する。規模の小さい事例は1/20や1/30、大規模な事例では1/50で描くなど、縮尺はバラバラだ。続いて、製図用シャープペンシルと三角定規で紙の上に下書き線を引く。しばらくすると、描いている自分ですら何がなんだかわからないほど紙面は線だらけになる。そこで重宝するのが水色のカラー芯のシャープペンシルだ。色が入ると、前後の重なりをぎりぎり識別できる状態でとどめることができる。ここで下書きは完成だ。

仕上げのペン入れにはロットリングペン（製図用の筆記具）と極細ボールペンを使う。本来の建築製図では仕上げ線も定規を当てて引くが、今回はフリーハンドで下書き線をなぞり、微妙な線の揺らぎをあえて残した。最後に下書き線を消しゴムで消し、完成である。

作図は孤独な作業だ。2時間前後で終える実測作業と異なり、複雑な事例だと1つの図面を仕上げるのに何週間もかかってしまう。連夜ひたすら壁や書架を淡々と描き込む日々が続き、いよいよ疲れがピークに達したころ、満を持して水色芯のシャープペンシルに持ち替える。水色の線で書架のの中に本を描き入れはじめた途端、それまでただの線の重なりだった図面が魔法にかかったようにいきいきしだす。実に不思議な現象である。もしかしたら本を描き入れるこの作業によって、大変な苦労と努力を重ねオープンにこぎつけた当事者たちが、空っぽの棚に本を収めたときの気持ちを追体験していたと言えるかもしれない。

中国・四国

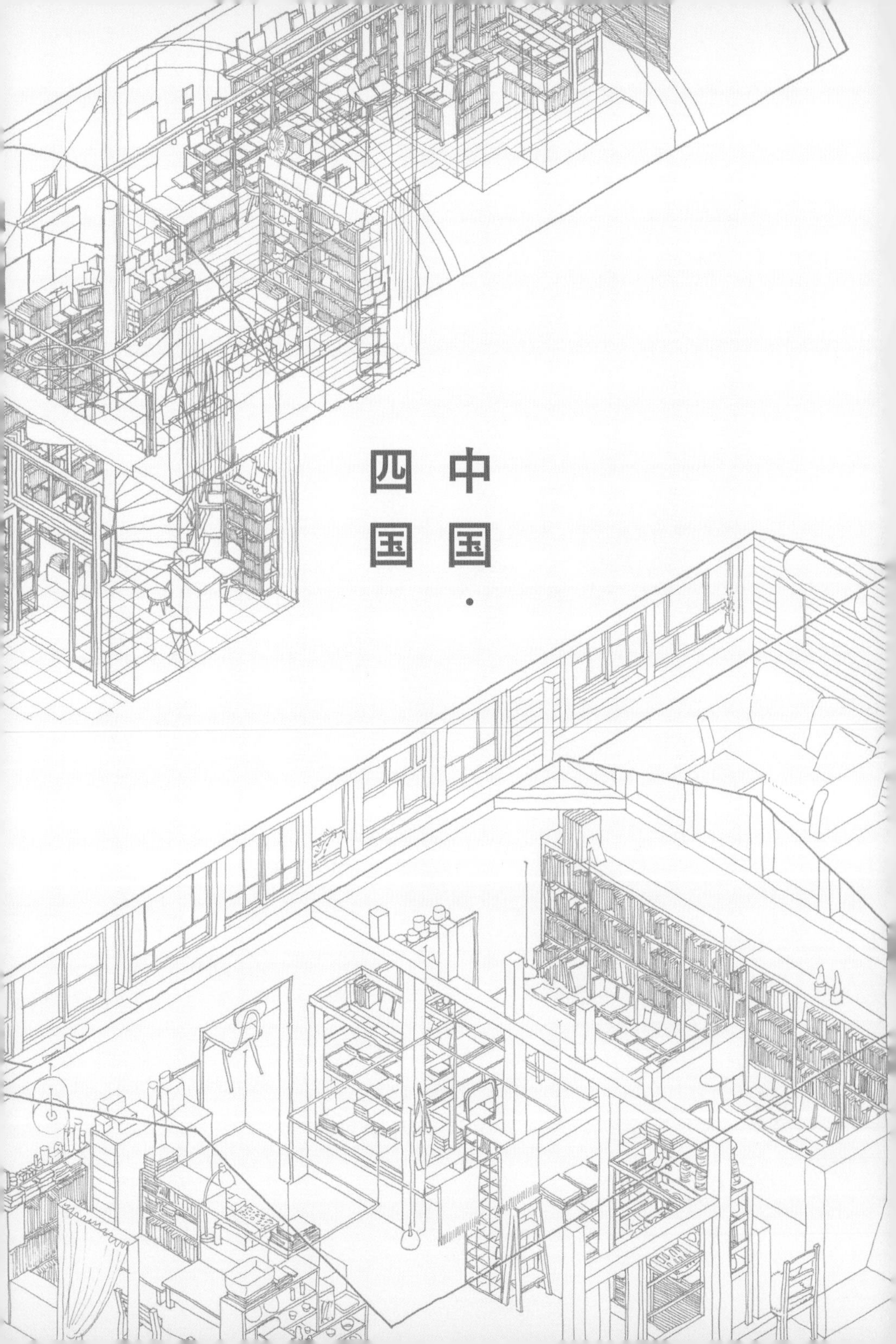

目玉の親父が座るニッチ W360 H460mm
→雑貨屋時代の名残り
背の高い本棚 W750 D200 H2300mm
この本棚の奥へ回り込むとトイレへ行ける
ちょっとポップで懐かしい雰囲気の什器
→近隣で廃業した床屋などから
譲り受けたもの（複数ある）
W1220 D330 H1070mm
H2020
CD類は目玉文社名作集
専用棚に収まっている
標語「体の中の病毒や心の
くもりも大便小便で
御取り払い下さい」
トイレ W900 D770mm
天球儀が目をひく中央の島
新刊書などが平積みになっている
実は3つの机を合体させて構成
・倉敷の美観地区の端っこに位置する
古本屋。2000年からここで営業している
・古い木造の商店を改修して今に至る
（店子は何度も変わっている。直前は雑貨屋）
・客層は、観光客：地元客が半々程度
・奥の裏庭では亀が飼育されていたり、
野良猫が居座ったり
古本
南面の窓際は
サボテンたちの特等席
入口 W960 H1840mm
一見何の店かわからないから、
目立つようにと取り付けた看板
重厚な書架は近くの高校の
図書館の建替の時に引き取った

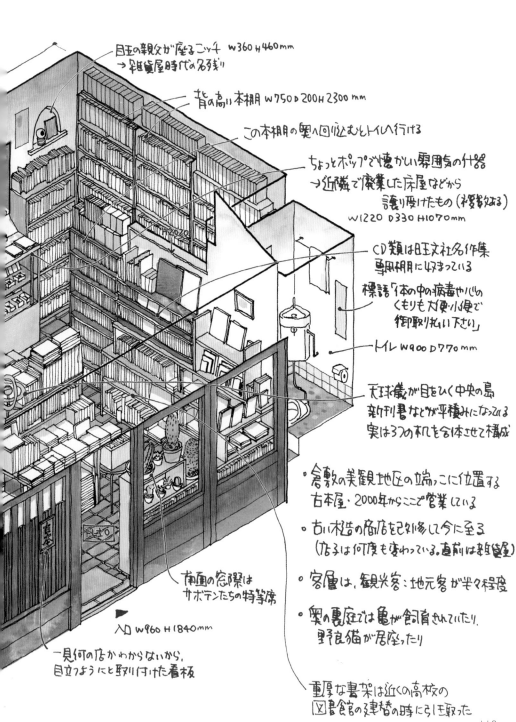

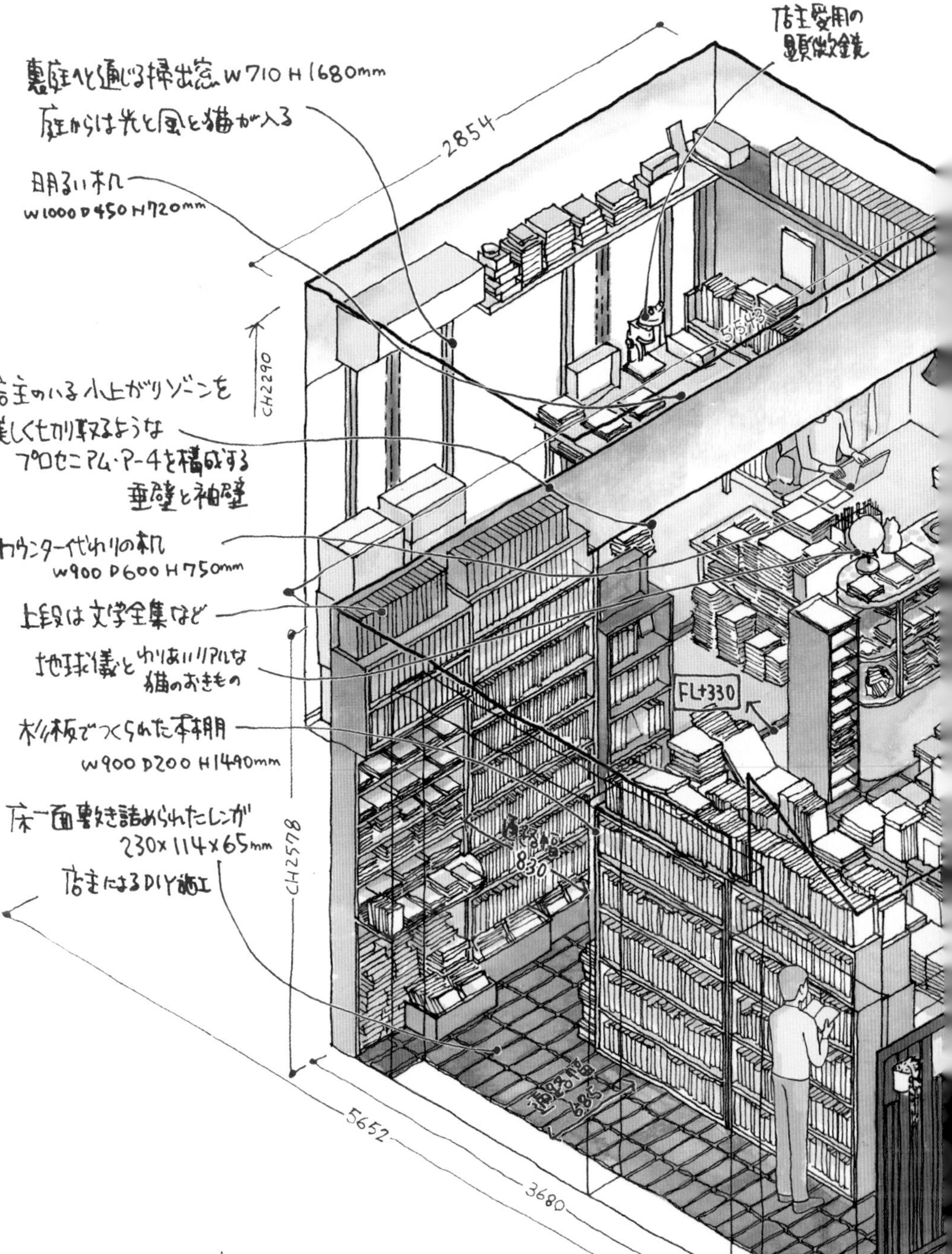

店主愛用の顕微鏡
裏庭へと通じる掃出窓 W710 H1680mm
庭からは光と風と猫が入る
2854
明るい机 W1000 D450 H720mm
CH2290
店主のいる小上がりゾーンを美しく切り取るようなプロセニアム・アーチを構成する垂壁と袖壁
カウンター代わりの机 W900 D600 H750mm
上段は文学全集など
地球儀とわりあいリアルな猫のおきもの
FL+330
杉板でつくられた本棚 W900 D200 H1490mm
床一面敷き詰められたレンガ 230×114×65mm
店主によるDIY施工
CH2578
通路幅 830
通路幅 685
5652
3680

MUSHI BUNKO ｜ 岡山

蟲文庫

美観地区の古民家で交錯する
店主の世界と本の世界

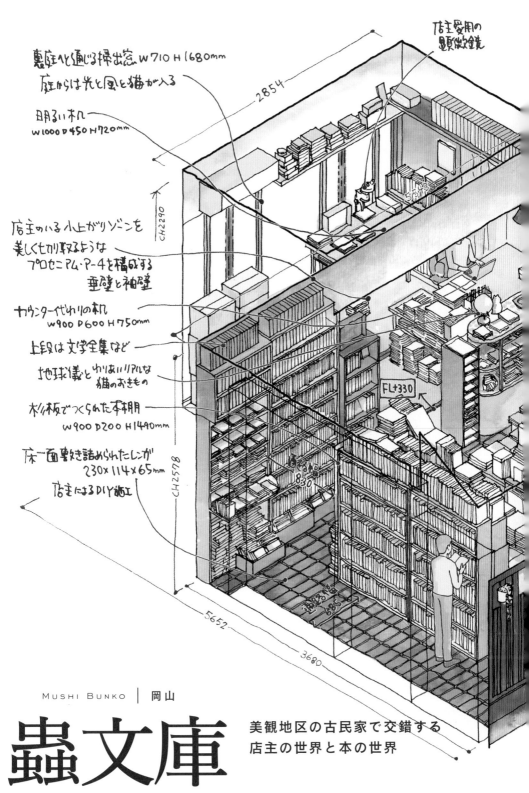

間取り図

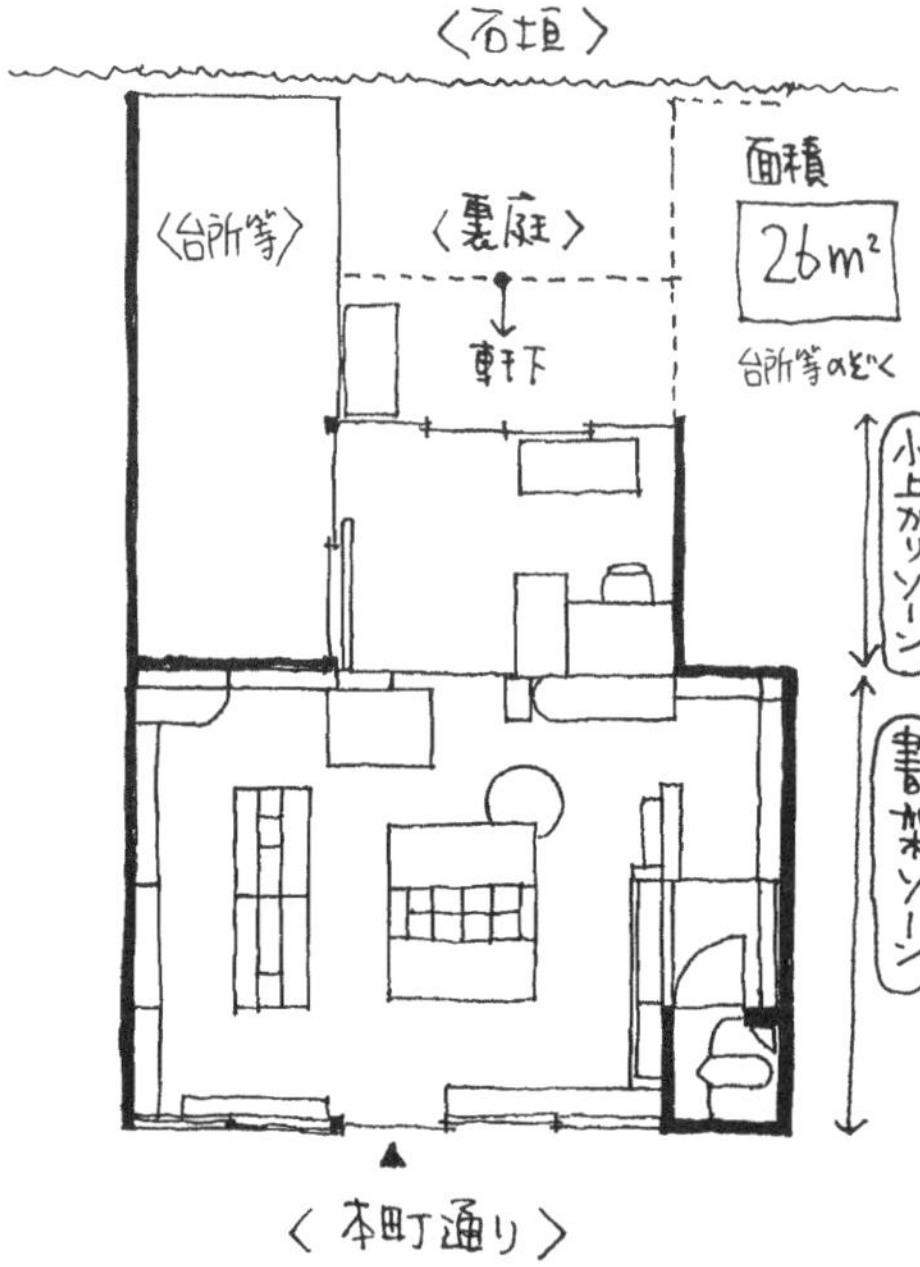
〈石垣〉
〈台所等〉
〈裏庭〉
軒下
面積
26m²
台所等のぞく
小上がりゾーン
書架ゾーン
〈本町通り〉

上：美観地区にふさわしい重厚な外観
下：古民家と古書の醸し出すオーラを感じよう

MUSHI BUNKO

倉敷美観地区の片隅で蠢く古書店

岡山県倉敷市にある築100年を超える小さな町家の古書店である。元は煎餅屋で、しばらく空き家となっていたが、一帯が美観地区として観光地化し、美観地区の外れのほうのこのあたりにも観光客が増えてきた時期に雑貨屋が入居。その後、倉敷駅前で営業していた蟲文庫が2000年に移転した。蟲文庫の店主・田中美穂さんは『わたしの小さな古本屋』（洋泉社、2012）を出版、のちに文庫化・韓国語にも翻訳された、知る人ぞ知る有名古書店である。

プロセニアム・アーチが生み出す劇場感

建物は表の本町通りと裏の阿智神社の石垣に挟まれた小さな区画なため、町家風の外観のわりに奥行きは狭い。美しく維持された格子戸を開けて中に入ると、左手に古書が詰まった木箱が積み上げられ、右手には合体した長机に本が平積みにされていている。本を求める客動線はこの2つの周りを8の字に巡る。手前の書架ゾーンに対して、奥には店主が座る小上がりが控えている。小上がり奥の裏庭

プロセニアム・アーチ

本棚から長年の工夫と試行錯誤が伝わる

小上がりを仕切るプロセニアム・アーチ

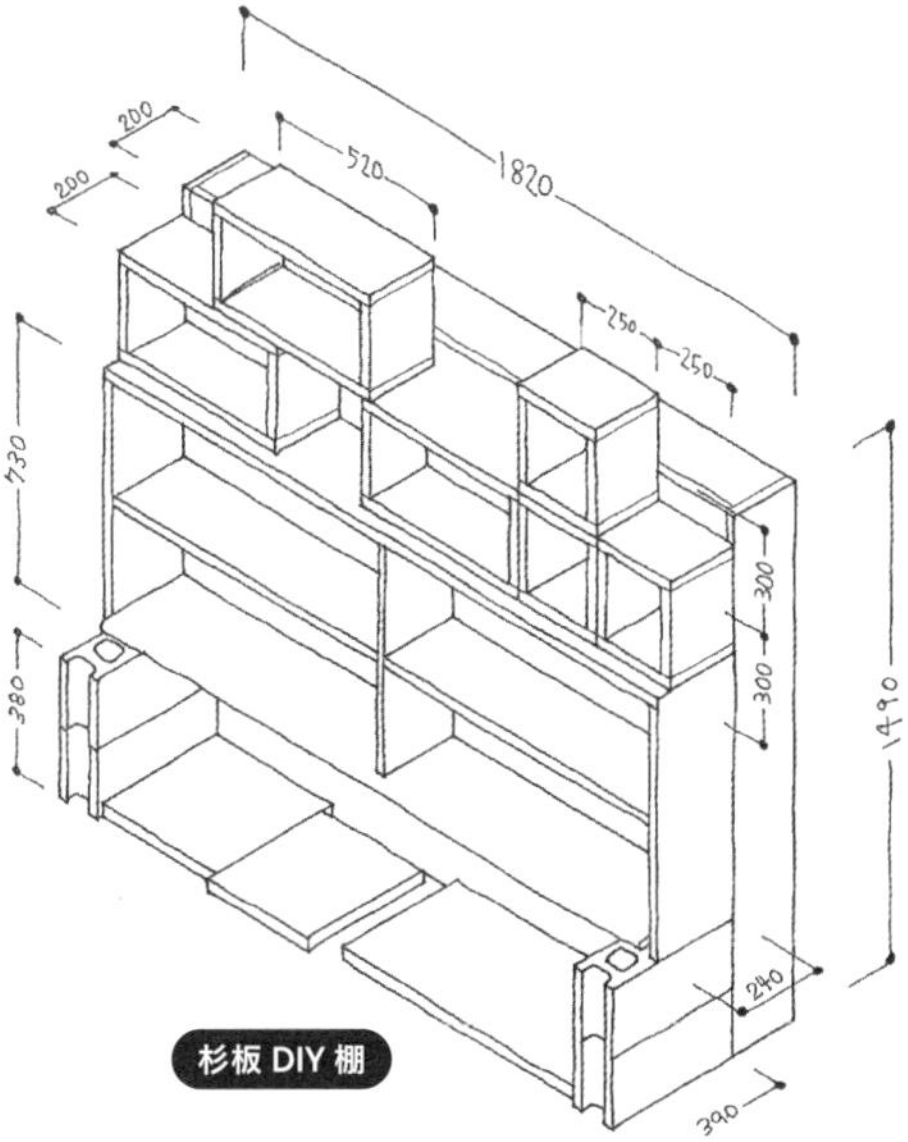

杉板 DIY 棚

からは掃き出し窓越しに気持ちの良い光が入り、苔の観察が趣味である店主愛用の顕微鏡など、裏方なのに主役級に滲み出す店独特の佇まいがある。小上がりの天井は書架ゾーンより30㎝程下がっていて、手前から見るとまるで切り取られた小さな舞台のようだ。裏庭からは光と風だけでなく近所の猫たちも入ってくる。小さな舞台を覗き見る客を横目に、書き割りの世界とこちら側の世界を気まぐれに行き来し、ひらりとまた裏庭へ抜けていく。

垣間見えるDIYの痕跡

書架に囲まれた店内の床はレンガが敷きつめられている。入居前に張られていた床を撤去して、店主自ら敷き詰めたものだそうだ。開店当時のエピソードとはいえ大変な仕事である。店主のＤＩＹは安価な杉板を組み合わせた即興的なつくりの書架でも発揮された。

表に「古本」と看板を掲げるだけあって幅広いジャンルの古書を主に取り扱うが、倉敷にゆかりの深い作家の本や、店主の田中さんが執筆した苔の本、生物関係の新刊本なども充実している。「蟲」という字が想起させるたくましい生命力がこの店に宿っている。

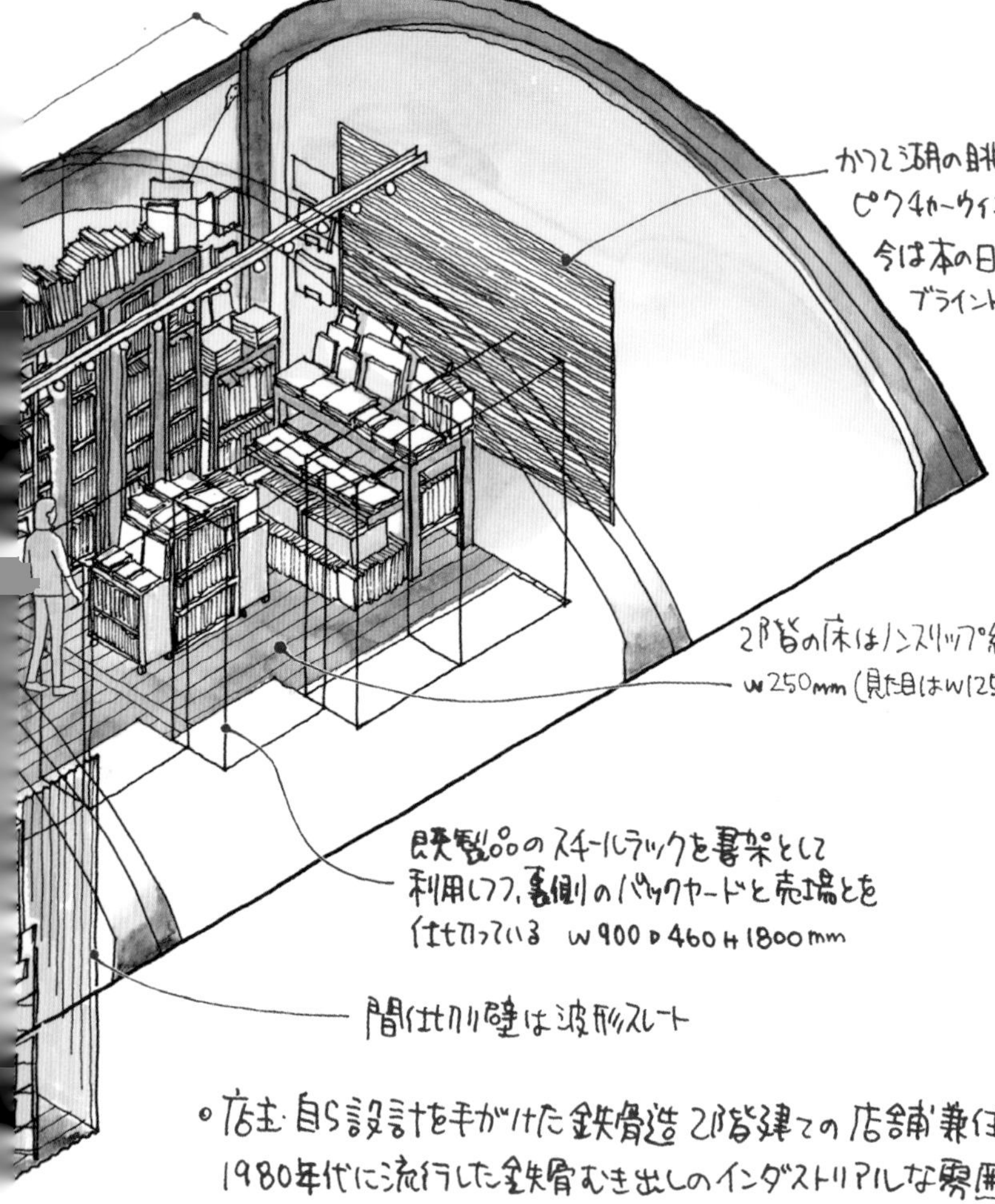
かつて湖の眺望のための
ピクチャーウィンドウとして機能をした
今は本の日焼け防止のため
ブラインドが降ろされている
2階の床はノンスリップ縞柄鋼製床板
w250mm（見た目はw125mm）
既製品のスチールラックを書架として
利用しつつ、裏側のバックヤードと売場とを
仕切っている w900 D460 H1800mm
間仕切り壁は波形スレート

- 店主自ら設計を手がけた鉄骨造2階建ての店舗兼住居
  1980年代に流行した鉄骨むき出しのインダストリアルな雰囲気
- らせん階段や鉄の扉など、職人の手仕事が感じられるデザイン
- 前身の業態は2階の大窓からの湖への眺望を活かしたカフェ（1990-2005）
- 岡山市内からは湖畔を30分ほどドライブしてアクセス→その体験ごと楽しめる

シンボリックな螺旋階段で巡る
書架のキューブ

岡山 | 451BOOKS

451BOOKS

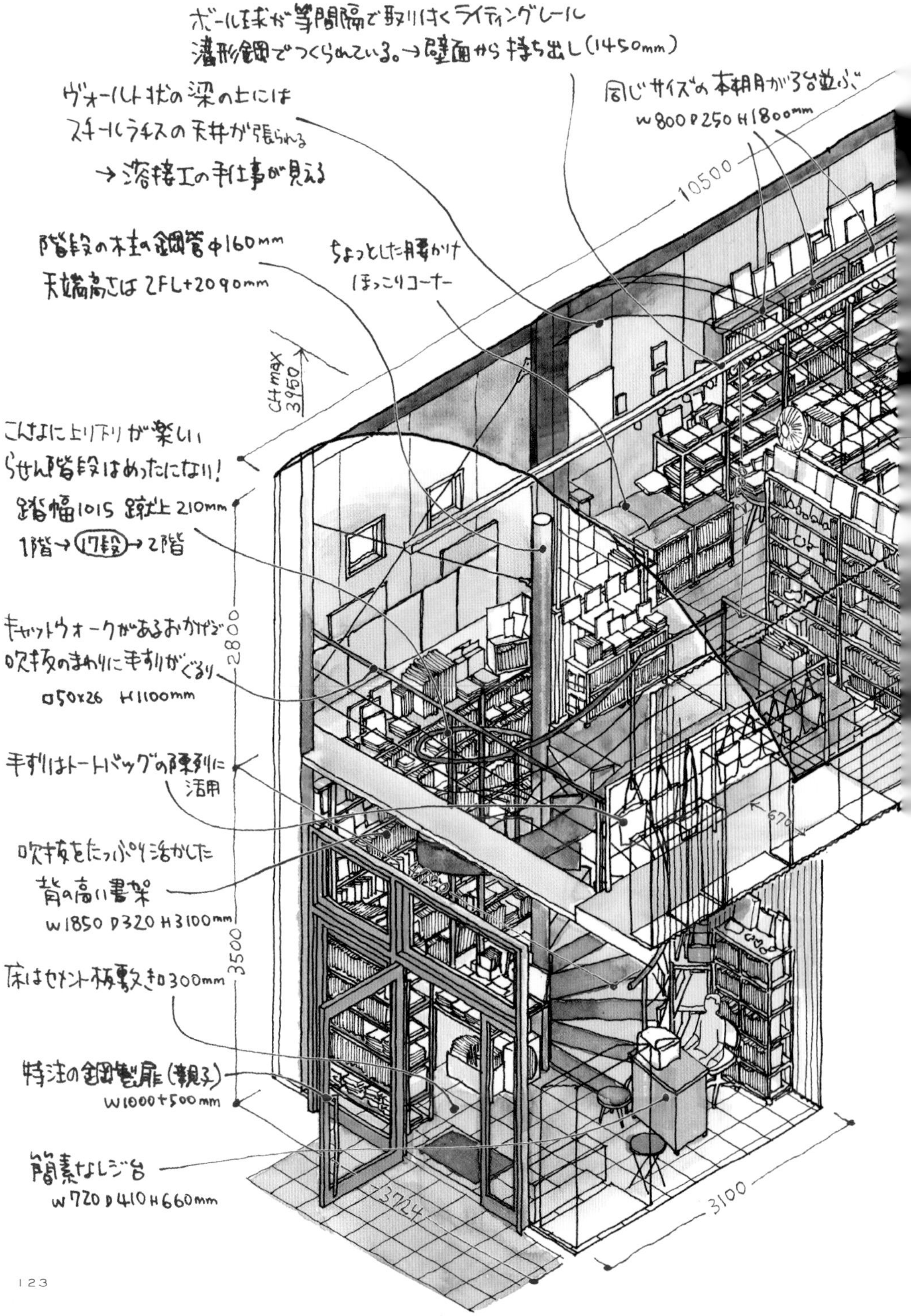
ボール球が等間隔で取り付くライティングレール
溝形鋼でつくられている。→壁面から持ち出し(1450mm)
同じサイズの本棚が13台並ぶ
w800 D250 H1800mm
ヴォールト状の梁の上には
スチールラチスの天井が張られる
→溶接工の手仕事が見える
10500
階段の柱の鋼管φ160mm
天端高さは2FL+2090mm
ちょっとした腰かけ
ほっこりコーナー
CH max 3950
こんなに上り下りが楽しい
らせん階段はめったにない!
踏幅1015 蹴上210mm
1階→17段→2階
キャットウォークがあるおかげで
吹抜のまわりに手すりがぐるり
□50×26 H1100mm
2800
手すりはトートバッグの陳列に
活用
670
吹抜をたっぷり活かした
背の高い書架
w1850 D320 H3100mm
3500
床はセメント板敷き□300mm
特注の鋼製扉(親子)
w1000+500mm
簡素なレジ台
w720 D410 H660mm
3724
3100

鉄骨造の魅力がたっぷり

岡山市内から30分ほど車を走らせると、児島湾を仕切る堤防を越えて玉野市の住宅地に着く。静かな水面の上を走っていると妙に旅情を掻き立てられる。人工湖である児島湖を望む区画に４５１ブックスは建っている。鉄骨造２階建ての２階部分に店舗があり、１階は店主の根木慶太郎さんの住居だ。根木さんはかつて建築士として主に住宅設計に従事していたが、自邸兼カフェを自ら設計して、初めはここでカフェ営業をスタートした。１９９０年代当時の新しい表現として鉄骨や下地を大胆に露出させるデザインを採用し、溶接工の丁寧な仕事が感じられるディテールを随所に盛り込んだ。

螺旋階段を上ると

湖の反対側にある店の入口に向かえば大きなかまぼこのようなファサードが出迎えてくれる。扉を開けて中に入ると、１階エントランスホールからは吹き抜け空間を貫く巨大な書架に囲まれた螺旋階段が立っている。螺旋階段の各段にも本が置かれ、１段上るたびに４５１ブックスの世界へと引き込まれるよう

451 BOOKS

上：店舗サインの入った大きな引戸
下：２階から吹き抜けを見下ろす

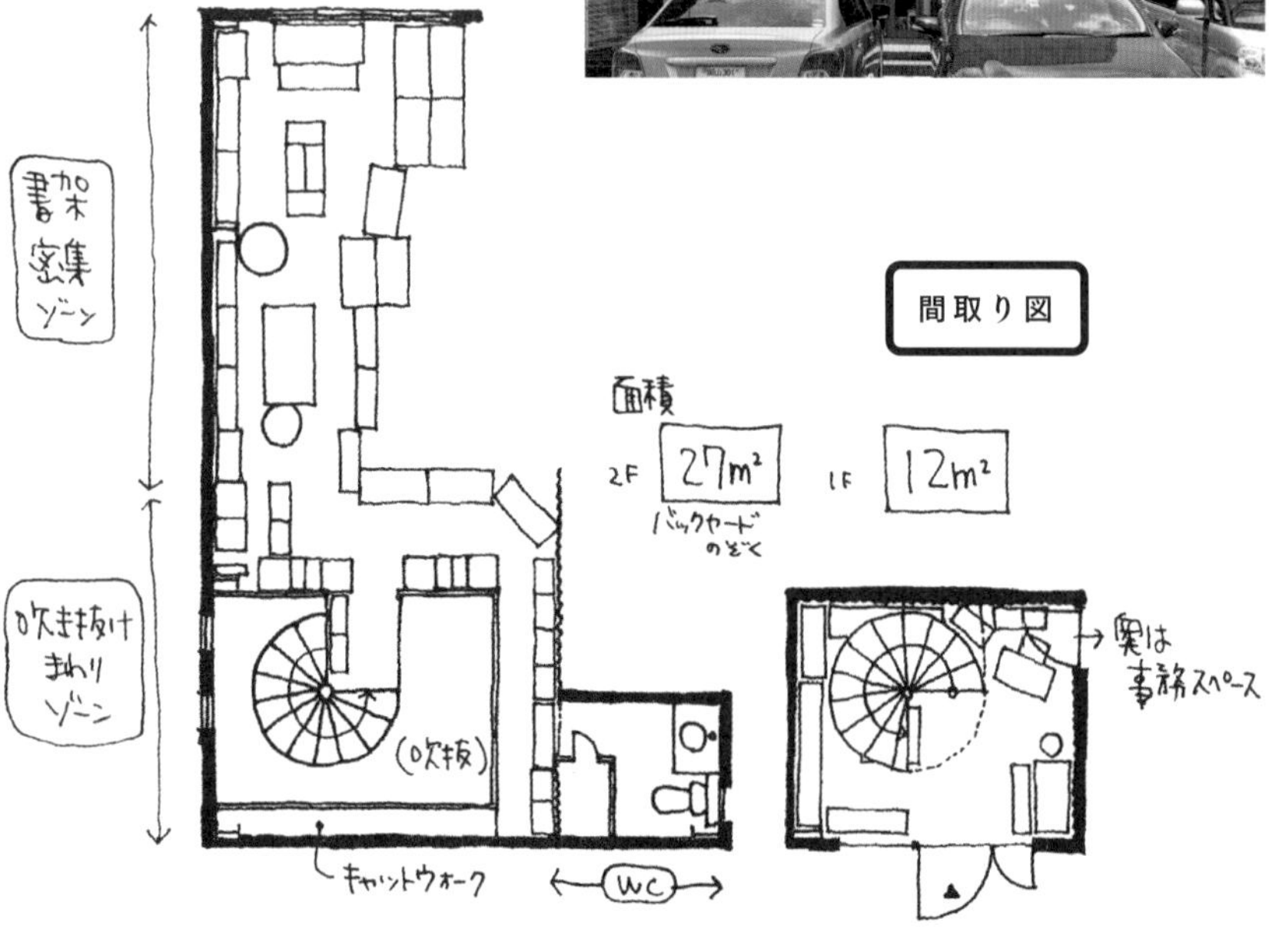
間取り図
面積
2F 27m²
バックヤードのぞく
1F 12m²
書架密集ゾーン
吹き抜けまわりゾーン
(吹抜)
キャットウォーク
WC
奥は事務スペース

右：腰掛けコーナーに座って一息つこう
左：1階入口を入るとすぐに螺旋階段が

螺旋階段

腰掛けコーナー

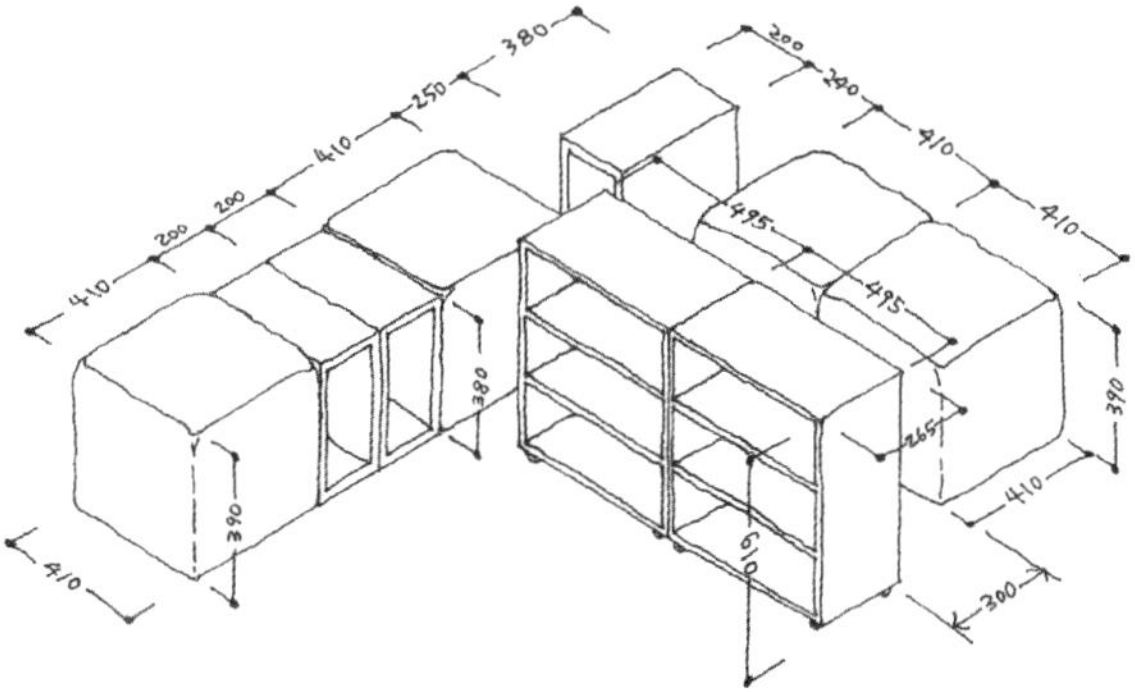

である。この螺旋階段は当初カフェのエントランスとなっていた。階段を上りきった先の2階のピクチャーウィンドウから児島湖の眺望を見せる設計である。本の日焼けを防ぐ目的もあって今はピクチャーウィンドウにはブラインドが降ろされ、ボール電球照明の列が奥へ進む通路を照らす。本との出会いを誘導する灯りとなって、書架が密集するエリアへと踏み込むワクワク感を増幅させる。一連の動線は、客が本の中により深く潜るための仕掛けに生まれ変わった。

「本は体験」

密集する書架から気になる1冊を取り出せば、吹き抜けに面した腰掛けコーナーに移ろう。低いスツールからは高いヴォールト状の天井を見上げたり、吹き抜けの周りに配された様々な雑貨を眺めたり階下を見下ろしたりと、気持ちのいい視点場である。

客が1冊の本とどのように出会うのか、その体験を想像しながら本を並べているという店主の根木さん。児島湖を越えてはるばるやってくる道程すらも、1冊の本と出会うために必要なシークエンスなのかもしれない。

弐拾dB

深夜の元医院建築で本に没入する催眠的読書体験

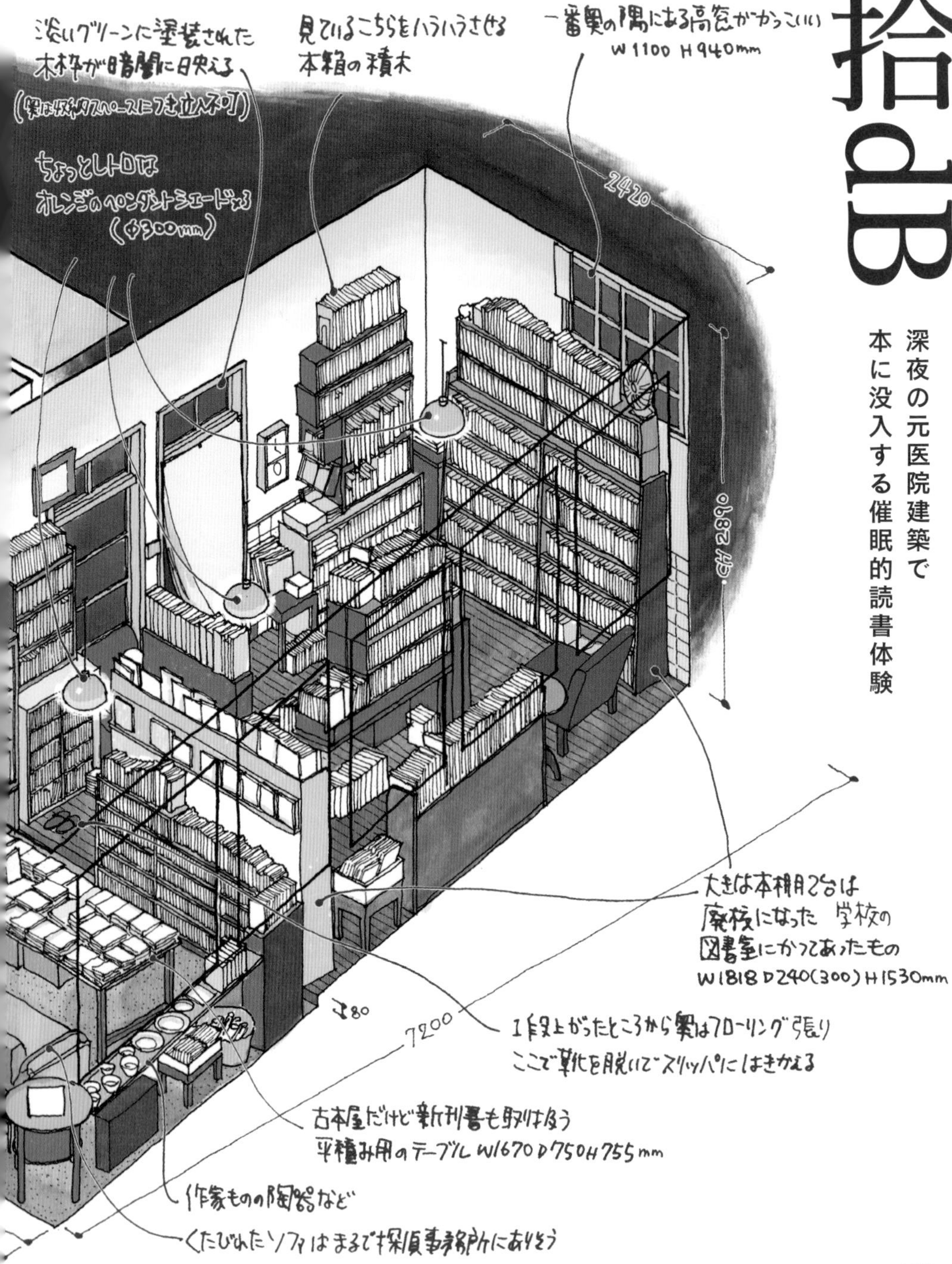

淡いグリーンに塗装された木枠が暗闇に映える
(奥は収納スペースにつき立入不可)
ちょっとレトロなオレンジのペンダントシェード×3
(φ300mm)
見ているこちらをハラハラさせる本箱の積木
一番奥の隅にある高窓がかっこいい
W1100 H940mm
2420
CH 2890
大きな本棚2台は廃校になった 学校の図書室にかってあったもの
W1818 D240(300) H1530mm
280
7200
1段上がったところから奥はフローリング張り
ここで靴を脱いでスリッパにはきかえる
古本屋だけど新刊書も取り扱う
平積み用のテーブル W1670 D750 H755mm
作家ものの陶器など
くたびれたソファはまるで探偵事務所にありそう

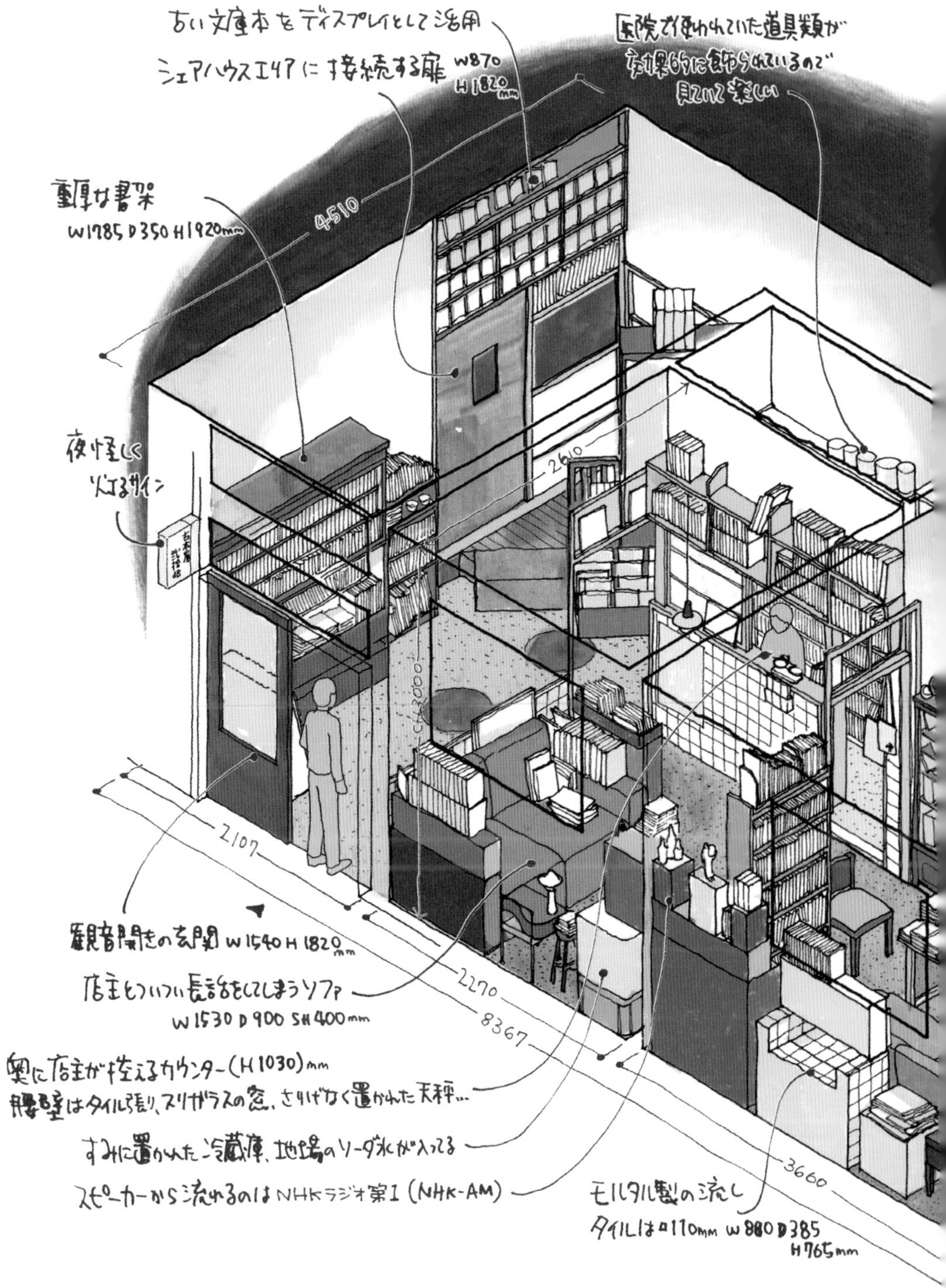
古い文庫本をディスプレイとして活用
シェアハウスエリアに接続する扉 W870 H1820mm
医院で使われていた道具類が
効果的に飾られているので
見ていて楽しい
重厚な書架
W1785 D350 H1920mm
4510
夜怪しく
灯るサイン
2610
CH3000
2107
観音開きの玄関 W1540 H1820mm
店主とついつい長話をしてしまうソファ
W1530 D900 SH400mm
2270
8367
奥に店主が控えるカウンター(H1030)mm
腰壁はタイル張り、スリガラスの窓、さりげなく置かれた天秤…
すみに置かれた冷蔵庫、地場のソーダ水が入ってる
スピーカーから流れるのはNHKラジオ第1(NHK-AM)
3660
モルタル製の流し
タイルは□110mm W880 D385
H765mm

戦後の医院建築を古書店に

深夜にだけ開く古書店がある。まるで小説の設定のようだが果たしてどんな店であろう。さっそく深夜の尾道へ向かった。平日は深夜23〜27時の4時間だけ営業するこの店は、尾道駅前から東へ長く伸びる本通り商店街の終端近くに位置している。取材時は手前の区画が空き地で、路地奥の縦長の大きな窓が横に5つ並ぶ特徴的な外観がよく見えた。木造のこの建物は戦後の元泌尿器科だ。上階はシェアハウスとして活用されたが1階の医院部分は物置のままだった。店主の藤井基二さんはシェアハウスに住人として入居し、2016年に1階で古書店を開業した。内装工事の資金も技術も一切なかったという藤井さんだが、廃校から運び出された図書室の書架やアルバイト先の古道具屋から入手した家具などを活用し、買取や引取で店にやってきたあらゆる本とものの履歴が凝縮された、ブリコラージュ的な古書店ができあがった。

高い天井の診察室に築かれた本の迷路

戦後の医院建築らしく、メインの治療室は天井高3m。腰壁まで張られた白タイルも医

右：本の迷路へ迷い込もう
左：窓に灯る明かりは営業中のサイン

間取り図

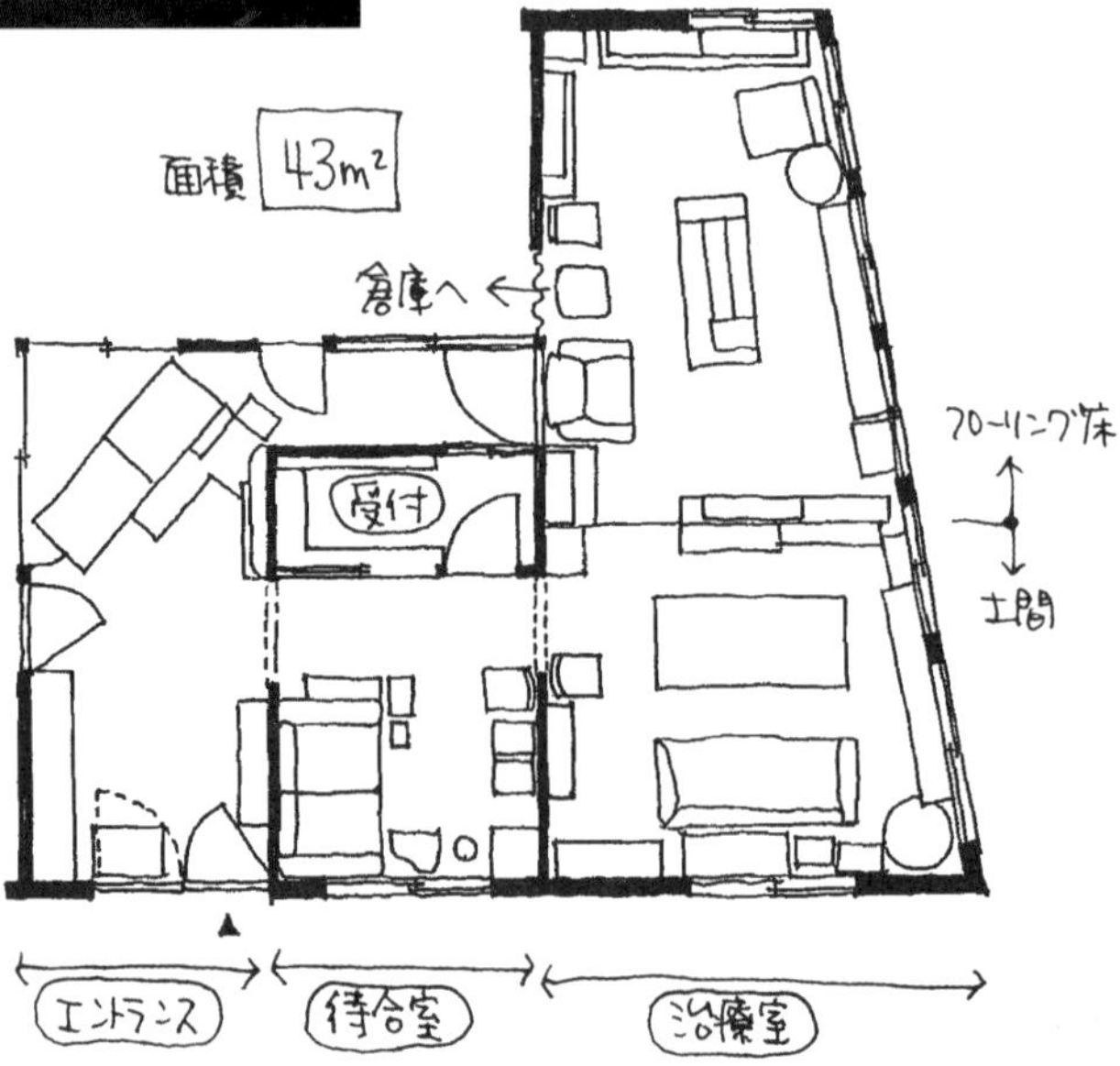
面積
43m²
倉庫へ
受付
フローリング床
土間
エントランス
待合室
治療室

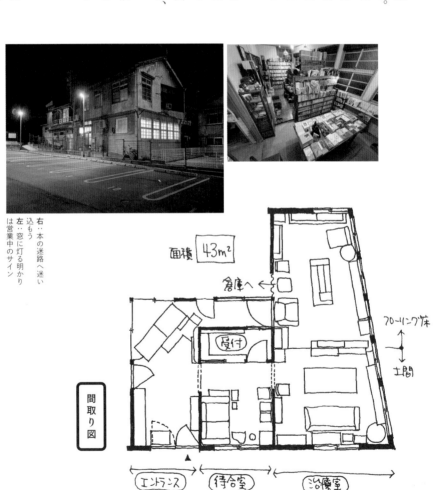

院の名残だ。ここには大部屋ながら古書が迷路状に陳列され、夜中にじっくり本と向き合うにはちょうど良い私的なスケール感がある。静かに流れる深夜ラジオと天井から吊るされたオレンジ色のペンダントライトも相まって気づけば催眠的な状態へと誘われ、ここがいったい何処で、今がいつなのかわからなくなる。おそらくかつて治療室として利用されていた頃は大窓で路地奥に届くわずかな光を集め、また異なる雰囲気だっただろう。ちなみに昼営業している土日は、ブラインドを閉めて陽射しから本を守っている。

患者と医者のような関係性

大部屋の手前に待合室がある。少し高い受付カウンター越しに店主の藤井さんが顔を出す。藤井さんの背後には医院に残されていたと思しきガラスの瓶や薬剤の缶が並ぶ。手にとった古書を介して藤井さんと言葉を交わすと、あたかも医者から診断を聞いているような、受付で薬を処方されているような、そんな気分になってくる。深夜にわざわざここへやってきて、はたしてどんな処置をされてしまったのだろうか。

積木状の本棚

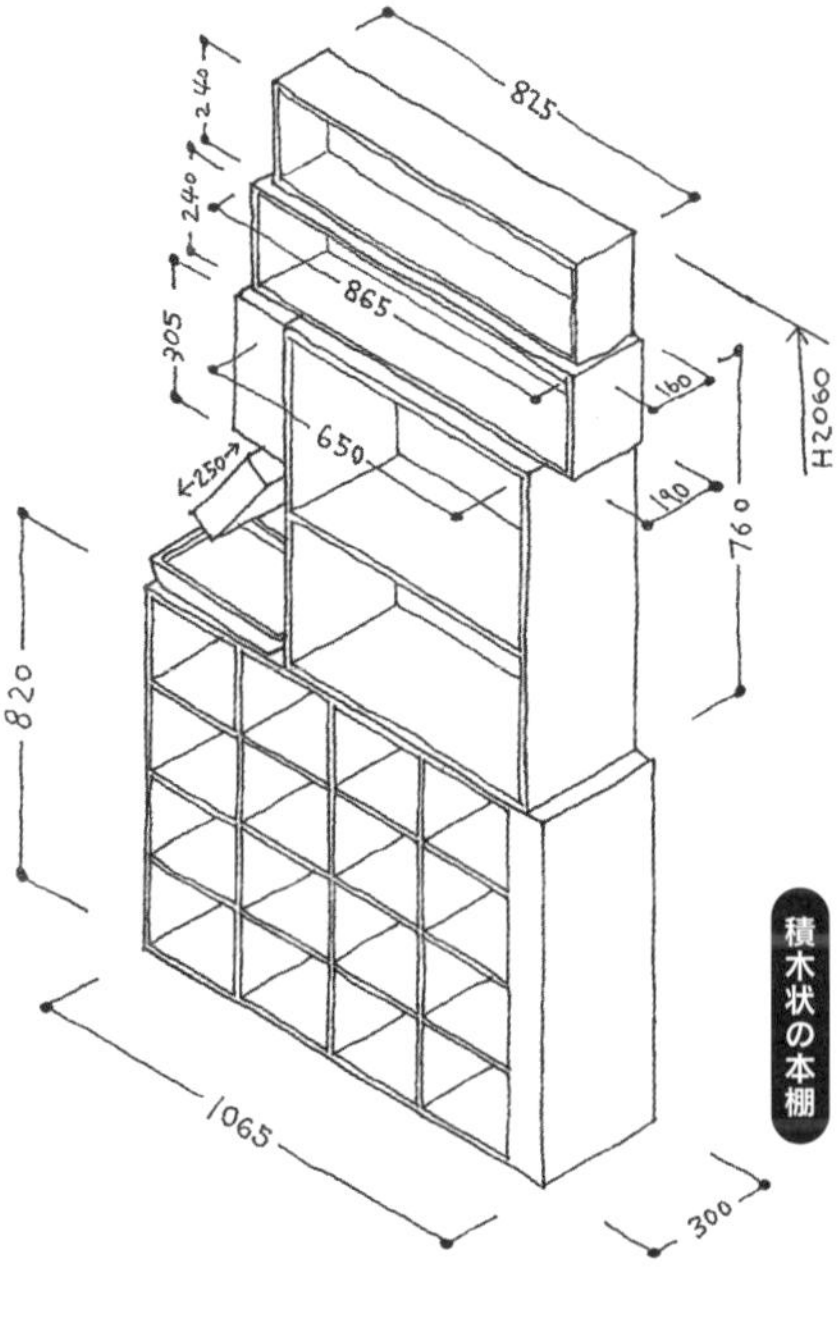

部屋の隅に積み上げられた本棚

店主が控える受付カウンター

受付カウンター

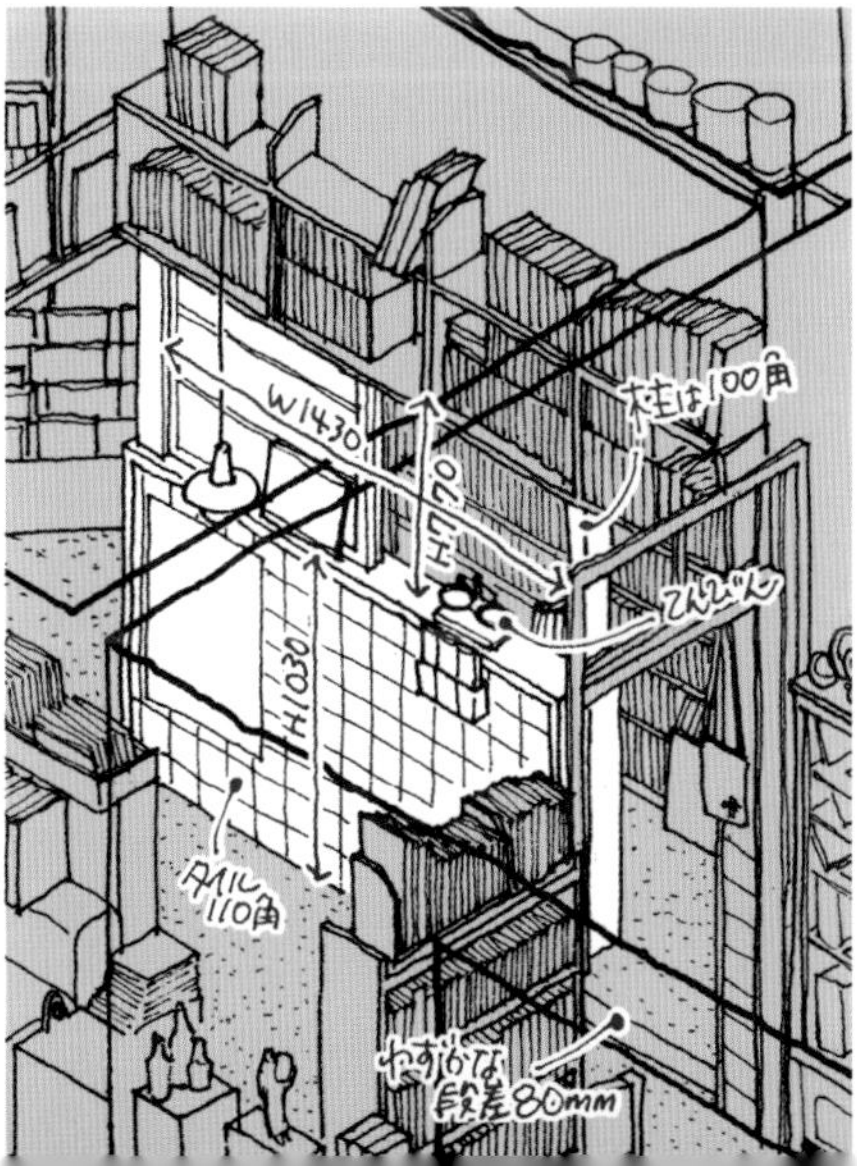

READAN DEAT

広島 | READAN DEAT

レトロビルの佇まいを再編集した3つの小空間

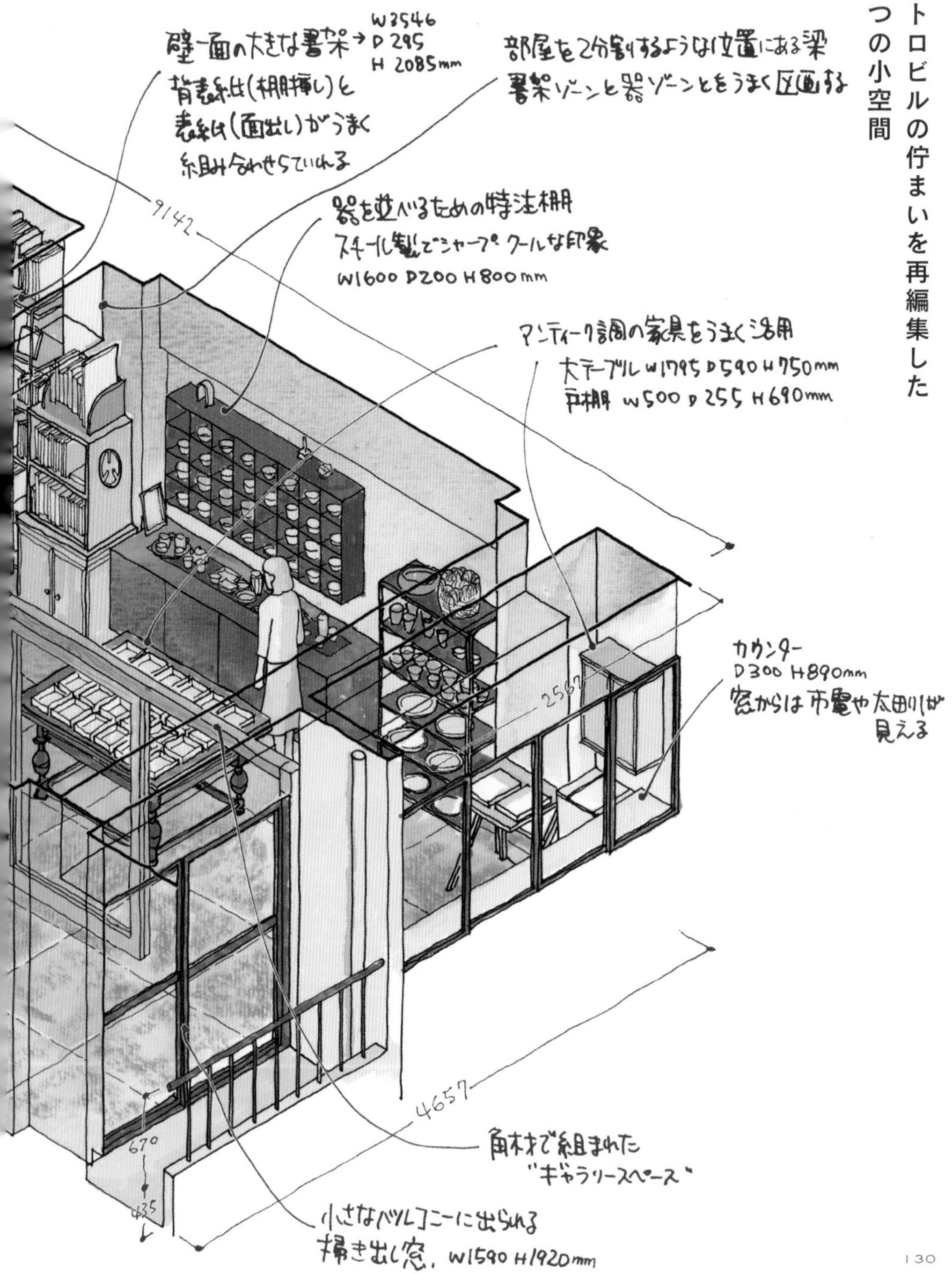
壁一面の大きな書架 → W3546 D295 H2085mm
背表紙(棚挿し)と表紙(面出し)がうまく組み合わせられている
部屋を2分割するような位置にある梁
書架ゾーンと器ゾーンとをうまく区画する
9142
器を並べるための特注棚
スチール製でシャープ・クールな印象
W1600 D200 H800mm
アンティーク調の家具をうまく活用
大テーブル W1795 D590 H750mm
戸棚 W500 D255 H690mm
カウンター
D300 H890mm
窓からは市電や太田川が見える
2567
4657
670
435
角材で組まれた
"ギャラリースペース"
小さなバルコニーに出られる
掃き出し窓, W1590 H1920mm

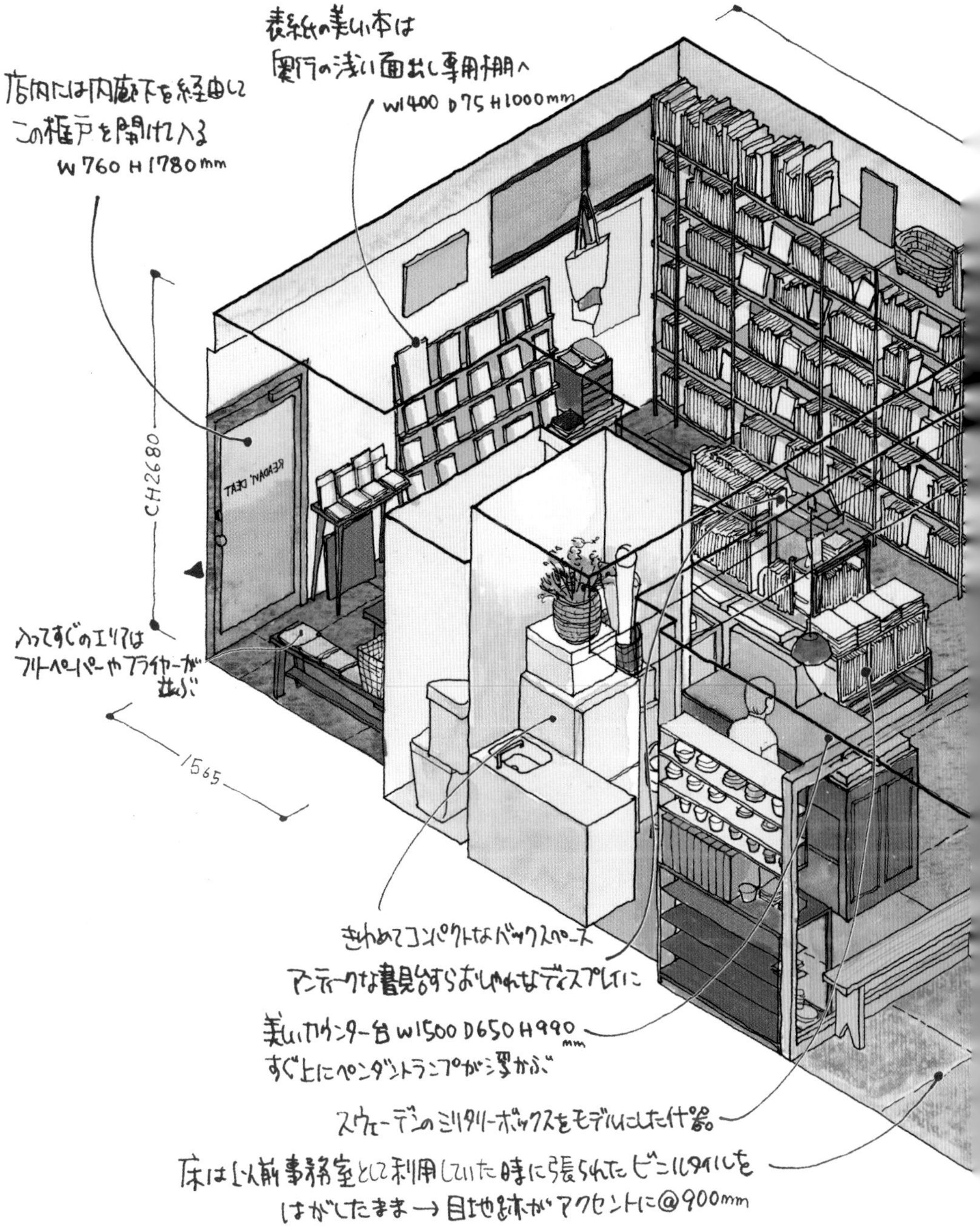
表紙の美しい本は
奥行の浅い面出し専用棚へ
W1400 D75 H1000mm
店内には内廊下を経由して
この框戸を開けて入る
W760 H1780mm
CH2680
入ってすぐのエリアは
フリーペーパーやフライヤーが
並ぶ
1565
きわめてコンパクトなバックスペース
アンティークな書見台すらおしゃれなディスプレイに
美しいカウンター台 W1500 D650 H990mm
すぐ上にペンダントランプが浮かぶ
スウェーデンのミリタリーボックスをモデルにした什器
床は以前事務室として利用していた時に張られたビニルタイルを
はがしたまま→目地跡がアクセントに@900mm

上：レトロマンションビルの一室を目指せ
下：手前には本棚がたくさん

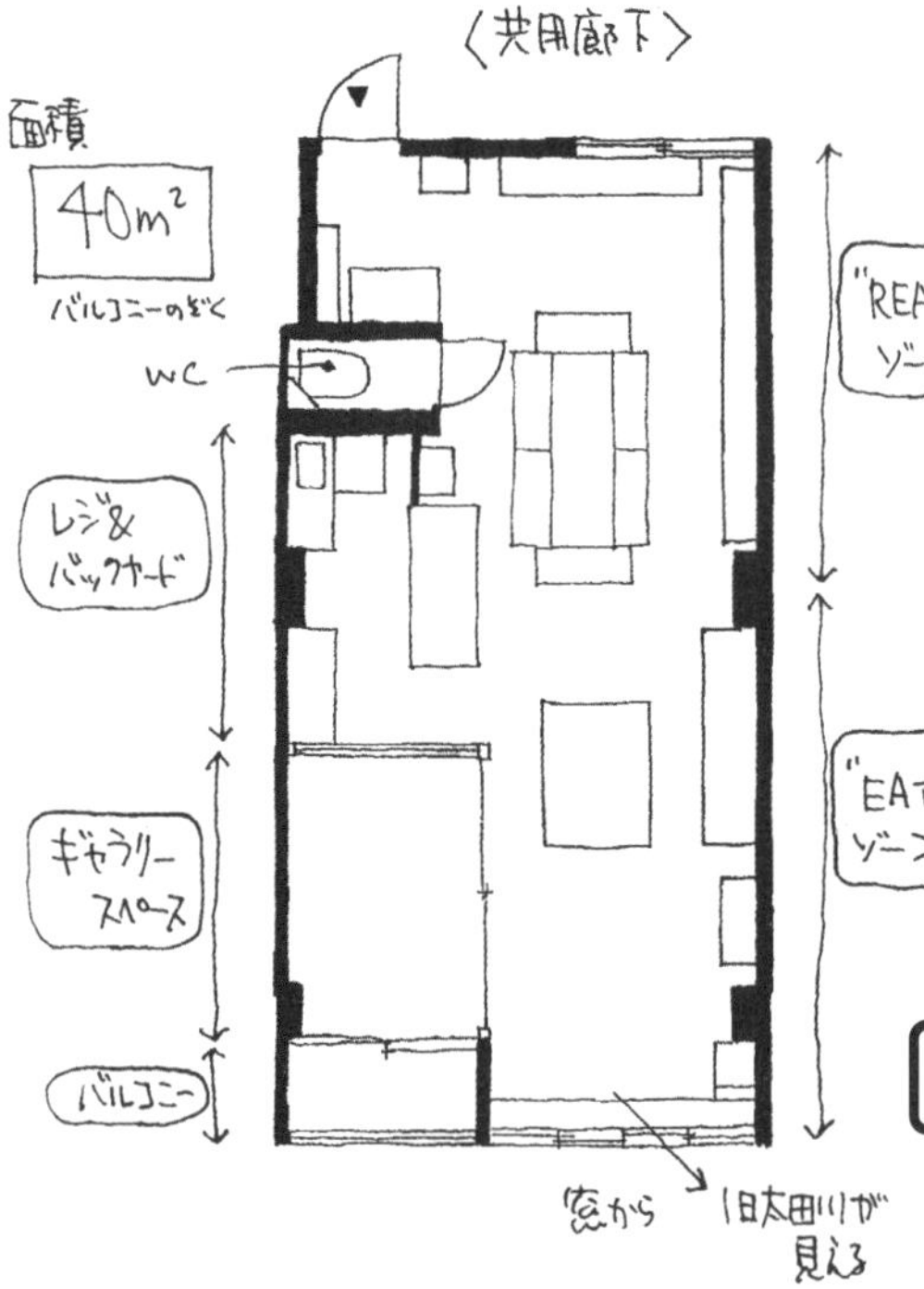
〈共用廊下〉
面積
40m²
バルコニーのぞく
WC
"READ"ゾーン
レジ&バックヤード
"EAT"ゾーン
ギャラリースペース
バルコニー
窓から旧太田川が見える

間取り図

広島で一番古いマンションの一室で

原爆ドームから徒歩5分足らずのまちなかに、広島市で一番古いマンションビルがある。戦後10年経った頃に建設された当時最高級の集合住宅であったらしく、堅牢なＲＣ造で当時にしては珍しいエレベーターも付属し、バルコニーまである。READAN DEATはこのビルの2階で2014年から営業している。ビルのエントランスから店の入口まで漂うビル特有のしっとりした雰囲気は、ドアを開けた途端一転する。広がるのは洗練された高級テーラーのようにシックで意表を突くインテリアだ。床は前の入居者がオフィス仕様としていたビニルタイルを剥がして下地の荒々しいテクスチャを活かし、白かった壁はグレーに塗り直し、内装をつくり込んでいったという。

READとEATの組み合わせ方

店内は大きなワンルームで、中央に露出した古いＲＣ造の柱型と梁型が手前と奥を緩やかに分割する。店名のREADAN DEAT（リーダンディート）は店のコンセプトでもある「READ（読む）」と「EAT（食べる）」を合体させた造語だ。これに従うように店内も入口側の「READ」と、窓側の「EAT」とにゾーニングされた。「READ」ゾーンには店主の清政光博さんによって1冊ずつじっくり選書されたであろう本が書架に並び、「EAT」ゾーンには中央のアンティークテーブルを中心に、こちらも丁寧にセレクトされた食器が並ぶ。窓際のカウンターは展示台として使用されるという。窓の外に、通りを走る路面電車が見える。

角材に囲まれた別世界

バルコニー手前には、絵本の原画展や器作家の個展など様々な企画展を行うギャラリースペースがある。外光をたっぷり取り入れたこのブースは10㎝角の角材で組まれた2m×2mのフレームで区切られ、中へはガラスがはまった大きな框戸を横に引いて入る。内部はバルコニーが延長したようなさわやかな光で満ちていて、また別の世界をつくり出しているのが面白い。長い年月の痕跡を再解釈し、新しい価値として見せてくれるこんな書店があるからこそ、このレトロビルは今も生き続けているのだろう。

新刊書陳列台

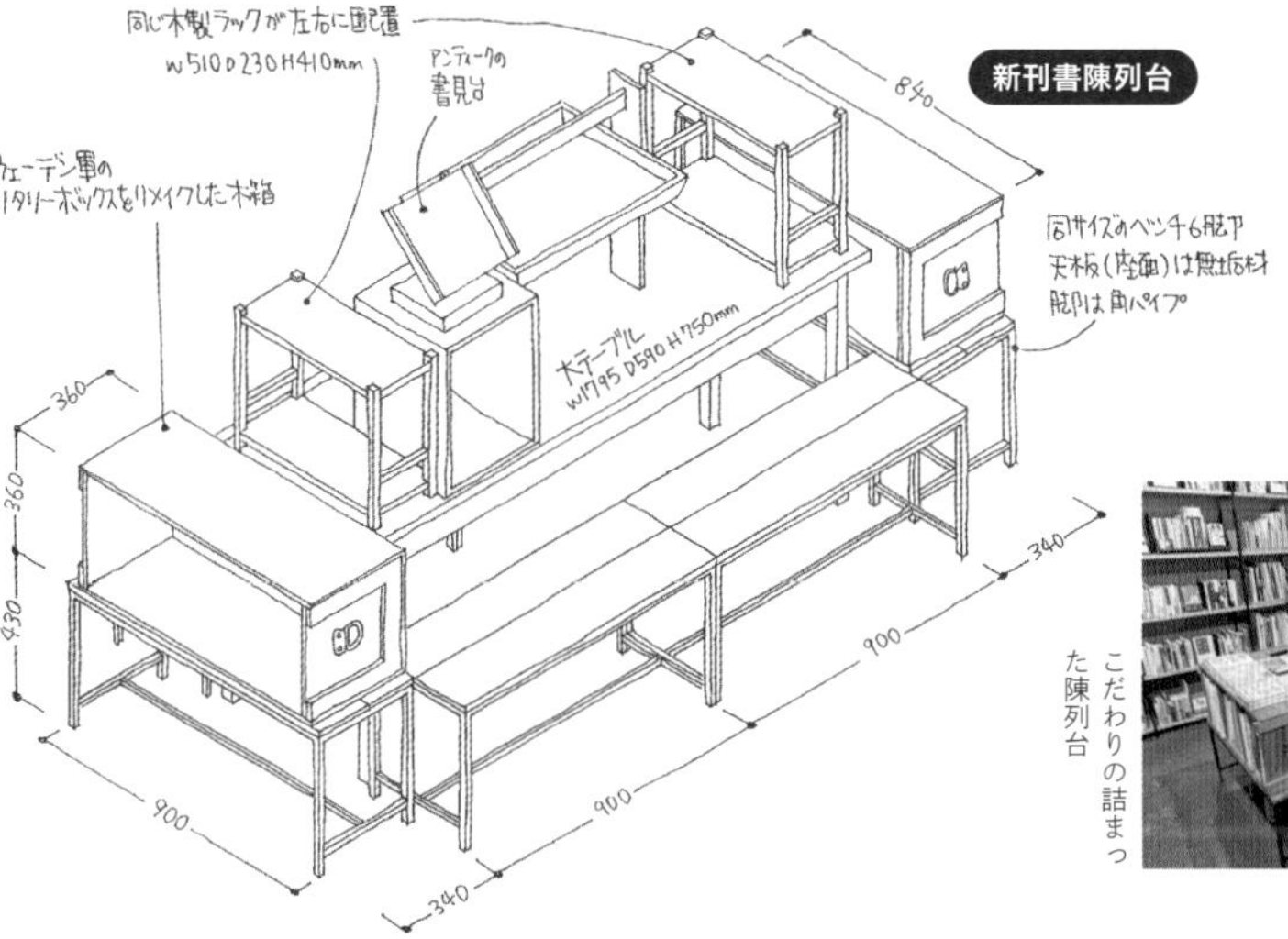
同じ木製ラックが左右に配置
W510 D230 H410mm
アンティークの書見台
スウェーデン軍のミリタリーボックスをリメイクした木箱
大テーブル W1795 D590 H750mm
同サイズのベンチ6脚
天板(座面)は無垢材
脚は角パイプ
840
360
350
430
900
900
340
900
340

こだわりの詰まった陳列台

ギャラリースペースの中

ギャラリースペース

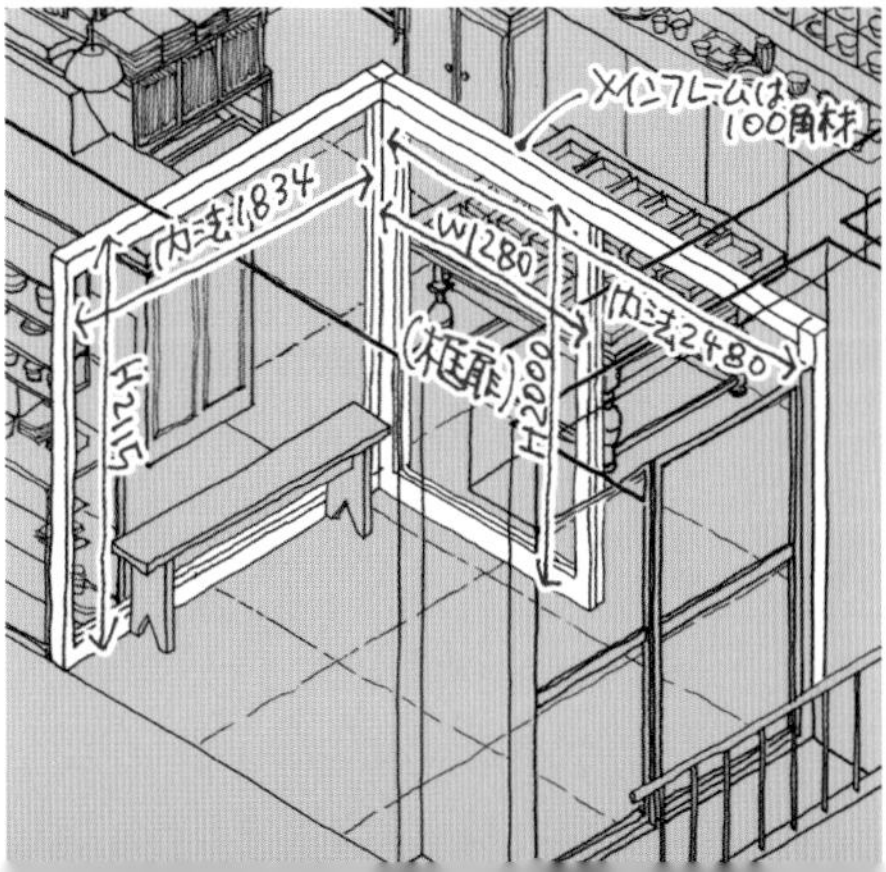
メインフレームは100角材
内法1834
W1280
内法2480
(框扉)H2000
H2115

汽水空港

セルフビルドで変化しつづける湖畔の書店小屋

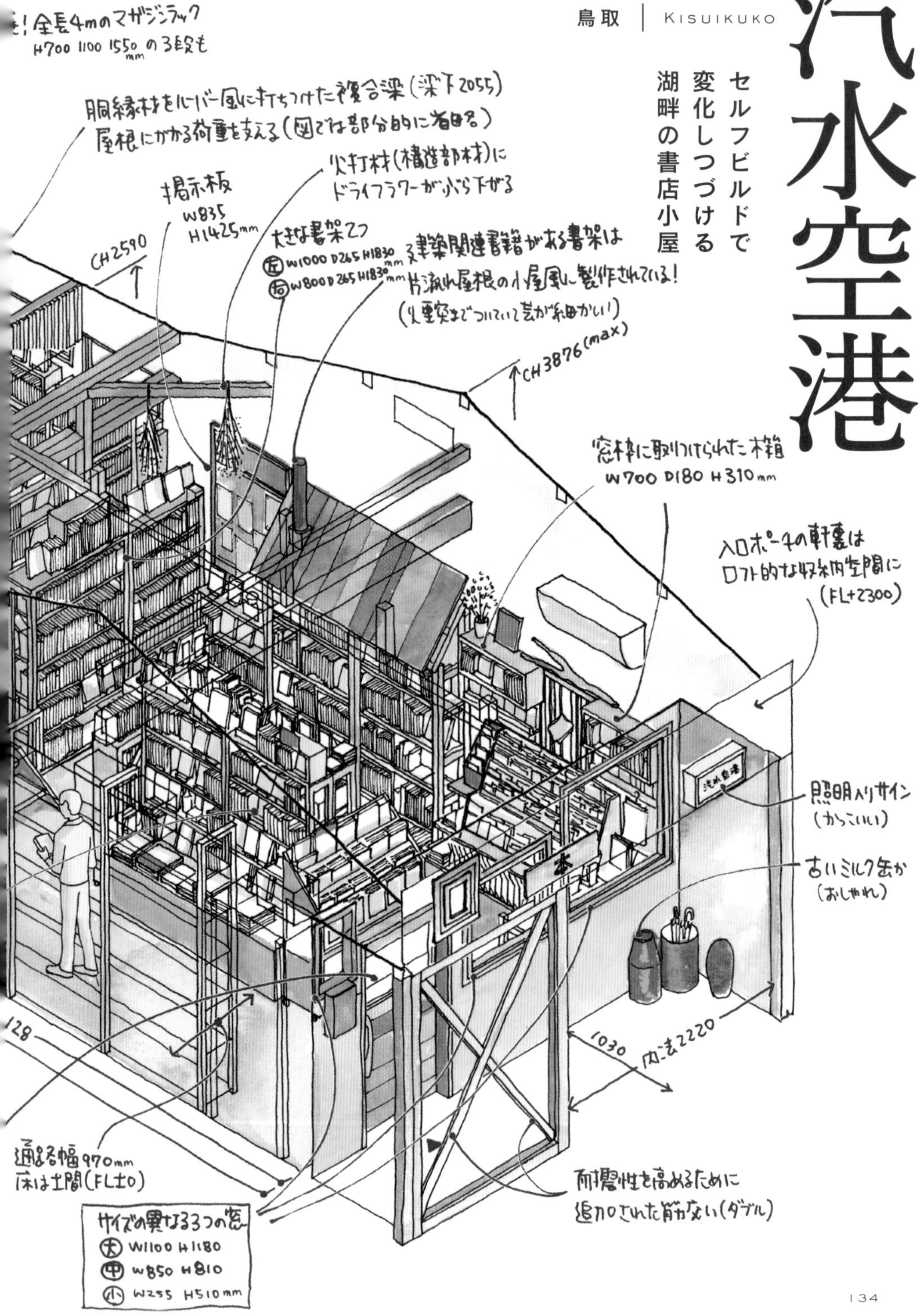
…！全長4mのマガジンラック
H700 1100 1550mm の3段も
胴縁材をルーバー風に打ちつけた複合梁（梁下2055）
屋根にかかる荷重を支える（図では部分的に省略）
火打材（構造部材）に
ドライフラワーがぶら下がる
掲示板
W835
H1425mm
CH2590
大きな書架2つ
㊧W1000 D265 H1830mm
㊨W800 D265 H1830mm
建築関連書籍がある書架は
片流れ屋根の小屋風に製作されている！
（煙突までついていて芸が細かい！）
CH3876（max）
窓枠に取りつけられた木箱
W700 D180 H310mm
入口ポーチの軒裏は
ロフト的な収納空間に
（FL+2300）
照明入りサイン
（かっこいい）
古いミルク缶か
（おしゃれ）
1128
1030
内法2220
通路幅970mm
床は土間（FL±0）
サイズの異なる3つの窓
㊥W1100 H1180
㊥W850 H810
㊧W255 H510mm
耐震性を高めるために
追加された筋交い（ダブル）

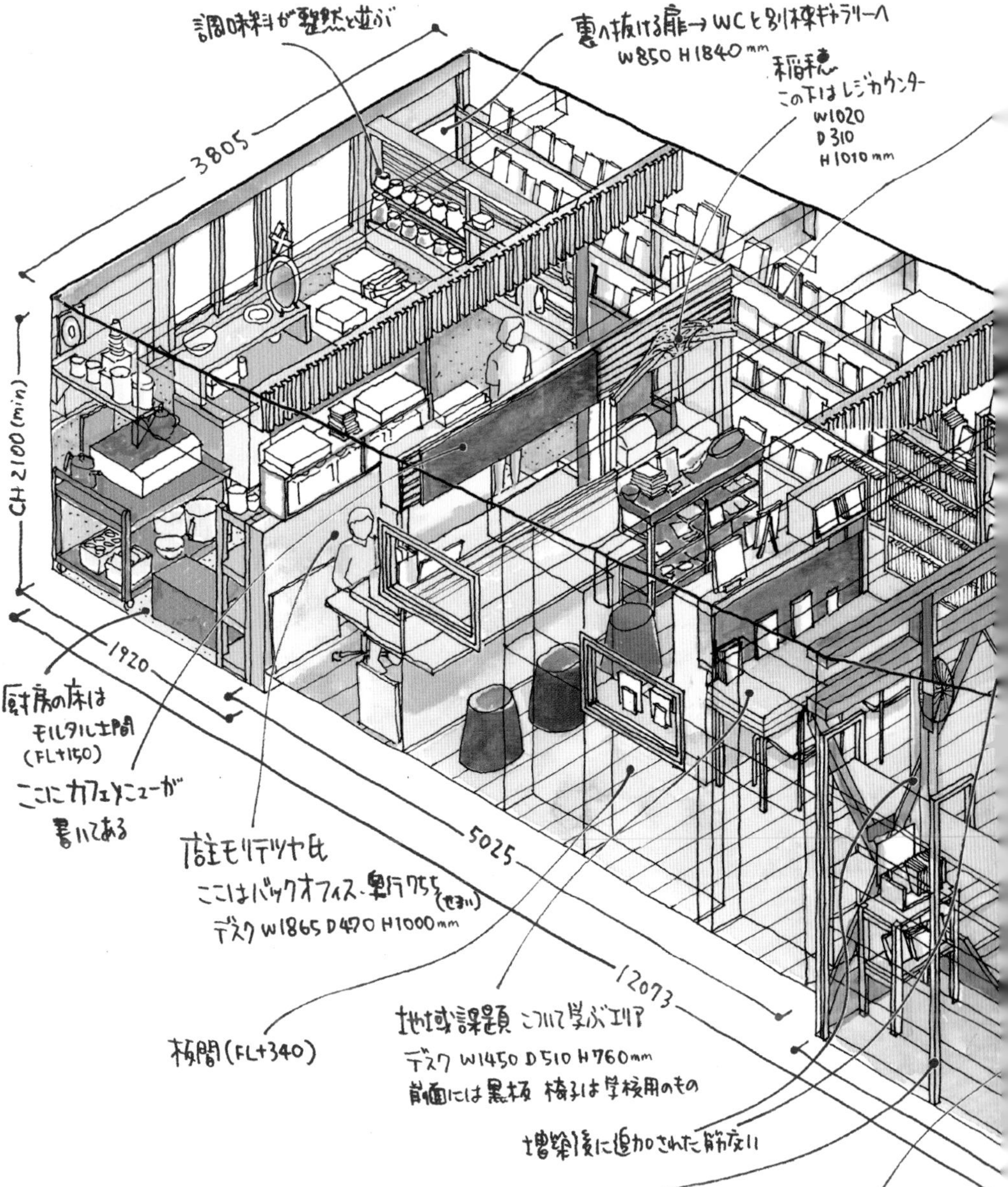
調味料が整然と並ぶ
裏へ抜ける扉→WCと別棟ギャラリーへ
W850 H1840mm
稲穂
この下はレジカウンター
W1020
D310
H1010mm
3805
CH2100(min)
1920
厨房の床は
モルタル土間
(FL+150)
ここにカフェメニューが
書いてある
店主モリテツヤ氏
ここはバックオフィス、奥行75cm(せまい)
デスク W1865 D470 H1000mm
5025
12073
板間(FL+340)
地域課題について学ぶエリア
デスク W1450 D510 H760mm
前面には黒板 椅子は学校用のもの
増築後に追加された筋交い
店主モリ氏が最も力を入れている
カウンターカルチャー系のコーナー
→店に入ってすぐに
目につく場所に
自家製の壁面書架(とても大きい)
→骨組は45角材
→棚柱は1m間隔で並ぶ
(頂部高さ2360)
→棚板は@375mm(上下)
木製の引き扉
W1015 H1785mm
ハンドルは流木

汽水空港

- 鳥取県湯梨浜にある大きな東郷池のほとりに建つ書店。
- ヒッピー風でややアナーキーな若者モリテツヤ氏が奥様アキナ氏の地元近くで開店 → 元おもちゃ屋の倉庫。
- 当初は手前(図右下)の平入切妻部分だけだったが、セルフビルド(自主施工)で奥へ奥へと延伸、最奥にはカフェ厨房。

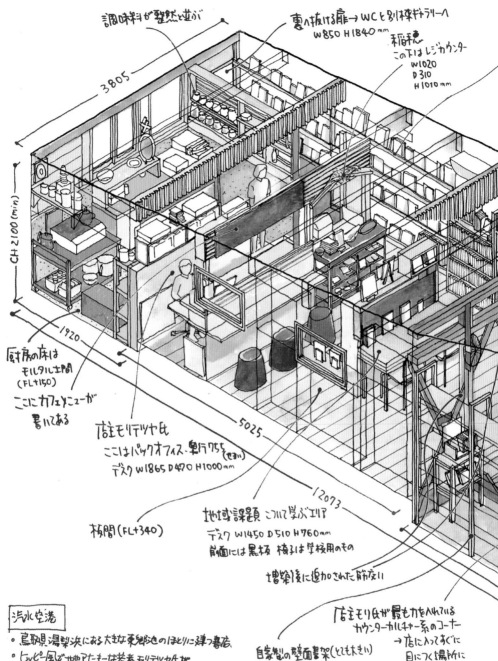

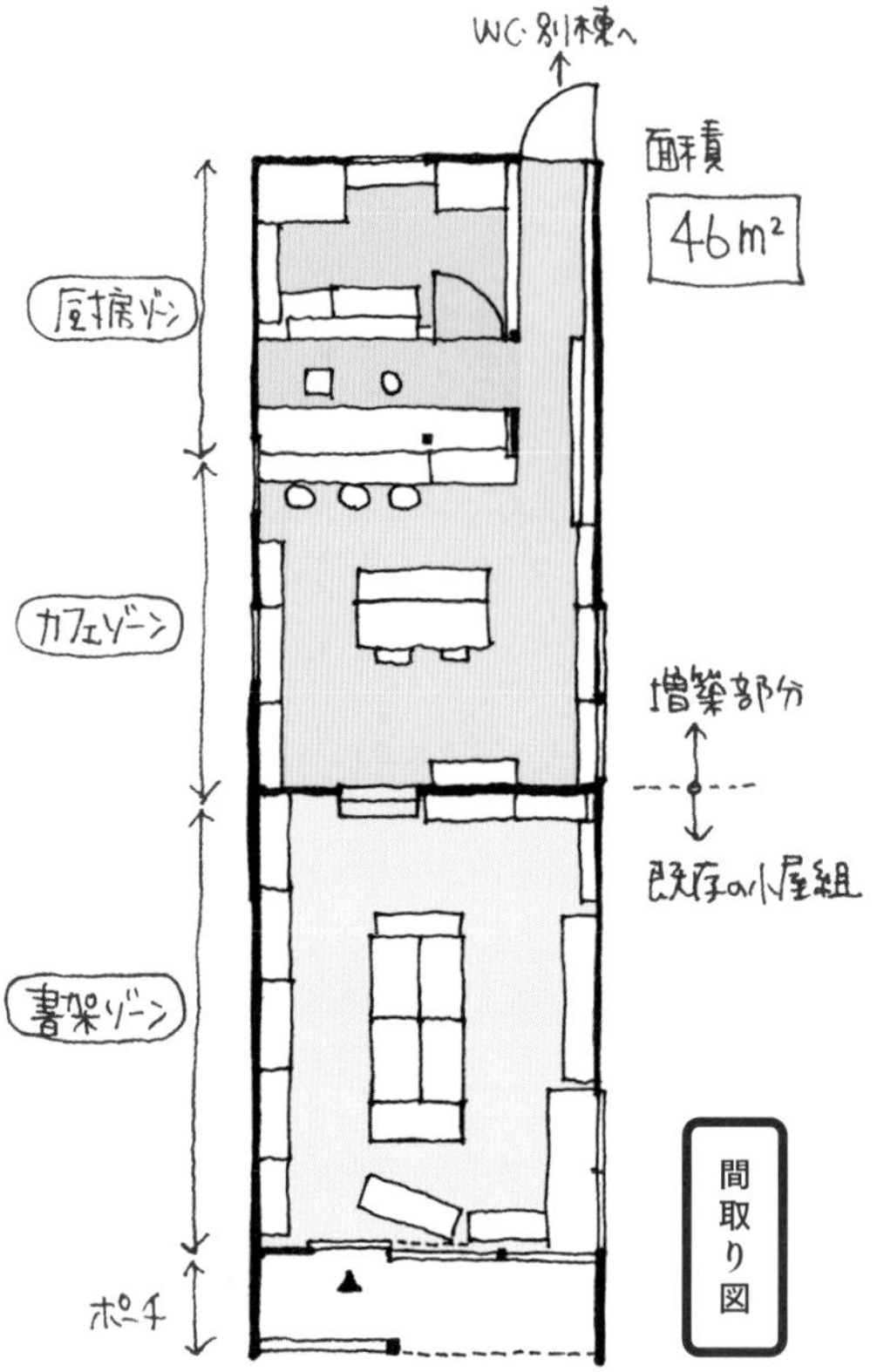
WC別棟へ
面積
46m²
厨房ゾーン
カフェゾーン
増築部分
既存の小屋組
書架ゾーン
ポーチ
間取り図

上：絵本に出てきそうな小屋の佇まい
下：扉を開ければとにかく本が近い

湖畔の空港へ

この書店を訪れることを「着陸」と言うらしい。店の前には池と呼ぶにはあまりに大きい東郷池の水面が広がる。たしかにここに立つと、湖面に映る空とつながる感じがする。池の広大さに比べ、建物の佇まいはかわいらしい。軒は低く間口も2間ほどで、お店や住宅というよりガレージや倉庫の方がしっくりくるサイズ感だ。それもそのはず、元々は裏の商店街にあったおもちゃ屋の倉庫だったらしい。

終わらないセルフビルド

店内は奥に細長いうなぎの寝床状で、手前から奥へと3つのエリアに分かれる。入ってすぐの空間には、思想書から絵本まであらゆる本がぎっしり並ぶ。奥の3段ステップを上ると、店主のモリテツヤさんと話したり、地域の情報に触れたりできるカフェエリアがある。一番奥はパートナーのアキナさんが切り盛りする厨房だ。手前のエリアは既存の小屋組を利用した天井の高い空間だが、その奥は片流れの屋根を新たに架けて増築したエリアだ。そのため天井は奥に行くほど低くなるが、より親密で籠もり感のある空間になっている。施工技術の向上とともに、モリさんは増え続ける本の書架新設や常連客のためのカフェ増設を繰り返す。そのなかで生まれた名作に、「建築書の小屋型棚」がある。1・8m幅の書架なのだが、なぜか上部に片流れの屋根が架けられており、板が葺かれた上に煙突まで設置されたなんともかわいらしい代物である。カフェカウンターとレジを兼ねたブースも見事だ。すのこ状の垂れ壁や、座席横の窓から外光が入り、暗くならない工夫がなされている。共通しているのは店舗としての切実な要求を満たしつつもセルフビルドならではの遊びゴコロだ。

地元の学生のために

最寄りのJR山陰本線松崎駅から徒歩5分。鳥取は車社会だけど、地元の学生が電車でアクセスできることにこだわっている、とモリさん。親の車で連れて来てもらうのではなく、自分の意思で来られることが重要なのだそうだ。若者がもっと広い世界と出会うため、汽水空港は今日も開いている。

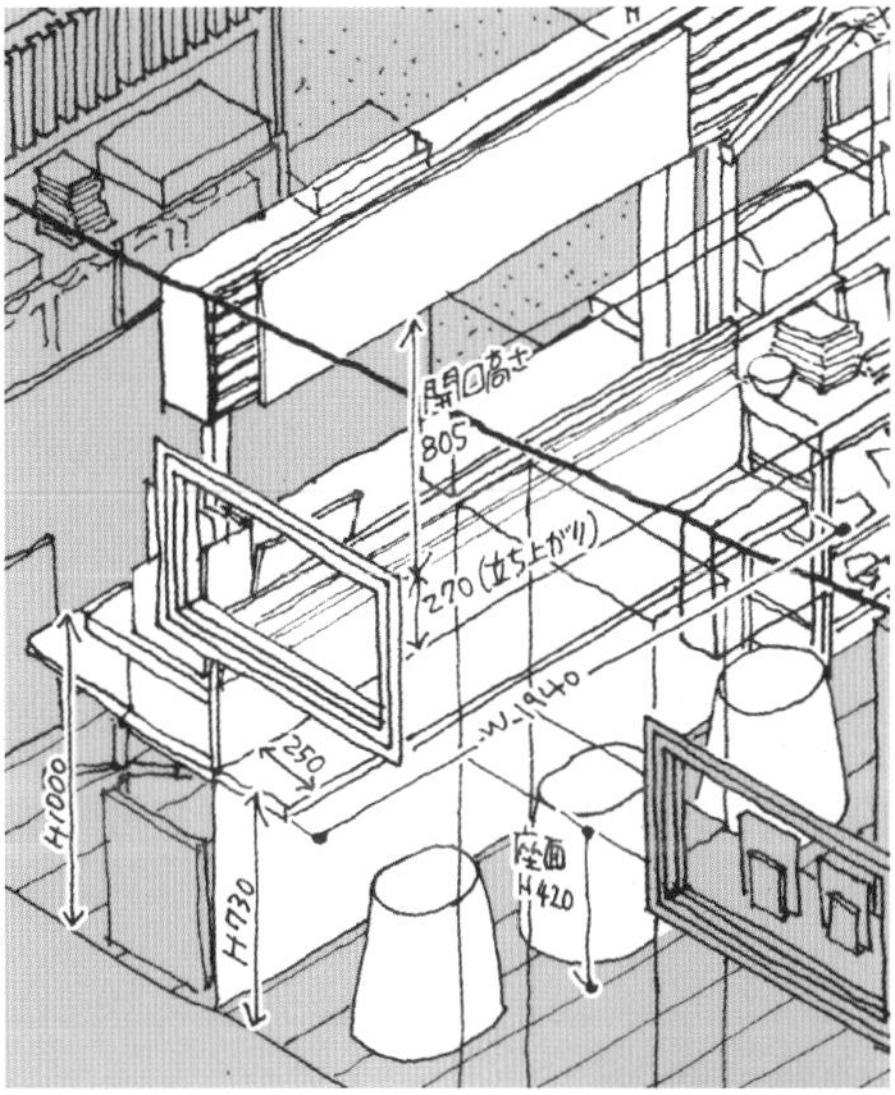

カフェカウンター

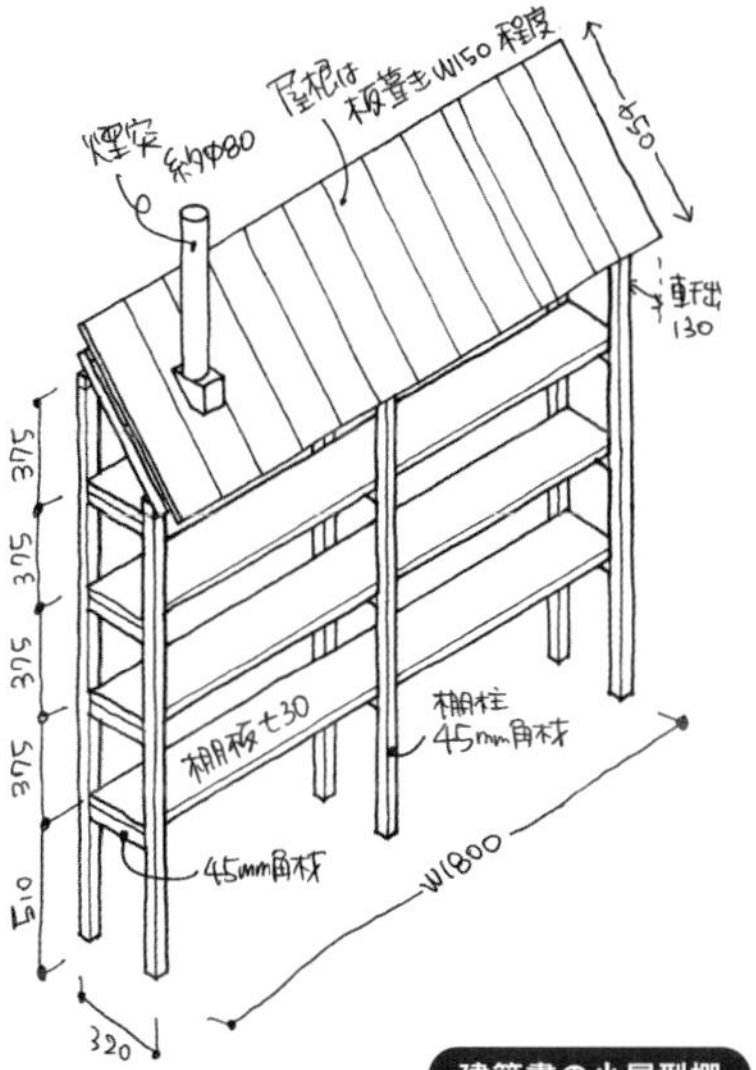

建築書の小屋型棚

右：建築書の小屋型棚はこのように配置
左：カジュアルなカフェカウンター

artos Book Store

島根 | ARTOS BOOK STORE

もの・人・音楽を本でつなぐ 交易空間の配置計画

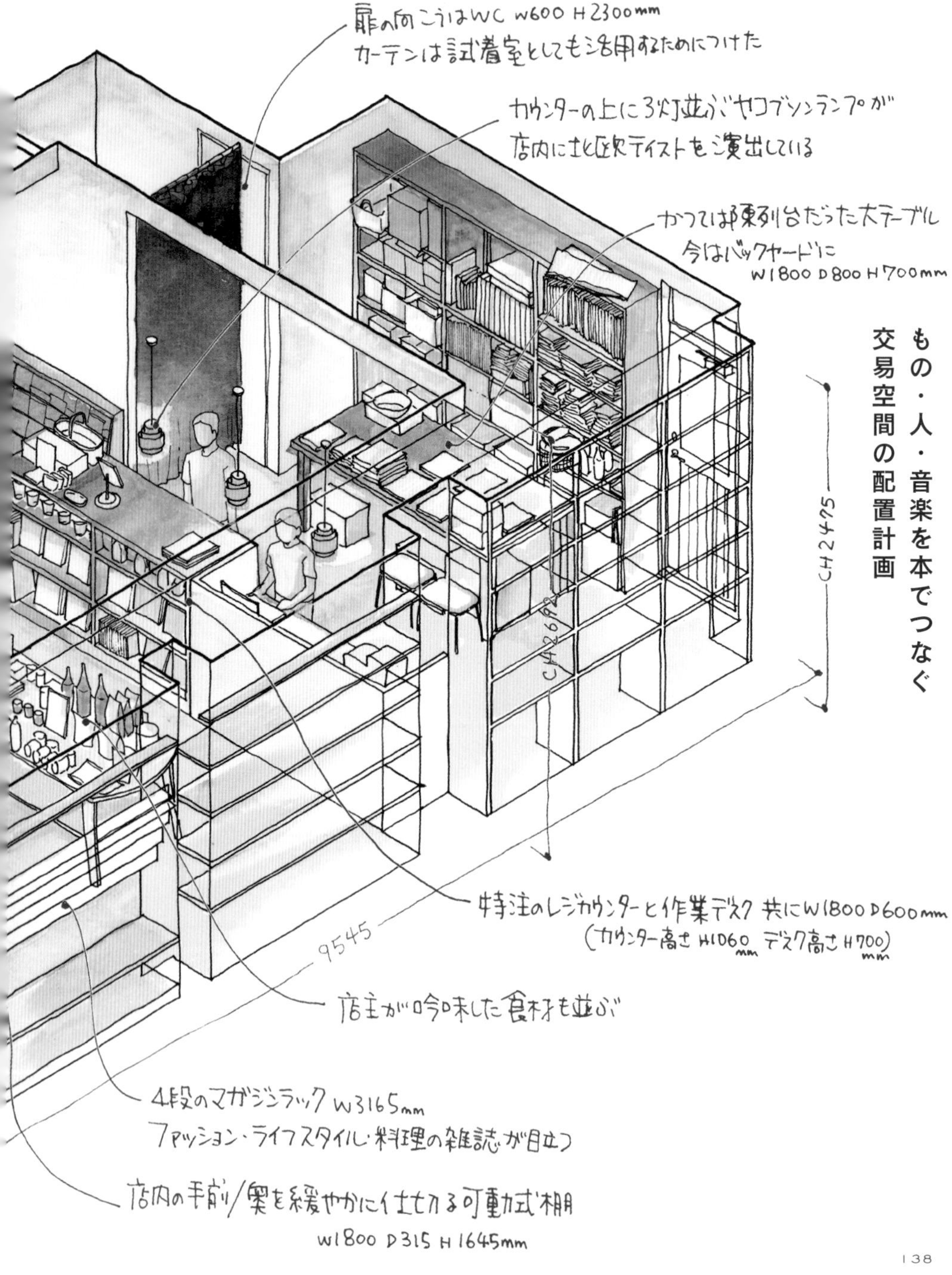

扉の向こうはWC W600 H2300mm
カーテンは試着室としても活用するためにつけた
カウンターの上に3灯並ぶヤコブソンランプが
店内に北欧テイストを演出している
かつては陳列台だった大テーブル
今はバックヤードに
W1800 D800 H700mm
CH2475
CH2692
特注のレジカウンターと作業デスク 共にW1800 D600mm
(カウンター高さ H1060mm デスク高さ H700mm)
9545
店主が吟味した食材も並ぶ
4段のマガジンラック W3165mm
ファッション・ライフスタイル・料理の雑誌が目立つ
店内の手前/奥を緩やかに仕切る可動式棚
W1800 D315 H1645mm

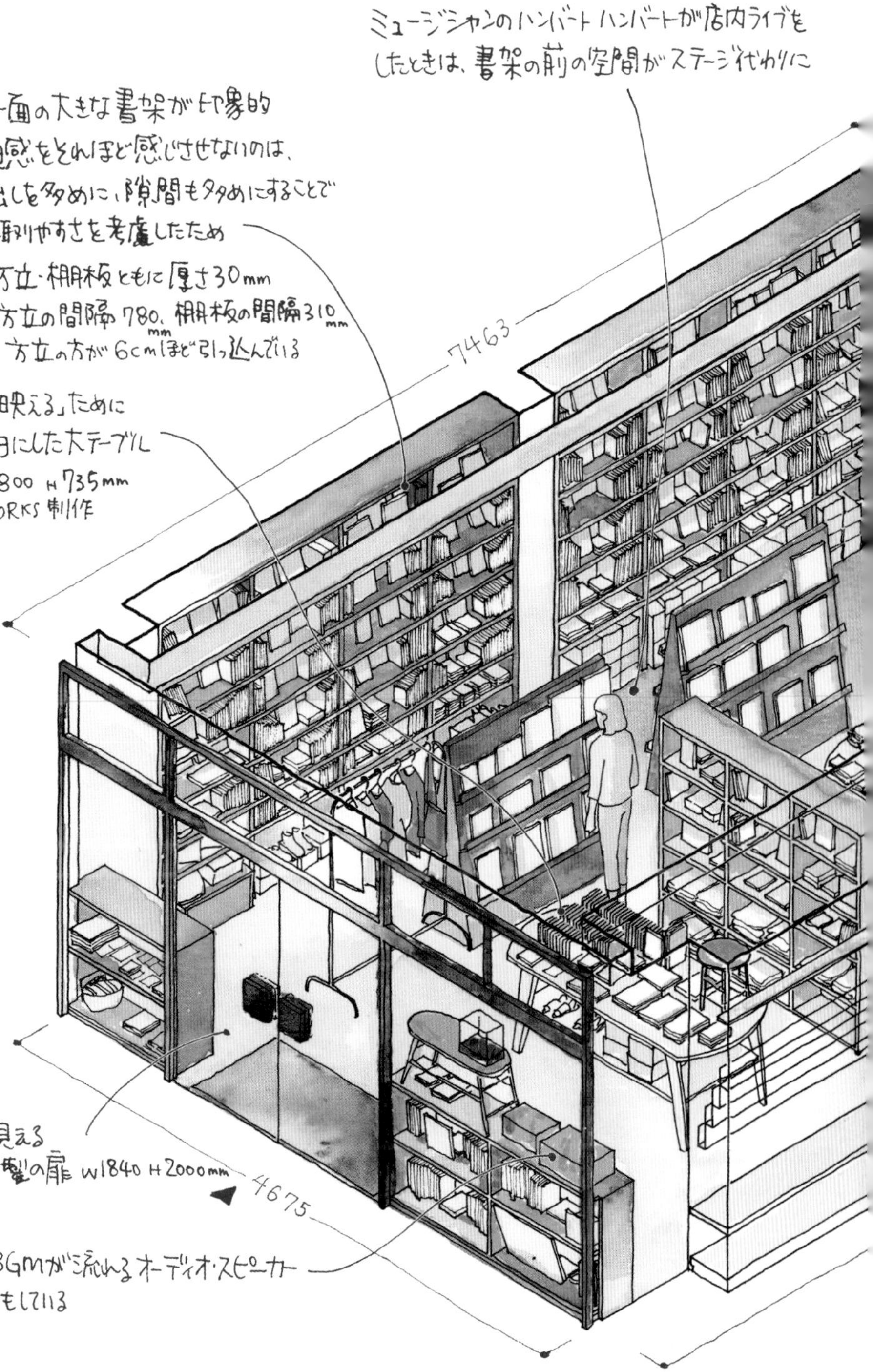
ミュージシャンのハンバートハンバートが店内ライブをしたときは、書架の前の空間がステージ代わりに
壁一面の大きな書架が印象的
圧迫感をそれほど感じさせないのは、
面出しを多めに、隙間も多めにすることで
手に取りやすさを考慮したため
方立・棚板ともに厚さ30mm
方立の間隔780mm、棚板の間隔310mm
方立の方が6cmほど引っ込んでいる
7463
商品や本が「映える」ために
あえて天板を白にした大テーブル
W1800 D800 H735mm
MOBLEY WORKS 制作
店内がよく見える
強化ガラス製の扉 W1840 H2000mm
4675
心地良いBGMが流れるオーディオ・スピーカー
ここで販売もしている

本のある売り場のひみつ

「本のある空間には信頼感がある」とartos Book Storeの店主の西村史之さんは言う。本の売場にほかの商材が並べられると、単体で置かれるよりずっと良いものに感じられるそうだ。なるほどそうかもしれない。丁寧にレイアウトされた店内の什器やテーブルには、本だけでなく雑貨や食品、革靴、スピーカーと実に様々なものが並べられている。これらのものと本たちが正面の全面ガラスから差し込む光を受ける様子を眺めていると、つい手にとって家に持ち帰りたくなってしまう。

ぐるぐる回る楽しさ

島根県松江市の中心地で先代から書店を営み、スローライフや北欧インテリアに注目が集まりはじめた２００５年にライフスタイルをテーマに据えた書店としてリニューアルオープンしたartos Book Store。インテリアは明るい木目調に整え、奥のカウンターの上には北欧デザインのペンダントライトを吊るした。畳サイズの大きなダイニングテーブルを２台配置し、ここに店主おすすめの旬な商材が並べられる。テーブルは両端が少し丸くカーブ

間取り図

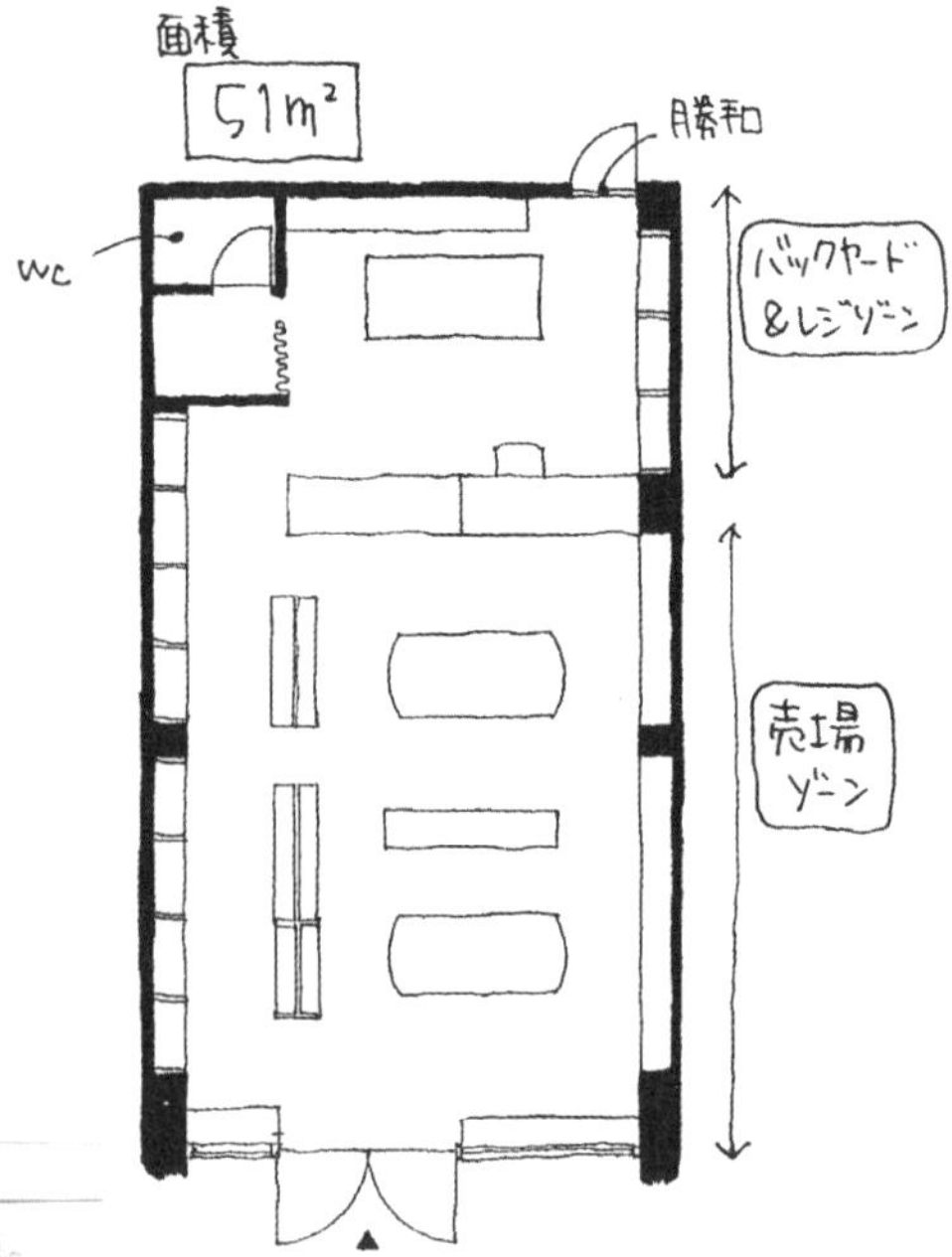
面積
51m²
勝手口
WC
バックヤード
&レジゾーン
売場
ゾーン

上：白が基調のインテリア
下：白い壁に木製ルーバーが目印

右：可動式棚には厳選された商材が並ぶ
左：突板張りの木目が美しい

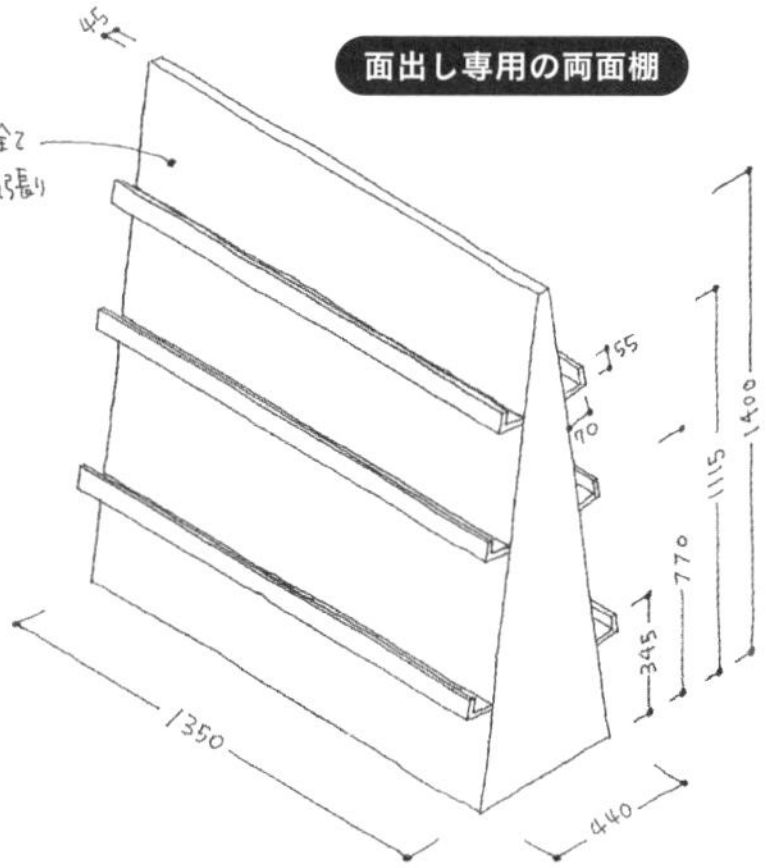

45
表面は全て突板張り
155
70
1400
1115
770
345
1350
440

面出し専用の両面棚

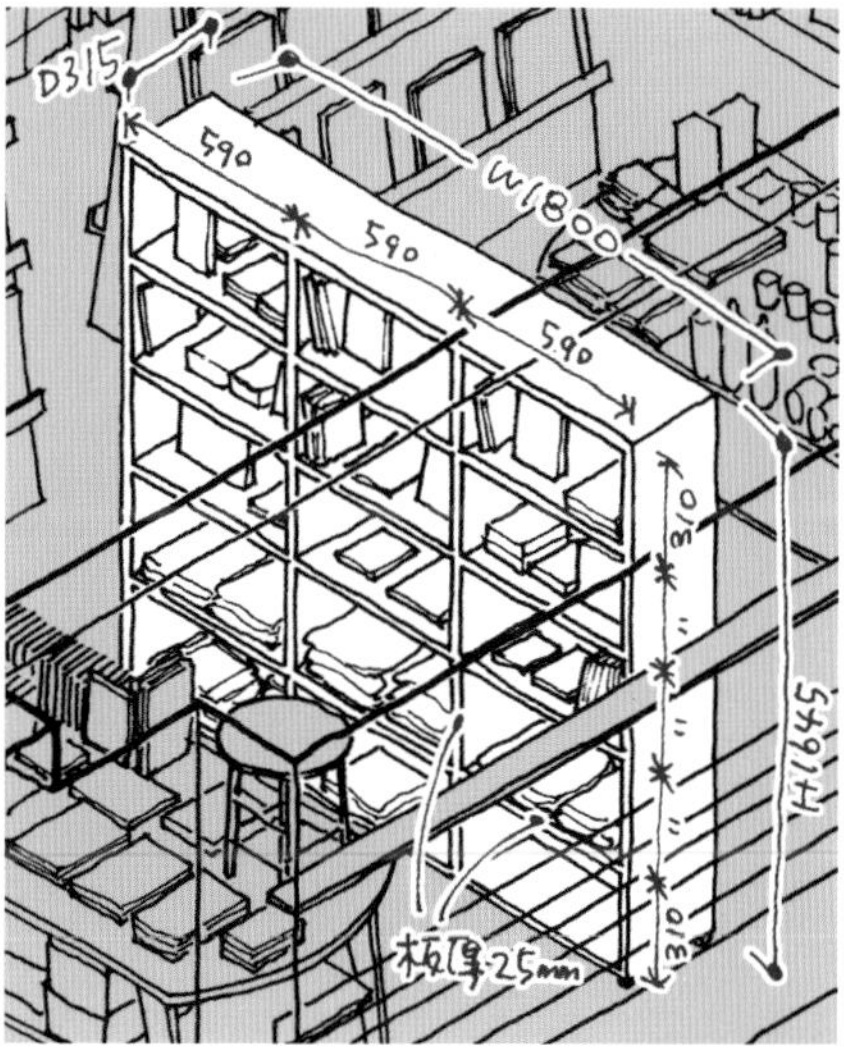

D315
590
590
590
W1800
310
板厚25mm

可動式棚

し、周りをぐるぐる歩いてもストレスがない。上に載る商材の見栄えがよくなるよう、天板はあえて白く仕上げた。左右の壁は一面書架となっている。背板にまでタモ突板が張られ、洗練された造作書棚だ。本はあまり詰めすぎず、程よい余白をもたせることで、表紙のデザインが引き立つよう配慮している。このレイアウトのおかげで、様々なものが販売されるにもかかわらず、店内全体は「本のある空間」としてまとまりをもっている。

ポップアップストアからライブ会場まで

年間を通じて全国の魅力的なショップによるポップアップストアも企画され、可動式の棚やダイニングテーブルはこれらの模様替えで活躍する。店主夫妻の熱いラブコールによって、第一線で活躍するミュージシャンによるインストアライブもたびたび開催される。当然ミュージシャンの歌う背後には店主の選んだ本が並ぶ。地元客のために、日々新しいものや人との交易の場を提供する店主のバイタリティこそが、この店に置かれたものの魅力を高めているように思えてならない。

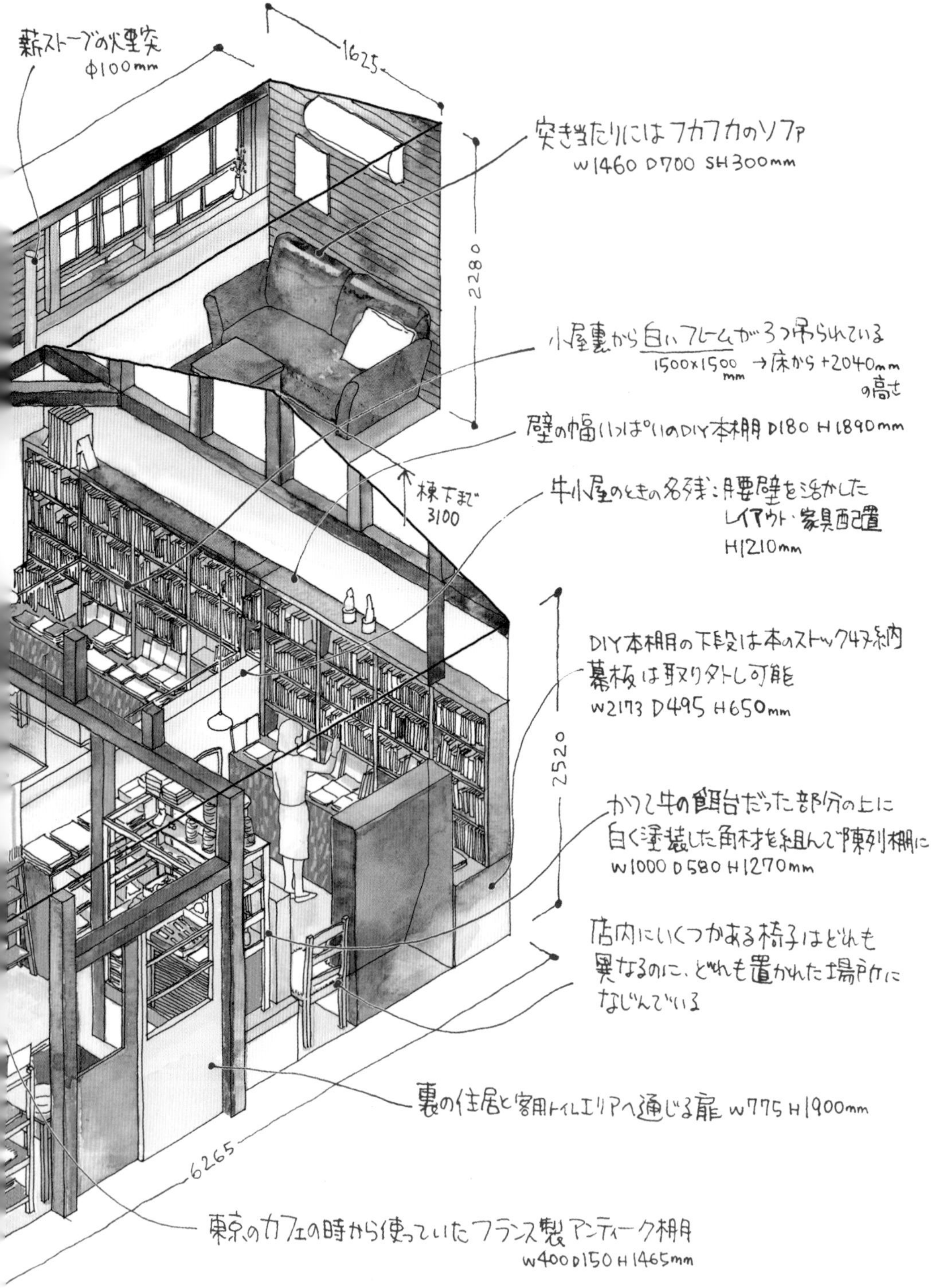

薪ストーブの煙突 φ100mm
1625
突き当たりにはフカフカのソファ W1460 D700 SH300mm
2280
小屋裏から白いフレームが3つ吊られている 1500×1500mm →床から+2040mmの高さ
壁の幅いっぱいのDIY本棚 D180 H1890mm
棟下まで 3100
牛小屋のときの名残：腰壁を活かしたレイアウト・家具配置 H1210mm
2520
DIY本棚の下段は本のストック収納 幕板は取り外し可能 W2173 D495 H650mm
かつて牛の餌台だった部分の上に白く塗装した角材を組んで陳列棚に W1000 D580 H1270mm
店内にいくつかある椅子はどれも異なるのに、どれも置かれた場所になじんでいる
裏の住居と客用トイレエリアへ通じる扉 W775 H1900mm
6265
東京のカフェの時から使っていたフランス製アンティーク棚 W400 D150 H1465mm

ロバの本屋

ROBA NO HONYA ｜ 山口

**バイタリティとユーモアで
山奥の元牛舎を
セルフリノベ**

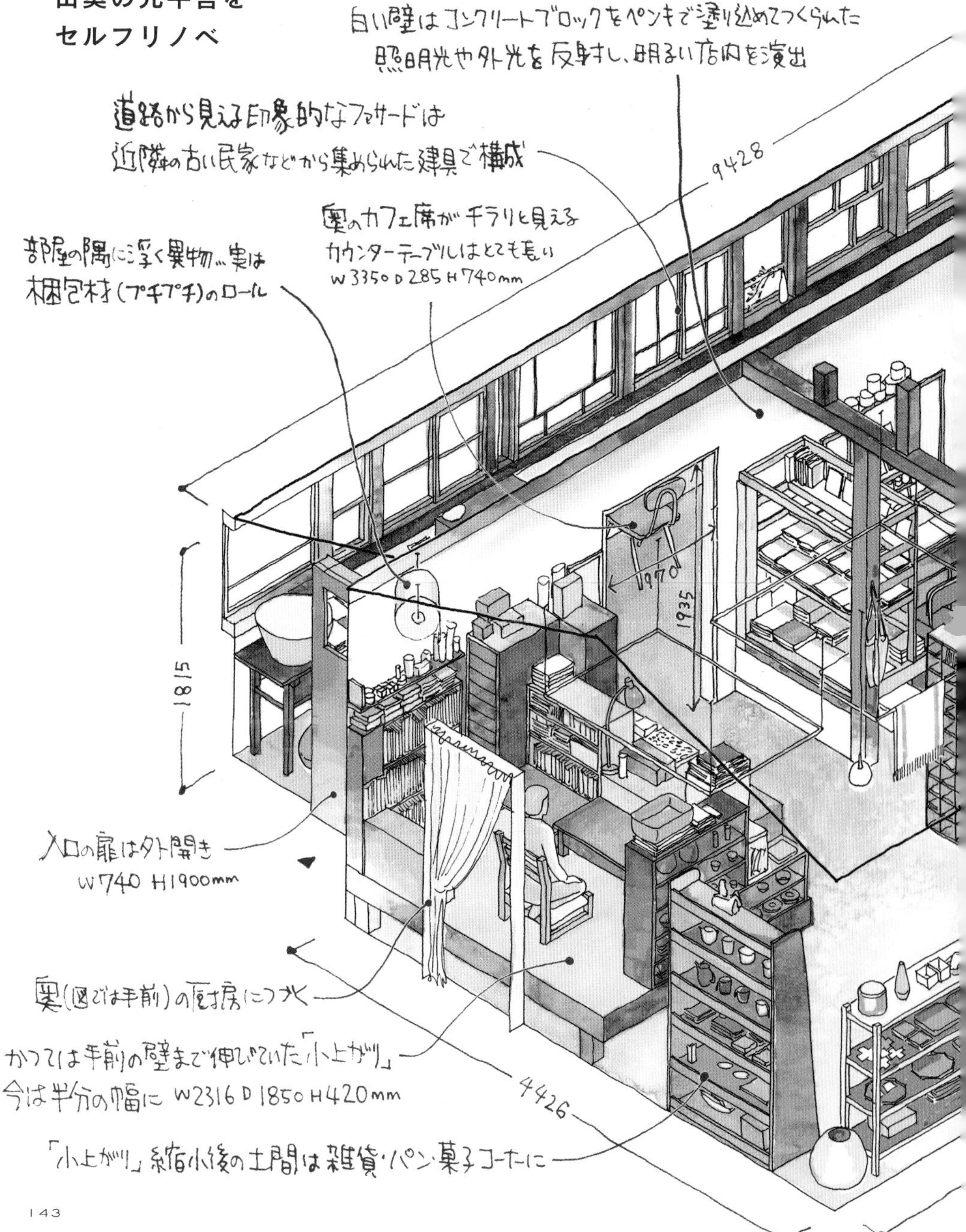

白い壁はコンクリートブロックをペンキで塗り込めてつくられた
照明光や外光を反射し、明るい店内を演出
道路から見える印象的なファサードは
近隣の古い民家などから集められた建具で構成
9428
奥のカフェ席がチラリと見える
カウンターテーブルはとても長い
W3350 D285 H740mm
部屋の隅に浮く異物…実は
梱包材（プチプチ）のロール
970
1935
1815
入口の扉は外開き
W740 H1900mm
奥（図では手前）の厨房につづく
かつては手前の壁まで伸びていた「小上がり」
今は半分の幅に W2316 D1850 H420mm
4426
「小上がり」縮小後の土間は雑貨・パン・菓子コーナーに

上：低く水平に伸びる軒が表からよく見える
下：元牛舎とは思えない温かなインテリア

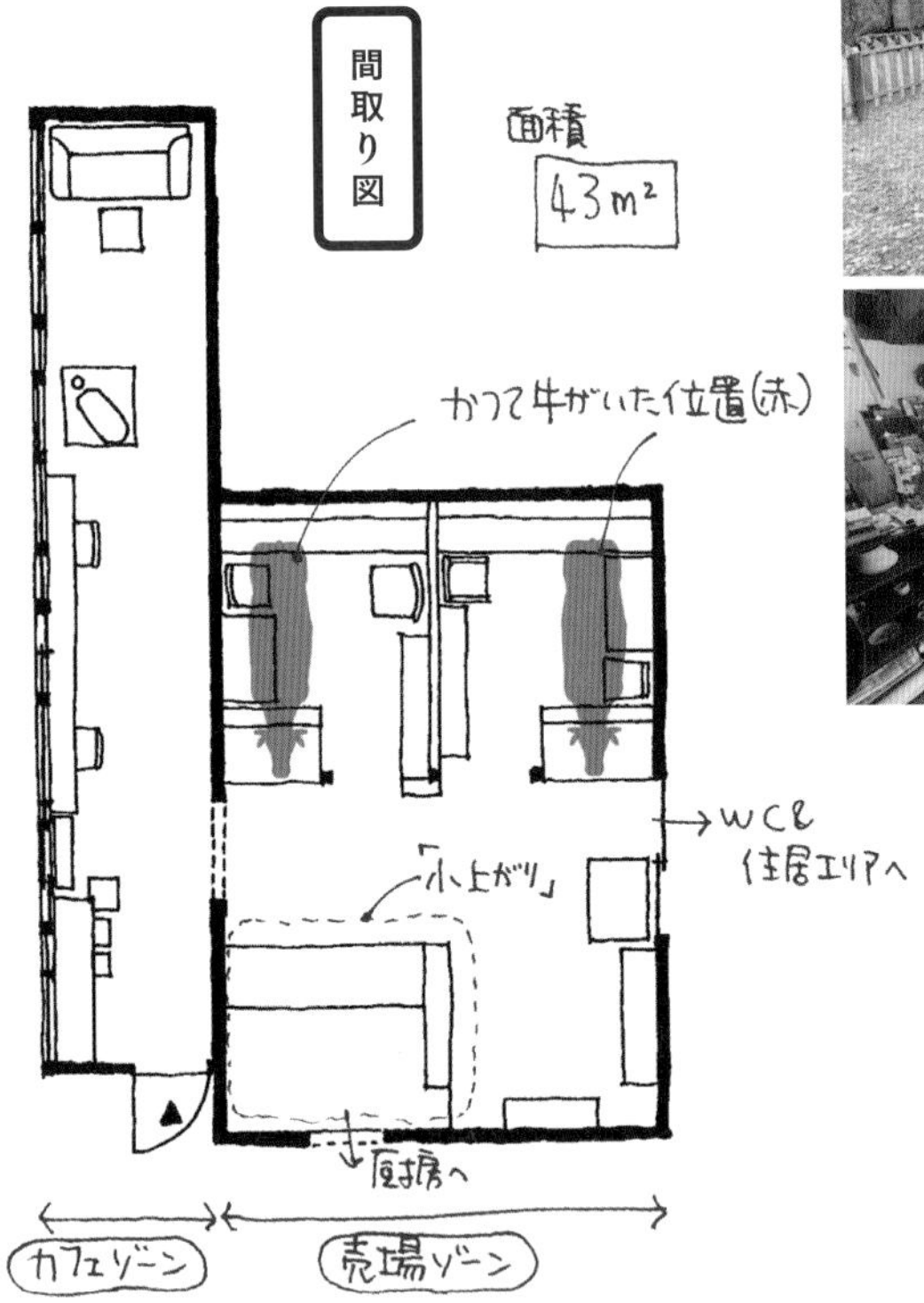
間取り図
面積
43m²
かつて牛がいた位置(赤)
「小上がり」
WC&住居エリアへ
厨房へ
カフェゾーン
売場ゾーン

牛舎を DIY 改修

ロバの本屋は山口県長門市の山中にある。近くには温泉地がいくつかある観光地だが、いずれにせよこの店に来るには、車をたくさん走らせることになる。県道沿いにぽつんと建っているので、通りすぎてしまわないように注意したい。店主のいのまたせいこさんは元牛舎を1年かけて自力で改修したのち、2012年に書店として蘇らせた。ボロボロだった牛舎の改修は苦労の連続だったらしい。前室部分の屋根に葺かれた重いRC瓦は釘で固定され、撤去に難航した。屋根自体も腐っていたため新たにかけ直す必要があった。

組み合わせと転用の妙

店内に入ると、既存のRCブロック壁と木造の架構を利用した見事な家具レイアウトに目を奪われた。それもそのはず、店主のいのまたさんはこれまで何軒も古い家を自分で修繕して住んできた人物である。以前東京で経営していたロバロバカフェのインテリアはコアな支持を集めていたみたいだ。外観は、正面横一列に並んだ木製の窓が印象的だ。近くの空き家で使われていた建具を集めて組み込んだものなので、サイズも窓の種類もバラバラだが、一列に並ぶと妙なかわいさが宿るという、いのまたさんのマジックがかけられている。この窓の裏側は細長いカフェスペースである。お手製のドリンクや店内で売られているお菓子を楽しめるよう、牛舎の前室に長いカウンターを取り付けた。

四周がRCブロック積みの牛舎部分ではかつて牛が2頭飼われていて、2頭分の仕切りが設けられていた。この腰壁を残しつつ餌台だった部分を雑貨の陳列棚に転用することで、左右対称の売場が構成されている。客は牛の動線をたどって思い思いに店内を歩き回ることになるのである。

少しずつ変化しつづける店内

とりわけセルフビルド魂を感じたのはレジカウンターを兼ねた小上がりだ。大小様々な箪笥や棚を組み合わせたカウンターの奥にいのまたさんは座っている。この小上がりは、開店当時はもっと広かったらしいが、客の動線に配慮してサイズを縮めたという。おそらくこの先も店内はあらゆるところに手を入れ続けられ、更に磨きを掛けられていくのだろう。

小上がりのレジカウンター

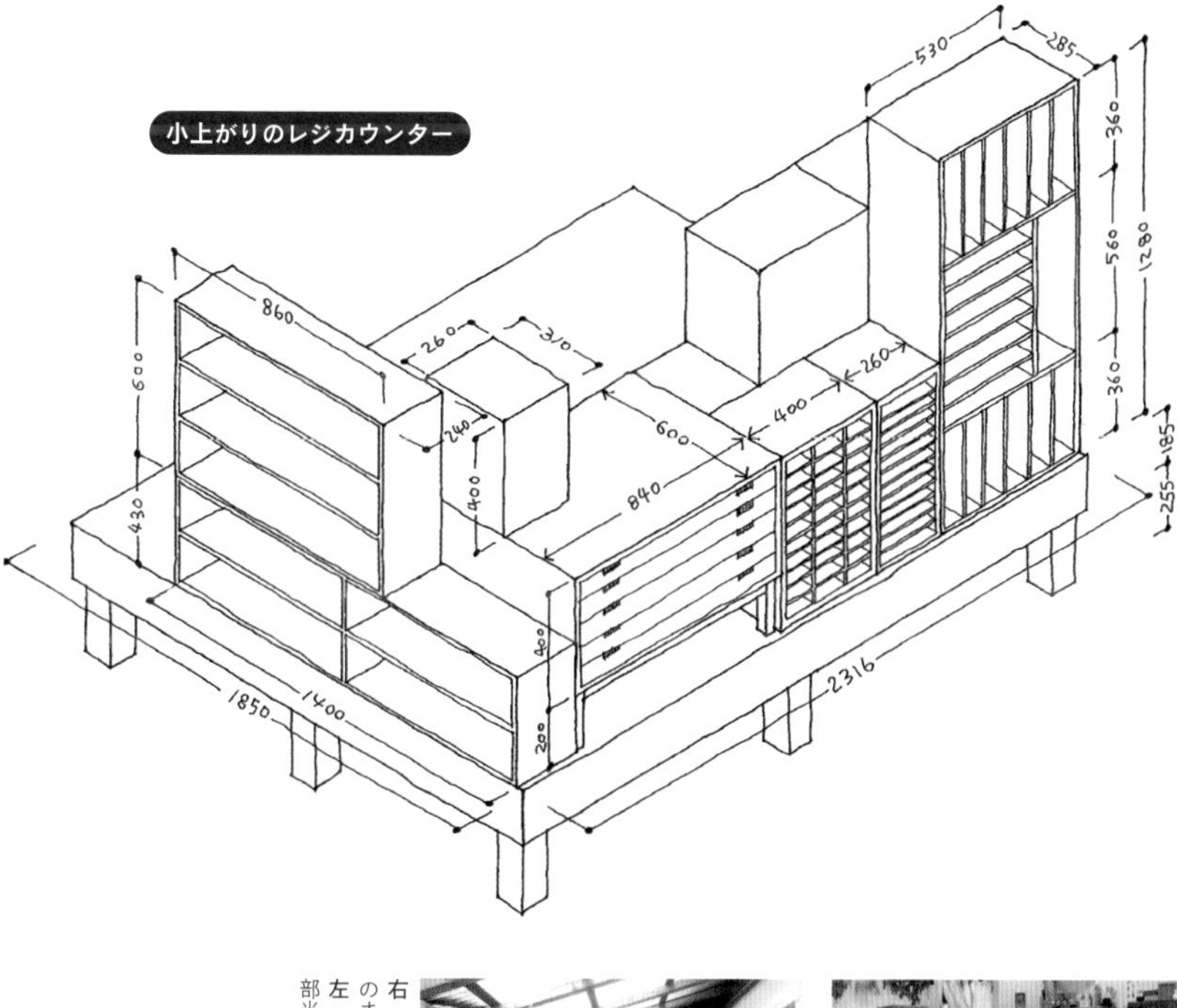

右：小上がりの奥に店主のいのまたさん
左：カフェゾーンの屋根は一部半透明で明るい

本屋ルヌガンガ

香川 | HONYA LUNUGANGA

大階段から棚板まで、本と目が合う一瞬を設計する

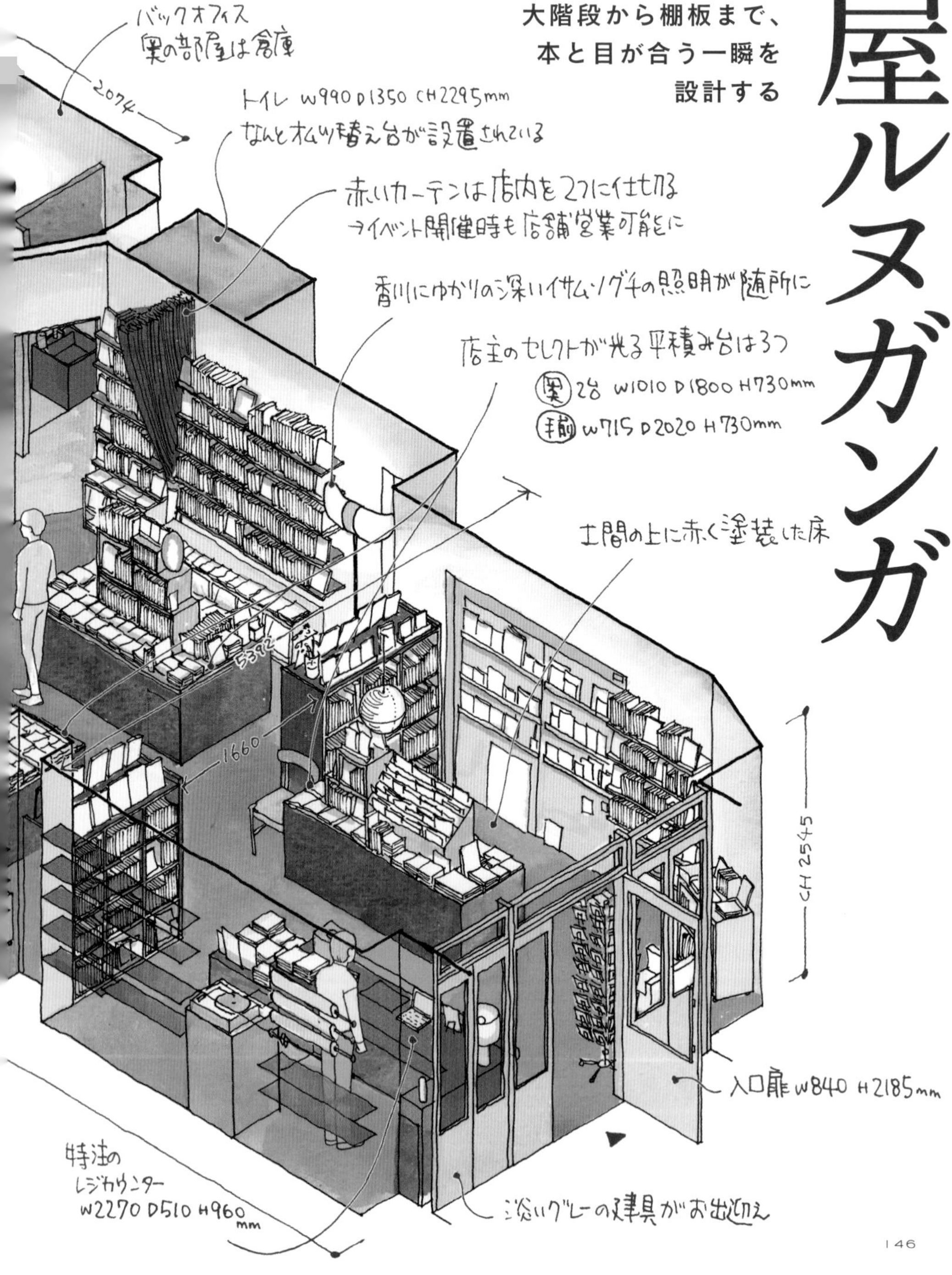

バックオフィス
奥の部屋は倉庫
2074
トイレ W990 D1350 CH2295mm
なんとオムツ替え台が設置されている
赤いカーテンは店内を2つに仕切る
→イベント開催時も店舗営業可能に
香川にゆかりの深いイサム・ノグチの照明が随所に
店主のセレクトが光る平積み台は3つ
奥 2台 W1010 D1800 H730mm
手前 W715 D2020 H730mm
土間の上に赤く塗装した床
5392
1660
CH 2545
入口扉 W840 H2185mm
淡いグレーの建具がお出迎え
特注の
レジカウンター
W2270 D510 H960mm

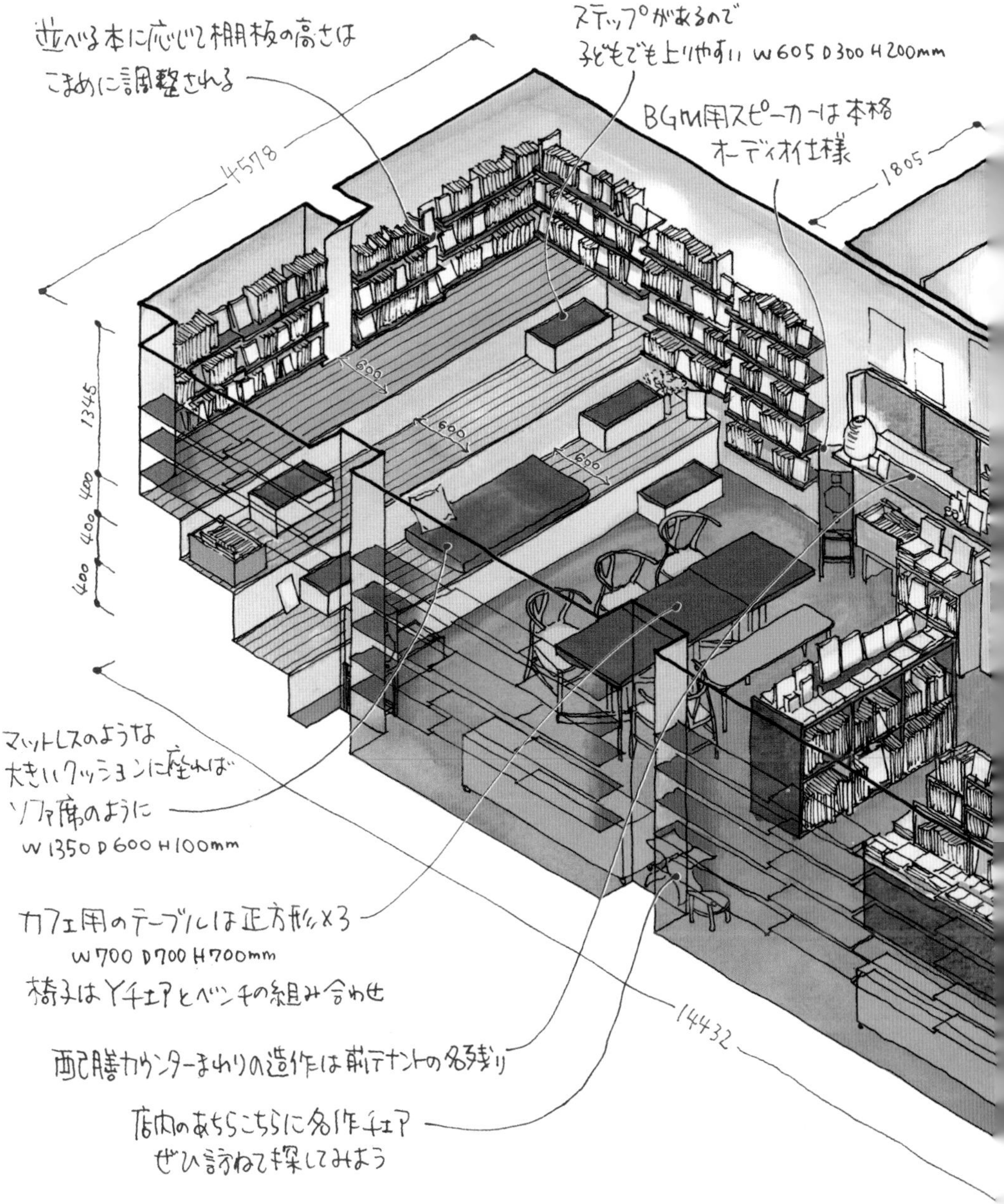
並べる本に応じて棚板の高さはこまめに調整される
ステップがあるので子どもでも上りやすい W605 D300 H200mm
BGM用スピーカーは本格オーディオ仕様
4578
1805
1345
400
400
400
600
600
600
マットレスのような大きいクッションに座ればソファ席のように
W1350 D600 H100mm
カフェ用のテーブルは正方形×3
W700 D700 H700mm
椅子はYチェアとベンチの組み合わせ
14432
配膳カウンターまわりの造作は前テナントの名残り
店内のあちらこちらに名作チェア
ぜひ訪ねて探してみよう

レコードショップの棚

香川県高松市の中心市街地にある本屋ルヌガンガは、アーケード商店街の合間に建つビルの1階に入居する。周りに古着屋や自転車屋があり、若い人がたくさん行き来する界隈である。元書店員の中村勇亮さんが地元での独立開業を選んだのが２０１７年。書架や家具がゆったりと配置され比較的広々とした店内ではあるが、程よい密度感も保っていて各棚に魅力的な本が並ぶ。元レコードショップだった物件に入居するにあたり、壁面全体に取り付けられたレコード棚はそのまま本棚に転用して、改修費用を抑えた。

イベントを支える大階段

一方で手の込んだ改修も施している。それが店内の最も奥の部分に造り付けた大きなひな壇状の階段スペースである。本屋講座への参加などを通して、店でイベントを開催できるメリットを実感していた中村さんのこだわりだ。イベント時は観客席として機能しつつ、普段は気軽に本の頁をめくれる閲覧席となる。客席を出し入れする手間も収納スペースも省けた。店内の中央に取り付けたカーテンレー

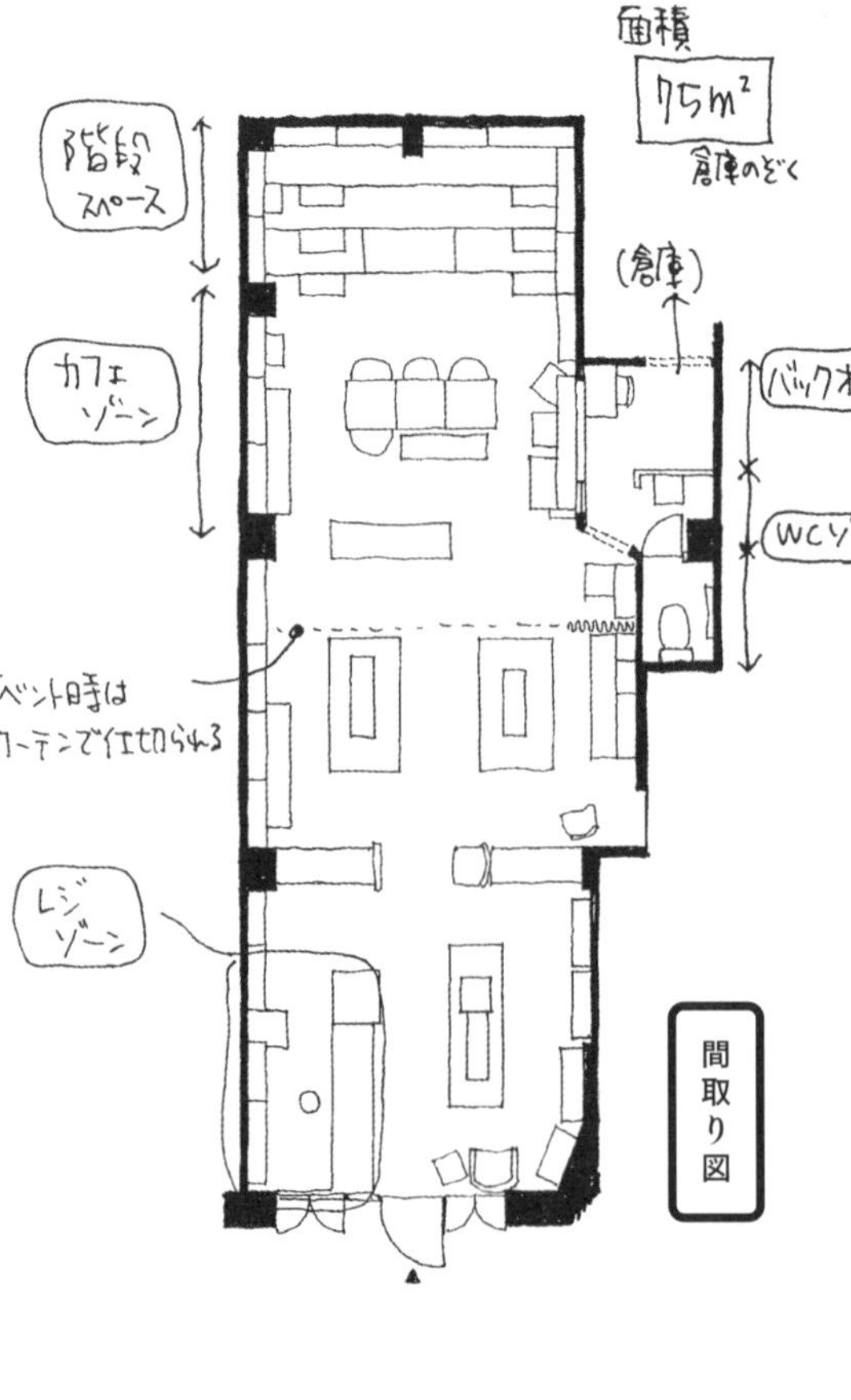

面積
75m²
倉庫のぞく
階段スペース
(倉庫)
カフェゾーン
バックオフィス
WCゾーン
イベント時はカーテンで仕切られる
レジゾーン

間取り図

上：奥の階段の上から店内全体を見下ろす
下：タイル貼りの外壁にグレーの扉が良く似合う

平積み台詳細

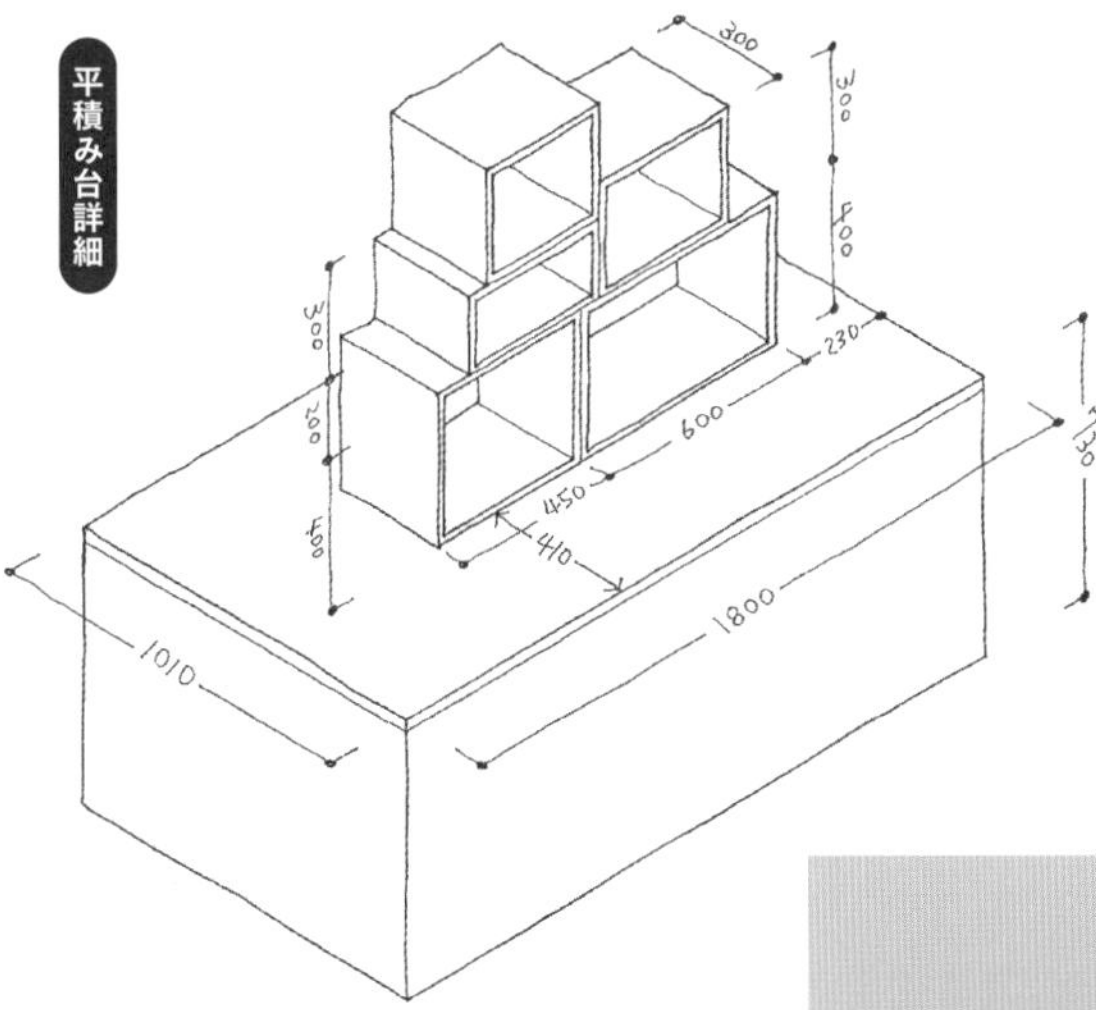

平積み台の上には木箱も積まれる

階段スペースには読書用のソファ席

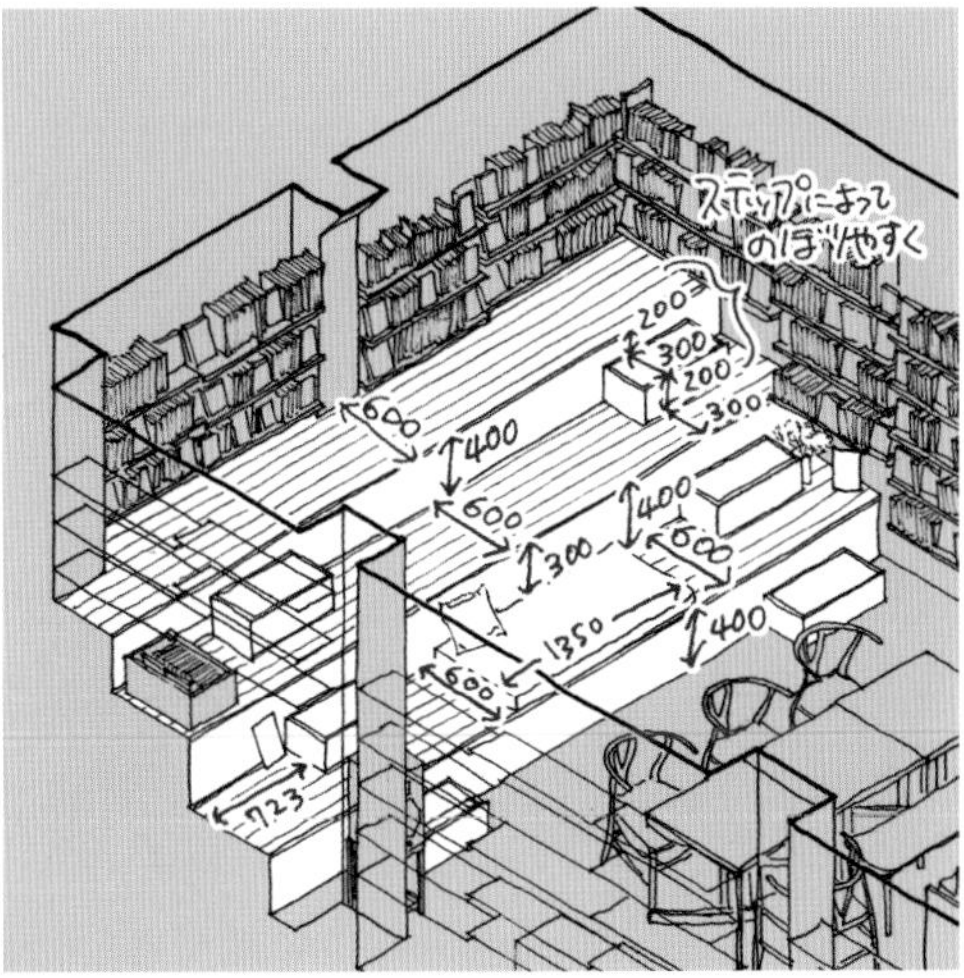

ひな壇状の階段スペース

ルも、書店の営業を続けながら奥でイベントを開催できる工夫である。

本と目が合ったその瞬間のために

イベントに注力した空間的特徴もさることながら、本屋ルヌガンガの真の凄みは、今まで全く気にしなかったような本と目が合うように陳列された棚にある。ふと面白そうだなと思った瞬間に手を伸ばすと、なんの抵抗もなく手元に引き寄せられるのである。この体験を成り立たせているのは店主の目利きによる選書だけではない。開店当初の棚板は、見栄えを優先して黒く塗装した合板製としていたが、本を引き出すときに摩擦で引っかかるのを煩わしく思った中村さんは、シートを張るなど試したが、今は無塗装の板にすべて入れ替えた。そんな細部へのこだわりの甲斐あってか、筆者も大量の新刊書を買うはめに。

店名のルヌガンガとは、スリランカの国民的建築家、ジェフリー・バワがデザインした自邸の名称である。建築にも造詣が深い店主夫妻が、地上の楽園のようなこの住宅の名を店名に冠しているのは、ここが読書好きの楽園となるように願っているからに違いない。

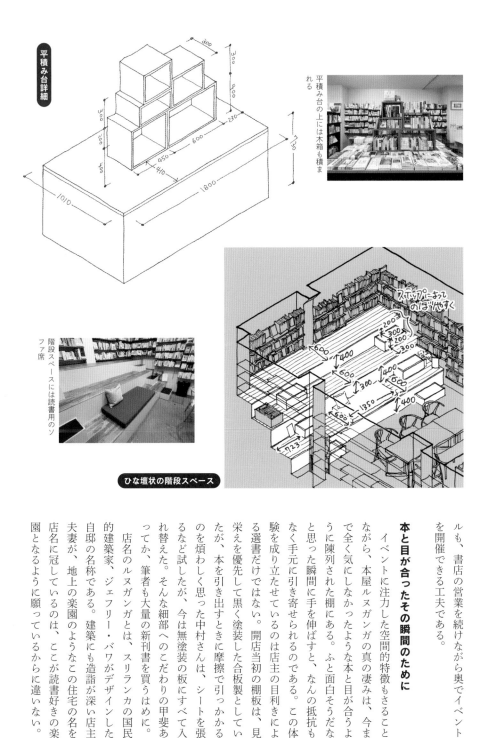

へちま文庫

香川 | HETIMA BUNKO

本を引き立てる家具と
読みたくなる風景

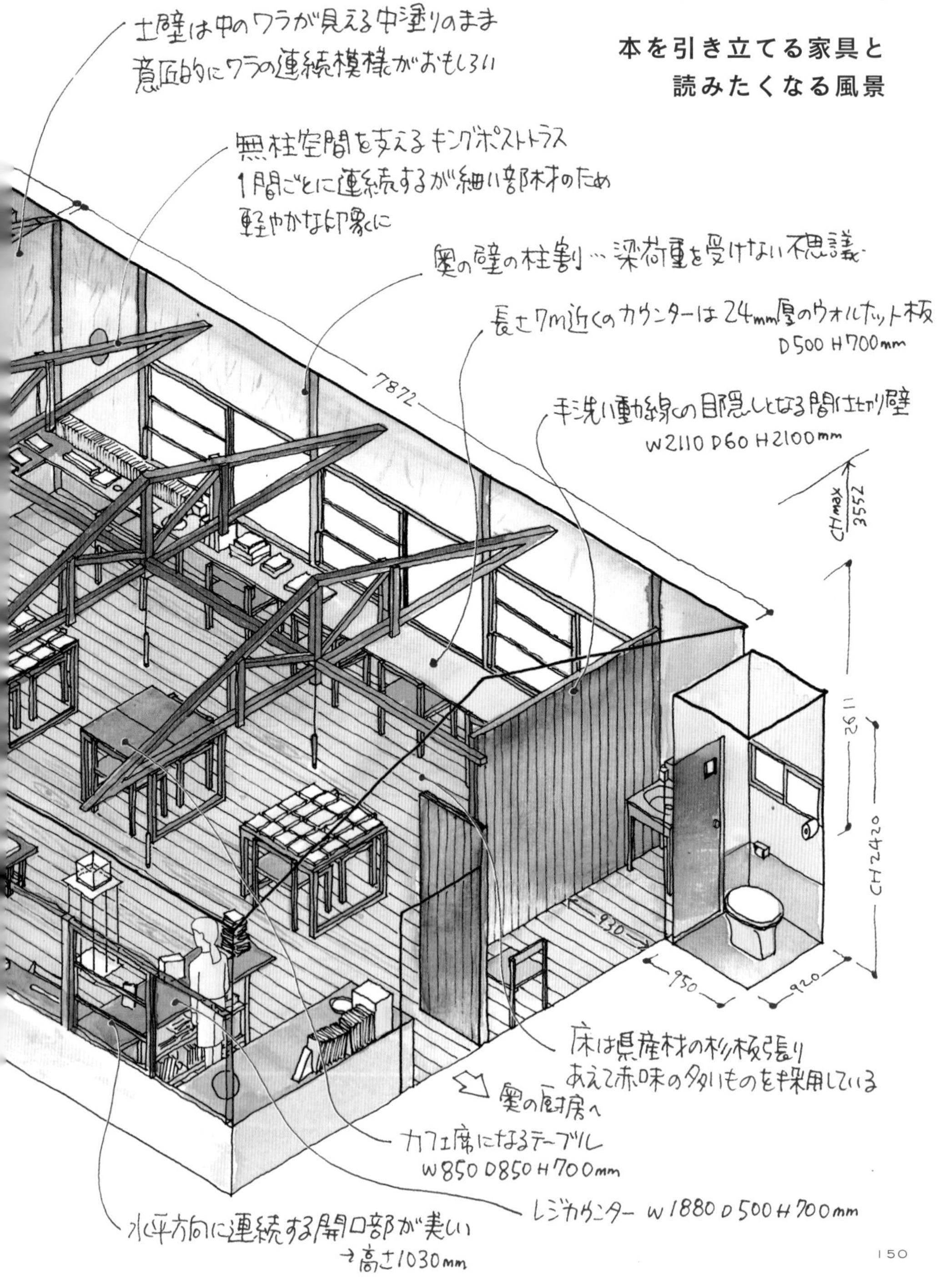

土壁は中のワラが見える中塗りのまま
意匠的にワラの連続模様がおもしろい
無柱空間を支えるキングポストトラス
1間ごとに連続するが細い部材のため
軽やかな印象に
奥の壁の柱割…梁荷重を受けない不思議
長さ7m近くのカウンターは24mm厚のウォルナット板
D500 H700mm
手洗い動線の目隠しとなる間仕切り壁
W2110 D60 H2100mm
7872
CHmax 3552
2611
CH2420
930
950
920
床は県産材の杉板張り
あえて赤味の多いものを採用している
奥の厨房へ
カフェ席になるテーブル
W850 D850 H700mm
レジカウンター W1880 D500 H700mm
水平方向に連続する開口部が美しい
→高さ1030mm

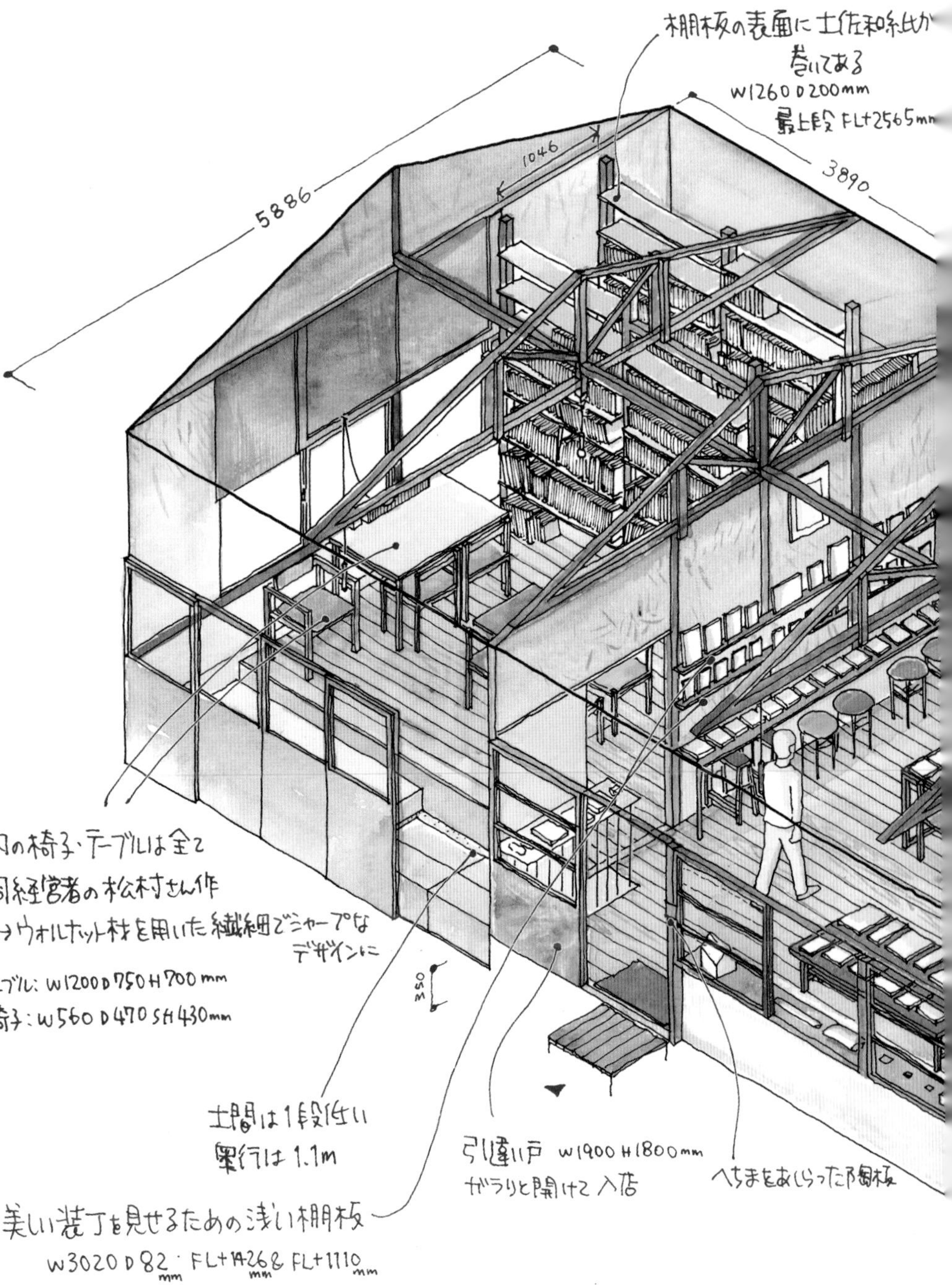

棚板の表面に土佐和紙が巻いてある
W1260 D200mm
最上段 FL+2565mm
5886
1046
3890
店内の椅子・テーブルは全て共同経営者の松村さん作
→ウォルナット材を用いた繊細でシャープなデザインに
テーブル：W1200 D750 H700mm
椅子：W560 D470 SH430mm
350
土間は1段低い
奥行は1.1m
引違い戸 W1900 H1800mm
ガラリと開けて入店
へちまをあしらった陶板
美しい装丁を見せるための浅い棚板
W3020 D82mm FL+1426mm & FL+1110mm

右：店の前にへちまがたくさん
左：長手方向に伸びる連窓から自然光

古い建具工場を改修

香川県高松市の住宅街にある仏生山温泉。泉質はもちろん、気持ちの良い施設デザインも地元や遠方客に愛される理由だ。オーナーであり設計も手掛けたのは地元の建築家・岡昇平さん。岡さんは温泉以外にもカフェや宿、雑貨屋など地域の仲間と店や場づくりを面展開していて、温泉のすぐそばにあるへちま文庫も、その１つである。木造平屋建ての元木製建具工場を、共同設計者・共同経営者で家具職人でもある松村亮平さんと改修、２０１４年に古書店をオープンした。

古書の装丁の美しさ

見事に育ったへちまのパーゴラをくぐり、中央の入口から店内へ入る。両側に小さめの部屋が接続する長方形の建物は、中央に幅８ｍ奥行き６ｍの大きな一室があり、まず目に入るのは松村さんの手によってミニマルにデザインされたカフェテーブルや椅子、板張りの床だ。堅くて高級なウォルナットで、赤い木肌が美しい日常使いの家具をつくる松村さん。店の家具やカウンターの端正な木目、深い赤みのある木肌は、１冊１冊丁寧に並べら

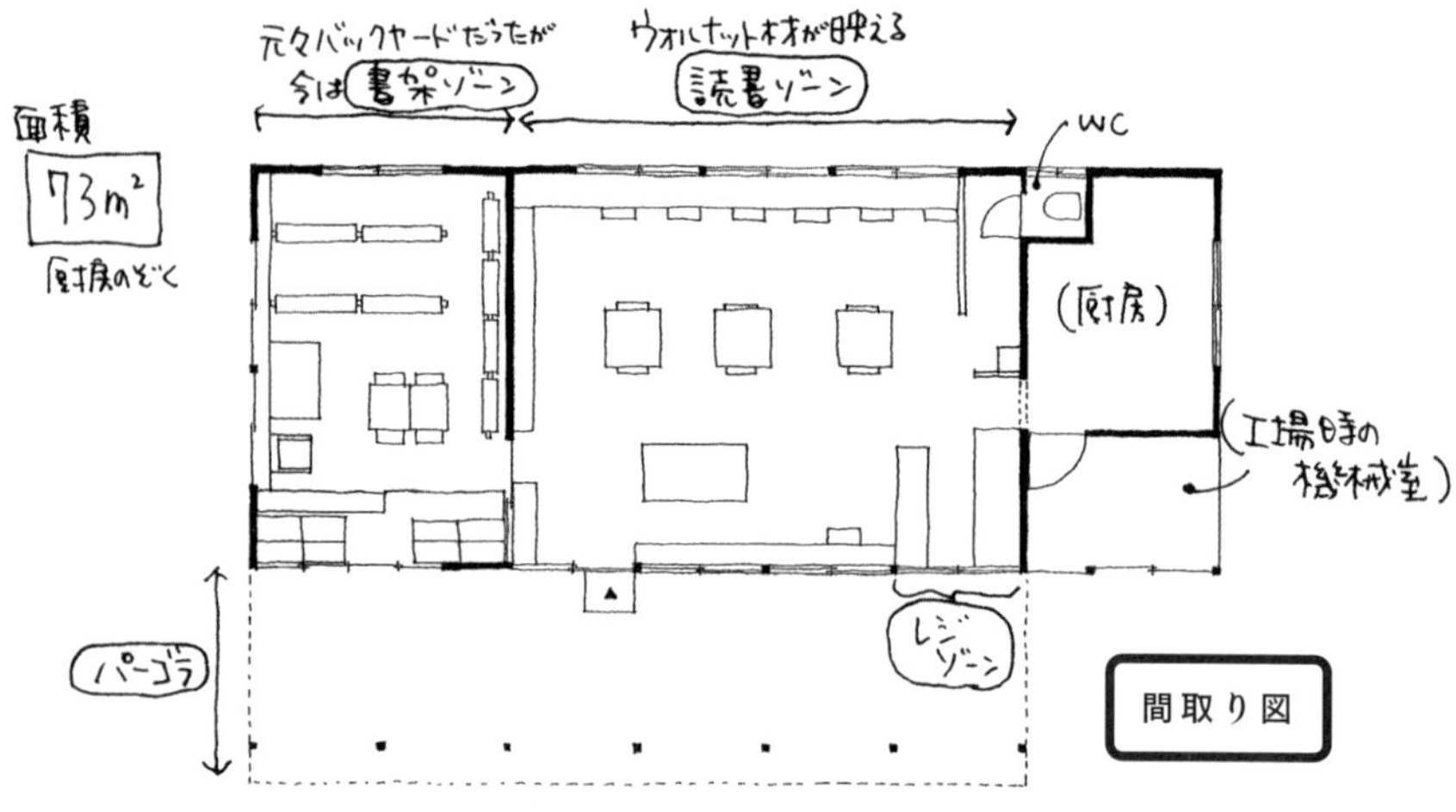
元々バックヤードだったが
今は書架ゾーン
ウォルナット材が映える
読書ゾーン
WC
面積
73m²
厨房のぞく
(厨房)
(工場時の機械室)
パーゴラ
レジゾーン

間取り図

広い店内にカフェテーブルが良く映える

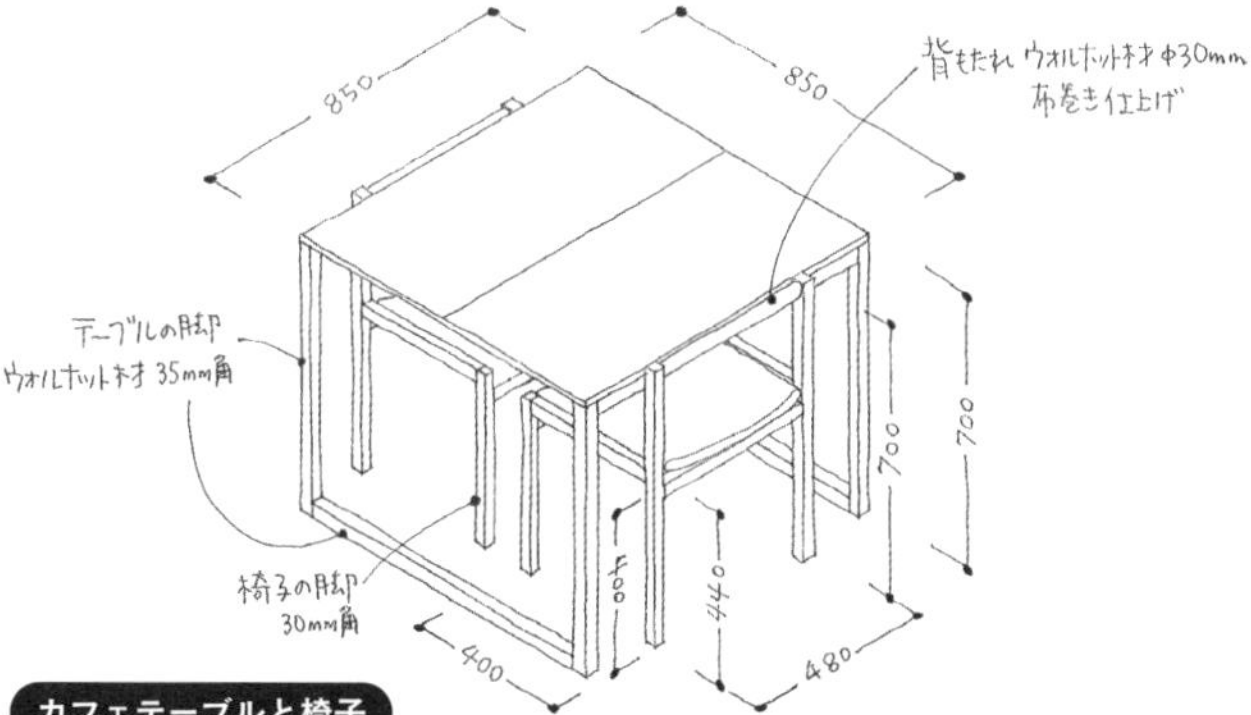
850
850
背もたれ ウォルナット材 φ30mm
布巻き仕上げ
テーブルの脚
ウォルナット材 35mm角
椅子の脚
30mm角
700
700
400
440
400
480

カフェテーブルと椅子

れた本の佇まいを引き立てる。選書を手掛けるのも本好きの松村さんである。特に惹かれるのは凝った装丁が多い昭和の古書がもつ美しさ。店内の本は表紙が見える面出しで陳列されている。本の並ぶカウンター上部には横一列に並ぶ窓から裏庭の風景が切り取られ、緑に反射した光が眩しい。

ふと見上げた天井は、何やら亀の子たわしのような不思議な仕上げだ。いったい何の素材かと松村さんに尋ねると、ウォルナットの削りカスを固着したものだとか。加工時に出るカスを天井材に再利用したという。

本を読む人がいる風景

ちなみに、仏生山温泉にもちょっとした古書販売コーナーがあって利用客に好評だという。この温泉が生んだのは、露天風呂に入りながら、風呂上がりに涼みながら、本を読んでいる人がいる風景である。人が本を読みたくなるのはいつだって居心地の良いところだと気づき、まちの中にもっと本を読める場所を増やそうと決意したと岡さんは話す。へちま文庫では、ウォルナットの家具が本を読む人がいる風景をつくり出している。

和紙貼り書架

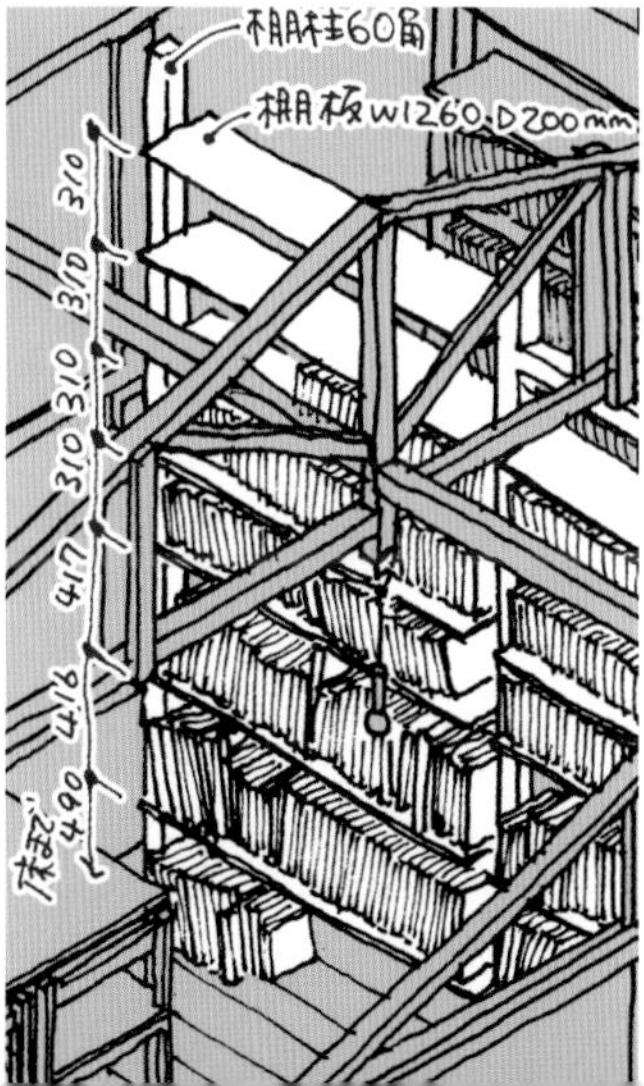
棚柱60角
棚板W1260 D200mm
310
310
310
310
417
416
490

和紙が巻かれた白い棚板

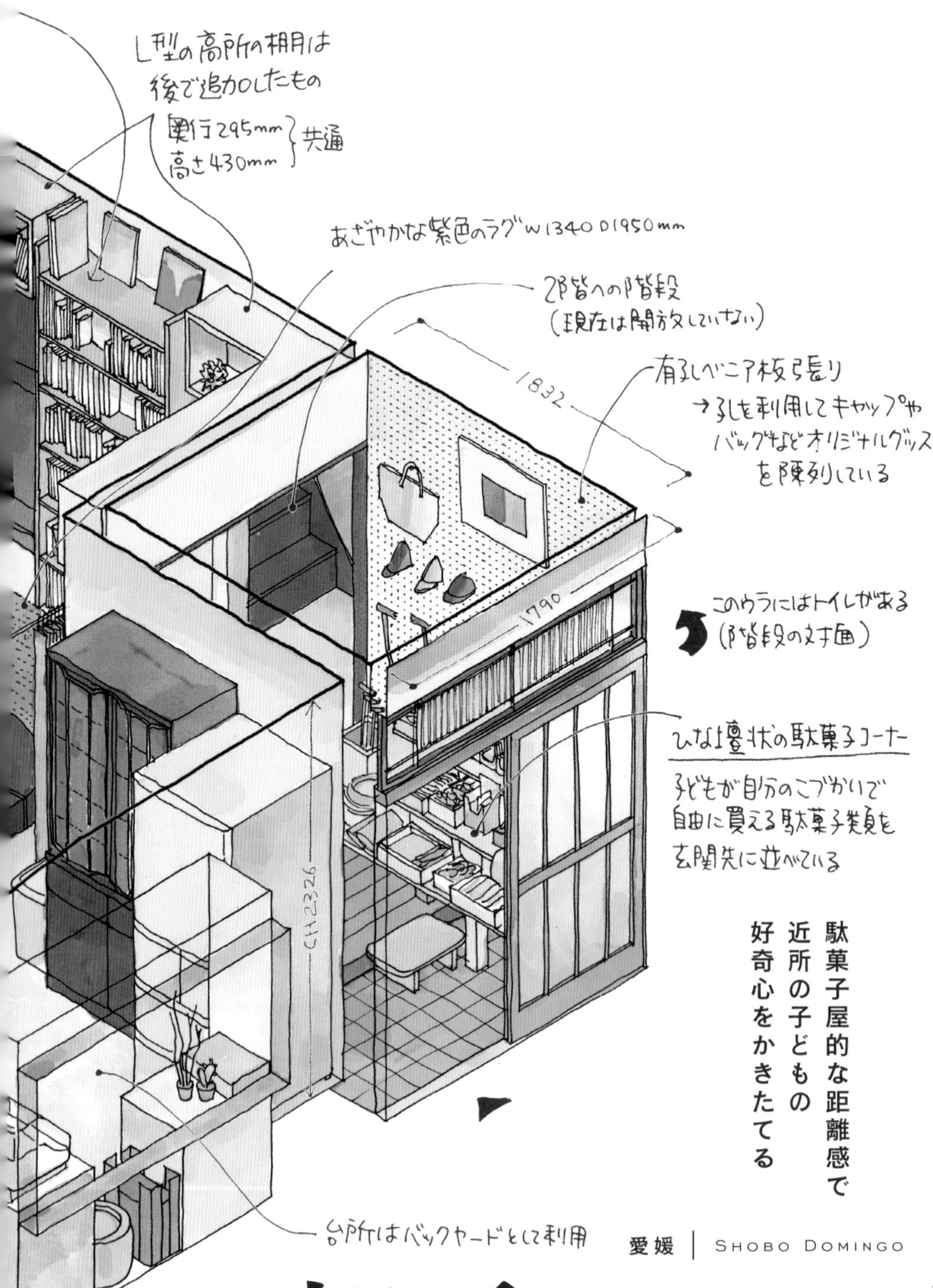
L型の高所の棚は
後で追加したもの
奥行295mm
高さ430mm
共通
あざやかな紫色のラグ W1340 D1950mm
2階への階段
（現在は開放していない）
1832
有孔ベニア板張り
→孔を利用してキャップや
バッグなどオリジナルグッズ
を陳列している
1790
このウラにはトイレがある
（階段の対面）
ひな壇状の駄菓子コーナー
子どもが自分のこづかいで
自由に買える駄菓子類を
玄関先に並べている
CH2326
台所はバックヤードとして利用

駄菓子屋的な距離感で
近所の子どもの
好奇心をかきたてる

愛媛 | SHOBO DOMINGO

書房ドミンゴ

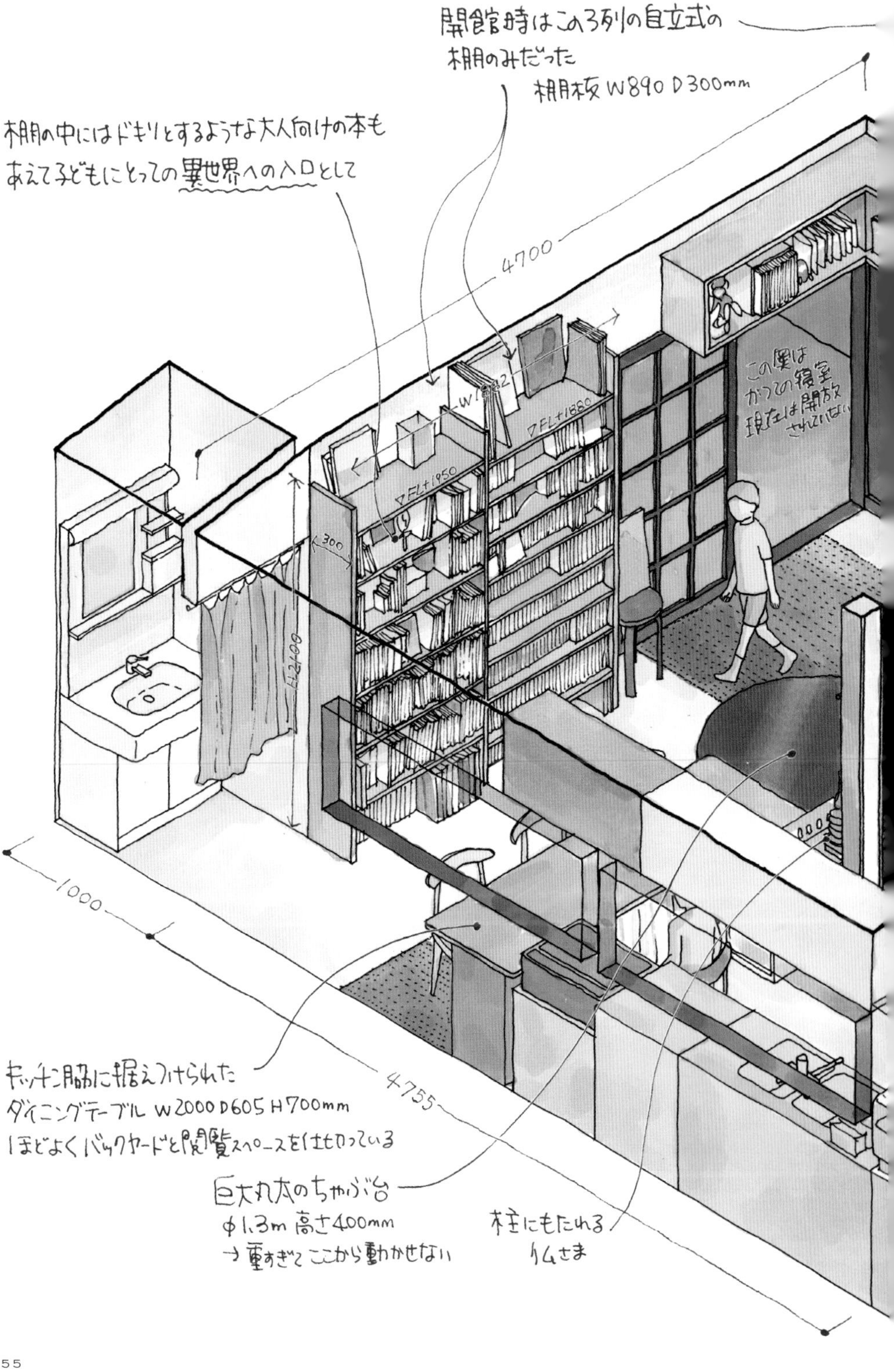
開館時はこの3列の自立式の
棚のみだった
棚板 W890 D300mm
棚の中にはドキリとするような大人向けの本も
あえて子どもにとっての異世界への入口として
4700
この奥は
かつての寝室
現在は開放
されていない
▽FL+1880
▽FL+1950
300
H2100
1000
4755
キッチン脇に据えつけられた
ダイニングテーブル W2000 D605 H700mm
ほどよくバックヤードと閲覧スペースを仕切っている
巨大丸太のちゃぶ台
φ1.3m 高さ400mm
→重すぎてここから動かせない
柱にもたれる
ルムさま

空き家だった祖母宅を図書館に

愛媛県松山市、中心部近くの閑静な住宅地に、書房ドミンゴという子ども図書館がある。図書館といっても公共の運営ではなく、1軒の住宅を改修して地域に開放した、図書室と呼んでもいいような手づくりの私設図書館である。雑誌編集者の清水淳子さんは、コロナ禍の2020年に自分が捨てられないもの、大切にしていること、やりたいことは何だろうと考えた。手元にあったのは、2人の娘にかつて読み聞かせした大量の絵本。これらを活用して、地域の子どもに開かれた場を自作することを思いつく。折しも自宅の脇には元々祖母が住んでいた空き家が残っていた。木材加工業を営む家族の協力を得ながら書架を設置し、図書館として体裁を整えた。玄関とLDKの部分、合わせて4・7m×4・7mの正方形空間を開放している。部屋の中央には巨大な丸太のちゃぶ台が鎮座する。手触りも良く、高さ400㎜と子どもが絵本を広げるにはちょうどいい。

子どもだけで行ける場所

週2回程度しか開館しない上に、不定期で

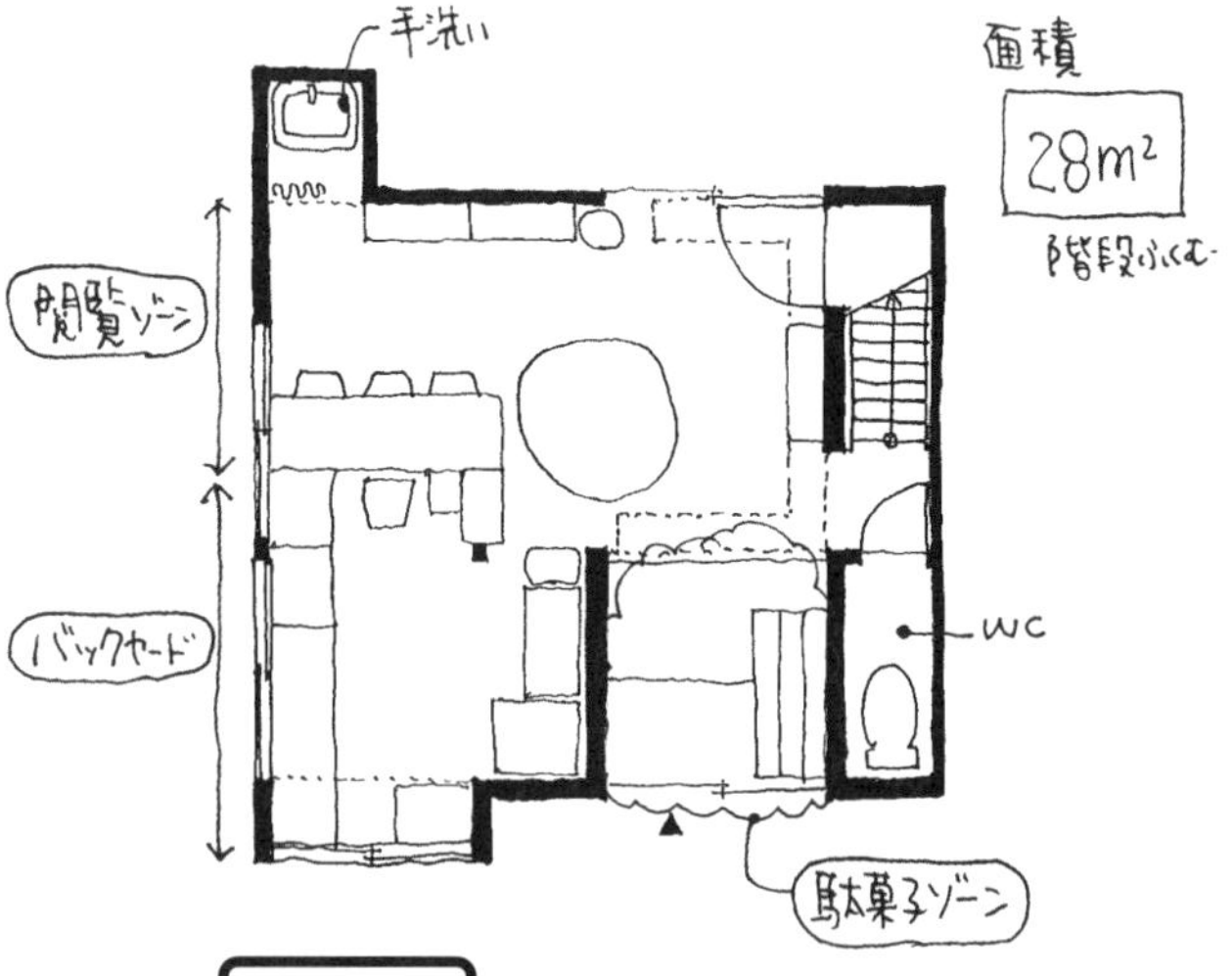
手洗い
面積
28m²
階段ふくむ
閲覧ゾーン
バックヤード
WC
駄菓子ゾーン

間取り図

右：とても図書館とは思えない外観
左：中央には巨大丸太の輪切りが鎮座する

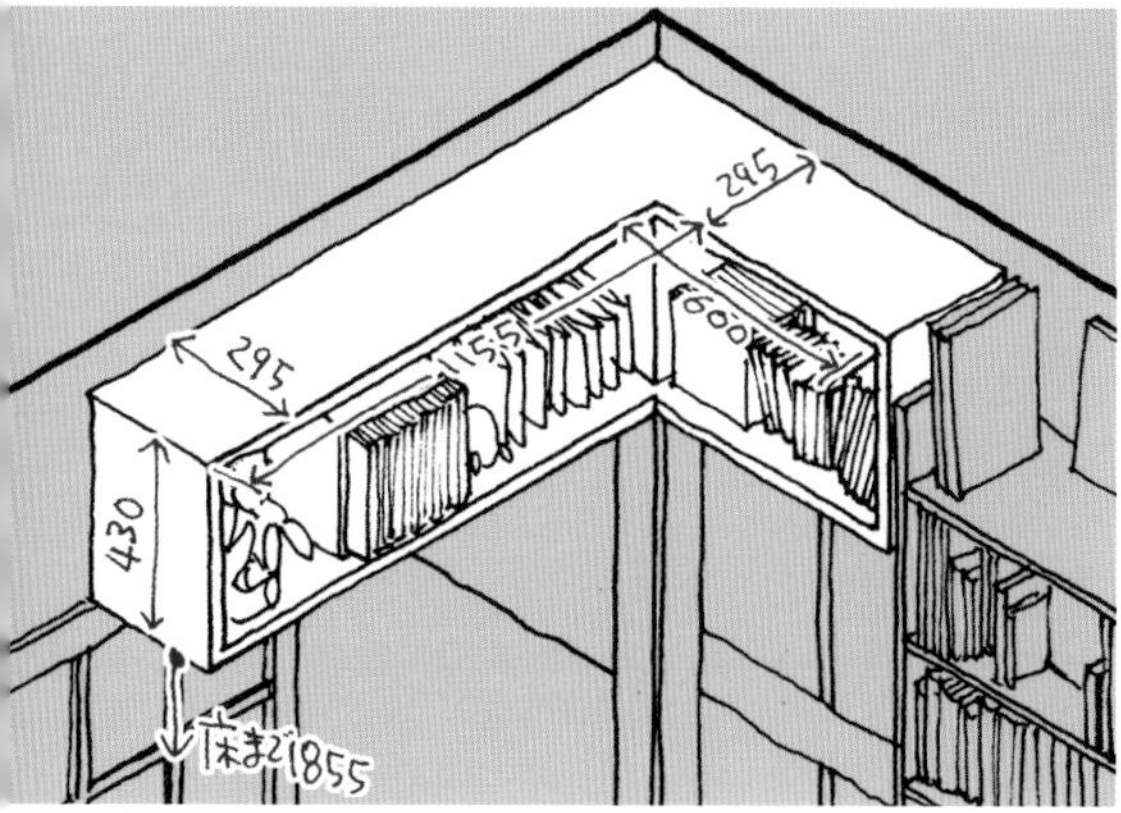
L型高所棚
295
295
1555
600
430
床まで1855

上：見上げると部屋の隅っこも棚
下：玄関にはみんな大好き駄菓子コーナー

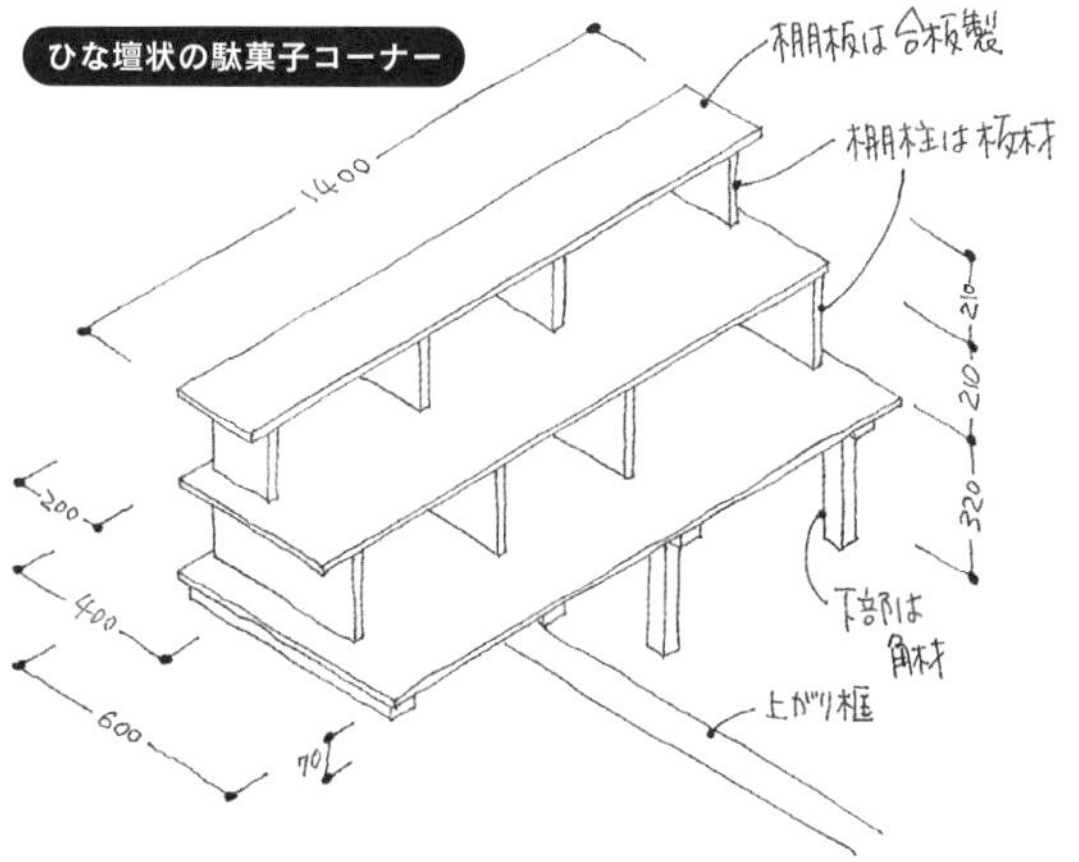
ひな壇状の駄菓子コーナー
棚板は合板製
棚柱は板材
1400
210
210
320
200
400
600
70
下部は角材
上がり框

ある書房ドミンゴ。それでも近所の子どもたちは熱心に通ってくるという。子どもたちが来やすいようにと、玄関に合板で組んだひな壇をつくり、そこで駄菓子を販売している。

今やかつての町内にあったような地域の交流は少なくなり、子どもだけで行ける駄菓子屋のような場所もなくなった。書房ドミンゴという場所をつくることで、地域の中でも互いに顔の見えるリアルな関係がもう一度生まれ、子どもたちにとってこの図書館はなくてはならない場所になった。

異世界への扉を開いてほしい

館内の書架には、元々もっていた児童書や寄贈された子ども向けの本のほかに、あえて大人向けの、必ずしも品行方正ではない本を一定数混ぜているという。よくわからない本がまぎれている書架が、子どもにとって異世界への扉となってほしいとの願いからだ。取材当日は休館日にもかかわらず、部屋の電気をつけて玄関扉を開けていると、近所の子どもが次々と中を覗きこんで一言二言、実測中の筆者に声を掛けていった。こんな素敵な場所を知っている彼らがとても羨ましかった。

COLUMN 3

本のある空間とまちの関係

「本のある空間」を意識するようになったのはいつだったか思い返してみると、小学生の頃に引っ越した郊外ニュータウンの片隅に来た移動図書館バスがきっかけかもしれない。

当時はまだ街自体が若く、若い子育て世帯も多かった一方で、子どもが利用できる地域図書館は未整備だった。やがて筆者の母を含め地域住民が公立図書館にはたらきかけ、近所の駐車場に月に一度、移動図書館バスの巡回が実現するようになる。家の近くに好きな本と出会える場所ができたことは、たとえ月に一度だとしても、とても嬉しかったことをおぼえている。

書店や図書館があるまちに住みたいという人は多いのではないか。

トンガ坂文庫（p.78）の店主・本沢さんと豊田さんのように、移り住んだ地域に書店がないことがきっかけとなって、自ら書店を開くことになったエピソードや、地元に読書をする人のいる風景をつくり出すため、へちま文庫（p.150）を開いた松村さん・岡さんのように、あったらいいなと思う風景をつくる試みこそが、その地域を生きた「まち」にするのだと思う。

車社会に抗い、徒歩圏内の魅力的な店をつなぐ拠点であることを目指すREBEL BOOKS（p.24）や、地元の高校生が自分で電車に乗って来られるよう、地方の鉄道駅近くに店を構える汽水空港（p.134）の存在も、小難しいまちづくり理論を吹っ飛ばす強いインパクトを持っている。

実測中、地元の学生と思しき常連客と遭遇することが何度かあった。「本のある空間」を近所の公園のように利用する彼ら・彼女らの姿を見るたび、心の底から羨ましいと思った。筆者が同じくらいの年齢のときにそのような場所をもてていたなら、どんなに良かっただろう。

九州・沖縄

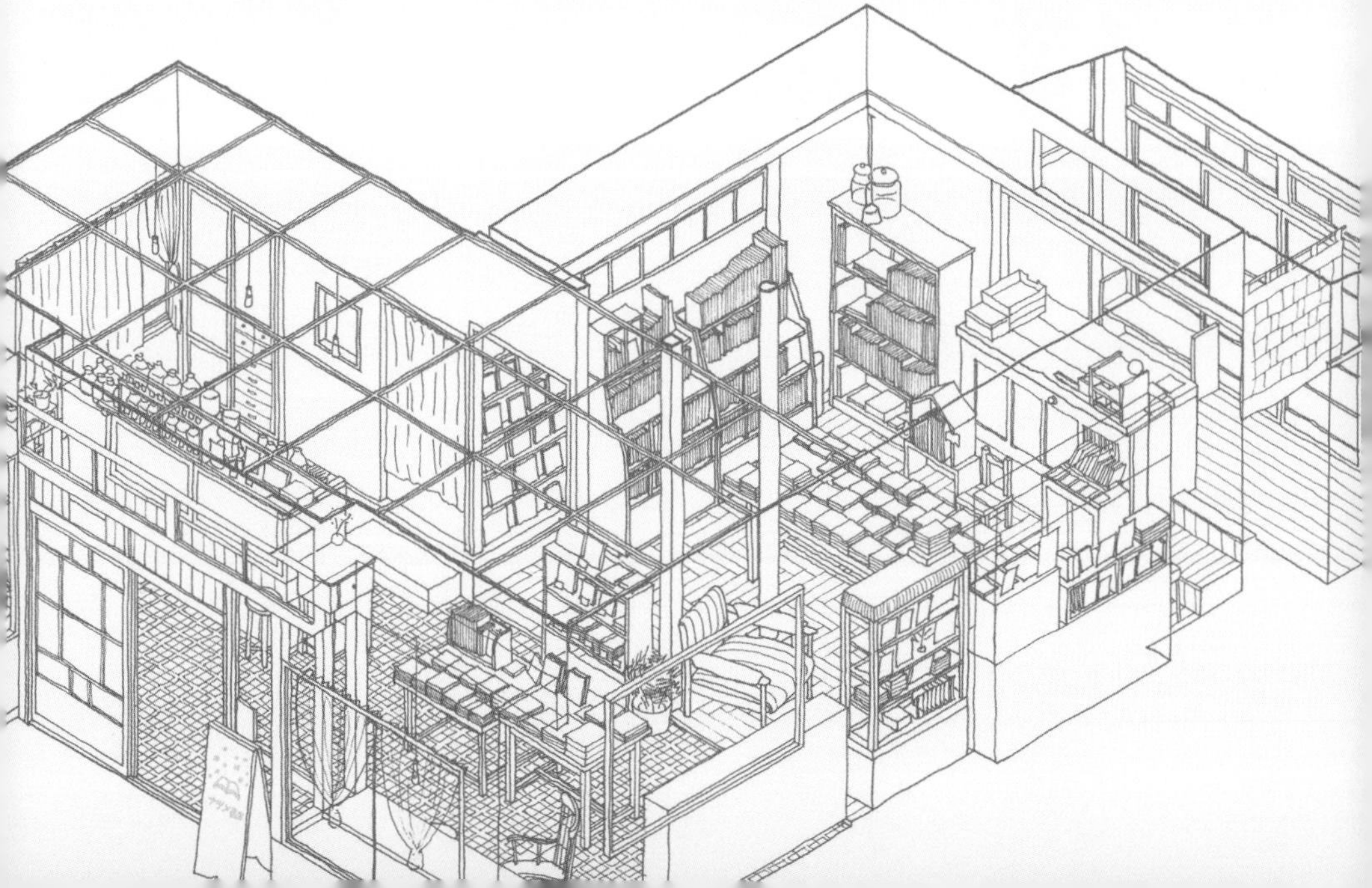

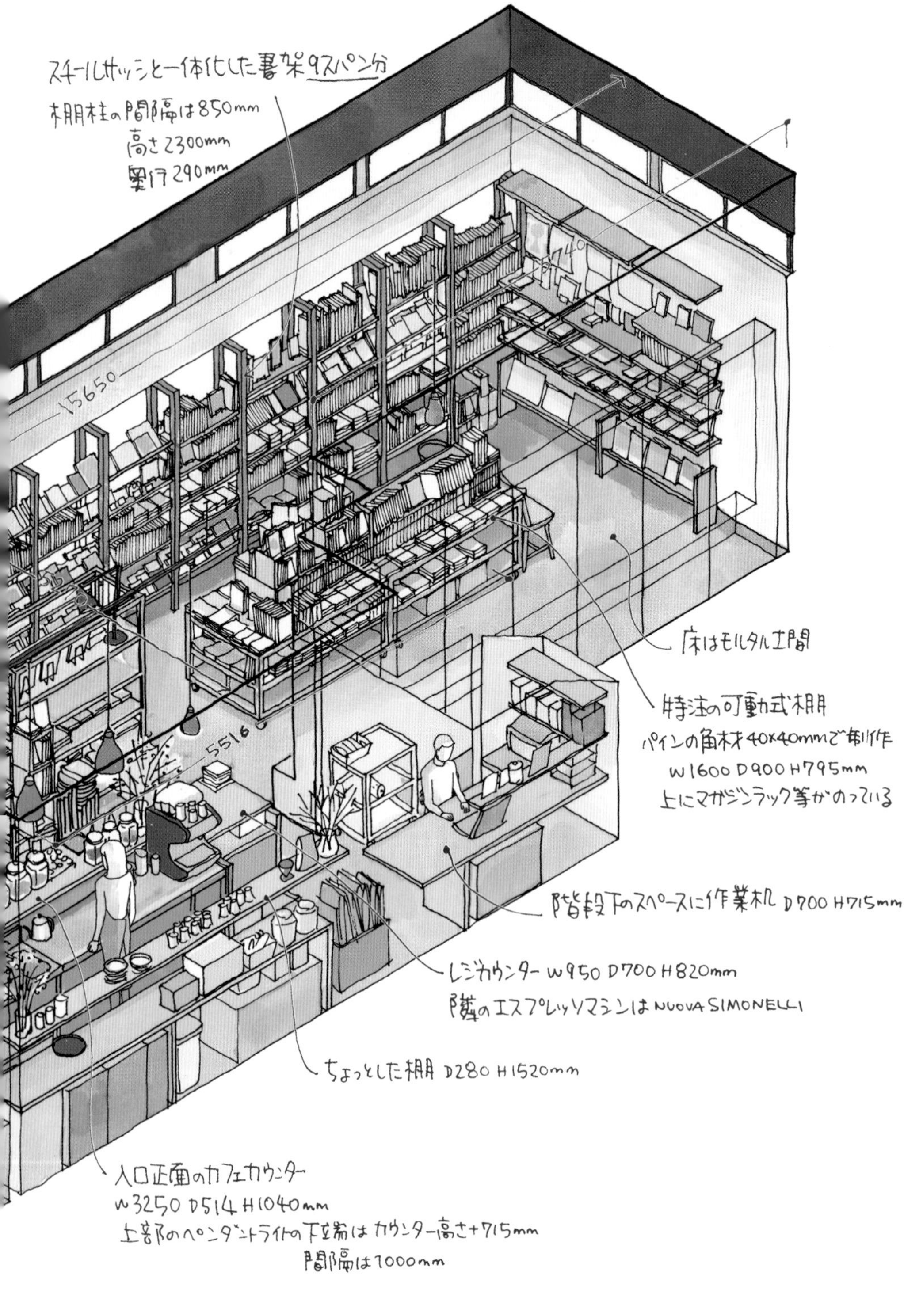
スチールサッシと一体化した書架9スパン分
棚柱の間隔は850mm
高さ2300mm
奥行290mm
15650
5516
床はモルタル土間
特注の可動式棚
パインの角材40×40mmで制作
W1600 D900 H795mm
上にマガジンラック等がのっている
階段下のスペースに作業机 D700 H715mm
レジカウンター W950 D700 H820mm
隣のエスプレッソマシンはNUOVA SIMONELLI
ちょっとした棚 D280 H1520mm
入口正面のカフェカウンター
W3250 D514 H1040mm
上部のペンダントライトの下端はカウンター高さ+715mm
間隔は1000mm

MINOU BOOKS

本との出会いを誘発する
賑やかな窓際書架

MINOU BOOKS | 福岡

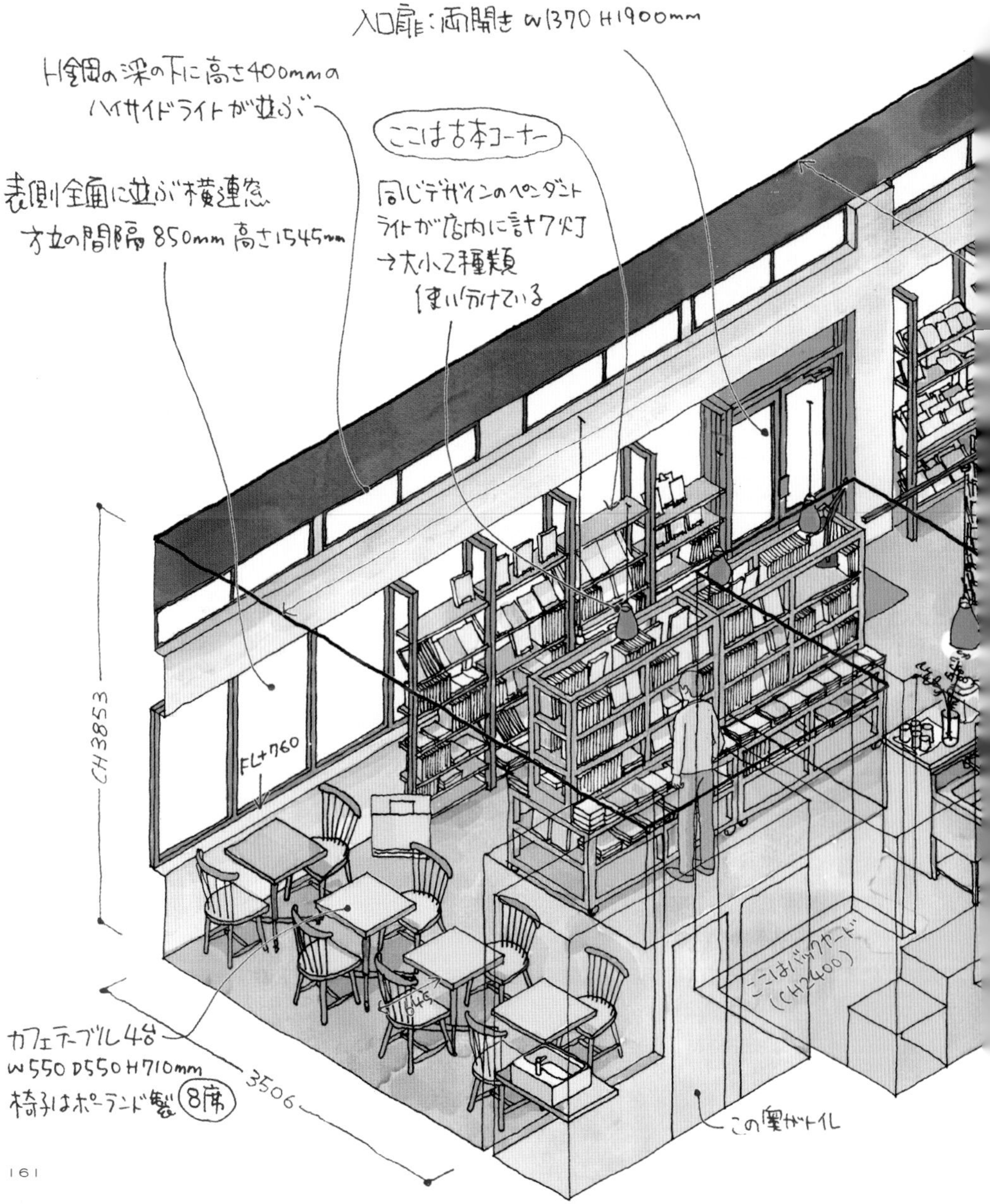

入口扉：両開き W1370 H1900mm
H鋼の梁の下に高さ400mmの
ハイサイドライトが並ぶ
ここは古本コーナー
表側全面に並ぶ横連窓
方立の間隔 850mm 高さ1545mm
同じデザインのペンダント
ライトが店内に計7灯
→大小2種類
使い分けている
CH3853
FL+760
645
カフェテーブル4台
W550 D550 H710mm
椅子はポーランド製 8席
3506
ここはバックヤード
(CH2400)
この奥がトイレ

右：伝統的な町並みに現れるレトロな外観
左：店内は左右に長い独特の空間

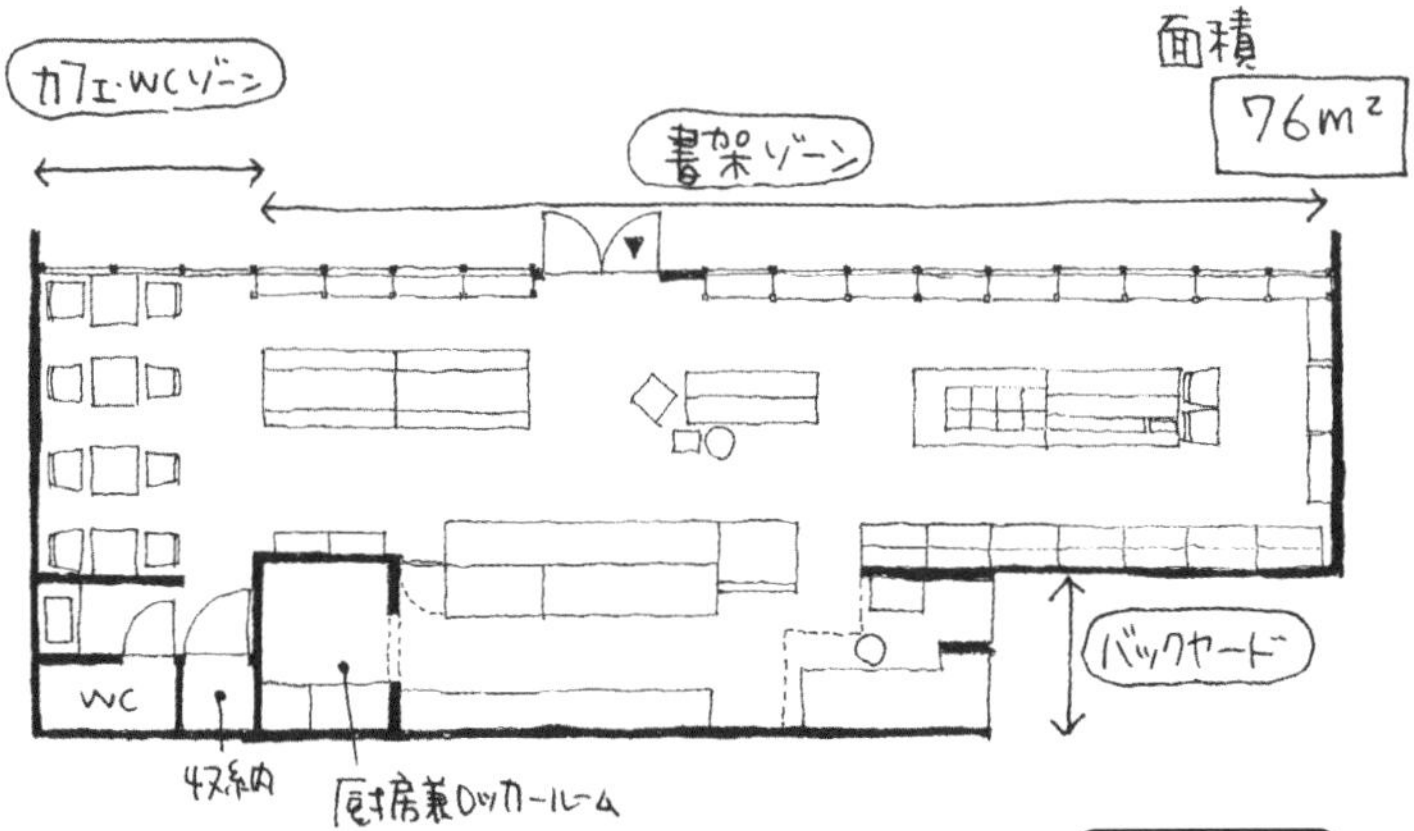
面積
76m²
カフェ・WCゾーン
書架ゾーン
バックヤード
WC
収納
厨房兼ロッカールーム

間取り図

白壁の町並みに浮かぶ書店

北に筑後川、南に耳納《みのう》連山の峰々が連なる雄大な自然に抱かれた福岡県うきは市。吉井地区はかつて宿場町として栄え、重要伝統的建造物群保存地区である白壁のまち並みは観光地としても賑わう。耳納連山から名をとったMINOU BOOKSは、そんな白壁のまち並みに不思議と馴染む、元魚屋のレトロな鉄骨造ビルの1階に入居している。道行く地元民や観光客が入りやすいよう、明るく楽しげな店舗にしたかったと店主の石井勇さんは話す。伝建地区の場合、指定前からあるすべての建物に外観を維持する法規制がかかる。外観に一切手を入れられない分、石井さんは内部に大幅な改修を施し、白い壁と木目が組み合わさったおしゃれな店内に仕上げた。

外から見ても楽しい窓際書架

幅広なファサードの真ん中あたりに、店の入口がある。中に入ると、店の平面同様に長いカウンターが正面に控え、その奥の壁にも長い棚板が取り付けられている。店内は幅が15・6mほどある代わりに奥行きは3〜5mと浅い。入って右手奥には8席分のカフェがあり、その奥にトイレがある。残りの空間はすべて書店スペースである。

外の通りと接する面には幅85cmの窓枠が全面に取り付いている。手前には角型鋼管で組まれた書架が窓枠と同じ85cm間隔で連続する。窓際は本が焼けてしまうので、たとえ直射日光が入らない北側でも書架の陳列を避けることが多いのだが、古書や雑貨を並べることで、外から見ても楽しい本のファサードを実現している。

どこにでもあるようでここにしかない

店の中の書架はどれも明るい木目の無垢材でつくられ、統一感のあるデザインとなっている。地元うきは市の家具工場と製作したもので、窓際の書架とも見事に調和している。ものを詰め込みすぎず、余白を残した空間づくりを心がけていると言う石井さん。2015年の開業から8年経ち、早すぎる新刊書のサイクルに流されず、ずっと棚に置いておきたくなる、厚みのある選書へシフトしたいと考えているそうだ。どこにでもあるようで実はここにしかない。そんな本の並びと空間はこうした日々の努力でできあがっているのだ。

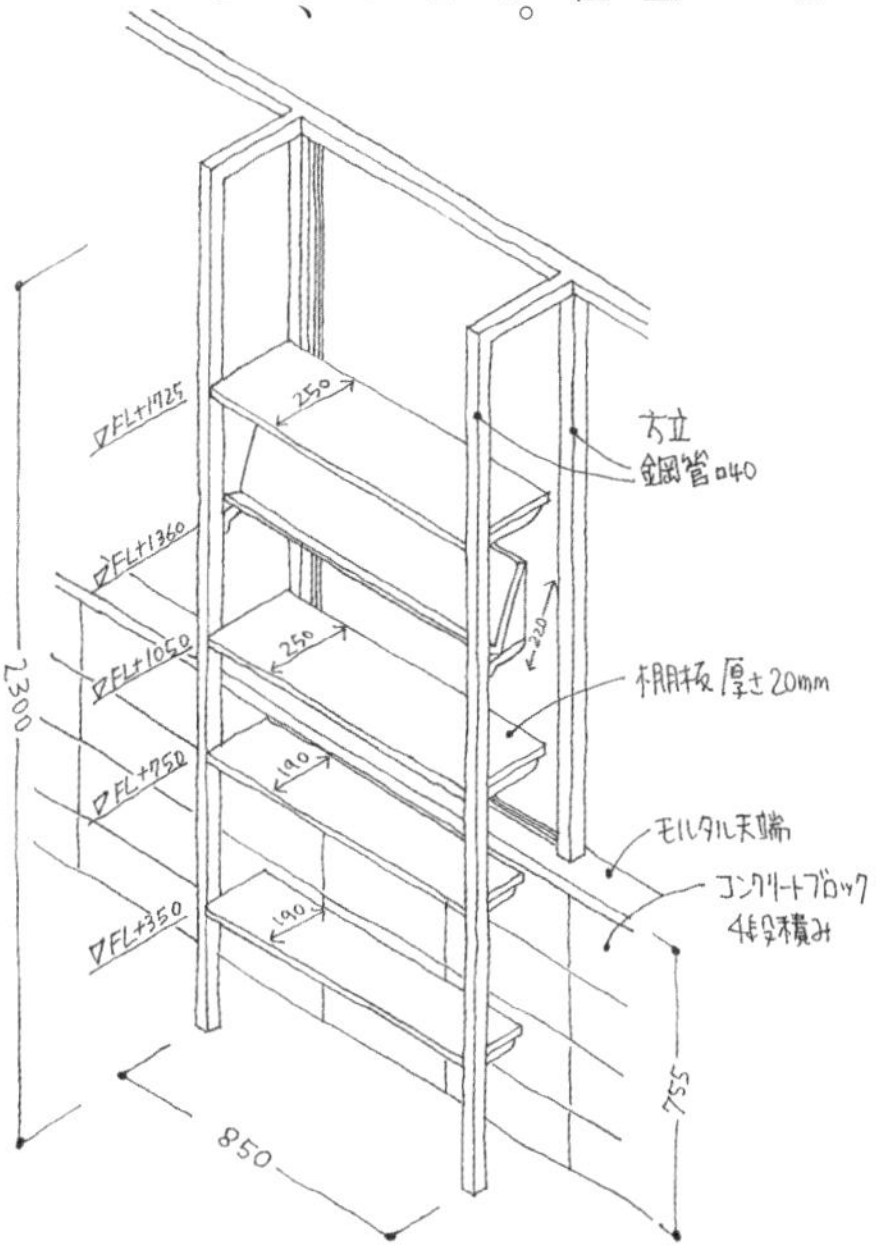

窓際書架詳細

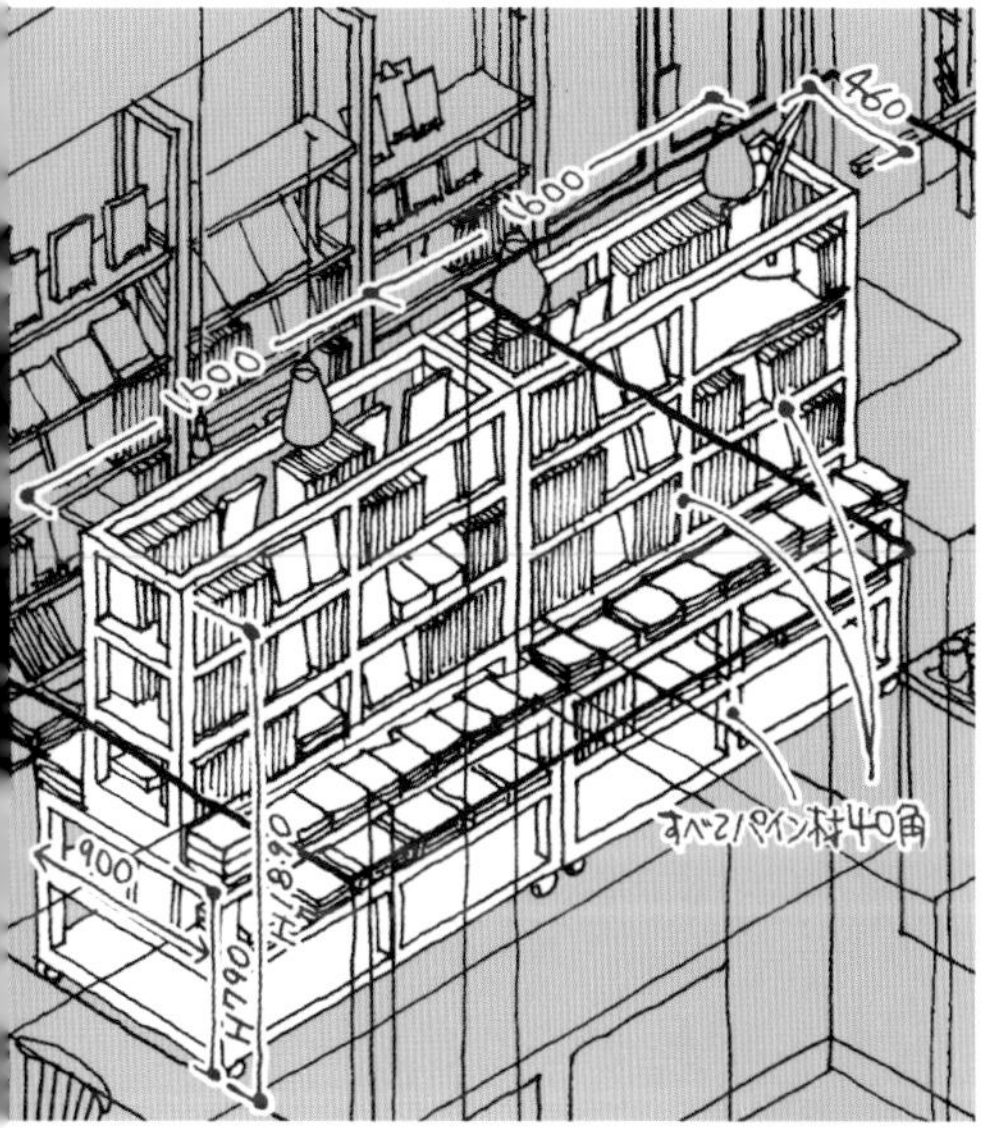

凸型可動式書架

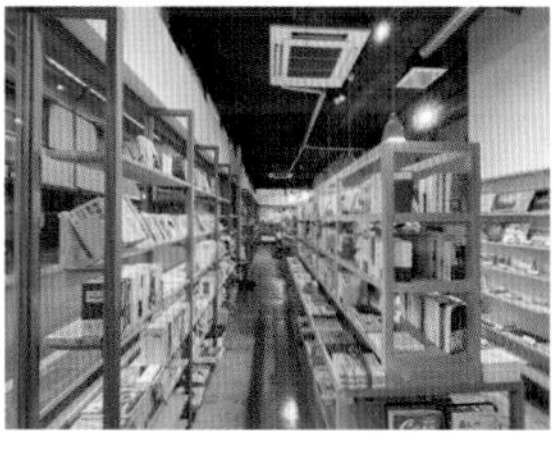

右：窓際には特注の書架が取り付く
左：凸型の可動式書架が並ぶ

福岡 | NATSUME SHOTEN

ナツメ書店

元時計店の意匠と呼応する 精緻な配架計画

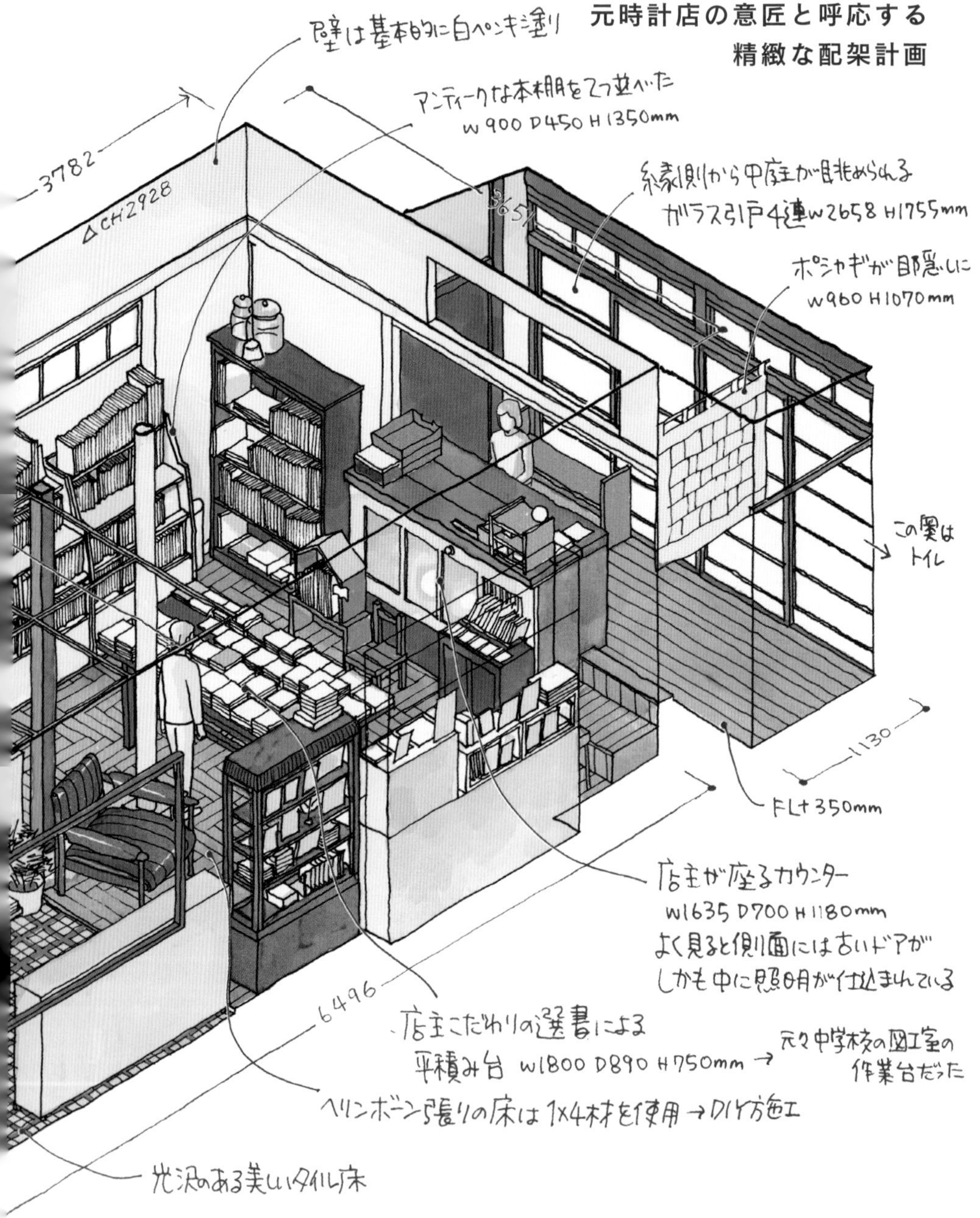

壁は基本的に白ペンキ塗り
アンティークな本棚を7つ並べた
W900 D450 H1350mm
3782
▽CH2928
3651
縁側から中庭が眺められる
ガラス引戸4連 W2658 H1755mm
ポジャギが目隠しに
W960 H1070mm
この奥はトイレ
1130
FL+350mm
店主が座るカウンター
W1635 D700 H1180mm
よく見ると側面には古いドアが
しかも中に照明が仕込まれている
6496
店主こだわりの選書による
平積み台 W1800 D890 H750mm → 元々中学校の図工室の作業台だった
ヘリンボーン張りの床は1×4材を使用 → DIY施工
光沢のある美しいタイル床

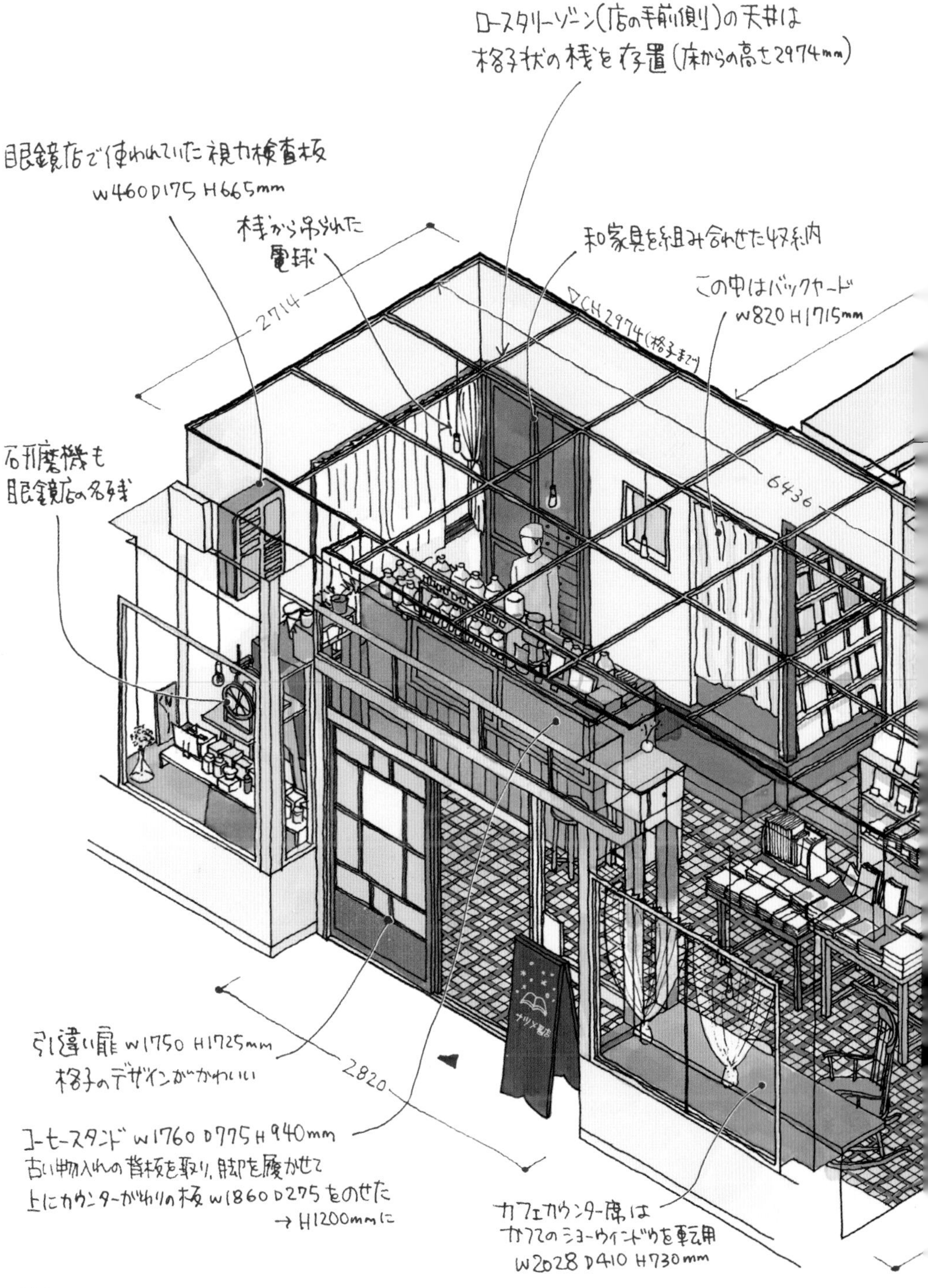

ロースタリーゾーン(店の手前側)の天井は
格子状の桟を存置(床からの高さ2974mm)
眼鏡店で使われていた視力検査板
W460 D175 H665mm
桟から吊られた
電球
和家具を組み合わせた収納
この中はバックヤード
W820 H1715mm
2714
▽CH2974(格子まで)
6436
研磨機も
眼鏡店の名残
ナツメ書店
引違い扉 W1750 H1725mm
格子のデザインがかわいい
2820
コーヒースタンド W1760 D775 H940mm
古い物入れの背板を取り、脚を履かせて
上にカウンター代わりの板 W1860 D275 をのせた
→H1200mmに
カフェカウンター席は
かつてのショーウインドウを転用
W2028 D410 H730mm

上：並木の奥に古い商店のファサード
下：窓が多くとても明るい店内

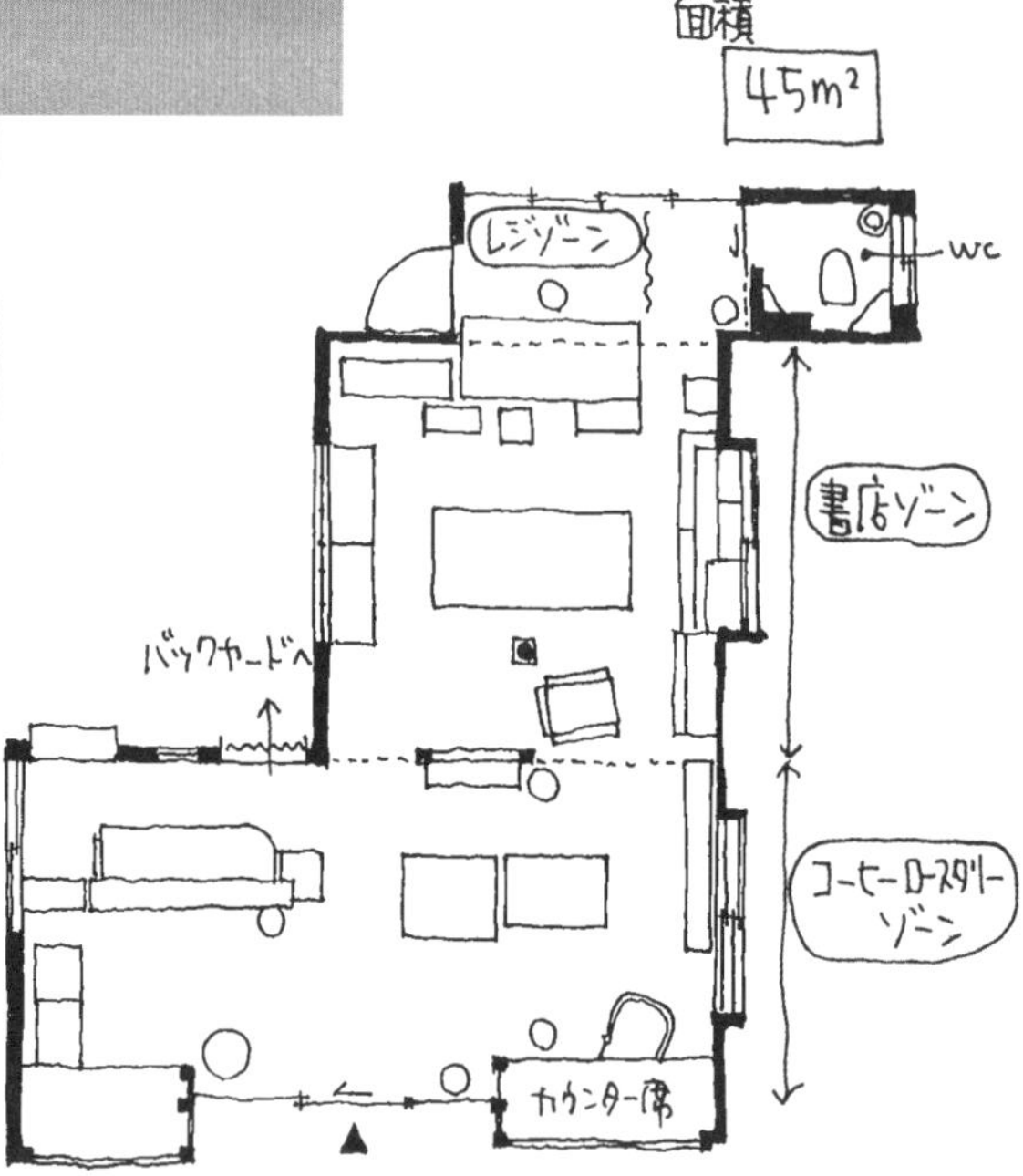

面積
$45m^2$
レジゾーン
wc
書店ゾーン
バックヤードへ
コーヒーロースタリー
ゾーン
カウンター席

間取り図

選書と響き合うリノベーション

福岡市にあるナツメ書店。平積み台に並ぶのは初めて近現代文学に触れる人でも手に取りやすい厳選された選書はもちろん、個性的なデザインの什器や家具の一つひとつにも店主のこだわりが垣間見えて楽しい書店だ。店主・奥由美子さんはこの地で店を構える前、北九州市小倉地区の商店街で同じくナツメ書店という屋号の店を営業していた。前店舗はリノベーションスクール@北九州という空き家改修ノウハウを学ぶ事業に施主として関わり、参加者たちにＤＩＹでつくってもらった。たまたま知り合いに案内してもらい、福岡市の郊外で20年間空き家だった元時計店の物件と出会い、一目惚れ。ここを夫のコーヒーロースタリーと合体した職住一体の店に改修したのは、２０１７年のことだ。

記憶を引き継ぐ什器と家具

Ｌ型平面の店内は、手前の幅の広い部分がコーヒーロースタリー、奥の狭まった部分が書店である。移転にあたり、前店舗のＤＩＹ現場を間近で見てきた奥さんが今度は自ら腕を奮った。壁のペンキ塗りや合板でつくった

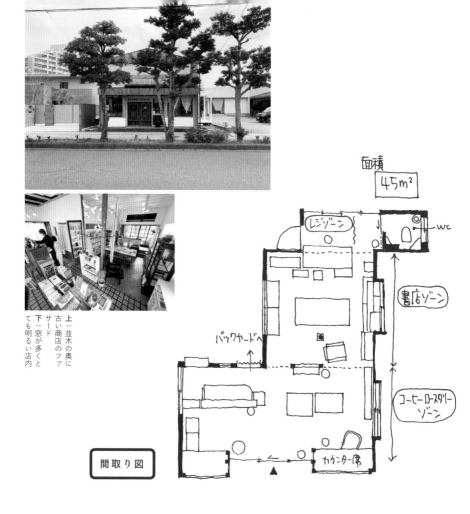

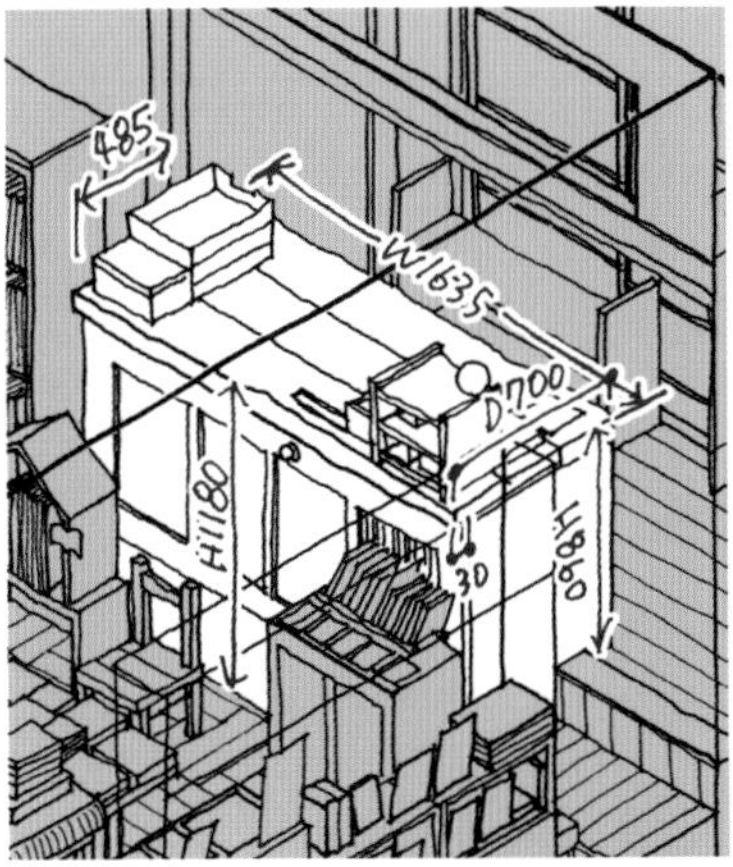

魔改造レジカウンター

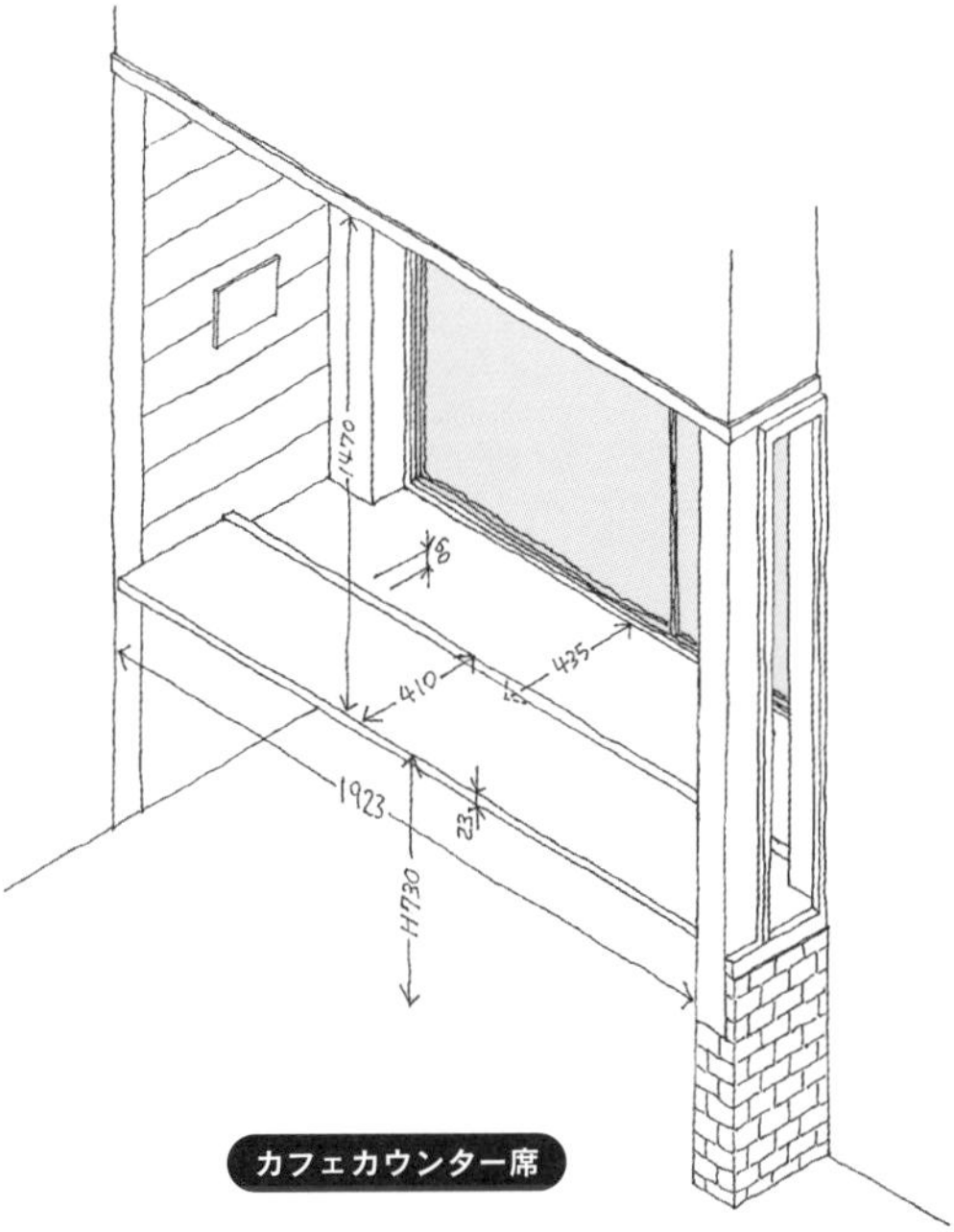

カフェカウンター席

右：コーヒーロースタリーの床はタイル貼り
左：レジカウンターの中が光っている

家具はすべて奥さんのＤＩＹ施工である。元時計店の空間を最大限生かすべく、通りに面したショーケースや天井の格子や床のタイルなどは、オリジナルをそのまま利用している。

　レトロで重厚なロッキングチェアや応接椅子、ガラスのシェルフも時計店に残されていたものを再利用し、レジカウンターやグレーの本棚は北九州の店から持ってきた。

　ともすればちぐはぐな印象になりそうな存在感のある家具たちが空間によく馴染んでいるのは、白いペンキ塗りの壁と３ｍ近い高い天井がつくる一体感のおかげであろう。

変化しつづけるレイアウト

　奥さんはいつだって本が一番良く見えるレイアウトを考えているので、家具配置は常に流動的だ。加えて定期的に開催する展覧会やイベントの時に、家具を自由に移動させたいので、店内には造り付けの家具を置かない。本の居心地も客の居心地も自分たちの居心地も満たす最善のレイアウトを求め、今日もレイアウトは変化し続ける（※大規模改修のため２０２３年４月から長期休業中）。

橙書店

熊本 ｜ DAIDAI SHOTEN

ひしめく本と
人との遭遇を
静かに見守る
カウンター

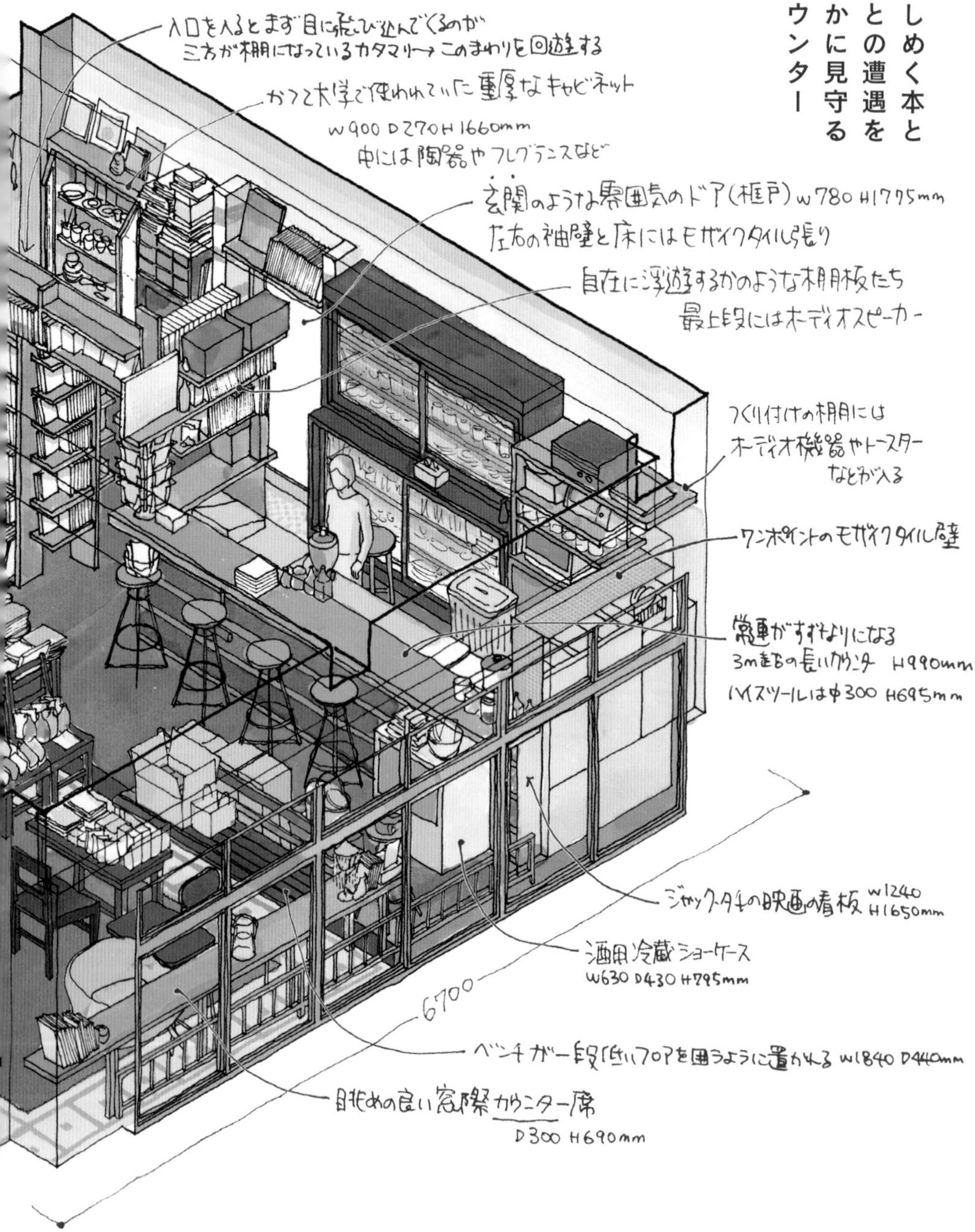
入口を入るとまず目に飛び込んでくるのが
三方が棚になっているカタマリ→このまわりを回遊する
かつて大学で使われていた重厚なキャビネット
W900 D270 H1660mm
中には陶器やフレグランスなど
玄関のような雰囲気のドア（框戸）W780 H1775mm
左右の袖壁と床にはモザイクタイル張り
自在に浮遊するかのような棚板たち
最上段にはオーディオスピーカー
つくり付けの棚にはオーディオ機器やトースターなどが入る
ワンポイントのモザイクタイル壁
常連がすずなりになる
3m超の長いカウンター H990mm
ハイスツールはφ300 H695mm
ジャック・タチの映画の看板 W1240 H1650mm
酒用冷蔵ショーケース
W630 D430 H795mm
6700
ベンチが一段低いフロアを囲うように置かれる W1840 D440mm
眺めの良い窓際カウンター席
D300 H690mm

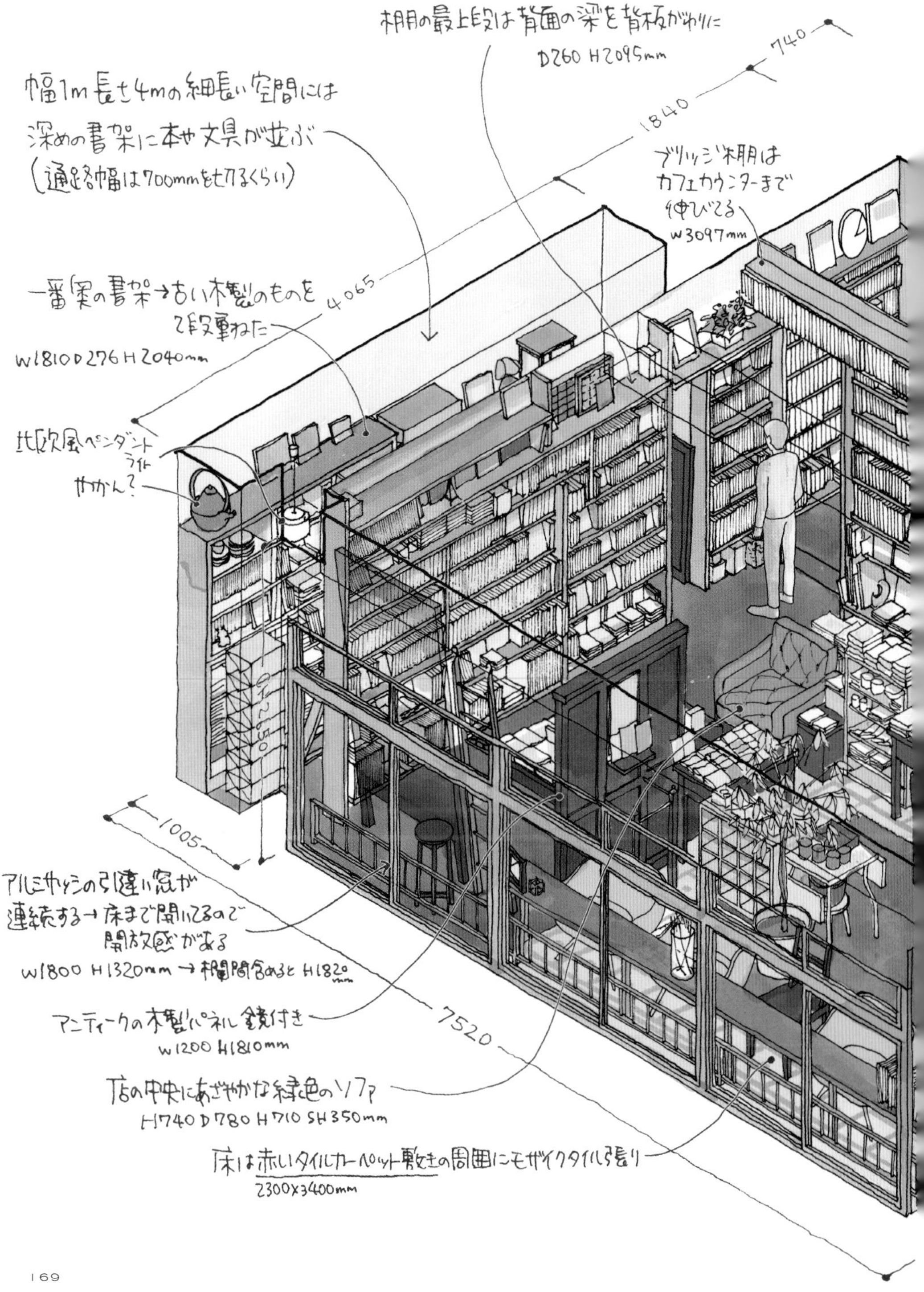

棚の最上段は背面の梁を背板がわりに
D260 H2095mm
740
1840
幅1m長さ4mの細長い空間には
深めの書架に本や文具が並ぶ
(通路幅は700mmをも切るくらい)
ブリッジ棚は
カフェカウンターまで
伸びてる
W3097mm
一番奥の書架→古い木製のものを
2段重ねた
W1810 D276 H2040mm
4065
北欧風ペンダント
ライト
やかん?
1005
アルミサッシの引違い窓が
連続する→床まで開いてるので
開放感がある
W1800 H1320mm → 欄間含めると H1820mm
アンティークの木製パネル 鏡付き
W1200 H1810mm
7520
店の中央にあざやかな緑色のソファ
H740 D780 H710 SH350mm
床は赤いタイルカーペット敷きの周囲にモザイクタイル張り
2300×3400mm

熊本地震を経て引き継がれた店

熊本市の橙書店は、店主の田尻久子さんが切り盛りする新刊書店だ。書店と喫茶、ギャラリーを営みながら文芸誌も発刊する田尻さんに、多くの表現者が信頼を寄せるという。かつては市内にある繁華街の路地裏で店を構えていたが、２０１６年の熊本地震で店が被災。その年の秋に今の古いビルの2階に移転し、再オープンした。前の店にあった家具や棚はもちろん、店に張られていた床材も、中央のカフェカウンターもほぼそのまま再利用して、橙書店らしさを引き継いだ空間だ。

縦横無尽に本がひしめく場所

玄関前に新しく設置された造作本棚は、前の店の空気感を携えた店内でも一際目を引く。三方が棚になった書架のかたまりから天井を伝って左右に伸びる棚板をくぐり、客は店内に入る。本の詰まった棚板は宙に浮いているようで、一体どう固定されているのかわからない。棚板は縦、横、縦、と向きを変えて対面にあるレジカウンターまで伸び、再び陳列棚になる。建築好き・家具好きを唸らせるディテールである。田尻さんが前の店のことも

間取り図

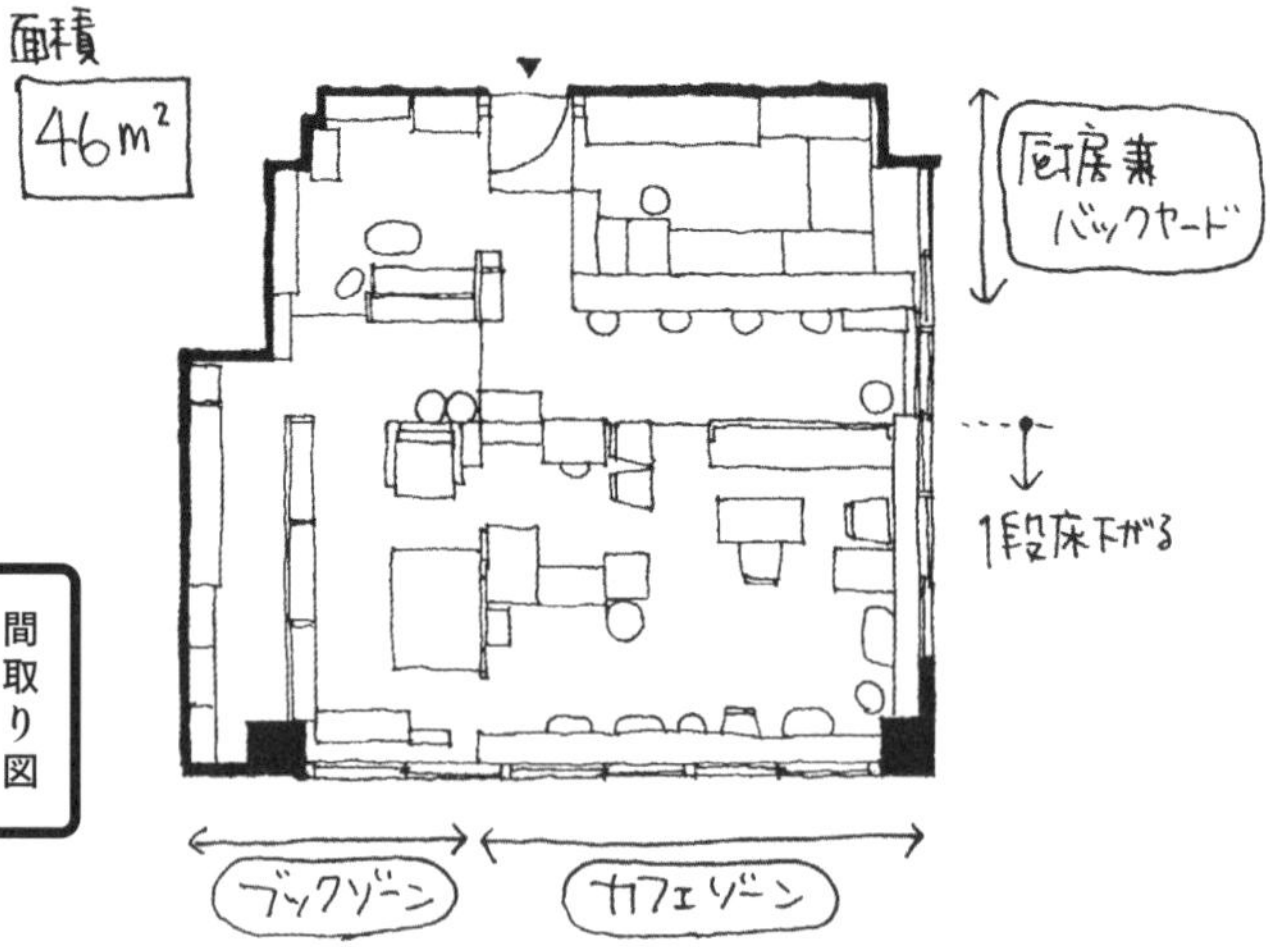

面積
46m²
厨房兼
バックヤード
1段床下がる
ブックゾーン
カフェゾーン

右：角地のビル2階に入居する
左：明るい窓際にカフェ席が並ぶ

三方棚の書架（反対側）

3097
▽FL+1940
▽FL+1680
▽FL+1430
▽FL+1140
▽FL+840
▽FL+580
▽FL+210
2185
1740
180
290
450
W1050
200
200

三方棚の書架（入口側）

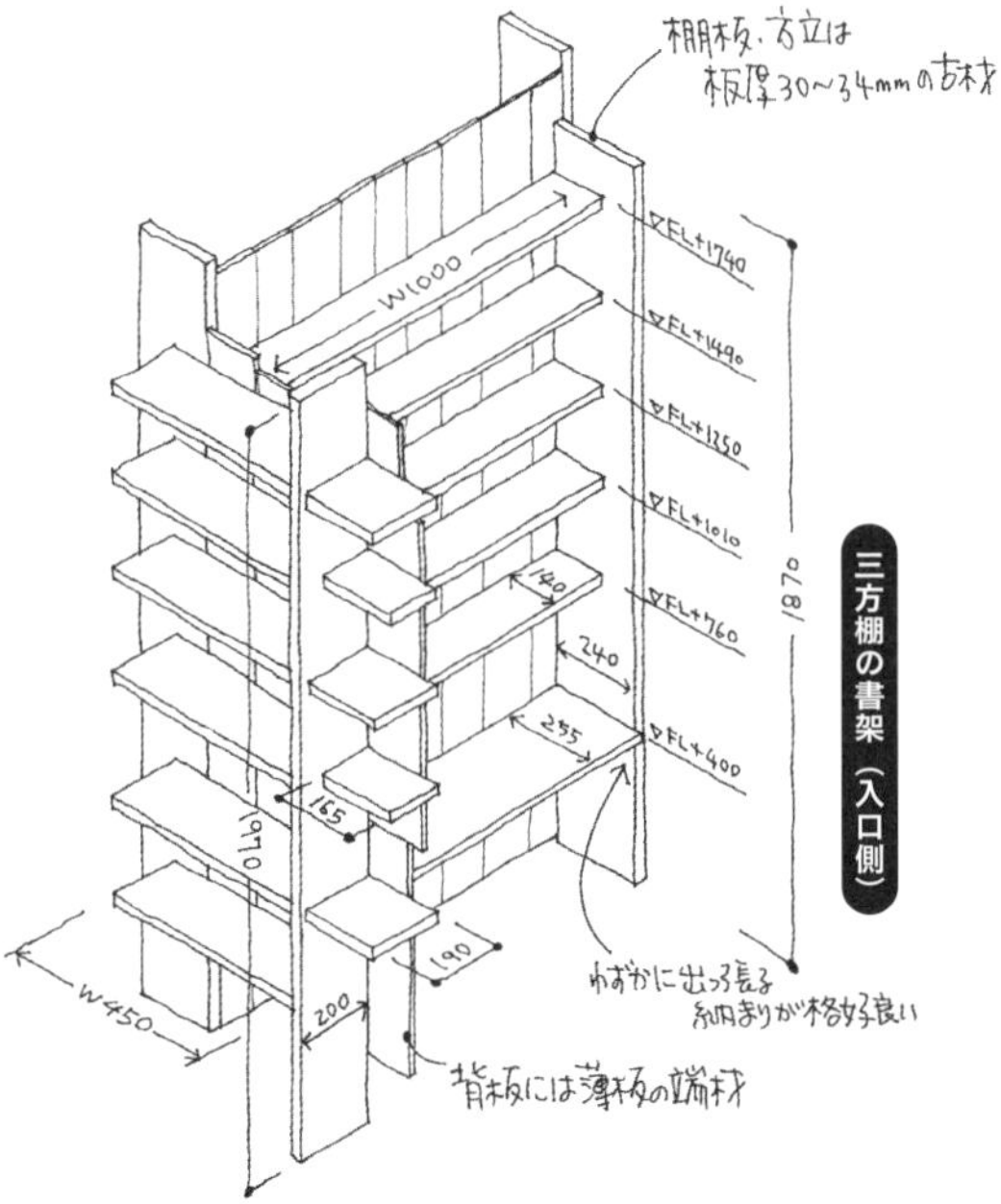
棚板・方立は
板厚30〜34mmの古材
W1000
▽FL+1740
▽FL+1490
▽FL+1250
▽FL+1010
▽FL+760
▽FL+400
1870
140
240
255
165
1970
190
200
W450
わずかに出っ張る
納まりが格好良い
背板には薄板の端材

右：入口扉を開ければ目の前に棚の塊が
左：レジカウンターまで奥の書架が伸びている

よく知っていて信頼を置いている工務店に任せてつくられたという。以前の店舗のイメージを踏襲しつつ、書棚の移動が楽しくなるように配慮された。新たにつくる部分にもなるべく古材を利用し、真新しく目立たないよう配慮してもらったと話す。

融け合うカフェゾーンとブックゾーン

本に埋もれるブックゾーンの奥には、2面の大きな全面開口部が気持ちの良い抜け感をつくるカフェゾーンがある。書架は日焼けを避けるため必然的に壁側に集まり、かつ厨房への給排水のため上げた床レベルから1段低くなるこのゾーンは、一室空間に心地よい変化を与える。前の店で分離していたカフェゾーンとブックゾーンが連続したことで、両スペースをひとりで回す田尻さんにとっては動線が短く効率的なレイアウトになった。今日も常連客たちはカフェに集い、カウンター内で静かにテキパキ働く田尻さんの前で本の頁をめくっては、言葉を交わしているのだろう。

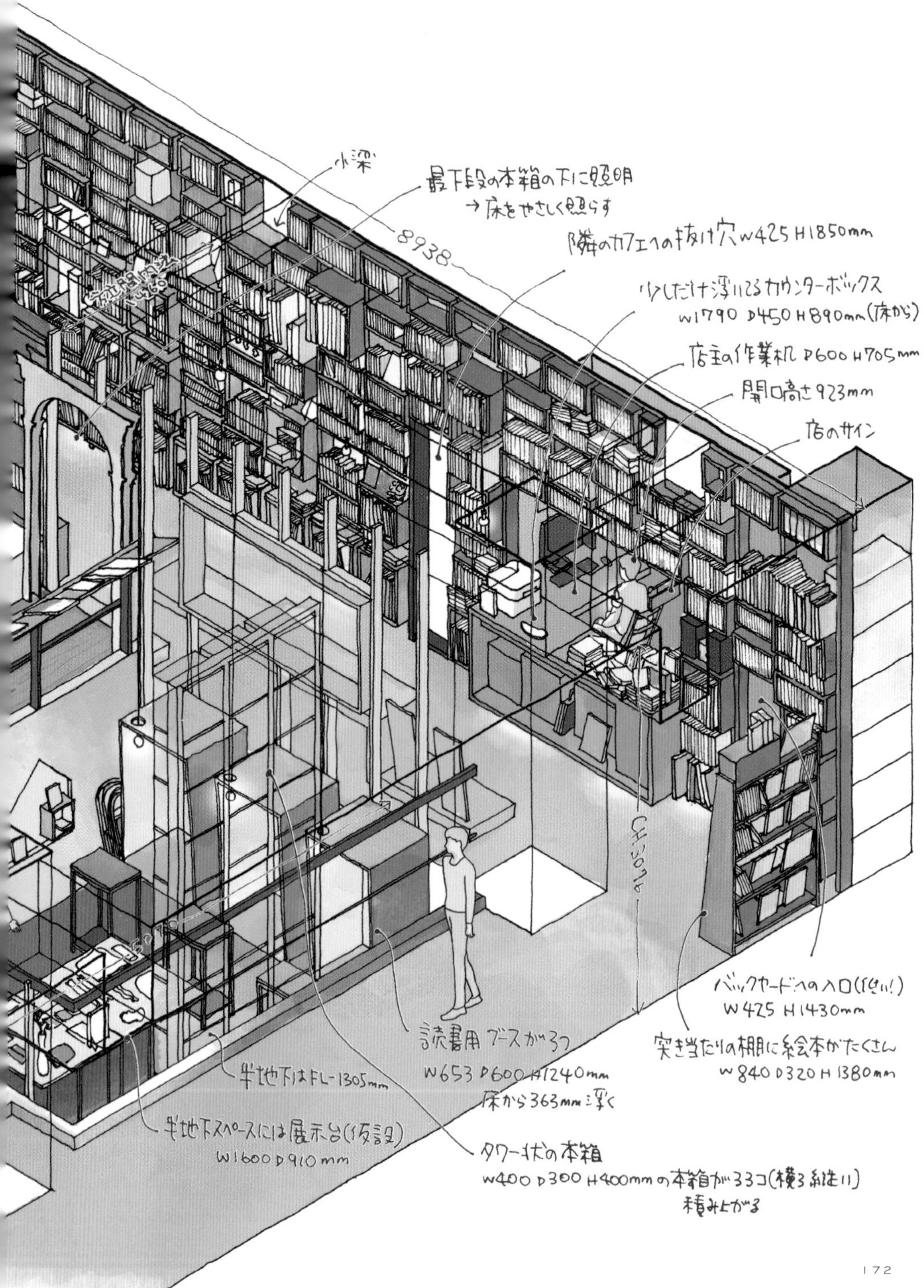
小梁
最下段の本箱の下に照明
→床をやさしく照らす
8938
隣のカフェへの抜け穴 W425 H1850mm
少しだけ浮いてるカウンターボックス
W1790 D450 H890mm（床から）
店主の作業机 D600 H705mm
開口高さ923mm
店のサイン
バックヤードへの入口（低い！）
W425 H1430mm
突き当たりの棚に絵本がたくさん
W840 D320 H1380mm
読書用ブースが3つ
W653 D600 H1240mm
床から363mm浮く
半地下はFL-1305mm
半地下スペースには展示台（仮設）
W1600 D910mm
タワー状の本箱
W400 D300 H400mmの本箱が33コ（横3 縦11）
積み上がる

古書リセット

KOSHO LISET ｜ 鹿児島

ビルの共用部を書店空間とした本箱のパッサージュ

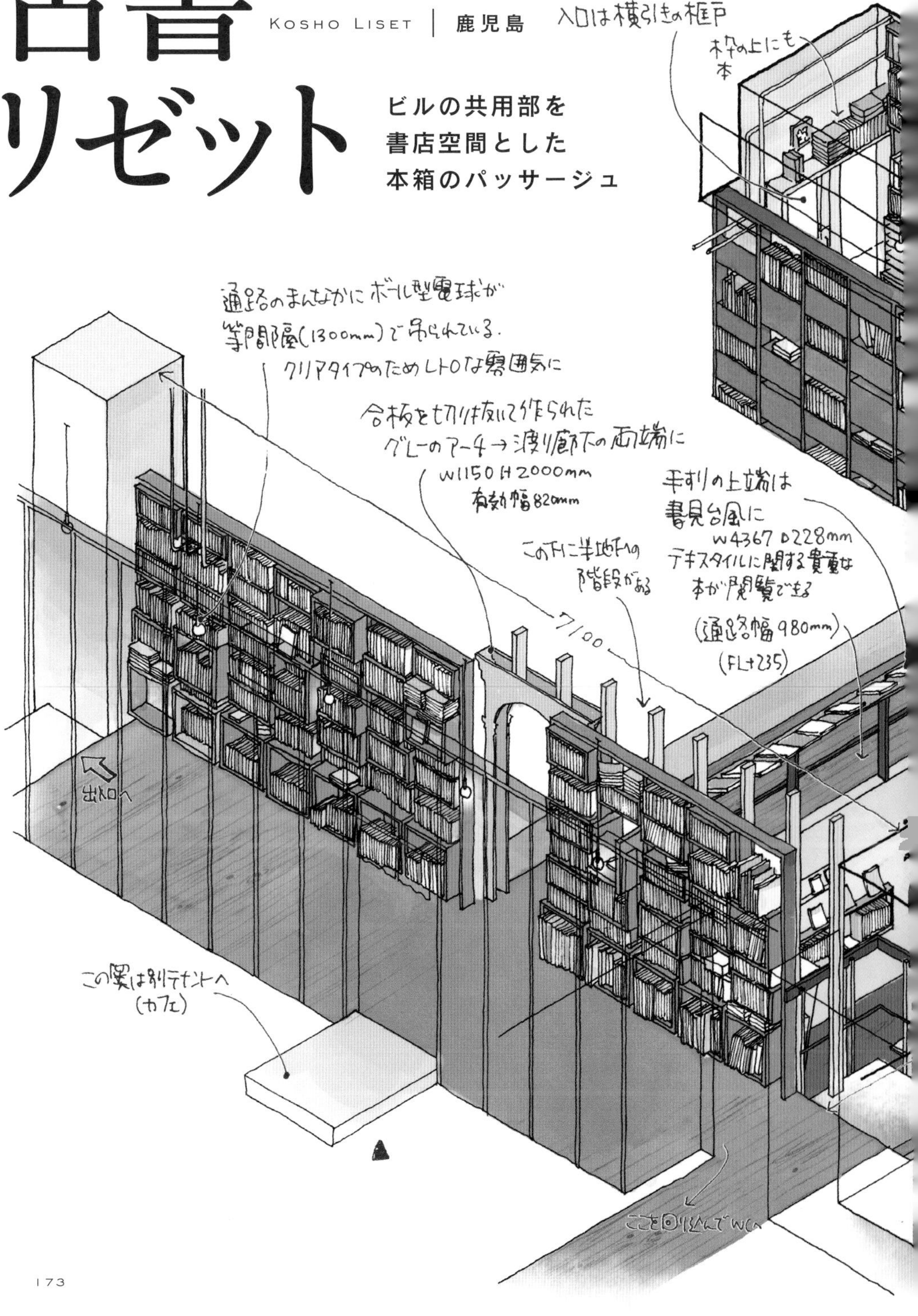

入口は横引きの框戸
枠の上にも本
通路のまんなかにボール型電球が等間隔(1300mm)で吊られている.
クリアタイプのためレトロな雰囲気に
合板を切り抜いて作られたグレーのアーチ→渡り廊下の両端に
W1150 H2000mm
有効幅820mm
手すりの上端は書見台風に
W4367 D228mm
テキスタイルに関する貴重な本が閲覧できる
(通路幅980mm)
(FL+235)
この下に半地下への階段がある
7100
出入口へ
この奥は別テナントへ(カフェ)
ここを回り込んでWCへ

右：大通り沿いに建つレトロフトチトセ
左：半地下フロアを囲むように通路が巡る

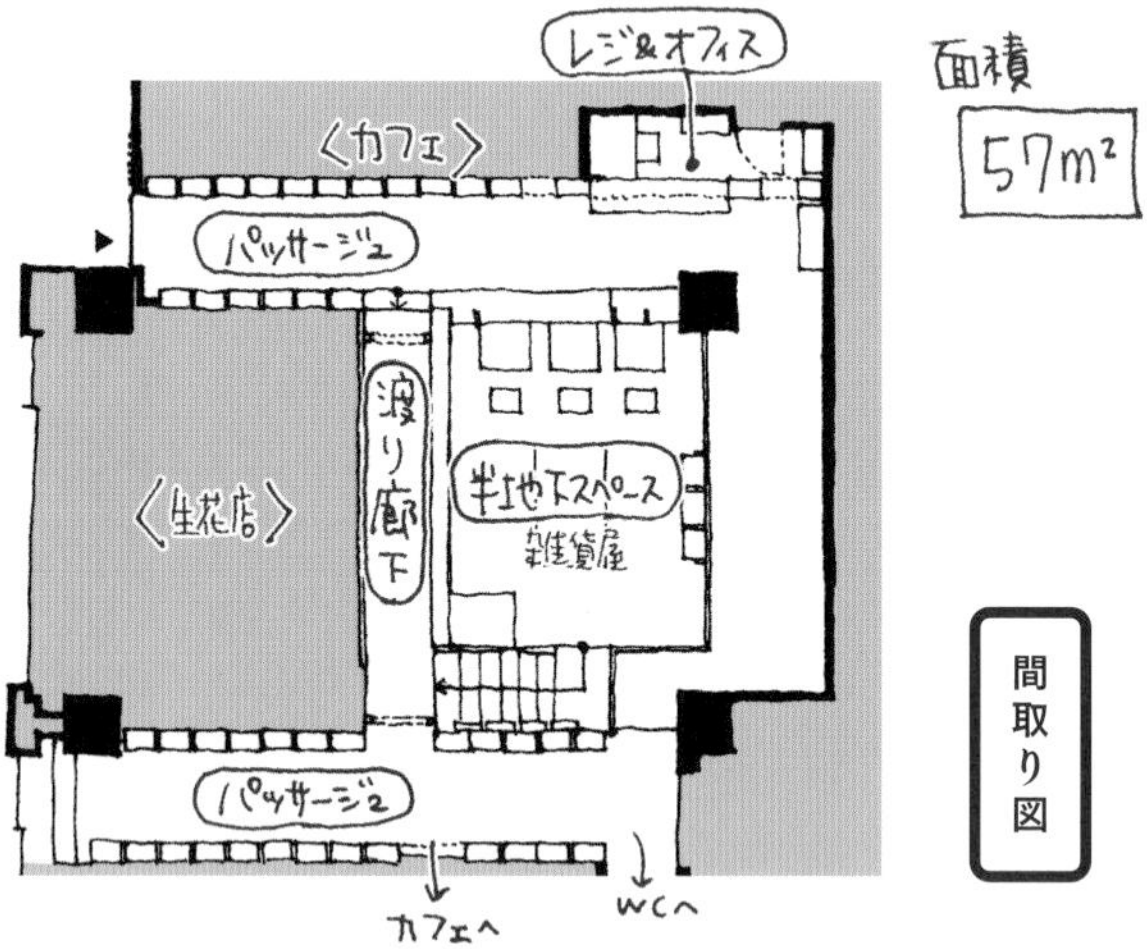
レジ&オフィス
面積
57m²
〈カフェ〉
パッサージュ
渡り廊下
半地下スペース
雑貨屋
〈生花店〉
パッサージュ
カフェへ
WCへ

間取り図

本箱のパッサージュを巡る

古書リゼットは鹿児島市役所の近く、路面電車が走る大通りに面して建つビルの1階にある。街区の角にある入口から中に入ると、両側には古書が詰まった本箱が突き当たりまでずっと積み上がり、その迫力ある光景に思わず足を止めてしまう。店主の安井一之さんいわく、ここは客が歩きながらお目当ての1冊を探すための「本のパッサージュ」だという。実はこの古書店、テナントスペースに入居しているのではなく、ビルの1階廊下全体を売り場としているのだ。

強烈な個性を放つリノベビル

少しグリーンの混じったブルーに塗装された本箱、幅は42・5㎝で揃いつつも高さと奥行き寸法に5種類のバリエーションがある。このちょっとした寸法の差が、廊下の両側にずらっと並んだときにあたかも本の森の中にいるような雰囲気を醸し出す。廊下を進むと左手には、本箱の隙間に設けられたレジカウンターがあり、中から安井さんがひょっこりと顔を出す。古書リゼットは、かつて1・2階がテナントスペース、上階は集合住宅というRC造5階建ての古いビルであった。テナントや住戸に空室が目立ち、老朽化も進むこのビルを引き継いだオーナー夫妻の尽力により、2012年に全棟フルリノベーションを果たし、古書リゼットを中心としたこだわりの店舗が連なる1階と、アーティストレジデンスとギャラリーを組み合わせた上階との新しい文化発信拠点に生まれ変わった。

人が来やすい仕掛けづくり

2021年には、ビルに更なる改修が施された。たまにあるイベントに活用するだけで無人空間となっていた1階中央の幅5m奥行き3・5mの半地下に、ひとりで籠もって食事や読書ができるブース席と、天井まで届きそうな本箱タワーを設置した。人が来やすい仕掛けをつくりつづける安井さんとビルオーナー夫妻が次に目論むのは、まちのネットワークづくりだ。近所に鹿児島近代文学館と新たな市立図書館や2店舗の独立系書店がオープンし、本を巡る地域ネットワークが構築されつつある。古書店とリノベビルが構想する今後の展開にも注目したい。

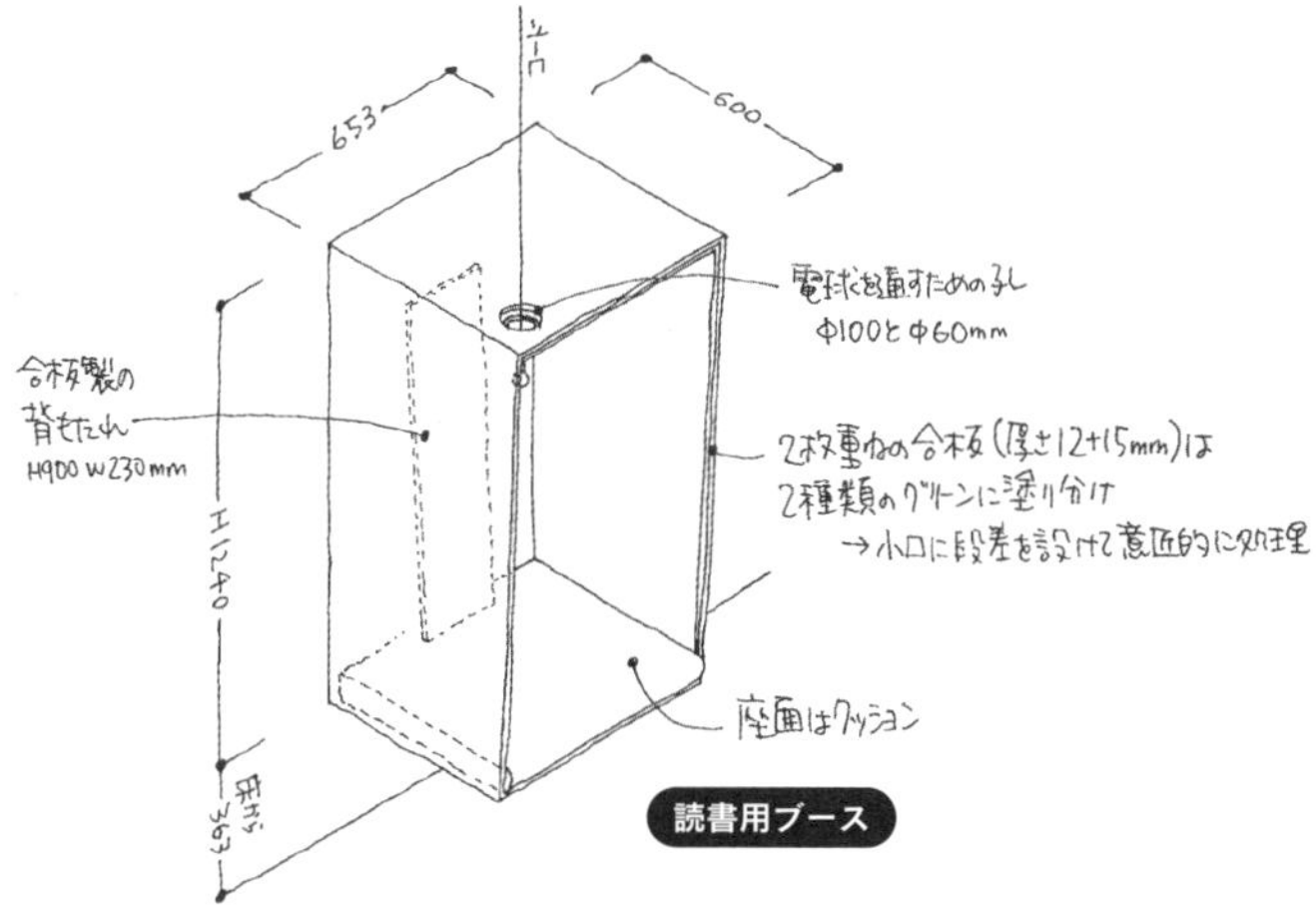
653
600
電球を通すための孔
φ100とφ60mm
合板製の背もたれ
H900 W230mm
2枚重ねの合板(厚さ12+15mm)は
2種類のグリーンに塗り分け
→小口に段差を設けて意匠的に処理
H1240
座面はクッション
367

読書用ブース

上：本のパッサージュを形成する書架
下：半地下フロアにぶら下がる読書用ブース

パッサージュ書架の仕組み

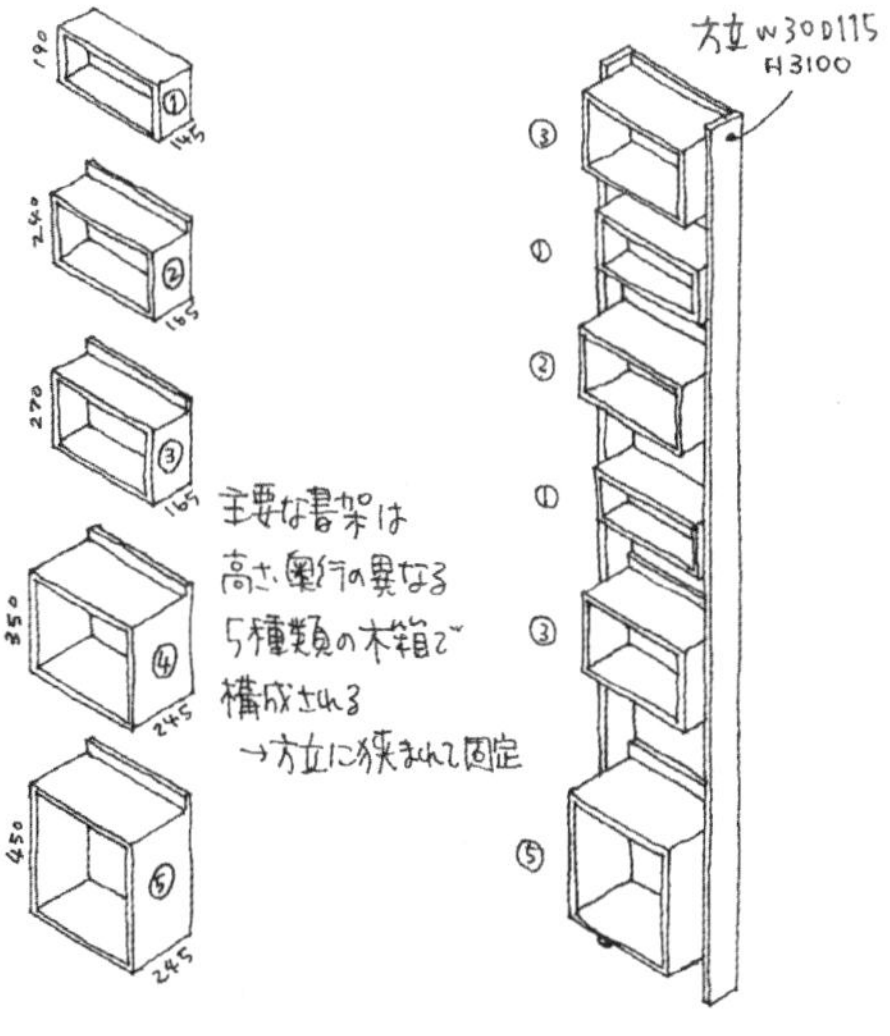
190 145 ①
240 165 ②
270 165 ③
350 245 ④
450 245 ⑤
主要な書架は
高さ・奥行の異なる
5種類の木箱で
構成される
→方立に挟まれて固定
方立 W300 D115
H3100

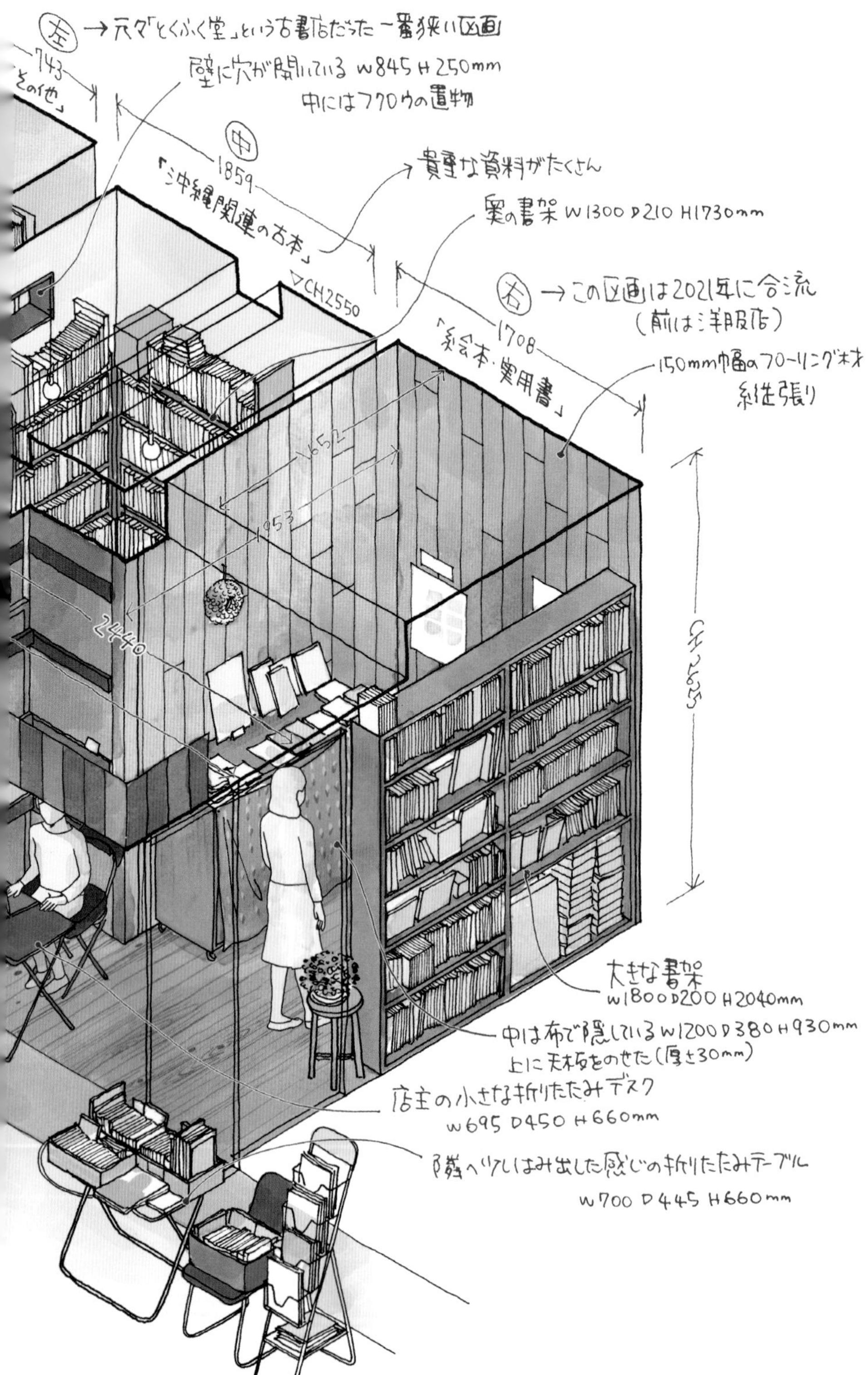
左 →元々「とくふく堂」という古書店だった一番狭い区画
743
「その他」
壁に穴が開いている W845 H250mm
中にはフクロウの置物
中
1859
「沖縄関連の古本」
貴重な資料がたくさん
奥の書架 W1300 D210 H1730mm
▽CH2550
右 →この区画は2021年に合流
(前は洋服店)
1708
「絵本・実用書」
150mm幅のフローリング材
縦張り
1652
1953
2440
CH2655
大きな書架
W1800 D200 H2040mm
中は布で隠している W1200 D380 H930mm
上に天板をのせた(厚さ30mm)
店主の小さな折りたたみデスク
W695 D450 H660mm
隣へ少しはみ出した感じの折りたたみテーブル
W700 D445 H660mm

市場の古本屋ウララ

沖縄 ｜ Ichiba no Furuhonya Urara

つい足を止めてしまう、
通りにはみ出た
個性派本棚

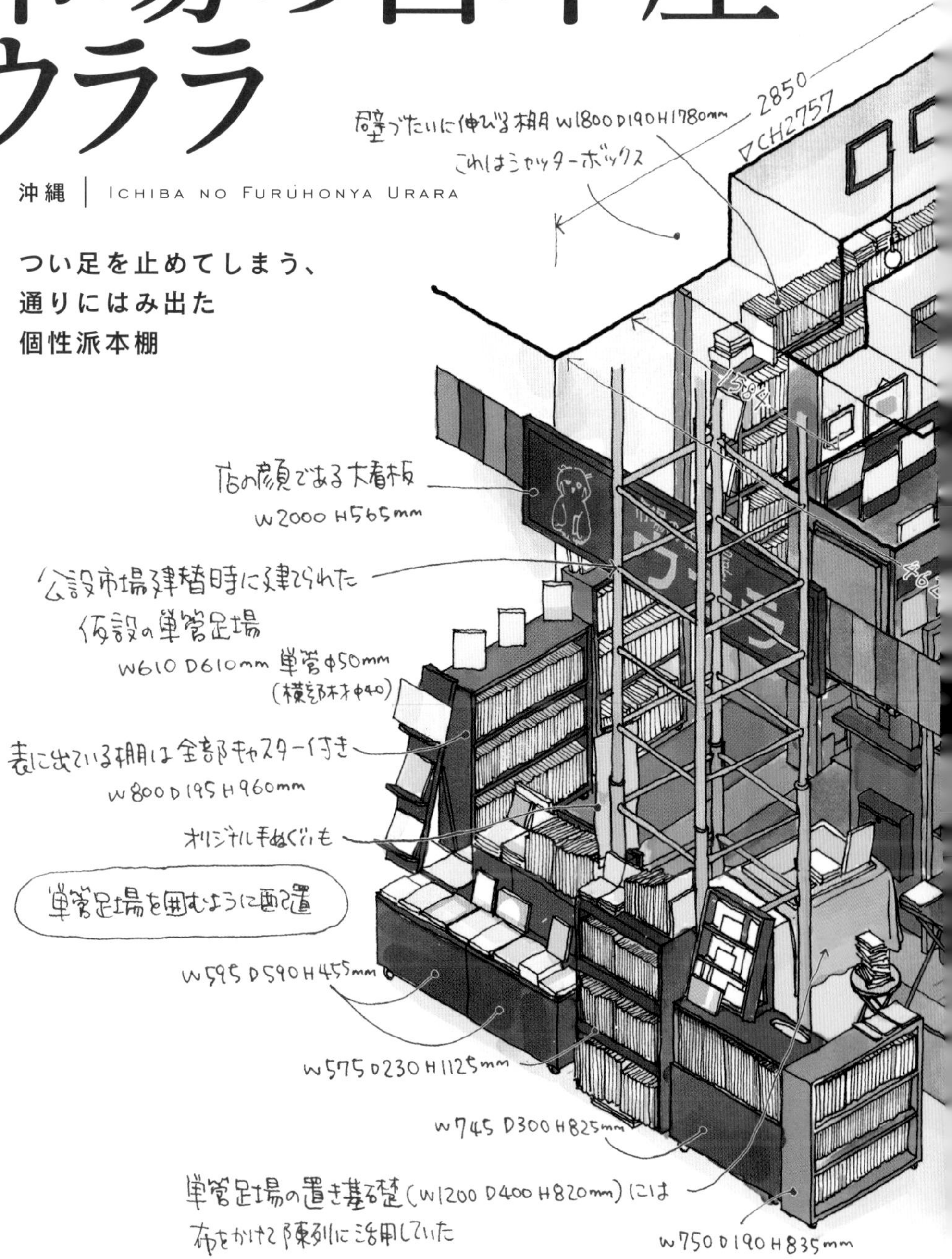

壁づたいに伸びる棚 W1800 D190 H1780mm
2850
▽CH2757
これはシャッターボックス
1584
店の顔である大看板
W2000 H565mm
公設市場建替時に建てられた
仮設の単管足場
W610 D610mm 単管φ50mm
(横部材φ40)
表に出ている棚は全部キャスター付き
W800 D195 H960mm
オリジナル手ぬぐいも
単管足場を囲むように配置
W595 D590 H455mm
W575 D230 H1125mm
W745 D300 H825mm
単管足場の置き基礎(W1200 D400 H820mm)には
布をかけて陳列に活用していた
W750 D190 H835mm

元日本一狭い古本屋

沖縄県那覇市の第一牧志公設市場前の商店街に、市場の古本屋ウララはある。この界隈は戦後に整備された商店街で、古くは漬物屋が軒を連ねていたという小さな店舗区画の3区画分を、書架で連続させて営業している。このうち最も狭いわずか幅73㎝の区画にはかつて、とくふく堂という古書店が「日本一狭い古本屋」として入居していた。店主の宇田智子さんは、とくふく堂が閉店した2011年にこれを引き継ぐ形で市場の古本屋ウララをオープンする。隣（中央）の区画は店を引き継いだ時点でとくふく堂が利用しており、宇田さんは2つの区画で営業を開始。右の区画は長く続いた洋服屋だったが、2021年に「あなたが借りなさい」といわれ借り受けることになった。

ついで利用を誘う佇まい

区画自体の奥行きは2m足らず。開店時には通りにはみ出すように宇田さんの席とレジカウンター代わりの折りたたみテーブル、10台前後の小さなキャスター付きの本棚が配置される。閉店時にはこれらすべてが3つの区

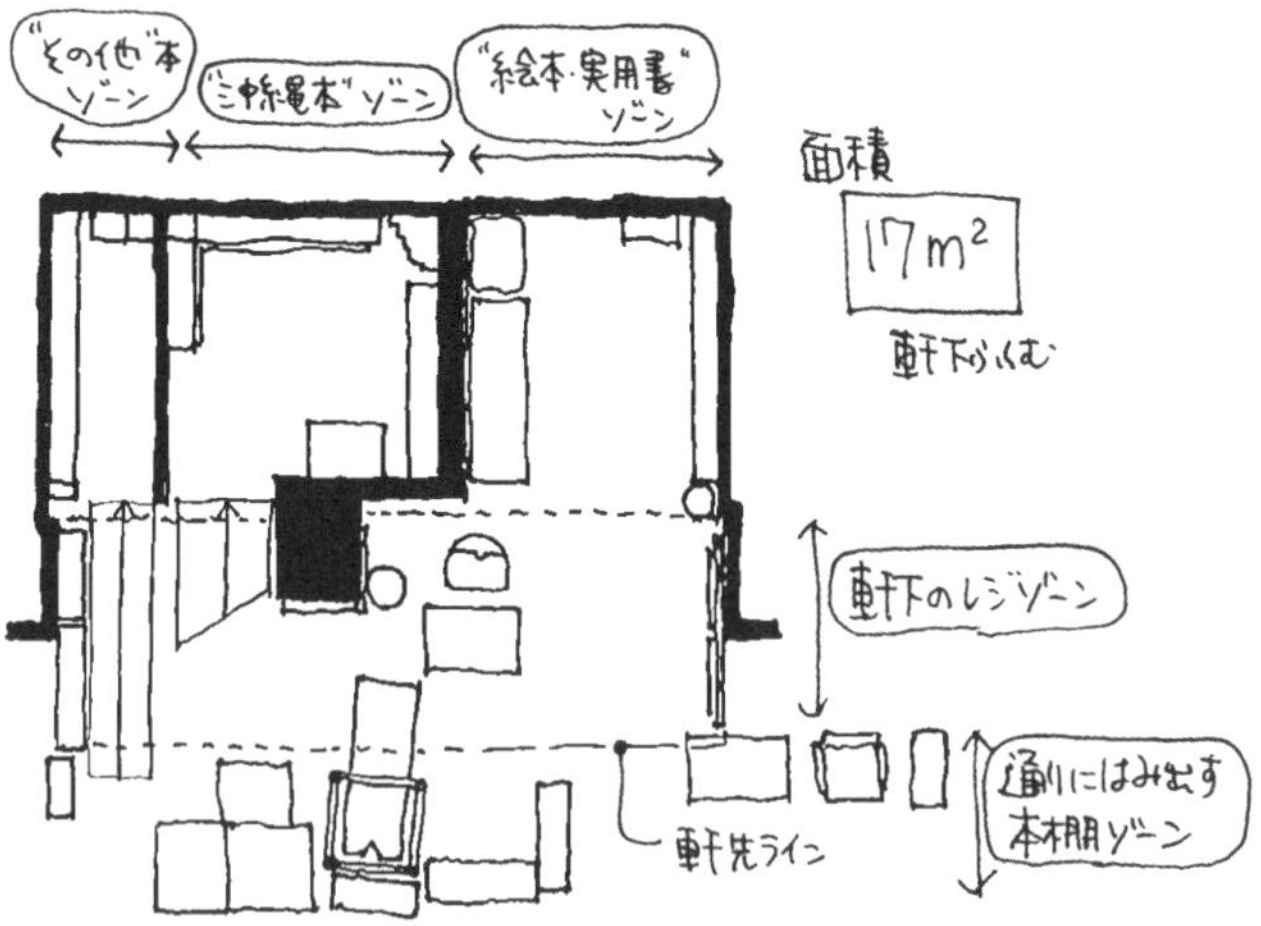
"その他"本ゾーン
"沖縄本"ゾーン
"絵本・実用書"ゾーン
面積
17m²
軒下ふくむ
軒下のレジゾーン
通りにはみ出す本棚ゾーン
軒先ライン

間取り図

右：アーケードと店の外観
左：通りに出された本棚と背後の仮設足場

単管足場詳細

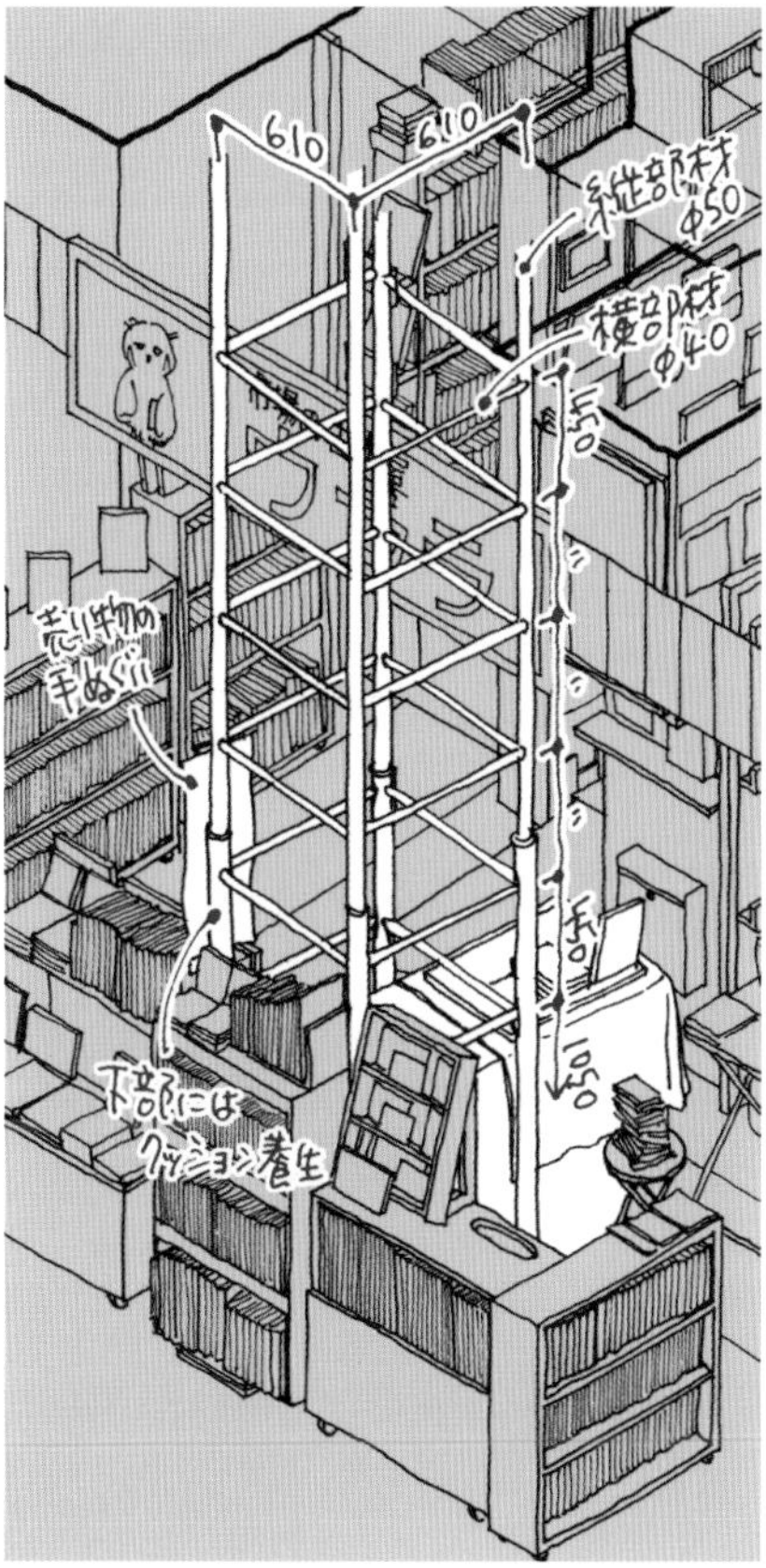
610
610
縦部材 φ50
横部材 φ40
売り物の手ぬぐい
下部にはクッション養生

上：左側2つの区画の入口がのぞく
下：店主と商店街の距離感

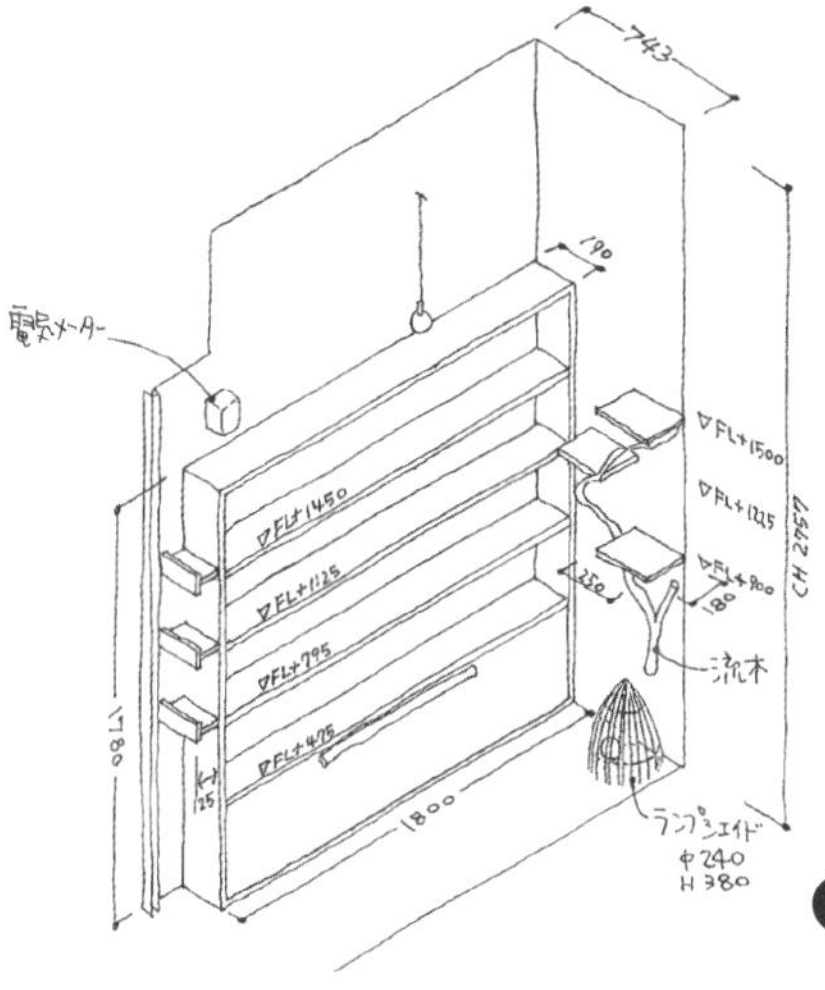
743
190
電気メーター
▽FL+1500
▽FL+1450
▽FL+1125
▽FL+900
▽FL+795
▽FL+475
250
180
CH 2757
流木
1780
125
1800
ランプシェイド
φ240
H380

一番狭い区画のレイアウト

画の中に収められる。店の向かいには観光地としても人気を集める第一牧志公設市場への入口があり、店の前は市場を訪ねる人通りが絶えない。通りに滲み出す店先で市場帰りの来訪者たちが足を止めるようになって、宇田さんは地元沖縄関連の古書を仕入れることに注力しはじめる。今では中央の区画に集められた古書を求めて訪れる常連も多く、ここにしかない品揃えは根強い支持を受けている。

変わり続ける市場界隈

取材時はちょうど第一牧志公設市場の建て替え工事中（2019年〜）で、市場は仮店舗で営業していた。アーケード内には仮設の足場が何本も設置され、市場の古本屋ウララの店前にも単管足場が。宇田さんはこの仮設空間もたくましく利用していたので、実測図にも単管足場を描き込んだ。2023年3月に建て替えが完了し市場は営業再開したが、市場の周囲に設置されていたアーケードは撤去されてしまった。宇田さん含めアーケードの下で長く商売をしてきた店主たちは再設置に向けた計画を立て、行政許可を取得。2024年には新しいアーケードが完成予定だ。

BOOK TRUCK

全国 | BOOK TRUCK

フェスから団地まで、出会いを詰め込んで走る移動書店

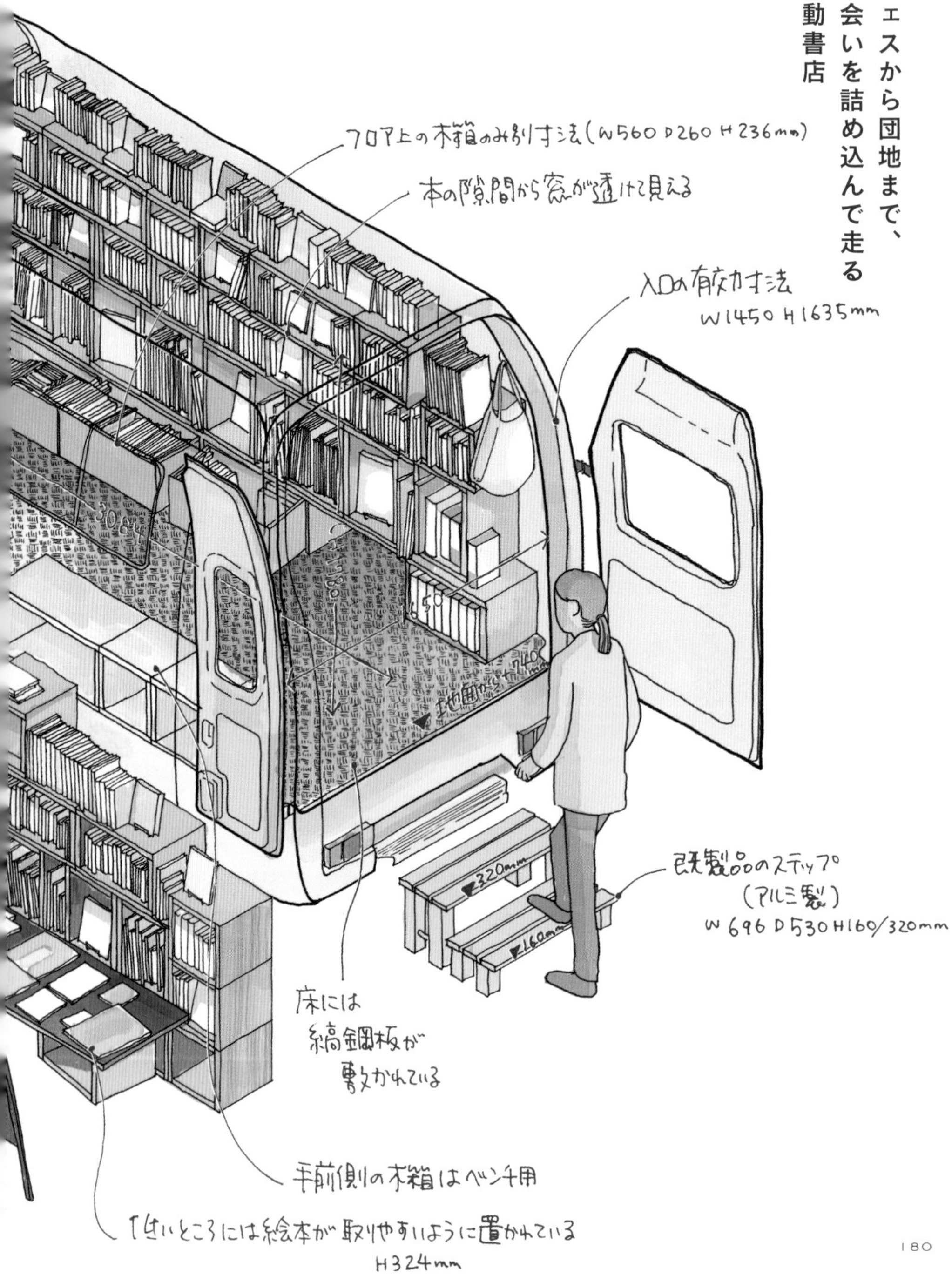
フロア上の本箱の外形寸法(W560 D260 H236mm)
本の隙間から窓が透けて見える
入口の有効寸法
W1450 H1635mm
320mm
160mm
既製品のステップ
(アルミ製)
W696 D530 H160/320mm
床には
縞鋼板が
敷かれている
手前側の本箱はベンチ用
低いところには絵本が取りやすいように置かれている
H324mm

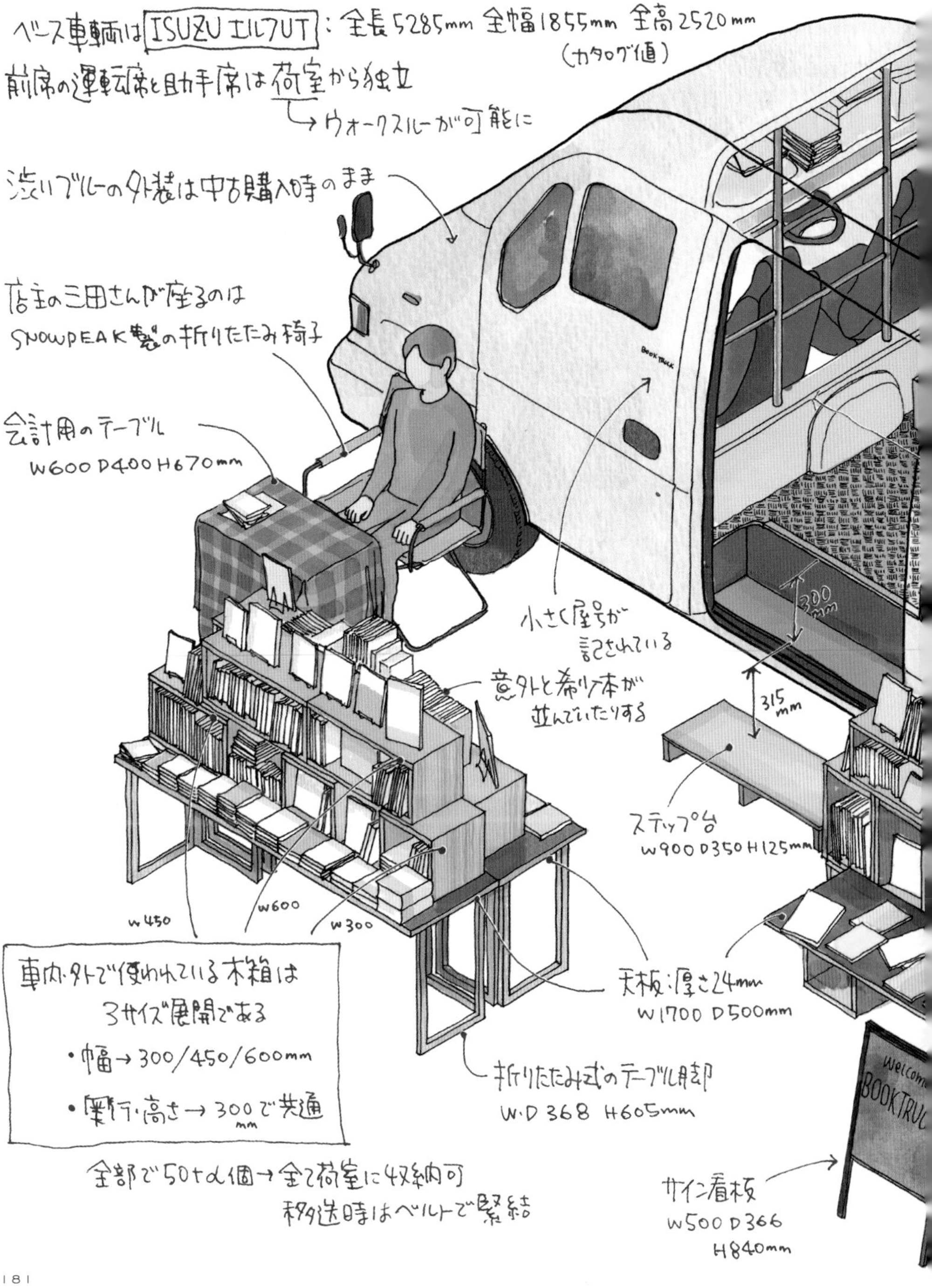

ベース車両はISUZU エルフUT：全長5285mm 全幅1855mm 全高2520mm
(カタログ値)
前席の運転席と助手席は荷室から独立
→ウォークスルーが可能に
渋いブルーの外装は中古購入時のまま
店主の三田さんが座るのは
SNOWPEAK製の折りたたみ椅子
会計用のテーブル
W600 D400 H670mm
BOOK TRUCK
小さく屋号が記されている
300mm
意外と希少本が並んでいたりする
315mm
ステップ台
W900 D350 H125mm
W450
W600
W300
天板：厚さ24mm
W1700 D500mm
折りたたみ式のテーブル脚部
W・D 368 H605mm
車内・外で使われている木箱は
3サイズ展開である
・幅→300/450/600mm
・奥行・高さ→300mmで共通
全部で50+α個→全て荷室に収納可
移送時はベルトで緊結
サイン看板
W500 D366
H840mm

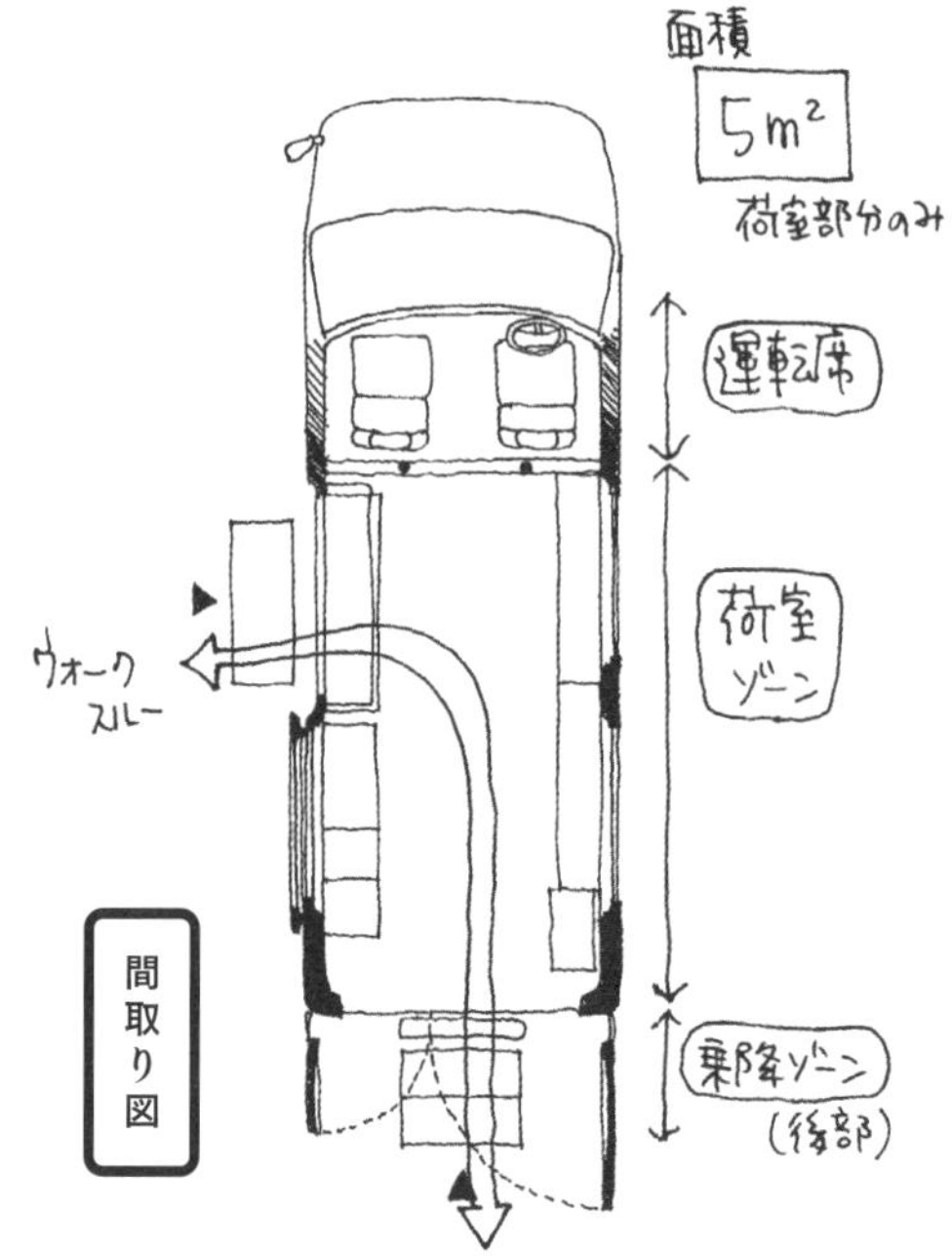
面積
5m²
荷室部分のみ
運転席
荷室ゾーン
ウォークスルー
乗降ゾーン
(後部)
間取り図

上：取材時はトラック前にテントが張られた
下：トラック後部より中を見る

2代目BOOK TRUCKはISUZUエルフUT

BOOK TRUCKは、セミウォークスルーバンというタイプの商用車の荷室に本棚を設けて、この中に客を入れて営業する移動書店である。店主の三田修平さんは２０１２年からこのスタイルで日本各地を巡ってきた。開店した当時は初代CHEVROLETのバンで営業していたが、３年半で２代目BOOK TRUCKに代替わりしたのはISUZUエルフUTであった。その理由を三田さんに尋ねると、返ってきた答えは３つ。まず荷室で本を選んだり読んだりするため、大人が中に入っても頭をぶつけない程度の天井高を確保したかったこと。後部からだけでなく側面からも荷室に出入りできるウォークスルータイプが動線をつくりやすいこと。更に運転席と助手席が荷室と分かれているセミウォークスルータイプが、書店を営業する上で好都合であったことだ。

木箱50個を荷室に詰め込んで

ISUZUエルフUTは既に廃盤になっていたため、程度の良い中古車を探すうち、淡いブルーに塗装された現在の個体に出会うことになった三田さん。初代BOOK TRUCKで使っていた50個の木箱はそのまま引き継いだ。木箱は大中小の3種のサイズがあり、これをうまく組み合わせることで、荷室と車外に本棚をつくりあげる。移動書店は強い日差しや急な雨に弱いので維持・継続のハードルが高い上、三田さんは基本的にひとりでオペレーションを行うので、出店の作業は極力省力化してきたという。出店に使われる木箱はすべて荷室に収まるようつくられ、移動中はベルトで緊結して固定する。

屋外から見つめ続ける本の売り方の変化

取り扱う本の90％は古書で、出店先にもよるがおよそ700〜800冊を用意する。野外イベントなどの出店時は来場する客層をイメージして選書し、うまくはまると良く売れるという。昨今の野外イベントブームで本の売り方は実に多様になったと三田さんは話す。とはいえ、ブームによってかつての特別感は失われてしまったとか。そのため最近は平日に郊外の団地で出店し、なくなってしまった地域の書店の代わりになろうとしている。今後のBOOK TRUCKの次の一歩から目が離せない。

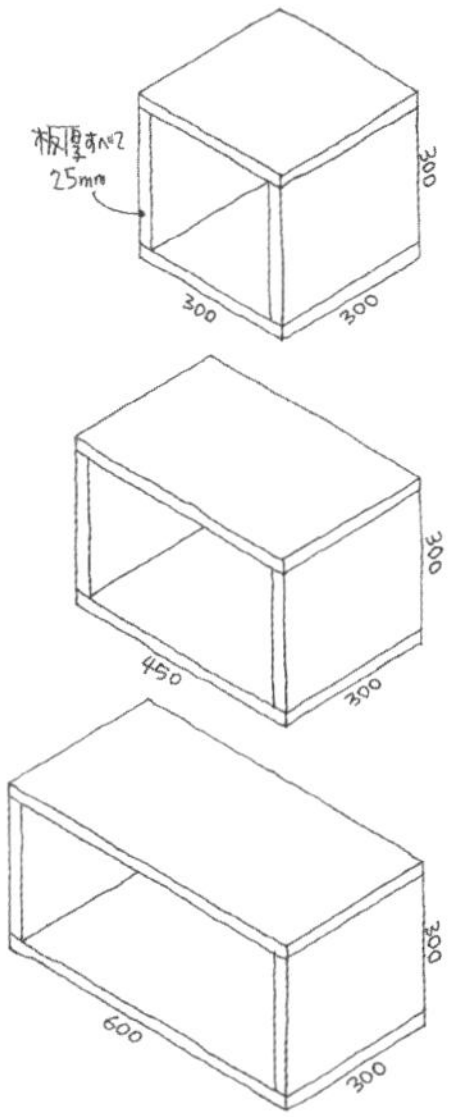
板厚すべて25mm
300
300
300
450
300
300
600
300
300
木箱のサイズ展開

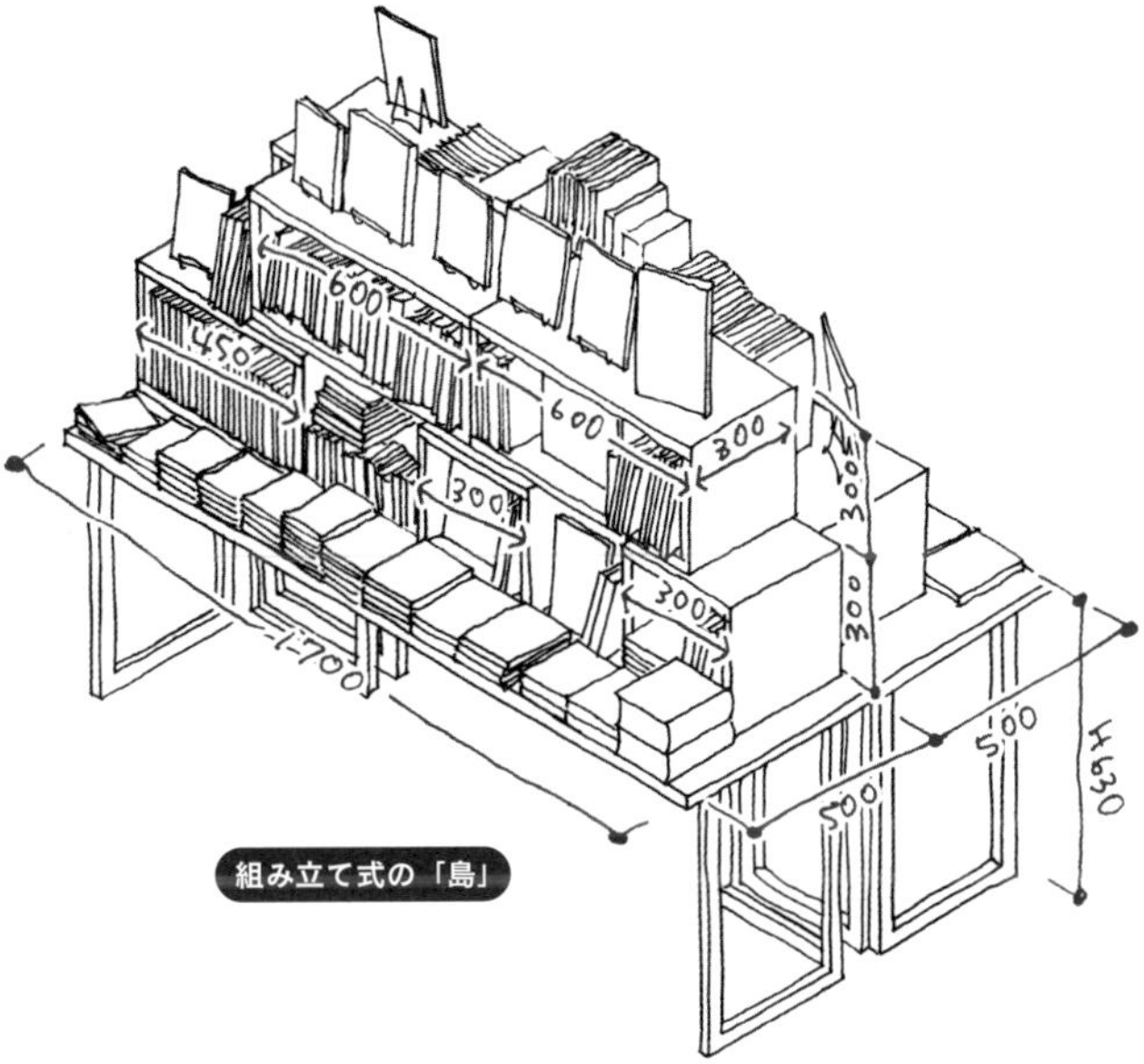
600
450
600
300
300
300
300
300
1,700
500
500
H630
組み立て式の「島」

右：荷室内に積まれた木箱がそのまま本棚に
左：取り出された木箱は屋外で組み立て

COLUMN 4

予定調和ではない本との出会い

オヨヨ書林新竪町店（p.56）や本屋プラグ（p.112）のように、規模に対してあまりにも本が多すぎて、本と本の間をジャングルのように分け入る空間とも多く遭遇した。集められた大量の本の都合で構成された、人間よりも本の存在が優位な空間と言えるだろう。その中にそっと忍びこんで本に埋もれる時間というのは、個人差はあるかもしれないが実のところとても居心地が良いものだ。

　圧倒的な量の本に囲まれると、私たち人間はその空間では主役としてふるまうことができない。そこでは本の支配下に置かれ、本の背表紙を眺めさせられ、ふと目が合った本を手に取らされる。

　とりわけ公共的な空間デザインにおいて顕著であるが、いかに不特定多数の人が快適に不自由なく過ごせるかが、デザインの勘所となって久しい。逆に言えば、そうでない空間は不正義とされ、いまや似たような公共空間ばかりがもてはやされている時代だ。建築設計の教育に携わる筆者も、人間にとって快適で使いやすい空間をデザインするよう、日々学生に指導している立場だ。この視点から見れば、上述の本の魔窟のような空間は「悪い」デザインとなる。でも果たしてそうだろうか。

　私たちは読みたい本があるから書店や図書館を利用する一方で、本来は読みたい本と出会うために書店や図書館を訪れると言っていいかもしれない。本と空間的に接近するうちに、ふと目が合った本を読みたくなったり、すっかり本を読みたい気分になったりするということだ。「本のある空間」のデザインとは、予定調和では起こりえない、本と人間の出会い方のデザインである。もしもあなたのまちに良い「本のある空間」があるのなら、それはとてもすばらしいことである。

店舗情報

東北・関東甲信越

P.014

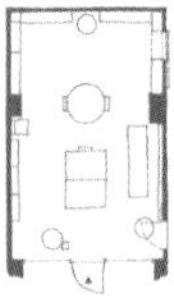

新潟県

今時書店

新潟市中央区花町1985
幸ビル1階

P.010

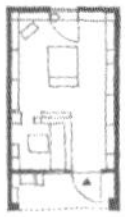

青森県

まわりみち文庫

弘前市新鍛冶町9-5
(かくみ小路)

P.024

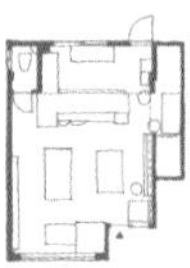

群馬県

REBEL BOOKS

高崎市椿町24-3

P.020

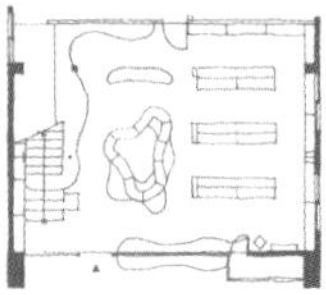

栃木県

BOOK FOREST 森百貨店

芳賀郡芳賀町祖母井南1丁目10-8
028-677-0017

P.016

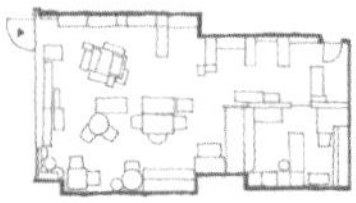

宮城県

book cafe 火星の庭

仙台市青葉区本町1-14-30-1F
022-716-5335

P.034

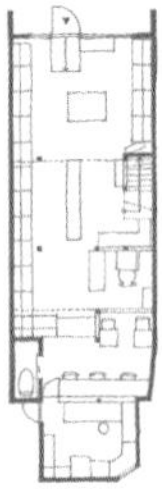

東京都

Title

杉並区桃井1-5-2
03-6884-2894

P.030

東京都

Readin' Writin' BOOKSTORE

台東区寿2丁目4-7
03-6321-7798

P.028

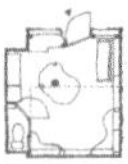

東京都

気流舎

世田谷区代沢5-29-17
飯田ハイツ1F
03-3410-0024

P.046

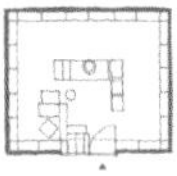

長野県

遊歴書房

長野市東町207-1 KANEMATSU
026-217-5559

P.042

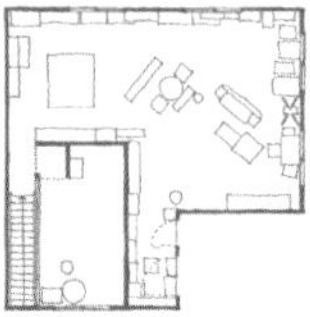

長野県

栞日

松本市深志3-7-8
0263-50-5967

P.038

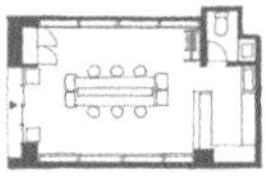

東京都

COW BOOKS

目黒区青葉台1丁目14-11
コーポ青葉台 103
03-5459-1747

P.056

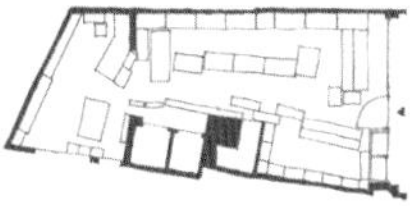

石川県
オヨヨ書林 新竪町店
金沢市新竪町3-21
076-261-8339

P.052

富山県
ひらすま書房
射水市戸破6360 LETTER 1F
080-4251-0424

北陸・東海・近畿

P.066

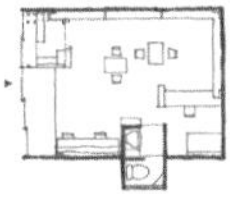

静岡県
みんなの図書館さんかく
焼津市栄町3-3-33

P.064

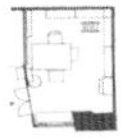

静岡県
ひみつの本屋
熱海市銀座町8-13
ロマンス座1階

P.060

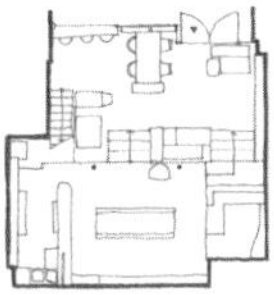

石川県
石引パブリック
金沢市石引2丁目8-2 山下ビル1F
076-256-5692

P.078

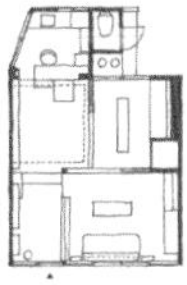

三重県
トンガ坂文庫
三重県尾鷲市九鬼町121
070-4340-2323

P.074

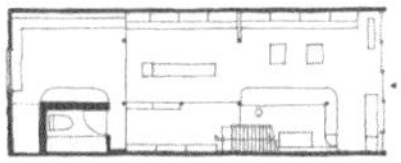

愛知県
TOUTEN BOOKSTORE
名古屋市熱田区沢上1-6-9
052-888-5446

P.070

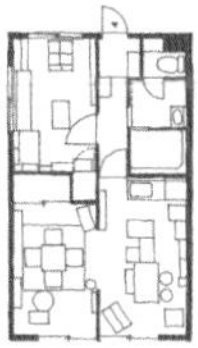

静岡県
フェイヴァリットブックスL
2024年2月に閉店。同年5月に移転オープン
浜松市浜名区中条1315-2（新店舗）
053-586-5004

P.088

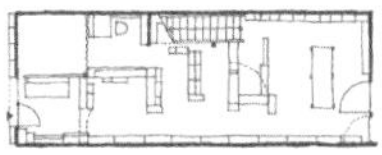

大阪府
居留守文庫
大阪市阿倍野区文の里3-4-29
06-6654-3932

P.084

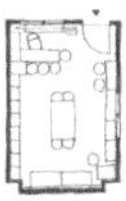

大阪府
toi books
大阪市中央区久太郎町3丁目1-22
OSKビル204号室

P.082

三重県
USED BOOK BOX
四日市市諏訪町11番6号
（諏訪商店街振興組合）
059-351-6405

P.100

京都府

ba hütte.

京都市左京区山端壱町田町38番地
075-746-5387

P.096

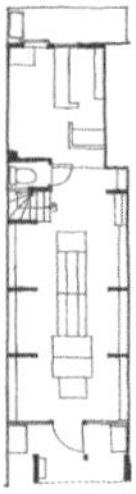

京都府

誠光社

京都市上京区中町通丸太町上ル
俵屋町437
075-708-8340

P.092

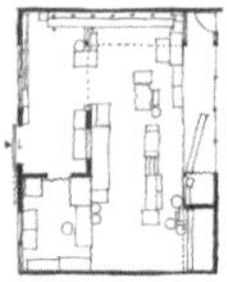

大阪府

LVDB BOOKS

大阪市東住吉区田辺3-9-11

P.112

和歌山県

本屋プラグ

2024年に閉店。「本町文化堂」として
移転オープン

和歌山市本町3-6（新店舗）

P.108

奈良県

**人文系私設図書館
ルチャ・リブロ**

吉野郡東吉野村鷲家1798

P.104

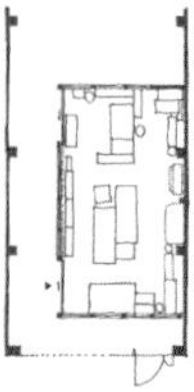

奈良県

とほん

大和郡山市柳4-28
080-8344-7676

P.122

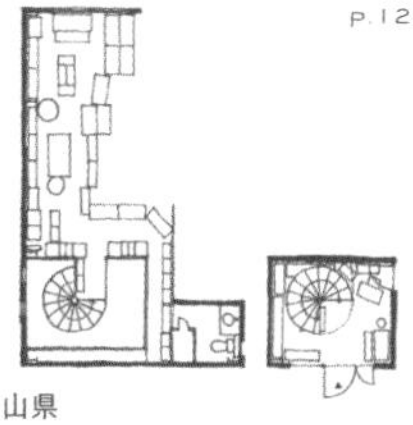

岡山県

451BOOKS

玉野市八浜町見石1607-5
0863-51-2920

P.118

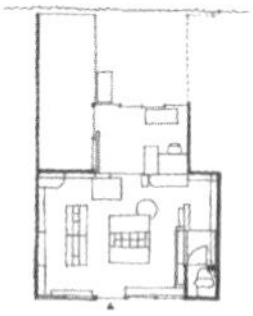

岡山県

蟲文庫

倉敷市本町11-20
086-425-8693

中国・四国

P.134

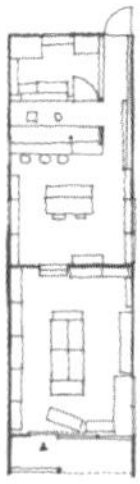

鳥取県

汽水空港

東伯郡湯梨浜町松崎434-18

P.130

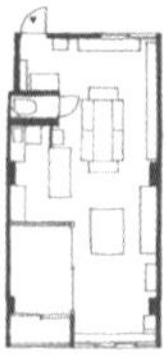

広島県

READAN DEAT

広島市中区本川町2-6-10
和田ビル203
082-961-4545

P.126

広島県

弐拾 dB

尾道市久保2-3-3
080-3875-0384

p.146

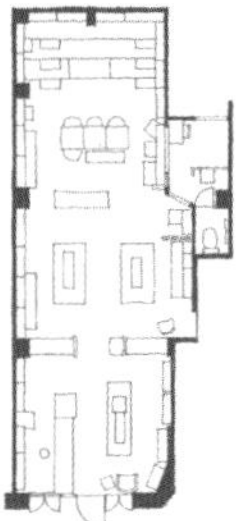

香川県

本屋ルヌガンガ

高松市亀井町11番地の13
中村第二ビル1F
087-837-4646

p.142

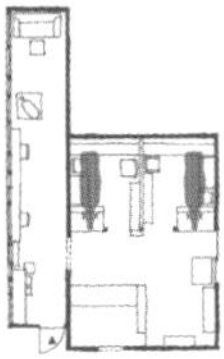

山口県

ロバの本屋

長門市俵山6994
0837-29-0377

p.138

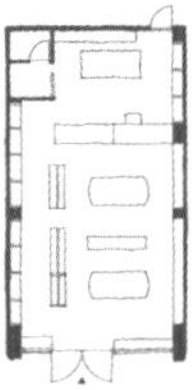

島根県

artos Book Store

松江市南田町7-21
0852-21-9418

九州・沖縄

p.154

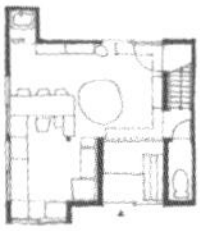

愛媛県

書房ドミンゴ

松山市持田町3-2-20

p.150

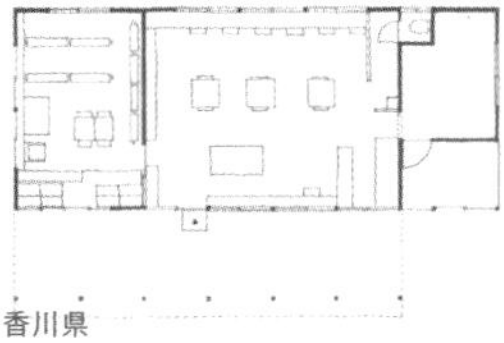

香川県

へちま文庫

高松市出作町158-1
080-4035-3657

p.168

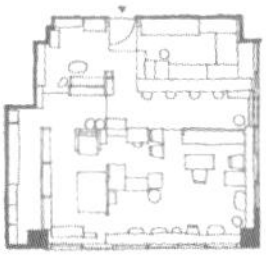

熊本県

橙書店

熊本市中央区練兵町54
松田ビル２階
096-355-1276

p.164

福岡県

ナツメ書店

福岡市東区西戸崎1丁目6-21

p.160

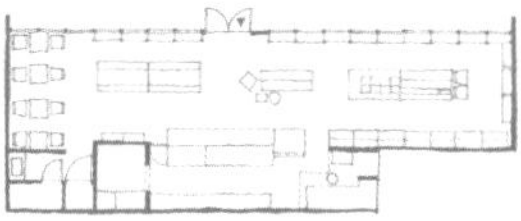

福岡県

MINOU BOOKS

うきは市吉井町1137
0943-76-9501

p.180

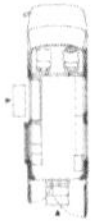

全国

BOOK TRUCK

https://booktruck.stores.jp/

p.176

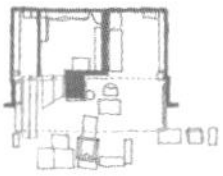

沖縄県

市場の古本屋 ウララ

那覇市牧志3-3-1

p.172

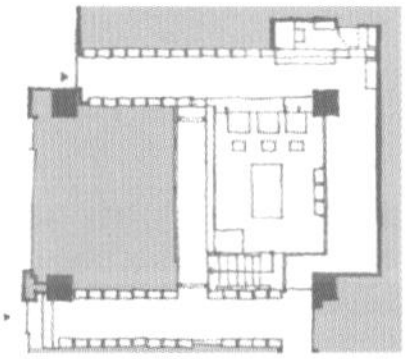

鹿児島県

古書リゼット

鹿児島市名山町2-1
レトロフト千歳ビル1F

おわりに

本書を作成するにあたって、実に多くの方々のお力添えをいただきました。ここに感謝の言葉を記したいと思います。

取材した44の個人書店・私設図書館・ブックカフェのみなさまは、見ず知らずの私を温かく迎えてくださり、快く実測作業をさせていただいた上に、貴重なエピソードや胸の内を聞かせてくださいました。この取材を敢行した時期は折しもパンデミックの厳しい状況下であったにもかかわらず、本書の企画と実測する私を大変面白がってくださいました。このかけがえのない出会いの数々は私の宝物となりました。どうもありがとうございました。

いくつかの個人書店・私設図書館では、オファーをしたものの、事情により取材に訪れることができませんでした。その際は丁寧なご対応と本企画へのご理解をいただきました。あらためてお礼申し上げます。

イラストレーターの船津真琴さんは、私の描いた拙い図面に命を吹き込んでくれました。船津さんの鮮やかで柔らかいタッチの着彩と、図面の中で居心地良さそうにしている人物の添景によって、本のある空間を魅力的に表現することができました。ブックデザイナーの北田雄一郎さんは、思わず手に取りたくなる装丁と、ページをめくるたびにワクワクするような紙面を作成してくださいました。お二人のプロフェッショナルな仕事に出会えたことによって、この本はたくさんの人に届けたい特別なものになりました。ありがとうございます。

学芸出版社の岩切江津子さんは、ただの実測好きの変わり者の私に、このような素晴らしい機会を与えてくれました。なにもないところから本書の企画を立ち上げ、もはや担当編集の役割を超え、私と二人三脚体制で本の完成に向け、力を尽くしてくれました。もはや感謝の言葉もありません。彼女の本のある空間への情熱があったからこそ、この本は世に出ることができました。岩切さん率いる編集チームの古野咲月さん・安井葉日花さんにも大変な苦労をかけました。ありがとうございました。

最後に、いつも私のそばにいてくれる妻と娘に。優しさとインスピレーションをありがとう。

２０２３年８月　政木哲也

［著者・作図］
政木哲也（まさき・てつや）
京都橘大学工学部建築デザイン学科専任講師。博士（工学）。1982年大阪府生まれ。2005年京都大学工学部建築学科卒業後、2007年同大学院修士課程修了。株式会社久米設計、株式会社メガにて設計業務に従事し、2016年より現職。2019年京都工芸繊維大学大学院博士後期課程修了。国内外の住宅団地における祭礼空間に関する研究をはじめ、建築設計・都市研究をなりわいとする「自称・実測家」。

［着彩］
船津真琴（ふなつ・まこと）

本のある空間採集

個人書店・私設図書館・ブックカフェの寸法

2023年8月10日　第1版第1刷発行
2024年8月20日　第1版第4刷発行

著者　政木哲也

発行者　井口夏実
発行所　株式会社学芸出版社
京都市下京区木津屋橋通西洞院東入
電話075-343-0811 〒600-8216
http://www.gakugei-pub.jp/
info@gakugei-pub.jp

編集担当　岩切江津子・古野咲月・安井葉日花
営業担当　中川亮平・沖村明日花
DTP・装丁　北田雄一郎
印刷・製本　シナノパブリッシングプレス

ISBN978-4-7615-2861-4